Forschungsstelle für den Handel Berlin (FfH) e.V.
Trommsdorff (Hrsg.)
Handelsforschung 1994/95 – Kooperation im Handel
und mit dem Handel

Forschungsstelle für den Handel Berlin (FfH) e.V.
Volker Trommsdorff
(Herausgeber)

Handelsforschung 1994/95

Kooperation im Handel und mit dem Handel

Jahrbuch der
Forschungsstelle für den Handel (FfH) e.V.

GABLER

Herausgeber:

Forschungsstelle für den Handel Berlin (FfH) e.V.
Fehrbelliner Platz 3, 10707 Berlin, Tel. 0 30 / 86 30 94-0
Wissenschaftlicher Direktor: Prof. Dr. Volker Trommsdorff
Geschäftsführer: Dr. Helmut Bunge

Schriftleitung:

Dipl.-Kaufmann Michael Bienert

Die Deutsche Bibliothek – CIP-Einheitsaufnahme

Handelsforschung . . .: Jahrbuch der Forschungsstelle für den Handel Berlin (FfH) e.V. – Wiesbaden: Gabler.
Erscheint jährl. – Früher im Physica-Verl., Heidelberg.
– Aufnahme nach 1989
Forts. von: Forschungsstelle für den Handel
< Berlin, West > : FfH-Mitteilungen
ISSN 0931-5926
1989 – Verl.-Wechsel

Der Gabler Verlag ist ein Unternehmen der Bertelsmann Fachinformation.

Lektorat: Silke Specht / Holger Dauer

Textverarbeitung und Layout: Weidler & Partner, Berlin
Druck und Bindung: Lengericher Handelsdruckerei, Lengerich/Westfalen
Printed in Germany

ISBN 3-409-13499-9

Vorwort des Herausgebers

Kooperation als strategische Option

Die verschärften Wettbewerbsbedingungen, technologischen Herausforderungen und schwierigeren Kundenanforderungen an die Leistungsbündel des Handels, die zunehmenden horizontalen und vertikalen, regionalen und funktionalen Verflechtungen des Wirtschaftssystems, in das der Handel eingebunden ist, und die ökologischen, rechtlichen und wirtschaftspolitischen Rahmenbedingungen des Handels haben zur Erweiterung des strategischen Spektrums geführt. Partielle Zusammenarbeit ist auch bei ansonsten unterschiedlichen Zielsetzungen eine Alternative zur Bewältigung der erschwerten Aufgaben geworden. Neue, intelligente Kooperationsformen verschaffen eigenständige Wettbewerbsvorteile. Kooperation und Wettbewerb schließen sich aber nicht aus. Zum Teil ermöglicht Kooperation sogar langfristig die Aufrechterhaltung eines gesunden Wettbewerbs.

Unter Kooperation wird allgemein die zeitlich mehr als einmalige und sachlich auf Teilfunktionen begrenzte Zusammenarbeit selbständiger (Wirtschafts-) Akteure verstanden, die eigentlich voneinander abweichende, teilweise konfliktäre, Ziele haben, z.B. weil jeder möglichst viel verdienen will, aber nur ein bestimmter Gesamtverdienst möglich ist. Einmalige Zusammenarbeit, z.B. im Rahmen eines Geschäftsvorfalls sowie totale Zusammenarbeit auf allen Gebieten, z.B. in Form einer Fusion, sind aus dem Kooperationsbegriff ausgeklammert.

Die Theorie der Kooperation beschreibt, erklärt, prognostiziert und empfiehlt Bedingungen, Merkmale und Ergebnisse von Kooperation. So hat die Kooperationsforschung in den letzten Jahren dadurch von sich reden gemacht, daß unterschiedliche Strategien (standardisierte Verhaltensmuster) von Kooperationspartnern gegeneinander auf Erfolgswirksamkeit getestet wurden. Eine spektakuläre Simulationsstudie des Spieltheoretikers und Kooperationsforschers Axelrod hat dabei gezeigt, daß die besonders einfache Strategie TIT FOR TAT (wie Du mir, so ich Dir) die größten Erfolgschancen hat. Sie basiert auf den Prinzipien Entgegenkommen, Fairness, Wachsamkeit, Flexibilität und Berechenbarkeit.

Aus der Sicht des Handels gehören zu den kooperationsrelevanten Wirtschaftseinheiten Endkunden, andere Händler (auf vorgelagerten, gleichgelagerten und nachgelagerten Handelsstufen) sowie Hersteller. Jede dieser Einheiten verfolgt mit ihrem Auftreten am Markt bestimmte Ziele. Wenn man Ziele zwischen Wirtschaftseinheiten miteinander vergleicht, findet man harmonische Zielbeziehungen (z.B.: beide wollen Qualität), neutrale (z.B.: beide sind in verschiedenen Ländern tätig) oder konträre (z.B. einer will hohe Preise, der andere niedrige). Zur Kooperation kommen Wirtschaftseinheiten in Betracht, zwischen denen trotz unterschiedlicher Zielsysteme und eventuell einiger konträrer Ziele mindestens eine harmonische Zielbeziehung besteht. Eine Kooperation ist dann erstrebenswert, wenn sie aufgrund der harmonischen Zielbeziehung für jeden Beteiligten insgesamt zu einer verbesserten Netto-Chance der Erreichung seines Oberziels führt als das ohne Kooperation der Fall ist.

Kooperationsbeziehungen von Handelsunternehmen lassen sich folgendermaßen gliedern:

- Vertikale Kooperation
  - Vorwärts-Kooperation (mit Kunden)
    - mit Endkunden
    - mit nachgelagerten Händlern
  - Rückwärts-Kooperation (mit Lieferanten)
    - mit Herstellern
    - mit vorgelagerten Händlern
- Horizontale Kooperation (mit anderen Händlern)
  - mit Wettbewerbern
  - mit nicht um dasselbe Geschäft konkurrierenden Händlern
- Laterale Kooperation (mit neutralen Organisationen)

Bei *vertikalen* Kooperationen dominiert natürlich – über die eingegangene Geschäftsbeziehung – die harmonische Zielbeziehung. Hier kommt es primär darauf an, über die Gestaltung von Interaktionsmustern innerhalb der Kooperationsbeziehung zu besseren Ergebnissen zu kommen, z.B. durch ein systematisches Beschwerdemanagement (siehe den Beitrag von Hansen) oder durch besseres Geschäftsbeziehungsmanagement gegenüber den Lieferanten (aus deren Sicht: Trade Marketing, siehe z.B. den Beitrag von Tietz). Bei *horizontalen* Kooperationen mit Wettbewerbern treten naturgemäß die interessantesten Probleme auf, weshalb wir in den nachfolgenden Abschnitten vertieft darauf eingehen. Die horizontale Kooperation mit nicht um dasselbe Geschäft konkurrierenden Händlern ist vergleichsweise unproblematisch, weil nicht von Natur aus konträre Zielbeziehungen dagegen stehen. Ein Beispiel ist das Shopping Center. *Laterale* Kooperationen spielen in der Diskussion eine mindere Rolle, und im vorliegenden Jahrbuch befaßt sich kein Beitrag ausdrücklich damit. Hier werden neben den an sich neutralen Zielbeziehungen ergänzend potentielle Zielsynergien genutzt. Ein Beispiel ist die Mitwirkung eines Händlers in einer Arbeitsgemeinschaft City, die sich um Verkehrsprobleme und das Image des City-Standortes kümmert.

Der Aufsatz von MÖHLENBRUCH & NICKEL vertieft und erweitert die hier vorgestellte Systematik von Kooperationsbeziehungen des Handels. Sie untersuchen „Kooperationsstrategien als Element der wettbewerbsstrategischen Konzeption von Einzelhandelsunternehmen". Zunächst belegen Sie, wie wichtig es für den Handel ist, eine Wettbewerbsstrategie zu formulieren. Kooperationsstrategien bieten sich an, wenn keine ausgeprägten Wettbewerbsvorteile bestehen und die Ressourcen für eine offensive eigene Wettbewerbsstrategie nicht ausreichen. Dann stecken Sie die Rahmenbedingungen für solche Wettbewerbsstrategien ab, u.a. nach Entwicklungen bei Abnehmern, Lieferanten und Wettbewerbern. Nach einer kritischen Diskussion von Porters Strategieoptionen und des Konzepts „Strategische Gruppen" für diesen Zweck entwerfen die Autoren ein Modell mit den Ebenen (1) „Rahmenstrategie" (offensiv/defensiv und Anpassung/Abhebung), (2)

„Marktselektion", (3) „Basisstrategie" (Standort, Beschaffung, Sortiment, Kommunikation, Betriebstyp) und (4) „Instrumentalstrategie" (Leistungs-, Entgelt- und Beeinflussungspolitik). Die Optionen aller Strategieebenen werden erst allgemein erörtert, dann werden Einzelhandelskooperationen nach ihren Formen unterschieden, in das Modell eingeordnet und entsprechende Strategieoptionen diskutiert. Ausgewählte Kooperationsformen (Shopping-Center, Verbundgruppe, Franchising und Vertriebsbindung) werden gegenübergestellt. Abschließend wird dem mittelständischen Einzelhandel eine kooperative unternehmerische Grundhaltung empfohlen.

Ursula HANSEN, Autorin eines Standardwerkes zum Handelsmarketing und Protagonistin des Nachkaufmarketing (NKM), befaßt sich in dem vorliegenden Beitrag mit dem Beschwerdemanagement (BM) des Handels. Dieses Thema ist nach unserer Kategorisierung der Handelskooperationen unter „Vertikale Vorwärts-Kooperation mit Endkunden" einzuordnen. Zunächst stellt Frau Hansen die Bedeutung der Kundenorientierung heraus, um daraus die Funktionen des NKM im Handel abzuleiten. Es ist strategisch interessanter, bestehende Kunden zu halten als neue zu gewinnen. Kundenzufriedenheit als Schlüsselbegriff des NKM bedarf eines aktiven, positiven Umganges mit Beschwerden, zumal der Handel meist erste Adresse für Kundenbeschwerden ist. Man kann das Ärgernis in Chancen verwandeln, besonders über das Image des Handelsunternehmens. Die positiven Effekte werden aus der Theorie des Konsumentenverhaltens abgeleitet. Dann werden die Instrumente des BM systematisch dargelegt: Prinzipien des Beschwerdeinput (Stimulierung, zentrale/dezentrale Organisation, Kundenzentrierung) sowie der Beschwerdebearbeitung (Anerkennung, Fehlerlösung, Konfliktlösung). Unter „Erfolgskontrolle der Beschwerdepolitik" wird ein einfaches Modell angeboten, das die Wirkungen aus Wiederkäufen, Mundwerbung, Opportunitätskosten der Neukundengewinnung, abgewendeten Regulierungen, Marktforschungsnutzen und Kosten des Beschwerdesystems additiv ermittelt. Den Abschluß bilden acht zusammenfassende Thesen. Der Beitrag beweist, daß das BM auch anders als ideologisch behandelt werden kann, nämlich betriebswirtschaftlich-rational.

Bruno TIETZ befaßt sich im Unterschied zu den anderen Beiträgen des Schwerpunktthemas mit der vertikalen Kooperation aus Herstellersicht, damit indirekt mit unserer Kategorie „Rückwärts-Kooperation (mit Lieferanten)", insbesondere „... (mit Herstellern)". Zunächst erinnert er an das „Grundgesetz der Kooperation": Die Beteiligten müssen wirtschaftliche Vorteile daraus ziehen, und sie müssen bereit sein, etwas dafür zu geben, auch ein Stück Autonomie. Tietz betont, daß der singuläre Wettbewerb dem Kontrakt- (Geschäftsbeziehungs-), Gruppen- und Systemwettbewerb gewichen ist. Unter „Das Grundmodell der Kooperation" werden die Entscheidungsfelder, Instrumente und Ausprägungen von Kooperationen erläutert. Anschließend werden Kooperationen aus Sicht der Kundenpolitik und der Lieferantenpolitik beleuchtet. Der große Hauptteil des Aufsatzes (Partnerpolitik) gilt der Gestaltung der Beziehungen zu Abnehmern und Lieferanten. An kundenorientierten Kooperationsstrategien erörtert Tietz das Trade Marketing (als umfassende Gestaltung der Beziehungen des Herstellers zum Handel), das Kategoriemanagement (als Produktmanagement höherer Ordnung mit Produktgruppen nach zusammengehörenden Kundenbedürfnissen) und das Neo-Key-Accounting (mit einem Hersteller-Mitarbeiter im Hause des Handelskunden). Entsprechende Kooperationsstrategien sind auf der Lieferantenseite des Handels möglich, z.B. indem das Handelsunternehmen „nicht Waren, sondern genau nach Tag, Maschinenkategorie und Kapazitätsausnutzung festgelegte Hersteller- und Logistikkapazitäten" kauft. Als konsequente Endstufe der vertikalen Kooperation wird das „planvereinbarte Marketing" beschrieben, zu dem er auch das Warengruppenmanagement des Einzelhandels zählt. Tietz zieht ein positives Zukunftsfazit für die vertikale Kooperation.

TOMCZAK, FEIGE und SCHÖGEL untersuchen theoretisch und durch eine Befragung deutscher Lebensmitteleinzelhandels-Manager komparative Konkurrenzvorteile (KKV) von Herstellerunternehmen. Ihr Blick ist auf den Engpaß „Einzelhandel" im Herstellermarketing gerichtet. Das KKV-Konzept wird, an diese Perspektive angepaßt, spezifiziert, es wird herausgearbeitet, welche Herstellerleistungen aus der Handelssicht strategische Bedeutung haben, und als KKV-Quellen werden Pull-, Push- und Kooperationsanreize – zunächst theoretisch – ausgemacht. Empirisch reflektiert eine Faktorenanalyse der Befragungsdaten diese Quellen, erweitert um einen vierten Faktor „Hygiene" (Lieferzuverlässigkeit usw.). Überragende Bedeutung hat der Pull-Faktor, substantielle der Kooperationsfaktor, geringe der Hygiene-Faktor und praktisch keine Bedeutung hat der Push-Faktor. Eine Clusteranalyse der untersuchten Marken nach diesen Faktoren ergibt fünf unterschiedlich erfolgreiche Markengruppen. Die Spitzengruppe („Top-Marken" aus Handelssicht) ist durch starke Pull-Anreize und gute Kooperations-Kompetenz gekennzeichnet.

Konzentration, Wettbewerb und horizontale Kooperation

Der Einzelhandel in Deutschland und in vielen anderen Industrieländern unterliegt seit Jahrzehnten einem starken und stetigen Konzentrationsprozeß. Er hat dazu geführt, daß 1989 die zehn größten Einzelhandelsunternehmen in den alten Bundesländern 14 % des Einzelhandelsumsatzes auf sich vereinigten (jüngste verfügbare Zahl aus dem Sondergutachten der Monopolkommission 1994). Im Lebensmitteleinzelhandel (LEH) ist die Konzentration noch gravierender: 1993 (1992) haben die zehn größten LEH-Unternehmen in ganz Deutschland 74 % (70 %) des Umsatzes auf sich vereinigt.

Die Eingriffsmöglichkeiten des für die Umsetzung des Gesetzes gegen Wettbewerbsbeschränkungen (GWB) zuständigen Bundeskartellamts sind nicht stark genug, den Konzentrationsprozeß zu unterbinden bzw. erheblich abzuschwächen. Dabei führen im Handel geringere Konzentrationsgrade zur Verdrängung kleinerer Wettbewerber als das in der Industrie der Fall ist. Gründe dafür liegen einerseits in der räumlich beschränkten Einsetzbarkeit der Ressourcen von Einzelhandelsgeschäften, andererseits in der immensen Wettbewerbsbedeutung der Beschaffungskonditionen, die ein nachfragemächtiges Handelsunternehmen stark beeinflussen kann.

Einer der Gründe für die relative Machtlosigkeit des Wettbewerbsrechts liegt in dem mehrdeutigen Begriff „Wettbewerb". Es gibt zum Beispiel keine klare Antwort auf die Frage, ob im oligopolistisch konzentrierten Benzinmarkt scharfer Wettbewerb herrscht (wie die betreffenden Unternehmen sagen, aber nicht beweisen können) oder ob die Oligopolsituation zu abgestimmtem wettbewerbsbeschränkenden Verhalten geführt hat (wie Kritiker und gelegentlich auch das Kartellamt sagen, aber ebenfalls nicht beweisen können).

In der Konzentrationsdiskussion sind zwei Erscheinungen zu unterscheiden: Wettbewerbsbeschränkendes Verhalten auf den Absatzmärkten und Ausübung von Nachfragemacht auf den Beschaffungsmärkten. Bei der Konzentrationskontrolle des Handels geht es besonders um die Zusammenballung von Nachfragemacht, die als Wettbewerbsbeschränkungspotential kartellrechtlich zu kontrollieren ist. Der hoch konzentrierte Lebensmitteleinzelhandel steht weniger im Verdacht eines wettbewerbsbeschränkend abgestimmten Verhaltens auf den Absatzmärkten als im Verdacht der Ausnutzung seiner Nachfragemacht auf den Beschaffungsmärkten. Die Bedeutung der Beschaffungskonditionen ist im Handel ungleich größer als in der Industrie, weil diese einen erheblich höheren eigenen Wertschöpfungsanteil aufweist. Daher geht es bei der kartellrechtlichen Konzentrationskontrolle des Handels vor allem um die Zusammenballung von Nachfragemacht. Dennoch gelingt in Akquisitions- und Fusionsfällen nur selten der Nachweis, daß wettbewerbsbeherrschende Strukturen entstehen.

Insgesamt ist festzustellen, daß das originäre wirtschaftspolitische Instrumentarium zur Verhinderung von konzentrativen Wettbewerbsbeschränkungen im Handel bislang wenig bewirken kann. Ergänzende Instrumente zum Schutz kleinerer Wettbewerber gegen die wachsende Wettbewerbsbedrohung durch Handelskonzerne sind erforderlich. Gesetzgebung und Rechtsprechung haben das Problem über verschiedene Nebenwege zu lösen versucht, darunter die Flächenkontrolle durch die – so eigentlich zweckentfremdete – Baunutzungsverordnung.

Ein anderer Nebenweg verlangt Eigeninitiative der Betroffenen: Kooperation. Eigentlich verbietet das GWB Absprachen zwischen Konkurrenten, durch welche die Intensität ihres Wettbewerbs untereinander abgeschwächt werden könnte, weil befürchtet werden muß, daß der Wettbewerb der Anbieter durch Kooperation zum Nachteil der Nachfrager beschränkt (monopolisiert) werde und z.B. zu überhöhten Preisen führen könne. Als Gegengewicht zur Konzentration im Einzelhandel werden jedoch Kooperationen unter mittelständischen Händlern trotz ihres anscheinend wettbewerbsbeschränkenden Charakters zugelassen und sogar ermutigt. Damit soll einerseits bewirkt werden, daß sich mittelständische Handelsunternehmen gegen den Verdrängungswettbewerb auf der Absatzseite besser durchsetzen können.

Ein altes Sprichwort sagt, im Einkauf liege der Gewinn. Durch Zusammenarbeit im Beschaffungsbereich (Einkaufskooperation) können mittelständische Einzelhändler in den Genuß ähnlich günstiger Konditionen kommen wie die großen Handelsunternehmen. Durch diese ,,Gleichstellung" sollen sie wettbewerbsfähig bleiben. Der Gesetzgeber hat den Zielkonflikt zwischen Mittelstandspolitik und Wettbewerbsschutz zugunsten des Mittelstandes entschieden. Das ist auch wirtschaftstheoretisch richtig, weil die beiden Ziele nicht unverbunden nebeneinanderstehen, sondern hierarchisch und zeitlich so vernetzt sind, daß langfristig ein gesunder Mittelstand im Handel das Ziel des freien marktwirtschaftlichen Wettbewerbs unterstützt. Die horizontale Kooperation mittelständischer Handelsunternehmen verbessert nicht nur die Wettbewerbsposition im Absatzbereich, sie schafft insbesondere ein Gegengewicht zu den einkaufsmächtigen Filialisten und Franchiseketten auf den Beschaffungsmärkten. Innerhalb des Schwerpunktthemas ,,Kooperation" des Jahrbuchs der Handelsforschung wird diesem Ansatz besondere Aufmerksamkeit gewidmet. In sieben Beiträgen werden aktuelle strategische Fragen des Kooperationsmanagement diskutiert (Zentes, Ahlert & Krönfeld, Olesch, Strobel, Pauli & Hoffmann, Glaser, Bienert).

Beiträge zur horizontalen Kooperation im Handel

ZENTES betrachtet kooperative Wettbewerbsstrategien des Handels unter dem Blickwinkel strategischer Allianzen, eine bislang vornehmlich für Industrieunternehmen diskutierte Option. Auslöser für industrielle Kooperation werden in der fortschreitenden Internationalisierung, der Konzentration und der vertikalen Integration im Konsumgütersektor (Kontraktmarketing, siehe auch den Beitrag von Tietz) gesehen. Auf der Handelsseite dominiert die horizontale Kooperation, wofür Zentes als weitere Auslöser die nach wie vor zunehmende Konzentration des Handels nennt – mit besonderem Wachstum der Fachmärkte, Großformen und Systeme sowie der Europäisierung des Handelswettbewerbs. Der mittelständische Einzelhandel reagiert tendenziell mit zunehmender internationaler Einkaufsbündelung, mit verschiedenen Formen kooperativer Transaktion (z.B. Ost-West-Joint-ventures) und mit einer Ausweitung und Intensivierung der kooperativen Koordination. Zentes leitet aus diesen Entwicklungen neue wettbewerbsstrategische Optionen der Verbundgruppen ab und befaßt sich speziell mit deren verstärkter Integration (Straffung der Entscheidungsstrukturen) und Segmentation (in sich homogenere Mitgliedersegmente). Im Endeffekt sieht der Autor neue Formen strategischer Allianzen kommen, u.a. zwischen Verbundgruppen sowie zwischen Großformen des Einzelhandels und Verbundgruppen.

AHLERT & KRÖNFELD befassen sich mit der Frage, wie organisationales Lernen in Handelsunternehmen bzw. -kooperationen funktioniert. Sie konzentrieren sich auf Lern-Input, den die Erfolgsforschung liefern kann (nicht zu verwechseln mit „Erfolgsfaktorenforschung" = wissenschaftlich-empirische Entdeckung verallgemeinerbarer Ursachen für Erfolg und Mißerfolg). Handelsunternehmen bzw. Handelskooperationen sollen den eigenen Erfolg im Vergleich zu besonders erfolgreichen Wettbewerbern bewerten und die Erfolgsquellen analysieren. Methodisch verbindet Erfolgsforschung den klassischen (operativen und quantitativen) Betriebsvergleich mit dem modernen (strategischen und auch qualitativen) Benchmarking. Inhaltlich gibt es Parallelen zum Lean Management im Handel (siehe Beitrag Barth). Ahlert & Krönfeld fassen die Betriebsformendynamik als Systemdynamik im Gruppenwettbewerb auf und entwerfen eine System- und Kooperationstypologie, die zur zentralen Aussage führt: Systematische Erfolgsforschung entscheidet künftigen Wettbewerb. Die Autoren gehen folgenden Fragen nach: Gibt es evolutionäres Management im Handel? Ist Erfolgsforschung eine dafür geeignete Informationsgrundlage? Wie lernen Kooperations-Systemzentralen? Wie funktioniert der Wissenstransfer in Handelskooperationen? – Besondere Chancen haben nach ihrer Analyse Kooperationsgruppen, die durch dezentrale unternehmerische Motivation ihrer Mitglieder eine „vorbildorientierte" Strategieentwicklung betreiben. Die Kenntnisse und Motivation dazu sind in Systemzentralen allerdings höchstens rudimentär ausgeprägt. In dem umfangreichen empirischen Teil wird u.a. eine Typologie nach drei unterschiedlichen Unternehmens- bzw. Gruppen-Clustern vorgestellt, welche die Erfolgsforschungsmeßwerte der Studie deutlich diskriminieren.

Günter OLESCH, Geschäftsführer des Zentralverbandes Gewerblicher Verbundgruppen, befaßt sich wie Strobel mit dem Mitgliedermanagement in Handelskooperationen, jedoch unter dem spezielleren Aspekt einer stärkeren Mitgliederintegration. Der Beitrag kennzeichnet zunächst die Filialsysteme, die Hersteller-gesteuerten vertikalen Absatzsysteme und die Verbundgruppen als Akteure des Systemwettbewerbs. Dann arbeitet er heraus, daß die Integrationsaufgaben der Verbundgruppen drei Ebenen einnehmen: Integration zwischen Zentrale und Mitgliedern, zwischen Mitgliedern und innerhalb der Zentrale. Vier Integrationsfelder werden herausgearbeitet: kulturelle, normative, materiell-funktionale und kommunikative Maßnahmen. Die Integrations-/Desintegrationsdynamik wird auf die Entwicklungsphasen, die Gruppengröße und -stabilität sowie auf strategische Neuorientierungen, z.B. Gruppenfusionen, zurückgeführt. Olesch präsentiert sodann ein Instrumentarium der Integrationspolitik, das aus Früherkennung und Analyse einerseits und Maßnahmen innerhalb der vier Integrationsfelder andererseits besteht. Abschließend diskutiert er Grenzen der Integrationspolitik.

Der Beitrag von STROBEL problematisiert die Mitglieder-Heterogenität in Kooperationsgruppen und visiert das Ziel einer (auf die Mitglieder bezogen) „kundenorientierten" strategischen Verbundgruppenführung an. Dazu schlägt er erstens vor, Mitgliedergruppen als Strategische Geschäftseinheiten (SGEs) zu verstehen, wobei deren Doppelrolle als Partner und als Kunden diskutiert wird. Zweitens sollen die klassischen Methoden des strategischen Management auf diese SGEs angewendet werden. Strobel erörtert dann differenziert und praxisnah die Kriterien zur Mitgliederanalyse für die SGE-Bildung sowie die Grundzüge eines geeigneten Portfolios. Es besteht aus den Dimensionen „Betriebsattraktivität" (nach 'Förderungswürdigkeit' und 'Eignung') und „Kooperationsattraktivität" (nach 'Bedarf' und 'Akzeptanz'). Abschließend werden den neun Feldern des Verbundgruppen-Portfolios Normstrategien – Desinvestition, Selektion und Investition – zugeordnet und den Spezifika von Handelskooperationen entsprechend diskutiert. Der Beitrag leistet damit einen wesentlichen Beitrag zur Lösung der Strategieprobleme im Verbundgruppenmanagement.

PAULI & HOFFMANN behandeln das für horizontale Kooperationen zentrale Problem der zukunftsorientierten Führung von Einzelhandelskooperationen, wobei nicht die Sicht des einzelnen Handelsunternehmens, sondern die unternehmerische Sicht einer Verbundgruppe eingenommen wird. Dabei wird eine Analogie zwischen der Kooperationsfirma und einem Konzern bzw. einer Holding gezogen und der (von Verbundgruppenmitgliedern gelegentlich beklagte) Zentralismus der Kooperationsfirma in Frage gestellt – ein gravierendes Thema aus der Diskussion von Konzernstrukturen, das für die Strategieentwicklung der Verbundgruppen große Bedeutung haben kann. Die Autoren tendieren zum „Konzept der unternehmerischen Holding als Antwort auf die Herausforderungen an eine zukunftsorientierte Kooperationsführung" und begründen das, durch praktische Beispiele gestützt, mit erfolgreichen Managementkonzepten der unternehmerischen Holding in der Industrie. Der Beitrag ist nicht nur anregend für die Organisationsentwicklung von Verbundgruppen, seine Sentenz hat auch ordnungspolitische und wettbewerbsrechtliche Brisanz.

GLASER befaßt sich mit einem zugleich spezielleren und weitergehenden Problem der Führung von Einzelhandelskooperationen, der Führung über das Konzept der Corporate Identity. Damit geht er weg von der Vorstellung, eine Verbundgruppe sei ein Sammelbecken von „Fußkranken" des Einzelhandels. Zunächst wird Ordnung in die Begriffe gebracht (Corporate Identity, Image, Design). Dann geht der Autor der Gretchenfrage nach, ob eine verbindliche zentrale CI in der Verbundgruppe anzustreben sei oder ob der Pflege der Mitglieder-Einzelidentitäten Vorrang gebühre. Die Rahmenbedingungen für die zentrale CI-Strategie werden herausgearbeitet und mit Beispielen unterschiedlicher Erscheinungsformen belegt. Als Gegenstück werden Gründe und Formen der „modular aufgebauten CI-Strategie" aufgezeigt. Schließlich werden auch noch CI-Strategien für Kooperationen diskutiert, die Mitglieder auf völlig unterschiedlichen Märkten enthalten. Abschließend kommen praktische (auch gruppenpsychologische) und die Durchsetzung der CI-Strategie betreffende Aspekte des Verbundgruppen-CI zur Sprache. Insgesamt überzeugt Glaser, daß CI-Management eine erfolgskritische, bisher vernachlässigte, aber durchaus rational machbare Facette des strategischen Management von Verbundgruppen darstellt.

BIENERT untersucht die Standortplanung als spezielles strategisches Verbundgruppen-Managementproblem. Zunächst gibt er einen Überblick über die Methoden der Standortanalyse. Er gruppiert sie nach Makro- und Mikroanalysen und nach Total- und Partialanalysen. Die unübersichtlich vielen in der Literatur erörterten Standortfaktoren werden auf ihren gemeinsamen Kern verdichtet. Der empirische Hauptteil des Beitrags ist eine Bestandsaufnahme der Standortplanungs-Praxis in Verbundgruppen. Schriftlich befragt nach ihrem Umgang mit Standortanalysen, -planungen und -entscheidungen wurde eine Repräsentativauswahl deutscher Verbundgruppen mit 42 auswertbaren Fragebögen (von 75 Angeschriebenen). Bei durchschnittlich 15 und teilweise ein Vielfaches ausmachenden Neuzugängen je Verbundgruppe darf man systematische Standortanalysen und erheblichen Einfluß der Ergebnisse auf die Politik der Zentrale erwarten. Die Ergebnisse sind jedoch etwas ernüchternd. Ungefähr in jedem zweiten Fall wird eine Standortanalyse durchgeführt, und meistens spielen Standortanalyseergebnisse bei der Aufnahmeentscheidung keine ausdrückliche Rolle. Die Untersuchung enthält weiterhin viele interessante Details zur Standortanalyse bei Verbundgruppen. Bienert folgert – besonders bezogen auf den Systemwettbewerb gegenüber Filialisten – mehr systematische Standortanalysen und mehr standortbezogenen Einfluß der Kooperationszentralen, möglichst im Sinne eines laufenden Standortcontrolling der Mitgliedsunternehmen.

Beiträge außerhalb des Schwerpunktthemas

Wie immer werden im Jahrbuch der Handelsforschung auch aktuelle Themen außerhalb des Schwerpunkts behandelt.

MEFFERT & BURMANN widmen sich einem theoretisch wie methodisch grundsätzlich bedeutenden Thema, der handelsspezifischen Erfolgsfaktorenforschung. Sie ist bisher nicht den Schritt zur instrumentell quantitativen Managementempfehlung gegangen, weil sie sich mit linearen je-(Faktoreinsatz)-desto-(Erfolg)-Beziehungen begnügt statt Optima zu suchen und Schranken festzustellen. Die Je-Desto-Linearitätshypothese wird bezweifelt und durch nichtlineare und limitationale handelsspezifische Produktionsfunktionen ersetzt. Unter sieben erfolgsentscheidenden Faktoren im Einzelhandel werden Personal- und Flächendispositionen als besonders wichtig hervorgehoben: Optimale Ausprägungen und

Schranken sollten für diese Faktoren bekannt sein. Realitätsnahe Marktreaktionsfunktionen der Flächenproduktivität bzw. der Personalintensität für Umsätze und Deckungsbeiträge von Filialen werden getrennt für clusteranalytisch bestimmte Filialtypen bestimmt. Die Reaktionsfunktionen erlauben die Optimierung des Personalbestandes einer Filiale des jeweiligen Typus. Strategische Implikationen – auch für andere Betriebsformen des Einzelhandels – werden diskutiert. Der Beitrag schlägt insgesamt eine (Handelsforschungs-) Brücke von der traditionellen Marketing-Mix-Optimierungsforschung der 60er Jahre zur modernen Erfolgsfaktorenforschung der Gegenwart.

BLÜMLE & HALM befassen sich mit den bisher wenig bekannten und empirisch wenig beachteten Internationalisierungstendenzen und -formen des schweizerischen Einzelhandels. Dazu wurde eine Stichprobe von 363 Einzelhandelsunternehmen verschiedenster Branchen analysiert, von denen knapp 40 % im Beschaffungsbereich und knapp 10 % im Absatzbereich im Ausland tätig sind. Die Analyse der Gründe gegen internationalen Absatz läßt besonders auf größen- und branchenbedingte Hindernisse schließen: Großunternehmen und solche im Bereich Papierwaren und Druckerzeugnisse sind stärker zur Internationalisierung geneigt, solche aus dem Food-Bereich wesentlich weniger. Auch im Hinblick auf die ausländischen Zielmärkte ergeben sich starke Unterschiede – mit Schwerpunkten bei den angrenzenden Ländern Deutschland, Frankreich und Österreich. Bei den Markteintrittsdaten zeigt sich ein stetiger Zuwachs seit Anfang/Mitte der 80er Jahre. Die Motive für internationales Absatzengagement liegen sowohl in der Überwindung von unternehmerischen Engpässen (Push-Faktoren) als auch in der Wahrnehmung von Marktchancen (Pull-Faktoren), sie zeigen aber einen klaren „Trend hin zu einer erhöhten Bedeutung der Push-Faktoren".

BARTH & HELPUP untersuchen die Relevanz der Lean-Management-Konzeption für Handelsunternehmen. Ausgelöst durch die Studie des M.I.T. über die Defizite der europäischen und amerikanischen gegenüber der japanischen Automobilindustrie ist „Lean Management" (schlanke Produktion) zum Schlagwort der frühen neunziger Jahre geworden, obwohl es eigentlich nur bereits bekannte Einzelansätze wie Total Quality Management und Just-in-Time-Produktion, absolute Kundenorientierung, internes Unternehmertum usw. unter einem Begriff integriert. Barth und Helpup fragen, ob die entsprechenden Ansätze im Handel nicht auch schon lange bekannt sind und praktiziert werden. Dazu erörtern sie zuerst alle wesentlichen Züge des Lean-Management und prüfen sie dann auf Übertragbarkeit in das Handelsmanagement. Drei Grundsätze werden hervorgehoben: (1) Kundenorientierung, im Handel besonders durch ein systematisches Beschwerdemanagement (siehe Beitrag Hansen), Stammkundenmanagement und Event Marketing zu verfolgen, (2) Mitarbeiterorientierung, im Handel besonders zu fördern durch Teamarbeit, Mitarbeiterqualifikation, Personalsteuerung, internes Unternehmertum und entsprechende Lohn- und Gehaltssysteme, und (3) Informationsmanagement, besonders durch ein innerbetriebliches Informations- und Kommunikationswesen, Logistik- und Kompetenzmanagement. Es ist, wie Barth & Helpup vermuten, bereits jeder dieser Ansätze für sich in der Diskussion, aber es gibt bei der Anwendung auf Handelsunternehmen noch viel zu tun. Und ein durchsetzungsstarkes Schlagwort kann dabei eigentlich nur helfen.

Der Beitrag von KESSLER analysiert aus wettbewerbsrechtlicher und kommunikationspsychologischer Sicht das höchst aktuelle Thema der Verwendung von Umweltkennzeichen (wie der Grüne Punkt oder der Blaue Engel) im Einzelhandel. Das ist insofern ein Beitrag zur Handelsforschung, als die rechtliche Beurteilung von Umweltkennzeichen den Einzelhandel über den Nachfragesog nach umweltgerechten Produkten hinaus in seiner Angebotspolitik und Imagestrategie tangiert. Keßler stellt heraus, daß ein Umweltkennzeichen psychologisch die verhaltenssteuernde Funktion eines Schlüsselmerkmals und damit Wettbewerbsrelevanz hat. Hauptsächlich untersucht der Autor dann wettbewerbsrechtliche Implikationen der Umweltkennzeichenverwendung. Er kommt zu dem verhaltenswissenschaftlich begründeten Ergebnis, daß die Irreführungsrechtsprechung zu § 3 UWG die Aussagen eines Umweltlabels praxisfern, zu streng und im ökologischen Sinn kontraproduktiv auslegt.

COVI & MARSCHNER legen die Ergebnisse einer empirischen Untersuchung über Ausmaß, Schwerpunkte und Auftraggeber der Handelsforschung in Europa durch Universitätsinstitute, Verbände sowie Markt- und Wirtschaftsforschungsunternehmen vor. Unter 462 von ihnen ausgemachten Forschungsinstitutionen in 16 Europäischen Ländern antworteten 180 (39 %), davon wurden 73 mit aktiver Handelsforschung in die Untersuchung einbezogen. Von diesen engagiert sich die Hälfte (46) auch in der internationalen Handelsforschung. Trotz teilweise kleiner Untergruppen nach Ländern, Themen usw. liefern die Einzelergebnisse interessante Aufschlüsse. So wird Handelsforschung besonders in Deutschland, Großbritannien und Italien betrieben. Schwerpunkte bilden die nationale, die auf das Marketing bezogene und die angewandte (nicht Grundlagen-) Handelsforschung. Als Auftraggeber rangiert die Industrie vor dem Handel. Die Autoren beklagen erhebliche Defizite der internationalen Handelsforschung und fordern mehr Engagement von Seiten des Handels.

Literaturdienst

Wie üblich endet der Band mit einem sorgfältig recherchierten, kommentierenden und evaluierenden Besprechungsdienst zur wissenschaftlichen Handelsliteratur aus dem Jahre 1993. Die Besprechungen sind von Mitarbeitern, Doktoranden und mir verfaßt worden; sie sind alle namentlich gekennzeichnet.

Call for Papers Handelsforschung 1995/96

Das 10. Jahrbuch der FfH Berlin ist dem Schwerpunktthema gewidmet:

Informationsmanagement im Handel

Einer der für den Wandel im Handel gegenwärtig bedeutendsten Faktoren ist der Umgang mit Information. Der Erfolg im Wettbewerb hängt zunehmend davon ab, wie effektiv das strategische und wie effizient das operative Management auf gültige aktuelle und zukunftsorientierte Information gestützt werden kann. Diese Aufgabe steht im Spannungsfeld zwischen Informationsüberflutung durch immer größere Zuflußkapazitäten und Mangel an wirklich relevanter Information. Sie erfordert zunehmend intelligente und informationstechnisch gestützte Erhebungs- und Selektions-, Aufbereitungs-, Speicherungs- und Verarbeitungssysteme. Die herkömmlichen Methoden der Marktforschung und des betrieblichen Rechnungswesens reichen längst nicht mehr aus, um Wettbewerbsvorteile zu gewinnen und zu halten.

Zum Beispiel sind in jüngster Zeit zum klassischen Informationsmanagement im Handel dazugekommen: Scanning und Datenbanknutzung, international vergleichbare Statistiken, Single-Source-Marktforschung, labor- und feldexperimentelle Kontrolle von Marketing-Mix-Wirkungen und deren Optimierung durch what-if-Analysen, komplexe Kausalanalyse, zukunftsanalytische und frühwarnende Simulation (Sensitivitätsanalyse), strategisches (Filial-) Controlling, neue Modelle zur Standortbewertung und Weiterentwicklungen des Betriebsvergleichs, computergestützte Warenwirtschaft und Logistik, Sortiments- und Regaloptimierung mit DPR usw. Die Handelsforschung 1995/96 will einen konstruktiv-kritischen Überblick über die technisch-wirtschaftlichen Entwicklungen, deren Bedeutung und Verhaltenswirkung, über Nutzen und Kosten sowie Implementierungsmöglichkeiten geben.

Alle Themen mit betriebswirtschaftlichen, technischen, verhaltenswissenschaftlichen, volkswirtschaftlichen und rechtlichen Aspekten des Informationsmanagement im Handel sind innerhalb des Schwerpunktthemas der Handelsforschung 1995/96 sehr willkommen. Wie immer können auch andere aktuelle Themen aus der betriebswirtschaftlichen und volkswirtschaftlichen Handelsforschung veröffentlicht werden. Die Beiträge sollen einschließlich Literaturverzeichnis und Abbildungen 20 Seiten (39 Zeilen, 64 Anschläge) nicht überschreiten. Erbeten wird ein Ausdruck und eine Diskette unter Windows, Texte möglichst in „Word for Windows", Tabellen in „Excel", Grafiken in „Corel Draw" oder „Harvard Grafics for Windows".

Redaktionsschluß ist der 31.5.1995

Ein Autorenmerkblatt und persönlichen Auskünfte geben Ihnen gern:

Prof. Dr. Volker Trommsdorff
TU Berlin – Lehrstuhl Marketing I
Wilmersdorfer Straße 148
D 10585 Berlin
Fax 030-31422-664,Tel 030-31422-266

Dipl.-Kfm. Michael Bienert
Forschungsstelle für den Handel
Fehrbelliner Platz 3
D 10707 Berlin
Fax 030-863094-44, Tel 030-863094-33

Danke

Michael BIENERT, Wissenschaftlicher Mitarbeiter der FfH und Doktorand am TU-Marketinglehrstuhl hatte wieder die Schriftleitung der Handelsforschung 1994/95. Für seine handelswissenschaftlich sehr kompetente und persönlich angenehme Mitarbeit dankt der Herausgeber dem Schriftleiter herzlich. Claudia ZELLERHOFF hat in bewährter Weise die umfangreichen Arbeiten zur Sammlung der relevanten Publikationen und zur Organisation der Besprechungen für den Literaturdienst geleistet. Herzlichen Dank! Bei der Endredaktion hat mich Hülya CEKICI durch fachlich sehr kritisch-konstruktives und buchstäblich besonders sorgfältiges Korrekturlesen unterstützt. Dankeschön! Meinen Mitarbeiterinnen und Mitarbeitern Marianne REEB, Frank RIEDEL, Harald RÜGGEBERG, Thomas VÖLCKER, Günter WEBER sowie noch einmal Claudia ZELLERHOFF (alle TU Berlin) sowie Michael BIENERT (FfH Berlin), die jeweils mehrere Beiträge zum Literaturdienst geschrieben haben, sage ich besten Dank. Die STIFUNG BAYRITEX hat das Jahrbuch wieder finanziell großzügig unterstützt. Persönlich möchte ich dafür Herrn SAND bestens danken, diesmal besonders auch für seine wertvollen Informationen und Anregungen aus der Praxis zum Schwerpunktthema „Kooperation". Durch die Nennung am Schluß dieses Vorworts hervorgehoben, danke ich vor allem den Autoren. Sie sind es, die die Handelswissenschaft voranbringen und die das Jahrbuch der Handelsforschung durch ihre Publikationen richtig profilieren.

Berlin, im Juli 1994 — Professor Dr. Volker Trommsdorff

Inhaltsverzeichnis

Kooperation als strategische Option

Dirk Möhlenbruch und Sylvia Nickel
Kooperationsstrategien als Element der wettbewerbsstrategischen Konzeption von Einzelhandelsunternehmungen 3

Ursula Hansen
Kundenorientierung durch aktive Beschwerdepolitik im Handel . . . 23

Bruno Tietz
Kooperation statt Konfrontation – Kontraktmarketing zwischen Hersteller und Handel 39

Torsten Tomczak, Stephan Feige und Marcus Schögel
Zum Management von komparativen Konkurrenzvorteilen im vertikalen Marketing – Ergebnisse einer empirischen Studie 57

Horizontale Kooperation im Handel

Joachim Zentes
Strategische Allianzen: Neuorientierung der kooperativen Wettbewerbsstrategien im Handel 73

Dieter Ahlert und Bodo Krönfeld
Erfolgsforschung in kooperierenden Handelssystemen – erste Erkenntnisse einer empirischen Untersuchung 87

Günter Olesch
Zum Problem der Mitgliederintegration in Verbundgruppen . . . 107

Burkhard Strobel
Mitgliederbetreuung als Ansatz eines strategischen Kooperationsmanagement 119

Christoph Gustav Pauli und Friedrich Hoffmann
Zukunftsorientierte Führung von Einzelhandelskooperationen . . 135

Jörg Glaser
Mitgliederbindung in Verbundgruppen – Möglichkeiten und Grenzen des Einsatzes von Corporate Identity-Strategien 155

Michael Bienert
Standortplanung in Verbundgruppen des Einzelhandels – Theoriegrundlagen und Ergebnisse einer empirischen Untersuchung 167

Beiträge außerhalb des Schwerpunktthemas

Heribert Meffert und Christoph Burmann
Der Einsatz von Marktreaktionsmodellen zur Bestimmung der optimalen Personal- und Flächenallokation im Einzelhandel . . . 185

Ernst-Bernd Blümle und Rafael Halm
Die Internationalisierung schweizerischer Einzelhandelsunternehmungen (EHU) – Ergebnisse einer empirischen Untersuchung . . 203

Klaus Barth und Antje Helpup
Die Relevanz des Lean-Management-Ansatzes für Handelsunternehmungen 223

Jürgen Keßler
Informationsökonomische und wettbewerbsrechtliche Aspekte der Verwendung von Umweltkennzeichen im Einzelhandel . . . 241

Andreas Covi und Hubert F. Marschner
Internationale Handelsforschung in Europa 255

Literaturdienst

Autorenteam TU und FfH Berlin:
Literaturdienst zur Handelsforschung 1994 273

Autorenverzeichnis 293

Kooperation als strategische Option

Kooperationsstrategien als Element der wettbewerbsstrategischen Konzeption von Einzelhandelsunternehmungen

Dirk Möhlenbruch, Sylvia Nickel, Halle

Ausgehend von einer Darstellung des Wettbewerbsrahmens im Einzelhandel werden Ansatzpunkte und Gestaltungsmöglichkeiten von Wettbewerbsstrategien diskutiert sowie ein Konzept zur Evaluation wettbewerbsbezogener Strategien im Einzelhandel vorgestellt. Darauf aufbauend wird die Kooperation als wettbewerbsstrategisches Element zur Schaffung von Wettbewerbsvorteilen erläutert. Der Darstellung einer Entwicklung ausgewählter wettbewerbsorientierter Kooperationsstrategien folgt eine kritische Betrachtung hinsichtlich der sich ergebenden Chancen und Risiken für die jeweiligen Kooperationspartner.

1 PROBLEMSTELLUNG

Mit der Verschärfung des Wettbewerbs gelangt seit Beginn der 80er Jahre die Wettbewerbsorientierung zunehmend in den Mittelpunkt der Marketingplanung (vgl. Meffert 1989; Meffert 1985). Diese Neuorientierung dokumentiert sich verstärkt in sog. Wettbewerbsstrategien (vgl. Hinterhuber 1990; Porter 1990) bzw. konkurrenzorientierten Marketingstrategien (vgl. Meffert 1985). Die festzustellende Entwicklung in der Marketingtheorie und -praxis bezieht zunehmend den Einzelhandel in die Überlegungen mit ein (vgl. Simmet 1990; Gröppel 1994). Im vorliegenden Beitrag soll die Kooperation als Teil einer umfassenden wettbewerbsstrategischen Konzeption von Einzelhandelsunternehmungen näher betrachtet werden.

Kooperationen vergrößern den Handlungsspielraum in Bereichen, in denen aufgrund mangelnder Ressourcen unwiederbringliche Wettbewerbsnachteile vor allem für inhabergeführte Unternehmungen gegenüber den Großbetrieben des Einzelhandels drohen. Dies betrifft vor allem die Bereiche Beschaffung, Logistik, Sortiment, Kommunikation und Information. Je nach Einbindung kooperativer Teilaufgaben in die jeweilige Funktionszentrale wird jedoch die unternehmerische Handlungsfreiheit und -flexibilität nicht unerheblich eingeschränkt. Angesichts der Konzentrationstendenzen in Industrie und Handel ergibt sich aber insbesondere für mittelständische Einzelhandelsunternehmen die Notwendigkeit zur Kooperation als Grundlage der Existenzsicherung (vgl. Tietz 1991, S. 3). Im Hinblick auf die fortschreitende Internationalisierung werden Kooperationen jedoch auch für die Großbetriebe des Handels zunehmend unverzichtbar (vgl. Tietz 1992, S. 233 ff.).

2 DER WETTBEWERBSRAHMEN IM EINZELHANDEL

Der Wettbewerb im Einzelhandel ist wie auch in der Industrie ein alle Wertschöpfungsstufen umfassender Leistungswettbewerb (vgl. Schenk 1970, S. 160). Die absatzwirtschaftliche Leistungsfähigkeit einer Handelsunternehmung ist Ergebnis eines diese Stufen umfassenden Prozesses.

Gegenstand des Wettbewerbs im Handel ist die *einkaufsstättenspezifische Handelsleistung*, verstanden als ein Kombinat fremderstellter Sachleistungen und eigenerstellter Dienstleistungen (vgl. Barth 1993, S. 2). Aus der Sicht des Konsumenten enthält die Vielfalt handelsbetrieblicher Leistungsangebote nur über eine entsprechende Preisgestaltung einen subjektiv meßbaren Ausdruck (vgl. Schüller 1967, S. 266). Dies impliziert, daß der Konsument als gleich empfundene Leistungen einer *Preisbeurteilung* unterzieht.

Im Gegensatz zur Industrie ist der Wettbewerb im Handel in starkem Maße *standortbezogen*. Prinzipiell konkurrieren alle in einer Region ansässigen Betriebe unter Einschluß des überregionalen Versandhandels miteinander, deren Leistungen Angebotsüberschneidungen aufweisen (vgl. Schenk 1966, S. 179). Insofern ist die Zahl der Wettbewerber einer Branche in relevanten Märkten regelmäßig sehr hoch.

Die relativ *geringen Mobilitätsbarrieren* führen darüber hinaus zu einer hohen potentiellen Wettbewerbsintensität. Markteintrittsbarrieren bestehen allenfalls im knappen Standort; von Marktaustrittsbarrieren in der Form von irreversiblen Investitionen (sunk costs) kann bei durchschnittlichen Ladeneinrichtungskosten von DM 600,00/m^2 (Berekoven 1990, S. 316) und einer relativ problemlosen Weiterveräußerbarkeit von Betriebsstätten nicht gesprochen werden. Die wichtige Voraussetzung für die kostenaufwendige Schaffung von Marktzutrittsschranken – Marktaustrittsbarrieren – besteht im Handel somit nicht (vgl. Schmidt & Engelke 1989, S. 401). Insofern handelt es sich bei Einzelhandelsmärkten nahezu um contestable markets (Baumol u.a. 1982, S. 5 f., S. 280 f.). Dies bedeutet, daß bei der Schaffung eines Wettbewerbsvorteils – etwa durch einen neuen Betriebstyp – die Gefahr der schnellen Imitation und Gewinnabschöpfung besteht, wenn die spezifische Dienstleistung-Sachleistungs-Kombination als besonders profitabel erscheint. Durchschnittliche Umsatzrenditen von zwei bis fünf Prozent erhärten diese These (vgl. Erdmann 1993, S. 156). Zudem ermöglicht die *Vielzahl an dynamischen Marketingvariablen* aufgrund der Anpassungs- und Dispositionsflexibilität (vgl. Möhlenbruch 1985, S. 131) des Handels eine schnelle Anpassung an geänderte Rahmendaten. Der fehlende Schutz vor Imitation verstärkt diese wettbewerbliche Reaktionsverbundenheit.

Unter *wettbewerbs-* bzw. *konkurrenzorientierter* Marketingstrategie sind strategische Optionen zu verstehen, welche eine Unternehmung in die Lage versetzen, durch offensive oder defensive Maßnahmen eine verteidigungsfähige Position gegenüber den Wettbewerbskräften, also Wettbewerbsvorteile, aufzubauen (vgl. Porter 1990, S. 57; Meffert 1985, S. 15). *Abbildung 1* zeigt die Wirkung der verschiedenen Wettbewerbskräfte auf die Wettbewerber einer Branche. Im Mittelpunkt stehen die Einkaufsstätten der Branche, die im interformalen sowie im intraformalen Wettbewerb zueinander stehen. Da der Großhandel durch Kooperationsformen oder Funktionenfortfall als Bedrohung für den Einzelhandel zunehmend an Bedeutung verliert, ist dieser schwach gekennzeichnet.

Die Wettbewerbskräfte im Handel können im einzelnen wie in *Abbildung 1* dargestellt charakterisiert werden (vgl. Schenk 1991, S. 530 ff.):

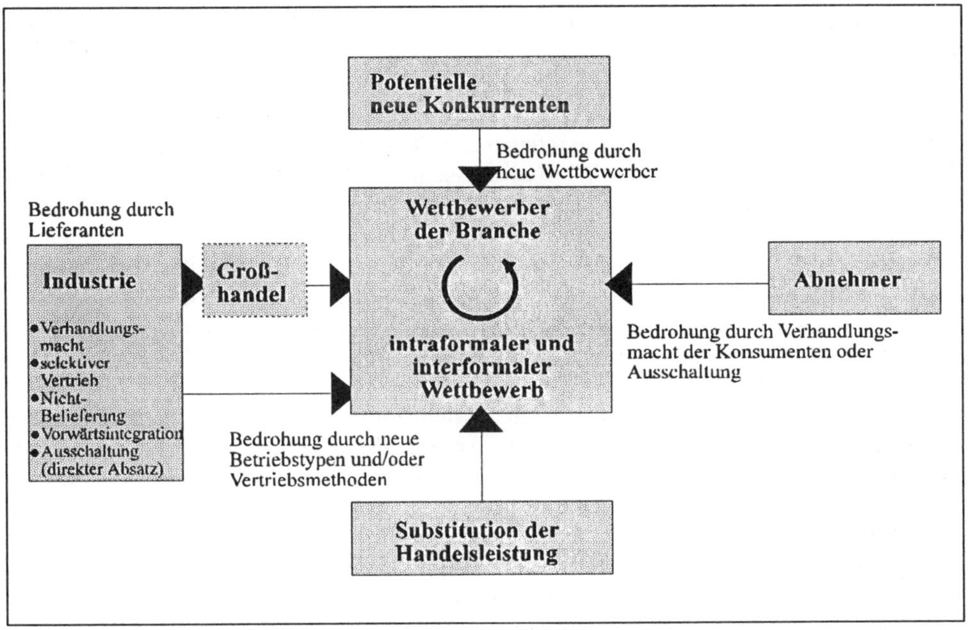

Abbildung 1: Die Wettbewerbskräfte im Handel

Quelle: In Anlehnung an Porter 1990, S. 26 und Schenk 1991, S. 532.

1) *Abnehmer / Konsumenten:* Eine Bedrohung für den Handelsbetrieb seitens der Konsumenten besteht vor allem in der Nicht-Akzeptanz der spezifischen Einkaufsstätte oder des Betriebstyps (Per-Se-Ausschaltung bei der Einkaufsstättenwahl), im Nicht-Kauf sowie in der Wahl einer anderen Beschaffungsmethode. Die *Ausschaltung* kann verschiedene Gründe haben. 1. die Konsumenten gehören nicht der vom Handelsbetrieb anvisierten Zielgruppe an. In diesem Fall besteht keine Bedrohung. 2. die Konsumenten gehören der Zielgruppe an; für sie scheidet die Einkaufsstätte jedoch per se aufgrund differierender Wertebasen aus (z.B. mangelndes Umweltbewußtsein des Managements aus der Sicht des Konsumenten). Hier besteht evtl. die Notwendigkeit zur Änderung der Marketingpolitik, wobei sich u. U. eine Repositionierung der Einkaufsstätte als sinnvoll erweisen kann (ausführlich: Theis 1992). Während sich der Konsument bei der Per-se-Ausschaltung (seinerseits) nicht angesprochen fühlt, gehört der Nichtkäufer eindeutig zur Zielgruppe. Der Nicht-Kauf kann auf eine Vielzahl von Gründen zurückzuführen sein, z.B. auf eine nicht bedarfsgerechte Sortimentsgestaltung oder auf ein ungünstiges Preis-/Leistungs-Verhältnis. Hier ist die Einkaufsstätte u. U. nahe den subjektiven Kundenvorstellungen, kann sich aber gegenüber Konkurrenzbetrieben im Einzelfall nicht abheben. 3. Der Konsument bedient sich einer *anderen Beschaffungsmethode* (Factory Outlet, Direktbezug). Eine Bedrohung durch die *Verhandlungsmacht der Abnehmer*, verstanden als die Macht eines einzelnen Konsumen-

ten, dem Betrieb durch Nichtkauf erheblichen Schaden zuzufügen, trifft auf den Einzelhandel kaum zu, da der Umsatz pro Kunde bezogen auf den Gesamtumsatz i.d.R. nahezu infinitesimal klein ist. Erst bei einer Betrachtung von *Abnehmergruppen* könnte dieser Aspekt relevant werden.

2) *Lieferanten:* Nach dem Porter'schen Konzept besteht eine Bedrohung seitens der Lieferanten (hier: Hersteller) in der *Verhandlungsmacht* bzw. der Ausschaltung (durch die Distributionspolitik der Hersteller). Die Bedrohung durch Verhandlungsmacht dieser Marktseite ist von der Wettbewerbsstellung der spezifischen Unternehmung abhängig. Die Gefahr einer *Ausschaltung* droht dem Einzelhandel insgesamt durch *ausschließende Vertriebswege* wie Direktabsatz oder durch selektiven bzw. exklusiven Vertrieb. Eine besondere Bedrohung stellt die *Vorwärtsintegration* seitens der Industrie dar. Im Gegensatz zu den Maßnahmen der Ausschaltung wird hierbei die Wettbewerbsintensität innerhalb einer Handelsbranche durch den wirtschaftsstufenübergreifenden Eintritt der Lieferanten als neue Wettbewerber erhöht.

3) *Neue Wettbewerber:* Eine große Gefahr besteht im *fehlenden rechtlichen Schutz des Betriebstyps oder der Handelsleistung*. Anders als in der Industrie können weder Gebrauchsmuster (wie etwa für den Anlagenbau) noch Patente oder andere Schutzrechte (wie für Produktionsverfahren und Produkte) angemeldet werden. Insofern ist die Imitation erfolgreich implementierter Handelskonzepte eine permanente Bedrohung, die jedoch im Hinblick auf Probleme der Verfügbarkeit attraktiver Standorte relativiert werden muß. In diesem Zusammenhang muß berücksichtigt werden, daß durch die BauNV (§ 11 Abs. 3) ein Bestandsschutz für bereits etablierte Betriebe gewährt wird. Dennoch sind die Marktbarrieren in der Form von Schutzrechten und irreversiblen Investitionen im Vergleich zur Industrie gering, wodurch dem Wettbewerb im Handel eine *hohe potentielle Wettbewerbsintensität* immanent ist.

4) *Substitution:* Hier besteht die Gefahr durch *Substitution der Handelsleistung*. Diese Bedrohung kann im Entstehen *neuer Betriebstypen* oder auch *anderer Vertriebsmethoden* begründet sein, die sich im Rahmen der Ökonomisierung der Distribution ergeben und durch die zunehmende Nutzung neuer interaktiver Medien gefördert werden (z.B. Homeshopping).

5) *Wettbewerber der Branche:* Hinsichtlich der Wettbewerber der Branche sind die Konkurrenten, die ihre Handelsleistung mit einem ähnlichen Verfahren produzieren (Betriebstyp) von den Konkurrenten zu unterscheiden, die ein völlig anderes Produktionsverfahren nutzen. Es besteht also ein *intraformaler Wettbewerb* zwischen Unternehmungen gleichen und ein *interformaler Wettbewerb* zwischen Unternehmungen unterschiedlichen Betriebstyps (Schenk 1966, S. 178). Da der Betriebstyp als Ort der Leistungserstellung und Faktorkombination nicht nur als eine Art Produktionsverfahren des Handels anzusehen ist, sondern auch ein Mittel zur Abhebung von Wettbewerbern darstellt, kann der intraformale Wettbewerb als die größere Bedrohung gesehen werden. Dies gilt insbesondere dann, wenn eine erhebliche Standortagglomeration bzgl. des betrachteten Betriebstyps besteht. Es ist jedoch festzustellen, daß die Festlegung von Betriebstypen allein nicht zur zielführenden Bearbeitung von Marktsegmenten ausreicht. Es ist vielmehr die spezifische Kombination der handelspolitischen

Aktionsparameter unter dem Primat der Leistungspolitik, mit der sich die spezifische Einkaufsstätte dem Wettbewerb stellt. Grundsätzlich stehen überregionale Versandhäuser mit Angebotsüberschneidung ebenfalls im Wettbewerb mit den regionalen Wettbewerbern (vgl. Schenk 1966, S. 177 ff.). Die Wettbewerber der Branche zeichnen sich zudem durch unterschiedlich große Aktionsspielräume aus. Unabhängige inhabergeführte Unternehmen stehen in Konkurrenz zu Großbetrieben des Einzelhandels, deren Möglichkeiten im Hinblick auf Beschaffungskonditionen, Sortiments- und Preisleistungen, Logistik sowie Kommunikation aufgrund verfügbarer Ressourcen erheblich größer sind.

3 ANSATZPUNKTE ZUR ENTWICKLUNG WETTBEWERBSORIENTIERTER STRATEGIEN IM HANDEL

Die aufgezeigte Komplexität des Wettbewerbs im Handel erfordert eine gegenüber der Industrie differenzierte Strategieentwicklung. Vor allem ist der spezifischen Sachleistung-Dienstleistungs-Kombination Rechnung zu tragen. Dies schließt eine Sichtweise aus, welche die Handelsleistung mit homogenen oder subjektiv austauschbaren Gütern gleichsetzt. Kann also von Strategien einer umfassenden Kostenführerschaft oder Differenzierung im Sinne Porters im Handel gesprochen werden, wenn ein branchenbezogener Preisvergleich für das *Gut Handelsleistung* nahezu unmöglich ist?

3.1 Die Problematik einer Nutzung industriespezifischer Konzepte

Die Einfachheit des Porter'schen Konzepts generischer Wettbewerbsstrategien (Porter 1990, S. 62 ff.) verführt zu einer undifferenzierten Übertragung auf den Handel. Bei diesem Versuch sollten jedoch die generellen Unterschiede der Leistungserstellung und Faktorkombination zwischen Industrie und Handel berücksichtigt werden.

Als Voraussetzungen für die Anwendung der Strategie der *Kostenführerschaft* nennt Porter Erfahrungskurveneffekte, die mit einem hohen Marktanteil, einem restriktiven Kostenmanagement sowie Verfahrensinnovationen einhergehen (vgl. Porter 1990, S. 63 f.). Ein Vorliegen dieses Effekts für Handelsbetriebe konnte bisher empirisch nicht nachgewiesen werden. Hilfsweise werden bei der Übertragung auf den Handel absolute Entgelte für gleiche oder austauschbare Artikel mit den Preisen für die angebotene Handelsleistung verglichen. Hier werden unabhängig von der handelsspezifischen Faktorkombination *Kosten mit Preisen gleichgesetzt* (vgl. Gröppel 1994, S. 166). Demgegenüber bezeichnet die Preisführerschaft im Handel das Phänomen der gleichförmigen Preisanpassung einer Gruppe von Handelsbetrieben an die Preisänderungen eines Betriebs, wobei die Preisstellung auf einer betriebsinternen Mischkalkulation basiert (vgl. Bidlingmaier 1974, Sp. 1135). Die fälschliche Gleichsetzung von Kosten und Preisen hat zur Folge, daß der *Beschaffung* fremderstellter Sachleistungen die Bedeutung der *dominierenden Marketingvariable* im Handel zugedacht wird, wodurch die wahrgenommenen Handelsfunktionen als solche negiert werden. Zudem werden schon im industriespezifischen Ansatz die unterschiedlichen Marktsegmente einer Branche vernachlässigt (vgl. Becker 1993, S. 330).

Die Strategie der *Differenzierung* beruht auf einem einzigartigen Leistungsversprechen (Unique Selling Proposition), welches durch den Aufbau eines entsprechenden Images realisiert wird (vgl. Porter 1990, S. 65). Aufgrund der o.g. Gleichsetzung von Kosten- und Preisführerschaft stellt sich allerdings die Frage, ob ein Handelsbetrieb im Rahmen dieser Argumentation überhaupt fähig sein kann, ein USP aufzubauen. Unabhängig von diesem sachlogischen Einwand erscheint eine branchenweite Differenzierung, also Abhebung von *sämtlichen* anderen Einkaufsstätten durch ein einmaliges Image (vgl. Gröppel 1994, S. 170), ebenso unzulänglich, da sie der Vielfalt der Erscheinungsformen im Handel einerseits sowie den unterschiedlichen Vorstellungen der Nachfrager über eine ideale Einkaufsstätte andererseits nicht gerecht wird. Letztlich würde eine derartige Übertragung zur Strukturierung einer Branche in Discounter und Fachgeschäfte führen, die der Analyse der segmentbezogenen Strategiefindung nicht dienlich ist.

Diese Problematik wurde bereits erkannt und durch die Analyse *strategischer Gruppen im Einzelhandel* bearbeitet (vgl. Meffert & Heinemann 1989, S. 119-133, und die dort genannten Quellen; Hawes & Crittenden 1983, S. 275 ff.). Allerdings führen diese Untersuchungen zur Analyse der Erfolgsfaktoren verschiedener Unternehmungen des gleichen Betriebstyps (vgl. Meffert & Heinemann 1989, S. 124), womit u. E. eine zu enge Eingrenzung der betrachteten Wettbewerber einer Branche erfolgt, die der abnehmerseitigen Wahrnehmung der Einkaufsstätten als Alternativen der Beschaffung nicht gerecht wird.

Trotz der aufgezeigten Probleme soll im folgenden ein Modell wettbewerbsstrategischer Optionen im Handel vorgestellt werden.

3.2 Wettbewerbsorientierte Strategien im Handel

Wettbewerbsstrategien haben zum Ziel, „die von der Unternehmungspolitik gesetzten Aufgaben unter bestmöglicher Verwendung der verfügbaren Mittel zu erreichen“ (Hinterhuber 1990, S. 206). Die Unternehmungspolitik verkörpert letztlich die unternehmerische Vision, die Grundhaltung zum Wettbewerb. Die wettbewerbsbezogene Grundposition beinhaltet also die inhaltliche Ausrichtung des Auftretens gegenüber Wettbewerbern in einer Branche. Insofern spiegelt sie die „Wertbasis unternehmerischen Denkens und Handelns“ (Wiedmann & Kreutzer 1989, S. 76) im Wettbewerbsgeschehen wider (vgl. Hinterhuber 1990, S. 224 ff.). Hierbei können nach dem Grad der Aktivität die *Defensive*, die *Offensive* sowie der *Rückzug* genannt werden (vgl. Hinterhuber 1990, S. 124 f.). Nach der Haltung gegenüber dem direkten Wettbewerb können *Abhebung* von und *Anpassung* an die Strategien der Wettbewerber genannt werden (vgl. Becker 1993, S. 331 f.).

Der Grad der Aktivität (offensiv/defensiv) sowie das strategische Verhalten gegenüber den unmittelbaren Wettbewerbern (Anpassung/Abhebung) bieten einen Ansatzpunkt zur Konkretisierung wettbewerbsorientierter *Rahmenstrategien.* Auf die Betrachtung des Rückzugs als strategische Option wird im folgenden verzichtet, da das (Re-) Agieren in der jeweiligen Branche im Mittelpunkt des Konzepts wettbewerbsstrategischer Optionen im Handel steht. Diese Systematisierung strategischer Grundpositionen (*Rahmenstrategien*) muß hinsichtlich einer umfassenden strategischen Konzeption weiter differenziert werden sowie eine Abstimmung mit den notwendigen bzw. sinnvollen segmentorientierten Marktbearbeitungsstrategien erfahren, will sie sich nicht der o.g. Kritik aussetzen. Eine nachfrageorientierte Abgrenzung gegenüber den Wettbewerbern erfolgt hierbei durch die Selektion der zu bearbeitenden Segmente (*Marktselektion / Segmentfilter* als strategische Optionen), die durch die Verfolgung von *Basisstrategien* verfeinert wird. Letztere dienen vornehmlich der inhaltlichen Festlegung der Marktbearbeitung hinsichtlich Standort, Beschaffung, Sortiment, Kommunikation und Betriebstyp(en).

Abbildung 2 zeigt die Zusammenhänge zwischen Rahmenstrategie, Marktselektion und Basisstrategie, welche ein mögliches Wettbewerbskonzept einer Handelsunternehmung bilden. Der betriebsspezifische Einsatz der Marketinginstrumente äußert sich in den *Instrumentalstrategien*, die als standortspezifische Umsetzung eine Konkretisierung der wettbewerbsstrategischen Konzeption beinhalten.

Insgesamt wird deutlich, daß eine wettbewerbsstrategische Konzeption drei wettbewerblich relevante Richtungen implizieren muß:

1) aktuelle und potentielle Konkurrenten,
2) Abnehmer und
3) Lieferanten.

Das System aus Rahmenstrategien, Marktselektion, Basis- und Instrumentalstrategien weist erhebliche Interdependenzen und Rückkoppelungen auf. Wie im folgenden aufgezeigt wird, determiniert eine bestimmte wettbewerbliche Grundposition andere Parameter der Basis- und Instrumentalstrategien. Andererseits kann die Planung von Wettbewerbsstrategien im Handel auch entscheidende Impulse aus dem Bereich der Instrumentalstrategien erfahren und somit eine Umkehrung des sukzessiven Prozesses im Sinne einer Rückkoppelung eintreten.

3.2.1 Wettbewerbsorientierte Rahmenstrategien

Rahmenstrategien dienen der Vorgabe einer wettbewerbsbezogenen Richtung, die von den Möglichkeiten und Ressourcen der einzelnen Unternehmung abhängig ist. Insbesondere der Sicherungsfaktor Kapital wird eine entsprechende wettbewerbliche Ausrichtung determinieren.

Rahmenstrategien lassen sich nach den Dimensionen *Grad der Aktivität* bzw. der Haltung zum direkten Wettbewerb (offensiv / defensiv) und der *Haltung gegenüber den Strategien der Wettbewerber* bzw. dem „Branchenüblichen" (Anpassung / Abhebung) unterscheiden (vgl. Becker 1993, S. 330). Offensive Strategien dienen dem Ausbau bzw. der Verbesserung einer Wettbewerbsposition, defensive Strategien der Erhaltung (vgl. Hinterhuber 1990, S. 124 f.; Becker 1993, S. 331 f.). Die strategische Grundposition ist also *auch abhängig* von der *relativen Wettbewerbsposition*.

Offensive Strategien können sich äußern in der Durchsetzung innovativer Marketingkonzeptionen (*Innovationsstrategie*) und der systematischen Imitation und Verfeinerung erfolgreicher Marktbearbeitungskonzepte (*Imitationsstrategie*). Innovative Betreibungskonzepte dienen der Verbesserung vorhandener Problemlösungsangebote in bestimmter Qualität und Quantität oder dem Angebot neuartiger Problemlösungen (vgl. Picot 1986, S. 3). Letztere führen zu einer Abhebung vom „Branchenüblichen". Diese innovatorische

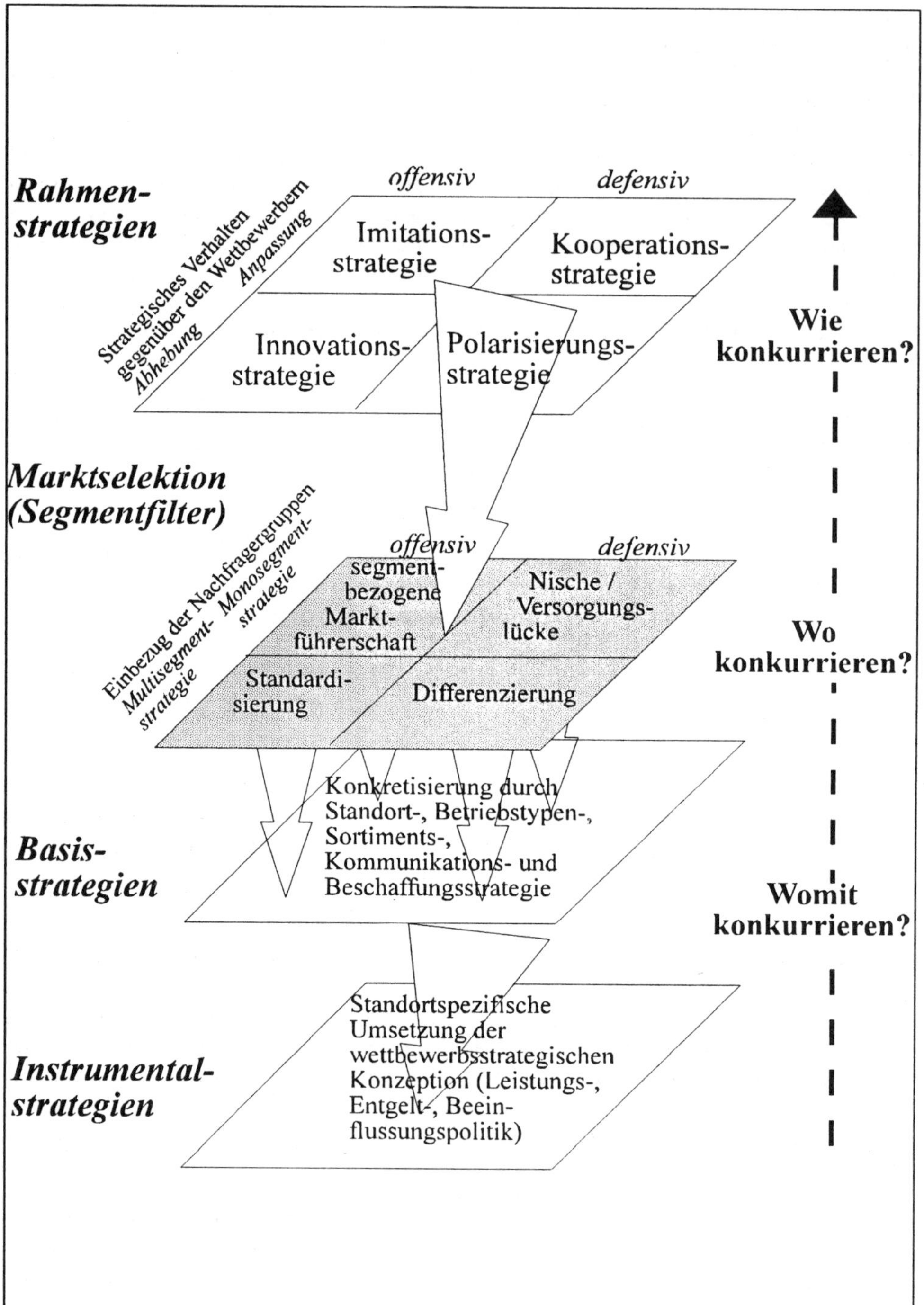

Abbildung 2: Wettbewerbsstrategien im Handel

Grundhaltung sollte jedoch nicht mit dem Begriff „Differenzierung“ unter Bezugnahme auf „Abhebung“ gleichgesetzt werden, denn sie ist beständig in ihrer Veränderung und stellt vielmehr eine Risikoneigung im Rahmen der unternehmerischen Grundhaltung dar. In bezug auf den Grad der Aktivität läßt sich die Innovationsstrategie als offensiv bezeichnen, da die Durchsetzung von Innovationen per definitionem mit einem Ausbau bzw. einer Erweiterung der Wettbewerbsposition verbunden ist (vgl. Hinterhuber 1990, S. 126). Gegensätzlich dazu steht die Imitationsstrategie, die eine geringere Risikoneigung im Sinne einer „second-to-market“-Position beinhaltet und für Innovatoren eine Gefahr im Sinne eines schnellen Abbaus der temporären Monopolstellung verkörpert. Im Handel zeigt sich diese Imitationsstrategie sehr häufig im Bereich der Betriebstypenimitation, wodurch nicht zuletzt die Dynamik der Betriebstypen (Nieschlag & Kuhn 1980, S. 85 ff.) neue Impulse erfährt und zu einer Verstärkung des Wettbewerbs führt.

Als *defensiv* können Strategien genannt werden, durch die der direkte Wettbewerb vermieden wird bzw. die dazu geeignet sind, die Wettbewerbsintensität zwischen den aktuellen Wettbewerbern zu mindern. Beispiele sind die gezielte Suche nach schwach ausgeprägten Wettbewerbsfeldern (*Polarisierungsstrategie*) sowie das Eingehen von Allianzen mit Marktteilnehmern derselben oder anderer Wirtschaftsstufen (*Kooperationsstrategien*). Die Kooperation kann hier mit einer Verbundgruppe erfolgen, standortbezogen und branchenübergreifend in der Form von Shopping-Centern verwirklicht werden sowie verschiedene Formen des Kontraktmarketing annehmen. Beispielsweise mindert ein exklusiver Hersteller-Vertrieb bestimmter Produkte für den kooperierenden Handelsbetrieb die Wettbewerbsintensität.

3.2.2 Die Marktselektion (Segmentfilter)

Der Wahl der strategischen Grundrichtung schließt sich die Auswahl geeigneter Marktsegmente an, die mit den verfügbaren Ressourcen bearbeitet werden können. Hier besteht die Wahl zwischen der Bearbeitung eines Marktsegments (*Monosegmentstrategien*) oder mehrerer Marktsegmente (*Multisegmentstrategien*) (vgl. Barth 1993, S. 140 ff.). Die Auswahl wird nicht zuletzt von den unternehmensspezifischen Ressourcen einerseits sowie vom quantitativen und qualitativen Potential der einzelnen Segmente andererseits abhängen. Zum Beispiel erlauben Wohngebiete keine starke Orientierung an einzelnen Zielgruppen, da der Adressatenkreis im Einzugsgebiet zumeist klein ist (vgl. Strobel, 1988, S. 104).

Die Wahl der Rahmenstrategie schlägt sich auch in den jeweiligen Segmentstrategien nieder. Eine offensive Position führt tendenziell zur Strategie der *segmentbezogenen Marktführerschaft* (Monosegmentstrategie) bzw. *Marktstandardisierung* (Multisegmentstrategie), demgegenüber begünstigt eine defensive Grundhaltung eher eine *Nischenstrategie* bzw. *Marktdifferenzierung* oder auch die Positionierung in einer *Versorgungslücke*.

3.2.3 Wettbewerbsorientierte Basisstrategien

Im Rahmen der Basisstrategien wird die strategische Wettbewerbskonzeption hinsichtlich Standort, Betriebstyp, Sortiment, Kommunikation und Beschaffung konkretisiert. Sie sind die *Basis für die standortspezifische Umsetzung der Marktbearbeitungskonzeption*.

Zwar können tendenziell Aussagen über die Verknüpfung bestimmter Betriebstypen mit bestimmten *Standorten* getroffen werden, doch sie sind widerlegbar (vgl. Strobel 1988, S. 100). Die *Wahl des Standortes* (Innenstadtlagen, Randlagen etc.) wird nicht zuletzt durch die strategische Grundausrichtung der Unternehmung sowie das angebotene Sortiment bestimmt. Convenience goods fordern prinzipiell andere Standorte als shopping oder specialty goods (vgl. Copeland 1923, S. 282 ff.). Passantenfrequenz, Zielgruppenagglomeration und Wettbewerbsagglomeration zeichnen die einzelnen Standorte aus (vgl. Strobel 1988, S. 103). Eine offensive Strategie könnte sich in der Standortwahl dahingehend äußern, daß vor dem Hintergrund komparativer Wettbewerbsvorteile der Wettbewerb bewußt gesucht wird. Präferiert werden in diesem Fall vor allem Standorte mit hoher Wettbewerbsintensität innerhalb einer Branche sowie hohen Agglomerationsgraden mit entsprechender Passantenfrequenz. Ferner können im Hinblick auf ein angestrebtes Wachstum Strategien der *Standortsicherung* und der *Standorterschließung* unterschieden werden.

Die *Betriebstypenstrategie* legt einerseits fest, mit welchen (verschiedenen) Betriebstypen das Potential der ausgewählten Marktsegmente abgeschöpft werden soll (*Mono- bzw. Polysystempolitik*) (vgl. Barth 1993, S. 84). Andererseits werden die *Betriebstypen* mit ihrer Kombination von leistungs-, entgelt-, beeinflussungs- und ladengestaltungspolitischen Elementen an sich festgelegt. So könnte eine Multisegmentstrategie mit Hilfe mehrerer Betriebstypen, aber auch mittels eines Betriebstyps verfolgt werden (vgl. sog. Marktleistungsstrukturstrategien; Köhler 1992, S. 126 f.). Tendenziell bietet sich bei einer marktbezogenen Standardisierungsstrategie eher eine Monosystempolitik der Betriebstypen an, wohingegen bei einer Differenzierungsstrategie eher eine Polysystempolitik geboten erscheint. Hierbei ist zu beachten, daß die Vorteile einer Standardisierung der Marktbearbeitungskonzepte häufig zu Lasten einer standortspezifischen Marktabschöpfung gehen (vgl. Strobel 1988, S. 114).

Sortimentsstrategien beziehen sich auf die oberen Ebenen der Sortimentspyramide und legen neben den Warengruppen des Kern-, Rand- und Zusatzsortiments inhaltlich die qualitativen Anforderungen an die angebotenen Artikel (*Sortimentsniveau*), die Möglichkeiten alternativer oder additiver Kaufmöglichkeiten (*Sortimentstiefe/-breite*) sowie das grundsätzliche Verhalten gegenüber Produktinnovationen im Rahmen der *Sortimentspflege* fest.

Als Inhalt von Beschaffungsstrategien im Handel können grundsätzlich folgende strategische Optionen angesehen werden (vgl. Möhlenbruch 1994, S. 93 f.):

- *Beschaffungssicherungsstrategien* (unter Einschluß von Kooperationsstrategien) sowie

- *Beschaffungsmethodenstrategien* mit den verschiedenen Möglichkeiten direkter und indirekter Beschaffungswege sowie der Auswahl von unterschiedlichen Beschaffungsorganen.

Eine Beschränkung auf diese Optionen erscheint sinnvoll, weil hierdurch im wesentlichen *inhaltliche* Fragen der Bearbeitung von Beschaffungsmärkten beantwortet werden und der

Gefahr einer zu starken Implikation operativer Problemstellungen im Bereich der Beschaffungsstrategie vorgebeugt wird.

Die dargestellten basisstrategischen Optionen sind nicht unabhängig voneinander, sondern stehen in einem ausgeprägten Interdependenzverhältnis, wobei in der Regel ein strategischer Bereich als „*Fixpunktstrategie*" (vgl. Nieschlag u.a. 1991, S. 835) anzusehen ist, nach der andere Strategien ausgerichtet werden.

3.2.4 Wettbewerbsorientierte Instrumentalstrategien

Instrumentalstrategien dienen der *betriebs- und betriebstypenspezifischen Verfeinerung des wettbewerbsbezogenen Strategiekonzepts*. Beschaffungs-, Leistungs-, Entgelt- und Beeinflussungspolitik werden unternehmungs- und standortbezogen umgesetzt. Hierbei sind im Rahmen des Retailing-Mix sowohl Allokations- als auch Intensitätsprobleme in dynamischer Hinsicht zu lösen.

4 DIE KOOPERATION ALS GRUNDLAGE ZUR SCHAFFUNG VON WETTBEWERBSVORTEILEN IM EINZELHANDEL

4.1 Die Kooperation als wettbewerbsstrategisches Element

In der Literatur finden sich je nach Zielsetzung der Untersuchung unterschiedlich weitgehende Definitionen der Kooperation. Bezugnehmend auf Bidlingmaier soll Kooperation definiert werden als Formen der bewußt organisierten und koordinierten Zusammenarbeit von zwei oder mehreren rechtlich und wirtschaftlich selbständigen Unternehmen zur Steigerung der gemeinsamen Leistungsfähigkeit sowie zur Erreichung eines höheren Grades der Zielerreichung (vgl. Bidlingmaier 1974, Sp. 1125).

Kooperationen im Handel werden nach verschiedenen Merkmalen typologisiert (vgl. Berekoven 1990, S. 34 ff.). Betrachtet man Kooperationen als Element der wettbewerbsstrategischen Konzeption einer Einzelhandelsunternehmung, so erscheinen folgende Ausgrenzungen zweckmäßig: Unter wettbewerbsstrategischen Gesichtspunkten entfallen nach ihrer *Intensität* lose und nach dem *zeitlichen Bezug* ad hoc-Kooperationsformen, da die Definition der Strategie per se den Aufbau von Wettbewerbsvorteilen auf Dauer verlangt (vgl. Hinterhuber 1990, S. 50). Dies impliziert zugleich eine gewisse *Intensität und zeitliche Bindung* der Beziehungen zwischen den Unternehmungen, zumal Wettbewerbsstrategien dem Aufbau einer verteidigungsfähigen Position gegenüber den dargestellten Wettbewerbskräften dienen sollen (vgl. Meffert 1989, S. 487). Die im folgenden diskutierten Kooperationsformen des Handels verdeutlichen die Vielfalt möglicher wettbewerbsstrategisch-kooperativer Ansatzpunkte. Sie unterscheiden sich vor allem durch die in die Zusammenarbeit einbezogenen Aktionsbereiche, die von den jeweiligen Wettbewerbsverhältnissen abhängig sind (vgl. Olesch 1984, S. 105).

Da die Zuordnung einiger Kooperationsformen, insbesondere der Einkaufsgenossenschaften, zur horizontalen Kooperation durch die marktstrukturellen Entwicklungen zunehmend erschwert wird, werden diese mit den vom Großhandel initiierten freiwilligen Ketten als Verbundgruppen behandelt. Für wettbewerbsstrategische Erwägungen ist der Initiator unerheblich, da sich das marktliche Auftreten dieser Kooperationsformen zunehmend angeglichen hat (vgl. Monopolkommission 1994, Tz. 32; hier werden Einkaufsgenossenschaften und freiwillige Ketten gemeinsam unter dem wettbewerblichen Aspekt 'Kooperationsunternehmen' erfaßt). Neuerliche Ansätze zu einer Theorie des Gruppenwettbewerbs bestätigen diese Einordnung (vgl. Beuthien 1993, S. 80; Beuthien et al. 1994, S. 31 ff.). So können aus der *vertikalen Perspektive* (wirtschaftsstufenübergreifende Kooperationen) vor allem die Systeme der Einkaufsgenossenschaften und der Freiwilligen Ketten (Verbundgruppen) sowie einige Formen des Kontraktmarketing, insbesondere Franchise-Systeme, genannt werden. Sie dienen einerseits der Ökonomisierung (Synergieeffekte werden durch die Kooperation insbesondere hinsichtlich der Beschaffung, Finanzierung, Kommunikation, Information und der Logistik erzielt), andererseits dem einheitlichen Auftreten am Markt und der dadurch bedingten Leistungssteigerung.

Aus der *horizontalen* Perspektive soll im folgenden die Shopping-Center-Konzeption als branchenübergreifende, standortbezogene Kooperation verschiedener Einzelhandelsunternehmen in die Überlegungen einbezogen werden.

Je nach Intensität und einbezogener Wirtschaftsstufe lassen sich die ausgewählten Kooperationsformen des Handels wie in *Abbildung 3* dargestellt charakterisieren.

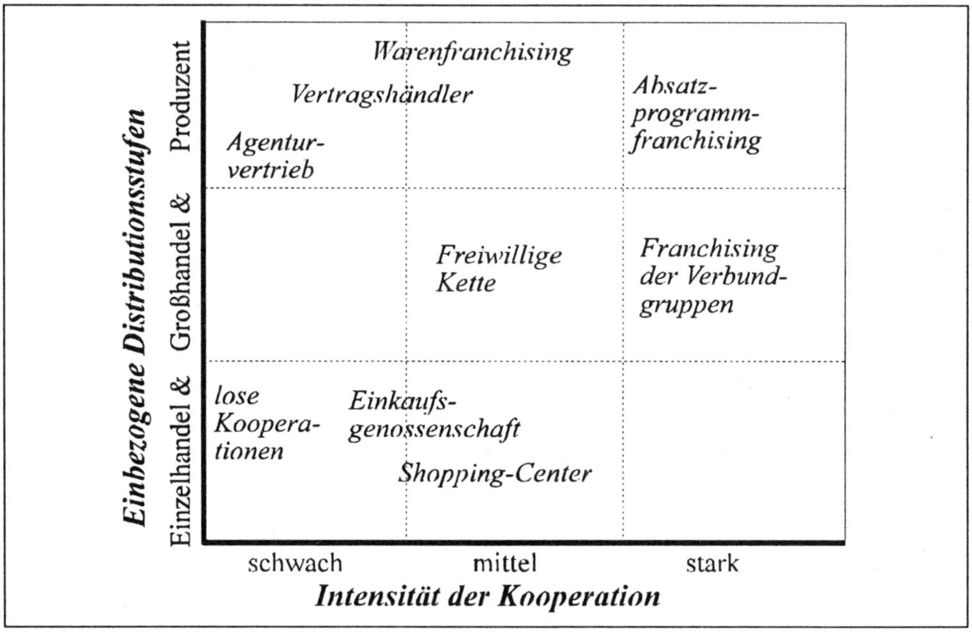

Abbildung 3: Ausgewählte Kooperationsformen des Handels

Die rahmenstrategische Entscheidung für eine Kooperation hat Einfluß auf weitere Strategie-Optionen (*Abbildung 4*). Ausgehend von der kooperativen Grundhaltung werden Kooperationsbereiche gewählt, die einen direkten Einfluß auf die Basisstrategien einer

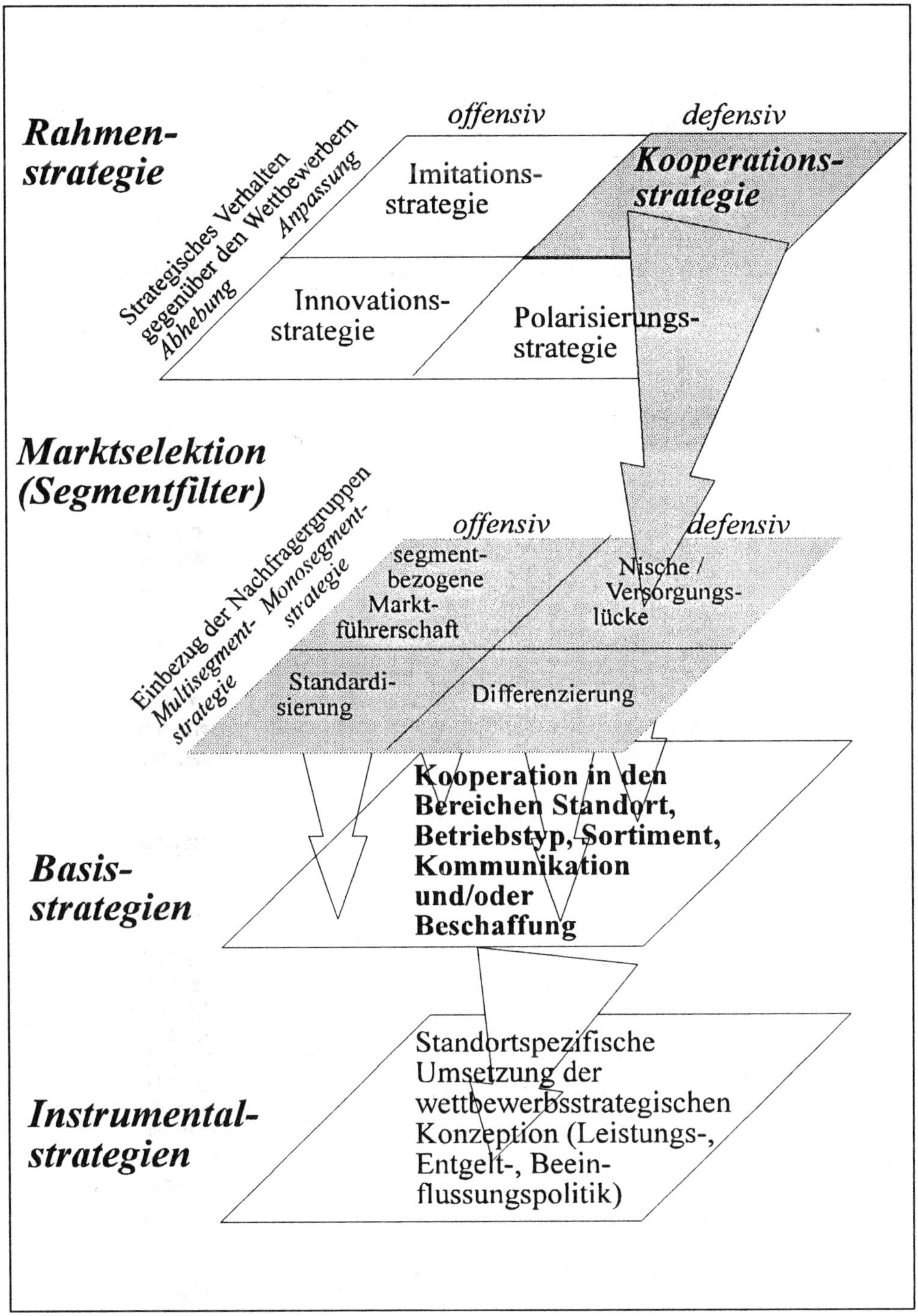

Abbildung 4: Kooperationsstrategische Optionen im Handel

Unternehmung haben. Mögliche Kooperationsfelder in den basisstrategischen Bereichen sind

- Standort (z.B. gemeinschaftliches Parkhaus),
- Betriebstyp (z.B. Gemeinschaftswarenhaus),
- Sortiment (z.B. Franchising),
- Beschaffung (z.B. Einkaufsverband) und
- Kommunikation (z.B. Werbegemeinschaften).

4.2 Ausgewählte Kooperationsformen als Bestandteil der wettbewerbsstrategischen Konzeption

4.2.1 Shopping-Center

Den horizontalen Kooperationsformen wie den Shopping-Centern und Galeria-Konzepten liegt der Gedanke zugrunde, daß zunächst die *Standortagglomeration* mehrerer Betriebe die Anziehung des Konsumenten auslöst (vgl. Tietz 1993, S. 399). Der allgemeinen Attraktivität der Standortagglomeration folgt in vielen Fällen die Attraktivität einzelner Betriebe. Die kooperierenden Betriebe stehen gemeinsam im Wettbewerb zu Betrieben an anderen Standorten (vgl. Tietz 1993, S. 399). Diese Form der horizontalen Kooperation dient vornehmlich der Entwicklung einer sog. *Sortimentsgravitation* (vgl. Barth 1993, S. 108).

Im Rahmen dieser Kooperationsformen werden vor allem Standort und Kommunikation als basisstrategische Bereiche festgelegt. Koordination und Beratung obliegt dem Center-Management. Es verbleibt eine hohe Planungsautonomie der kooperierenden Handelsunternehmungen. Hier besteht auch das Risiko dieser Kooperationsform: Unterschiedliche Auffassungen über die Einheitlichkeit des Auftretens bergen die Gefahr nicht unerheblicher Konflikte. Neben dem Branchen-Mix ist das Mieter-Mix ein wesentliches Problem von Center-Konzeptionen (vgl. Tietz 1993, S. 399 f.).

4.2.2 Verbundgruppen

Mit zunehmender Verschärfung der Wettbewerbssituation wandelten die zum Nachteilsausgleich der mittelständischen Betriebe gegenüber den Großbetriebsformen des Einzelhandels gegründeten Verbundgruppen ihr marktliches Agieren von einem defensiven zu einem offensiven Konzept (vgl. Olesch 1984, S. 104). Die von der Zentrale den Kooperationspartnern angebotenen Dienstleistungen reichen von warenabhängigen Beschaffungs- und Logistikleistungen bis hin zu einem Marketingsystem, das alle handelspolitischen Parameter umfaßt und in seiner stärksten Ausprägung die Form des Franchising annimmt. Olesch (Olesch 1984, S. 105 f.) unterscheidet fünf Grundstrategien der Kooperation, die sich über die Intensität der Einbindung handelspolitischer Parameter hinaus hinsichtlich der Spezifik der angebotenen Problemlösung unterscheiden.

Eine Abgrenzung der Kooperationsstrategien von Verbundgruppen entsprechend ihrer Wirksamkeit auf die dargestellten Wettbewerbskräfte erlaubt folgende Typologie:

1) Schutz gegenüber der Bedrohung durch Lieferanten und andere Wettbewerber; hier werden Wettbewerbsvorteile durch die *gemeinsame Beschaffung und Logistik* erlangt. Die kooperierende Unternehmung verfügt über einen großen Entscheidungsspielraum. Die Ergänzung von Sortimenten durch *Handelsmarken* führt über einen deutlichen Wiedererkennungswert bei den Konsumenten zu einem sich angleichenden Marktauftreten der in Verbundgruppen kooperierenden Unternehmen.

2) Schutz gegenüber Lieferanten, Wettbewerbern und Abnehmern; über (1) hinaus werden ein einheitliches Auftreten durch den *kooperativen Einsatz kommunikationspolitischer Parameter*, insbesondere Absatzwerbung und Corporate Design (Logo der Kooperation etc.) sowie eine Identifikation und eindeutige absatzmarktbezogene Positionierung vorgenommen. Warenunabhängige Dienstleistungen werden den Mitgliedern angeboten, die zugleich die Rahmendaten handelspolitischer Aktivität vorgeben und die Entscheidungsautonomie des Mitglieds in dieser Weise einschränken.

3) Über (1) und (2) hinaus wird ein *gleichförmiger Marktauftritt* der Kooperationspartner über weitgehend alle handelspolitischen Parameter realisiert, der gegen alle Wettbewerbskräfte Schutz bieten soll. Im Vergleich zu filialiserenden Großbetrieben verbleiben den Kooperationspartnern i.d.R. dadurch hohe Freiheitsgrade, daß eine preispolitische Feinsteuerung im Sinne einer standortspezifischen Anpassung möglich ist. Der Entscheidungsträger absatzpolitischer Maßnahmen im wettbewerblichen Sinne ist die Kooperationszentrale, welche die betriebstypenspezifischen Marktbearbeitungsstrategien für die Mitglieder entwickelt (vgl. Olesch 1984, S. 105). Die Einkaufsstätten verfügen durch die Einheitlichkeit über einen hohen Wiedererkennungswert für den Konsumenten.

Abbildung 5 zeigt die systembedingten Vorteile verschieden intensiver Verbundgruppen-Kooperationen im Vergleich zu filialisierenden Betrieben auf.

Für straff organisierte Verbundgruppen bietet das Franchising in Zeiten des Umbruchs in der Eigentümerstruktur der Kooperationsmitglieder die Chance zum Aufbau eines engen Netzes von Einkaufsstätten in den Bereichen, welche die Partner nicht abdecken können oder wollen, ohne immense Investitionen tätigen zu müssen (vgl. Beuthien, 1993, S. 78; Barth 1993, S. 110; Tietz 1991, S. 720 f.). Kartellrechtliche Probleme ergeben sich jedoch beim sog. Quasi-Franchising, das von genossenschaftlichen Gruppen betrieben wird (vgl. Beuthien 1993, S. 78). In Erscheinungsbild und Standortpräsenz sind die Partner dieser Kooperationsform nicht von filialisierenden Großbetrieben zu unterscheiden. Der Unterschied und damit die Chance dieser engsten Kooperation liegt in der Freiwilligkeit der Entscheidung der Mitglieder, bei voller Umsatzverantwortung Entscheidungsfreiheit in erheblichem Maße einzubüßen.

Die *Chancen der Verbundgruppen* bestehen in den Einstellungen und Meinungen der Mitglieder: Es ist zu verzeichnen, daß sich die kooperierenden Einzelhandelsunternehmen weniger als Mitglied einer notwendig gewordenen Zweckgemeinschaft sehen als vielmehr die *Zentrale als Partner und Dienstleister* in den verschiedensten Bereichen empfinden (vgl. Beuthien 1994, S. 19). In diesem Selbstverständnis liegen die Chancen der Verbundgruppen im Handel: Die Partner sind aufgrund der ihnen verbliebenen Eigenständigkeit und Eigenverantwortung stärker motiviert als die angestellten Leiter der konkurrierenden Einkaufsstätten filialisierender Unternehmungen (vgl. Tietz 1991, S. 4). Allerdings ist zu berücksichtigen, daß sich die im industriellen Bereich neuerlich teilweise erfolgreich eingeführten Formen des *Intrapreneuering* in der Aufbauorganisation der Großbetriebe des Handels noch nicht manifestiert haben.

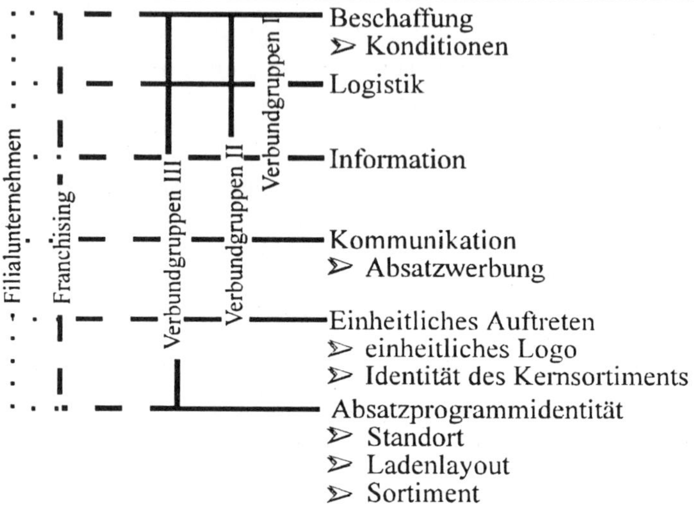

Verbundgruppen I: Kooperationen mit warenabhängigen Leistungen
Verbundgruppen II: & warenunabhängige Dienstleistungen
Verbundgruppen III: & warenbezogene Absatzprogrammangebote (inkl. Franchising der Verbundgruppen)

Abbildung 5: Systembedingte Vorteile einer Verbundgruppe

Der Versuch, alle Bedürfnisse der Partner seitens der Zentrale durch das breite Angebot verschiedener Leistungsmodule zu befriedigen, stellt zugleich ein *Risiko* der Verbundgruppen dar (vgl. Tietz 1993, S. 477). *Fehlende Identität* der einzelnen Partner mit dem System und *Interessendivergenzen* können zu Ineffizienz und Schwächung der Wettbewerbsposition einzelner oder aller Mitglieder führen.

4.2.3 (Leistungsprogramm-)Franchising

Bezugnehmend auf die von Kaub (Kaub 1980, S. 29) entwickelte Definition des Deutschen Franchise-Verbandes e.V., München, soll Franchising wie folgt definiert werden:

„Franchising ist ein vertikal-kooperativ organisiertes Absatzsystem rechtlich selbständiger Unternehmen auf der Basis eines vertraglichen Dauerschuldverhältnisses. Das System tritt am Markt einheitlich auf und wird geprägt durch das arbeitsteilige Leistungsprogramm der Systempartner sowie durch ein Weisungs- und Kontrollsystem zur Sicherung eines systemkonformen Verhaltens.

Das Leistungsprogramm des Franchise-Gebers ist das Franchise-Paket; es besteht aus einem Beschaffungs-, Absatz- und Organisationskonzept, der Gewährung von Schutzrechten, der Ausbildung des Franchise-Nehmers und der Verpflichtung des Franchise-Gebers, den Franchise-Nehmer aktiv und laufend zu unterstützen und das Konzept ständig weiterzuentwickeln. Der Franchise-Nehmer ist im eigenen Namen und für eigene Rechnung tätig; er hat das Recht und die Pflicht, das Franchise-Paket gegen Entgelt zu nutzen. Als Leistungsbeitrag liefert er Arbeit, Kapital und Informationen" (Kaub 1980, S. 29).

Mit der Entscheidung, im Rahmen eines Absatzprogramm- bzw. Leistungsprogrammfranchising zu kooperieren, werden neben der Marktselektion auch alle Basisstrategien festgelegt. Diesem Verlust an Entscheidungsfreiheit steht eine Vielzahl von Vorteilen gegenüber: Ein ausgefeiltes und erfolgreich implementiertes Marktbearbeitungskonzept sowie das einheitliche Auftreten aller Kooperationspartner am Markt gewährt den rechtlich selbständigen Kooperationspartnern neben Größenvorteilen im Bereich der Beschaffung und Kommunikation einen den Betriebsstätten eines Filialunternehmens ähnlich hohen Wiedererkennungswert. Insbesondere die dauerhafte Betreuung und Schulung im Rahmen dieses Marktbearbeitungskonzeptes fördert eine Corporate Identity aller am System Beteiligten.

Als nachteilig sind die aus Kostengründen und zur Leistungssteigerung (Ökonomisierung) notwendigen Standardisierungsbemühungen seitens des Franchise-Gebers zu nennen, die eine standortbezogene Anpassung der Instrumentalvariablen nur bedingt zulassen (vgl. Tietz 1991, S. 27).

4.2.4 Vertriebsbindungen

Vertriebsbindungen haben die Beschränkung auf ein Teilsortiment eines Produzenten zum Inhalt. Diese beschaffungspolitische Einschränkung geht mit einer quantitativen oder / und qualitativen Abnehmerselektion seitens des Produzenten einher (selektiver bzw. exklusiver Vertrieb), so daß die Wettbewerbsintensität durch eine standortspezifische Alleinstellung bzgl. des Teilsortiments gemindert wird. Im Rahmen dieser Kooperationsform werden insbesondere Beschaffungs-, Sortiments- und Kommunikationsstrategie festgelegt.

Dem Vorteil der Exklusivität des Sortiments steht jedoch der Verlust an Sortimentsflexibilität gegenüber (vgl. Zentes 1992, S. 28). Anspruchsveränderungen des Produzenten sowie juristische Normen können zu einer Auflösung des Selektionskriteriums und damit zur Beseitigung des Vorteils führen.

4.3 Chancen und Risiken kooperativer Wettbewerbsstrategien

Die aufgezeigten Beispiele verdeutlichen Vor- und Nachteile ausgewählter kooperativer Wettbewerbsstrategien. Flexibilitätsverlusten steht ein Zugewinn an größenbedingten Vorteilen gegenüber. Diese gilt es, bei der Wahl einer kooperativen Wettbewerbsstrategie abzuwägen.

Chancen und Risiken der einzelnen Strategie-Optionen sind nicht zuletzt von der Bereitschaft der spezifischen Handelsunternehmung zur Kooperation abhängig. Diese sollte eine für ihre Konstellation passende Strategie verfolgen. Angesichts der o.g. Konzentrationstendenzen ergibt sich vor allem für den mittelständischen Einzelhandel eine Notwendigkeit zur kooperativen Grundhaltung. Diese sollte bereits in einer starken Wettbewerbsposition verfolgt werden, da Kooperationen keine Hilfe für nicht überlebensfähige Unternehmungen oder „Grenzanbieter" darstellen. Letztlich ist eine bewußte Entscheidung für eine Kooperation auf der Ebene der unternehmerischen Wertbasis unabdingbare Voraussetzung für eine erfolgswirksame Umsetzung kooperativer Wettbewerbsstrategien.

5 FAZIT UND ZUKUNFTSPERSPEKTIVEN

Die vorgestellten Strategie-Optionen zeigen auf, daß eine wettbewerbsbezogene Strategieplanung „mehrdimensional verstanden werden" muß (Meffert 1985, S. 17). Zur Entwicklung leistungsfähiger Wettbewerbsstrategien im Handel ist eine Ausrichtung an Konkurrenten, Lieferanten und Konsumenten notwendig.

Aus der unternehmerischen Wertbasis und somit der Unternehmungsphilosophie ergeben sich wesentliche Impulse für die Grundhaltung im Wettbewerbsgeschehen. Diese Orientierung und ihre planmäßige Verknüpfung mit klaren betriebswirtschaftlichen Zielsetzungen und Strategien sind auch im Einzelhandel eine notwendige Voraussetzung für die Schaffung nachhaltiger Wettbewerbsvorteile. Wettbewerbsbezogene Strategiefindung sollte also regelmäßig an dieser abstrakten Ebene anknüpfen und ihr entsprechen. Hierbei bieten sich Kooperationsstrategien als Element einer umfassenden wettbewerbsstrategischen Konzeption immer dann an, wenn die Einzelhandelsunternehmung weder über ausgeprägte komparative Wettbewerbsvorteile noch über ausreichende Ressourcen für offensive Strategien im Wettbewerbsgeschehen verfügt. Patentrezepte oder allgemeingültige Aussagen existieren nicht. Unabhängig von der Wahl der wettbewerbsbezogenen Grundposition muß ein „stuck-in-the-middle" durch kongruente Planung vermieden werden.

LITERATUR

Barth, K.: Betriebswirtschaftslehre des Handels, 2. A., Wiesbaden 1993

Baumol, W. J.; Panzar, J. C.; Willig, R. D.: Contestable Markets and the Theory of Industry Structure, New York 1982

Becker, J.: Marketing-Konzeption: Grundlagen des strategischen Marketing-Managements, 5. A., München 1993

Berekoven, L.: Erfolgreiches Einzelhandelsmarketing, München 1990

Beuthien, V.: Das Franchising im Gruppenwettbewerb des Handels. In: Betriebs-Berater, 48 (1993), Heft 2, S. 77-80

Beuthien, V.; Schwarz, G. C.; Träger, U. C.: Handelskooperationen und Franchisesysteme im Distributionswettbewerb in Europa. Eine handelspolitische und wettbewerbsrechtliche Darstellung, München 1994

Bidlingmaier, J.: Kooperation im Handel. In: Tietz, B. (Hg.): Handwörterbuch der Absatzwirtschaft, Stuttgart 1974, Sp. 1124-1142

Copeland, M. T.: Relations of Consumer's Buying Habits to Marketing Methods. In: Harvard Business Review, 1 (1922/23), Heft 3, S. 282-289

Erdmann, B.: Bericht über die Ergebnisse des Betriebsvergleichs der Einzelhandelsfachgeschäfte im Jahre 1992. In: Mitteilungen des Instituts für Handelsforschung an der Universität zu Köln, 45 (1993), Nr. 11, S. 137-157

Gröppel, A.: Die Erfolgswirksamkeit der Preisführerschafts- und Differenzierungsstrategie im Einzelhandel. In: Trommsdorff, V. (Hg.): Handelsforschung 1993/94, Wiesbaden 1994, S. 165-181

Hansen, U.: Absatz- und Beschaffungsmarketing des Einzelhandels, 2. A., Göttingen 1990

Hawes, J. M.; Crittenden, W. F.: A Taxonomy of Competetive Retailing Strategies. In: Strategic Management Journal, 5 (1984), Heft 3, S. 275-289

Hinterhuber, H. H.: Wettbewerbsstrategie, 2. überarb. Aufl., Berlin 1990

Kaub, E.: Franchise-Systeme in der Gastronomie, Diss. Univ. Saarbrücken 1980

Köhler, F. W.: Handelsstrategien im systematischen Überblick. In: Trommsdorff, V. (Hg.): Handelsforschung 1991, Erfolgsfaktoren und Strategien, Wiesbaden 1992, S. 117-34

Meffert, H.: Zur Bedeutung von Konkurrenzstrategien im Marketing. In: Marketing – ZFP, 7 (1985), Heft 1, S. 13-19

Meffert, H.: Wettbewerbsorientierte Marketingstrategien im Zeichen schrumpfender und stagnierender Märkte. In: Raffee, H.; Wiedmann, K.-P. (Hg.): Strategisches Marketing, 2. A., Stuttgart 1989, S. 475-490

Meffert, H.; Heinemann, G.: Strategische Gruppen im Handel – Eine empirische Analyse am Beispiel des textilen Einzelhandels. In: Trommsdorff, V. (Hg.): Handelsforschung, Wiesbaden 1989, S. 119-133

Möhlenbruch, D.: Betriebswirtschaftliche Probleme einer Kontrolle der Nachfragemacht des Handels unter besonderer Berücksichtigung der Marktabgrenzung und des Diskriminierungsverbotes, Schriften zur Handelsforschung Nr. 71, Göttingen 1985

Möhlenbruch, D.: Sortimentspolitik im Einzelhandel – Planung und Steuerung, nbf Bd.131, Wiesbaden 1994

Monopolkommission: Marktstruktur und Wettbewerb im Handel. Sondergutachten der Monopolkommission gem. § 24 b Abs. 5 Satz 4 GWB, Köln 1994

Nieschlag, R.; Dichtl, E.; Hörschgen, H.: Marketing, 16. A., Berlin 1991

Nieschlag, R.; Kuhn, G.: Binnenhandel und Binnenhandelspolitik, 3. A., Berlin, 1980

Olesch, G.: Kooperationsstrategien der Verbundgruppen im Wandel. In: Mitteilungen des Instituts für Handelsforschung an der Universität zu Köln, 36 (1984), Nr. 7, S. 104-106

Picot, A.: Transaktionskosten im Handel. In: Betriebs-Berater, 41 (1986), Beilage Nr. 13.

Porter, M. E.: Wettbewerbsstrategie, Methoden zur Analyse von Branchen und Konkurrenten, 6. A., Frankfurt a.M. 1990

Schenk, H.-O.: Die Bedeutung der Betriebsformen für den spezifischen Wettbewerb im Handel. In: Jahrbuch der Absatz- und Verbrauchsforschung, 12 (1966), Heft 3, S. 173-188.

Schenk, H.-O.: Handelsforschung – Luxus oder Notwendigkeit? In: Zeitschrift für betriebswirtschaftliche Forschung, 22 (1970), Heft 3, S. 155-170

Schenk, H.-O.: Marktwirtschaftslehre des Handels, Wiesbaden 1991

Schmidt, I.; Engelke, H.: Marktzutrittschancen und potentieller Wettbewerb. In: WiSt, 19 (1989), Heft 9, S. 399-404

Schüller, A.: Dienstleistungsmärkte in der Bundesrepublik Deutschland, Köln-Opladen 1967

Simmet, H.: Auswirkungen neuer Informations- und Kommunikationstechnologien auf Wettbewerbsstrategien des Einzelhandels. In: der Markt, 29 (1990), Heft 113, S. 70-76

Strobel, B.: Standortspezifische Geschäftstypen im Fachhandel. In: Trommsdorff, V. (Hg.): Handelsforschung 1988, Wiesbaden 1988, S. 99-115

Theis, H.-J.: Einkaufsstättenpositionierung als Grundlage der strategischen Marketingplanung des Einzelhandels, Wiesbaden 1992

Tietz, B.: Handbuch Franchising, 2. überarb. A., Landsberg am Lech 1991

Tietz, B.: Eurostrategien im Einzelhandel. In: Marketing – ZFP, 14 (1992), Heft 4, S. 233-238

Tietz, B.: Dynamik im Handel, Bd. 3: Zukunftsstrategien für Handelsunternehmen, Frankfurt am Main 1993

Wiedmann, K.-P.; Kreutzer, R.: Strategische Marketingplanung – Ein Überblick. In: Raffee, H.; Wiedmann, K.-P. (Hg.): Strategisches Marketing, 2. A., Stuttgart 1989, S. 61-141

Zentes, J.: Kooperative Wettbewerbsstrategien im internationalen Konsumgütermarketing. In: Zentes, J. (Hg.): Strategische Partnerschaften im Handel, Stuttgart 1992, S. 3-31

Kundenorientierung durch aktive Beschwerdepolitik im Handel

Ursula Hansen, Hannover

Die aktive Beschwerdepolitik ist ein Element des Nachkaufmarketing, das der Kundenbindung dient. Gerade im Handel bildet dieser Marketingbereich eine wichtige strategische Option für die Gewinnung von akquisitorischem Potential aufgrund seiner Nähe zu Konsumenten und seiner institutionellen Marktpräsenz. Mit der Beschwerdepolitik ergibt sich eine interessante Schnittstellenproblematik zu aktuellen Aspekten der Qualitätssicherung und des internen Marketing. Sie hat darüber hinaus korrigierende Effekte für die Gestaltung des Marketing.

1 PROBLEMSTELLUNG UND RELEVANZ DER BESCHWERDEPOLITIK

Die Kundenorientierung und mit ihr die Betonung der Kundenzufriedenheit und der Befriedigung von Kundenbedürfnissen als Zielperspektiven des Marketing feiern eine bemerkenswerte Renaissance in Theorie und Praxis. Dies ist insofern überraschend, als Kundenorientierung ja schon immer als eigentlich konstitutiver Kerngedanke des Marketing galt. Selten wurde in der herrschenden Marketinglehre thematisiert, daß dieser auf dem über 40jährigen Entwicklungspfad des Marketing vielleicht ein wenig verlorengegangen sein könnte. Gerade diejenigen, die dieses Thema inzwischen geradezu als Erfolgsvision des Marketing anpreisen (u. a. Albers 1988) haben offensichtlich keine Probleme mit dem vorangegangenen Identitätsverlust des Marketing, der eigentlich aber logischerweise stattgefunden haben muß.

Die Neuentwicklung des Themas macht sich in einer steigenden Anzahl von Beiträgen über Kundenzufriedenheit, Kundenorientierung, Kundenbindung usw. und entsprechendem Schulungs- und Tagungsangebot bemerkbar. Da Kundenzufriedenheit im wesentlichen nach dem Kauf erzeugt wird, richtet sich eine konsequente Kundenorientierung demnach nicht allein auf eine bedarfsgerechte Entwicklung und Vermarktung von Produkten und Dienstleistungen, sondern erfordert darüber hinaus, daß die Unternehmen die Erwartungen und Erfahrungen ihrer Kunden in allen Phasen des Umgangs mit Produkten und Dienstleistungen (Beschaffung, Implementierung, Nutzung, Entsorgung), also während der gesamten Wertkette des Kunden, durch das Spektrum der verfügbaren Marketinginstrumente aktiv gestalten (Plinke 1992, S. 97). Dieser Marketingbereich soll als Nachkaufmarketing bezeichnet werden (Hansen & Jeschke 1992, S. 88-97). Darin stellt die hier zu behandelnde Beschwerdepolitik ein zentrales Instrument dar.

Das Konzept der Beschwerdepolitik hat eine gewisse Forschungstradition im Investitionsgüterbereich (Hansen & Kirsch 1987), wo teilweise lange und intensive Marketingbeziehungen zwischen Lieferanten und Kunden und dadurch ein besonderes Interesse an dauerhaft zufriedenstellenden Transaktionsprozessen besteht (vgl. auch Theorie des Beziehungsmanagements, Diller & Kusterer 1988, S. 211 ff.). Im Konsumgüterbereich liegen die Wurzeln in der Bundesrepublik eher in einem verbraucherorientierten Interesse an Konsumentenzufriedenheit als Ergebnis des Marketinghandelns, an gesellschaftlichen Konsumfolgen und an der Entwicklung von Marketingkonzepten zur Verbesserung der Konsumentenzufriedenheit (Hansen & Schoenheit 1987). In diesem Sinne wurde das Konzept der Beschwerdepolitik als dialogische Interaktionsbeziehung zwischen Unternehmen und Verbrauchern für die Gestaltung zufriedenstellender Transaktionsepisoden verstanden.

Die derzeitige Aktualität dieser kundenorientierten Marketingbemühungen erklärt sich *situativ* als Antwort auf rezessive Marktsättigungserscheinungen, indem bestehende Kundenbeziehungen wertvoller werden gegenüber den Möglichkeiten der Kundenneugewinnung. Für diese lassen sich auch gewisse Abnutzungserscheinungen typischer Instrumente des Vorkaufmarketing feststellen, wie z.B. das häufig diskutierte Phänomen des „information overload" in der Kommunikationspolitik, oder Hypertrophien in der Markenpolitik, mit denen prägnante Marktpositionierungen für die Unternehmen teurer und schwieriger werden.

2 NACHKAUFVERHALTEN DER KONSUMENTEN

Kaufentscheidungen der Konsumenten stellen Episoden eines permanenten Prozesses des Kaufens und Konsumierens dar. Kauf-, nachkauf- und wiederkaufbezogene Aktivitäten bilden als Transaktionsfolge die Grundlage für die Aufrechterhaltung dauerhafter Marktbeziehungen. Das Nachkaufverhalten umfaßt „(...) alle einem Kauf folgenden und mit diesem unmittelbar in Verbindung stehenden psychischen und offenen Reaktionen von Konsumenten, die ihrerseits wieder das zukünftige Verhalten prägen (Balderjahn 1992, S. 806 f.).

Psychische Reaktionen der Nachkaufphase umfassen aktivierende und kognitive Prozesse, wie z. B. die Lernprozesse der Konsumenten im Umgang mit Konsumgütern (Wiswede 1991, S. 76), Dissonanzphänomene nach Kaufentscheidungen (Frey & Benning 1984, S. 107 ff.), die Bildung von Produkt- und Service- (Un)Zufriedenheitsurteilen (Kaas & Runow 1984, S. 451 ff.; Lingenfelder & Schneider 1991, S. 109 ff.; Schütze 1992) sowie die Bestimmungsfaktoren der Markentreue und des Markenwechsels (Straßburger 1991).

Zu den *offenen Reaktionen* gehört das beobachtbare Nachkaufverhalten der Konsumenten, dessen Dimensionen in *Abbildung 1* im Rahmen eines vereinfachenden Phasenmodells wiedergegeben werden.

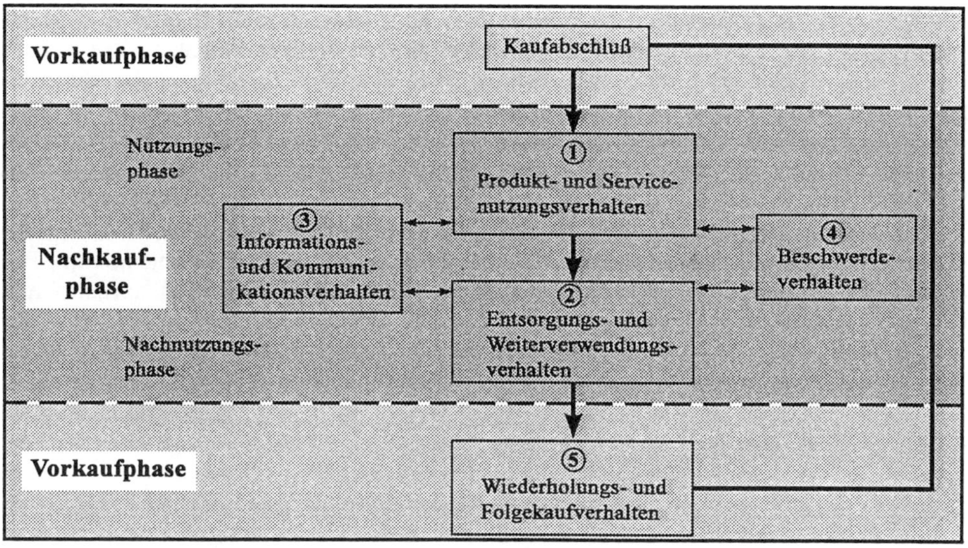

Abbildung 1: Dimensionen des Nachkaufverhaltens

Quelle: Hansen & Jeschke 1994

In unserem Zusammenhang interessieren unter diesen Verhaltensdimensionen als psychische Größe insbesondere die erreichte Zufriedenheit/Unzufriedenheit des Kunden und die sich daraus ergebenden offenen Reaktionen, wie

- negative/positive Mundwerbung gegenüber anderen Konsumenten im Rahmen des Informations- und Kommunikationsverhaltens (Kuhlmann 1990, S. 337),
- Beschwerdeverhalten bei Unternehmen und sonstigen Institutionen (Meffert & Bruhn 1981, S. 597 ff.),
- Wiederholungs- und Folgekaufverhalten bzw. Abwanderung bei Unzufriedenheit.

In diesen Verhaltensdimensionen wurden im Rahmen der Konsumverhaltensforschung Determinanten ausgemacht, die zu ihrer Aufklärung beitragen und den gezielten Einsatz des Instrumentariums der Beschwerdepolitik ermöglichen (Übersicht bei Stauss 1989, S. 41 ff.; Jeschke 1994). Insbesondere ist auch die Existenz und Bestimmbarkeit kaufverhaltensspezifischer Konsumententypologien von Bedeutung, da sie kunden- bzw. segmentspezifische Kundenbetreuungsprogramme ermöglichen.

3 BESCHWERDEN (EINSCHL. REKLAMATIONEN) ALS CHANCEN FÜR UNTERNEHMEN

3.1 Beschwerdeabwehr versus aktive Beschwerdepolitik

Unter Beschwerdepolitik soll die Marktbildung und -beeinflussung durch den aktiven Umgang mit Konsumentenbeschwerden verstanden werden. Als eigenständiger Aktionsbereich des Nachkaufmarketing ist sie Ausdruck einer zielorientierten Planung, Realisation und Kontrolle aller Maßnahmen, die eine Unternehmung im Zusammenhang mit Konsumentenbeschwerden ergreifen kann (Wimmer 1985, S. 233). Einer aktiven Beschwerdepolitik liegt die Philosophie zugrunde, Beschwerden als Chancen für das Unternehmen zu begreifen, subjektive Unzufriedenheiten der Konsumenten wahrzunehmen, zu bearbeiten und Vorkehrungen für ihre zukünftige Vermeidung zu treffen.

Wenngleich die Beschwerdepolitik auf zunehmendes praktisches Interesse der Unternehmen stößt, mag es doch in manchem Managerohr geradezu dissonant klingen, von „Beschwerden als Chance“ zu sprechen. Eher ist man gewohnt, Beschwerden zu ignorieren, nach außen hin abzuwehren und nach innen hin zu verdrängen oder zu vertuschen. Zu diesem Verhalten führen durchaus plausible Gründe, die hier von Interesse sind, da sie als strategische Implementierungsbarriere aufgefaßt werden müssen:

- Beschwerden sind unangenehm.
- Beschwerden machen Fehler sichtbar, die böse Folgen haben können.
- Hohe Kosten der Beschwerderegulierung werden gefürchtet.
- Nutzenkategorien aus der Beschwerderegulierung sind schwer quantifizierbar.
- Niedrige Beschwerderaten werden als Qualitätsindikator gewertet, während hohe Beschwerderaten als negativer Imagefaktor betrachtet werden.
- Betriebliche Anreizsysteme orientieren sich an kurzfristigen Umsatzerfolgen, so daß Beschwerden als Störung im Arbeitsalltag empfunden werden.
- Entgegenkommendes Verhalten begünstigt Querulantentum.

Für die Abwehr von Beschwerden stehen in Unternehmen verschiedene Techniken zur Verfügung, mit denen die sich aus Kundenunzufriedenheit ergebenden Probleme beiseitegeschoben werden können, die jedoch deren mögliche negativen Folgen nicht beheben. Zu derartigen Techniken gehören

- Beschwerdeweg erschweren (keine klaren Zuständigkeiten definieren),
- Beschwerdeführer von seinen Beschwerden wegreden,
- kleinliche Beschwerderegulierung.

3.2 Typische Handlungsbedingungen des Handels

Das Konzept der aktiven Beschwerdepolitik hat besondere Relevanz für den Handel. Dies haben einzelne Handelsunternehmen wie z. B. Giant Food in den USA, Migros in der Schweiz, Otto Versand und Quelle in der Bundesrepublik in einer Art Vorreiterrolle demonstriert. Die spezifische Handelsrelevanz ist aus verschiedenen Gründen heraus erklärbar:

- Der Handel ist erwiesenermaßen die *erste Beschwerdeadresse* für Konsumprobleme aller Art. Der Einzelhandel bietet den Konsumenten leichtere Orientierungsmöglichkeiten und damit bequemere Beschwerdewege mit wesentlich geringeren Kommunikationsbarrieren als dies seitens der Hersteller möglich ist. So stellte Bruhn (1982, S. 6) in einer empirischen Untersuchung fest, daß sich 80 bis 90 % der Konsumenten zunächst beim Händler beschweren. Insofern werden durch die Entgegennahme, Weiterleitung und Bearbeitung von Beschwerden die Vermittlungsfunktionen zwischen Hersteller und Konsument erweitert. Dabei kann eine gezielte Beschwerdepolitik des Handels seine Machtposition als gatekeeper im Marktweg stärken.

- Von grundlegender Bedeutung ist sein *Doppelcharakter als warenvermittelnder Dienstleister*, aufgrund dessen produkt- und dienstleistungsspezifische Beschwerden bei ihm eingehen.

- Im Zusammenhang mit dem *Sachleistungsangebot im Rahmen der Produkt- und Sortimentspolitik* ist der Frage nachzugehen, wie die Eigenschaften der gelisteten Produkte (Beispiele: technische Komplexität, Erklärungsbedürftigkeit, Serviceintensität) die Beschwerdeneigung der Konsumenten bestimmen, welche Produktprobleme durch sie in der Ge-, Verbrauchs- und Entsorgungsphase zu erwarten sind, ob Irradiationen auf weitere Sortimentsbereiche auftreten können und welche Konsequenzen daraus für die Behandlung und Nutzung artikulierter Beschwerden resultieren.

- Als Dienstleister hat der Handel *institutionelle Marktpräsenz* und die damit verbundene persönliche Kontaktbeziehung zum Konsumenten. Aufgrund dieser institutionellen Marktpräsenz richtet der Handel seine Marktinvestitionen überwiegend auf die Gestaltung seines Firmenimages und auf die Entwicklung von Firmenloyalität. Eine aktive Beschwerdepolitik ist insofern effizient, als Wirkungen einzelner Maßnahmen auf das Institutionenimage irradiieren und somit eine umfassende Vertrauensbasis erzielen. Umgekehrt können partielle, unausgeräumte Unzufriedenheiten aus einzelnen Kaufakten aufgrund von negativer Mundwerbung größere Abwanderungsbewegungen und damit Verluste des Gesamtumsatzes mit den verlorenen Kunden bewirken. Daraus folgt, daß die Beschwerdepolitik um so wichtiger für eine Unternehmung ist, je größer die Umsätze pro Kunde sind.

- Weitere Aspekte ergeben sich hinsichtlich der Beschwerden in Bezug auf die vom Handel erbrachten *Dienstleistungen* (Stauss 1989, S. 41 ff.). Dienstleistungen lassen sich bekanntlich durch drei Merkmale charakterisieren:

  - Immaterialität der angebotenen Leistung,
  - direkte (simultane) Bedarfsdeckung durch die Leistungserstellung,
  - Integration des externen Faktors.

  Alle drei Merkmale sind bei personen- und sachbezogenen Dienstleistungen unterschiedlich stark ausgeprägt und nehmen einen entsprechenden Einfluß auf das Beschwerdeverhalten der Konsumenten. Die Immaterialität und Faktorintegration von Dienstleistungen (z.B. im Beratungsgespräch des Fachhandels) führen dazu, daß der Konsument einerseits ein hohes Risiko hinsichtlich der Beurteilung der Dienstleistungsqualität empfindet und dadurch u.U. relativ unsicher hinsichtlich der Beurteilung mangelhafter Leistungen ist. Zum anderen bewirkt das Kriterium der Faktorintegration, daß der Konsument seine Unzufriedenheit nicht allein dem Verkaufspersonal oder Service zuordnen kann und somit die Eindeutigkeit der Ursachenattribuierung bei Unzufriedenheit abnimmt (Hill 1986, S. 311 ff.). Beide Faktoren können bewirken, daß dienstleistungsbezogene Unzufriedenheiten eher zu Abwanderung und negativer persönlicher Kommunikation, als zu einer Beschwerde gegenüber dem Unternehmen führen. Diese Tendenz wird noch dadurch verstärkt, daß im Fall personenbezogener Dienstleistungen aufgrund der Simultanität von Leistungserstellung und Bedarfsdeckung eine nachträgliche Problembeseitigung in Form des Umtauschs oder der Problembehebung nicht möglich ist und der Konsument unter diesen Umständen den Beschwerdenutzen eher gering einschätzt. Dienstleistungsbezogene Beschwerden führen so zu spezifischen beschwerdepolitischen Anforderungen, die insb. die Beschwerdestimulierung und -fallösung betreffen.

3.3 Ziele einer aktiven Beschwerdepolitik

Die vielfältigen möglichen Ziele der Beschwerdepolitik können nach ihrer kommunikativ/psychographischen und ökonomischen Ausrichtung differenziert werden.

Der langfristige Erfolg eines Einzelhandelsunternehmens bemißt sich daran, inwieweit es ihm gelingt, seine Kunden zufriedenzustellen. Die unternehmerische Beschwerdepolitik nimmt hierbei eine Schlüsselstellung ein. Sie hat einerseits zum Ziel, auf artikulierte sowie nicht artikulierte Konsumentenunzufriedenheit derart zu reagieren, daß bestehende Unzufriedenheit abgebaut bzw. Zufriedenheit wiederhergestellt wird. Für diese Zielsetzung ist es von hoher Bedeutung, daß zufriedengestellte Beschwerdeführer eine besonders große Markentreue entwickeln (Goodman u.a. 1987, S. 173). Zum anderen sollen die in Beschwerden enthaltenen Informationen bezüglich der Schwächen innerhalb der Handelsleistungen sowie der Sortimentsstruktur identifiziert und genutzt werden, um zukünftiger Unzufriedenheit vorzubeugen (Wimmer 1985, S. 234; Riemer 1986, S. 23).

Die Schaffung von Zufriedenheit bezüglich einzelner Geschäftskontakte steht in unmittelbarem Zusammenhang mit dem Ziel, eine kundennahe Unternehmens-Corporate Identity zu entwickeln oder aufrechtzuerhalten. Unter risikotheoretischen Gesichtspunkten wird durch aktive Beschwerdepolitik Kundensicherheit aufgebaut und die Vertrauenswürdigkeit der gatekeeper-Position gestärkt, was insb. für risikobelastete, wie z. B. innovationsträchtige Branchen von Bedeutung ist (Beispiel: Sportbranche). Ein weiteres psychographisches Teilziel richtet sich auf die Beeinflussung der Mundwerbung, d. h. vor allem die Förderung positiver und die Verhinderung negativer Mundwerbung, wobei die Bedeutung dieses Ziels daraus ersichtlich wird, daß die Konsumenten mit ihrer Mundwerbung größere Glaubwürdigkeit genießen als die Werbung durch Anbieter (Goodman u.a. 1987, S. 180).

Die genannten kommunikativ/psychographischen Ziele stellen eine notwendige Voraussetzung zur Realisation der ökonomischen Zielgrößen dar. Geht man davon aus, daß durch eine kulante Beschwerdebearbeitung ein unzufriedener Kunde von der Abwanderung abgehalten wird, so rechnet sich dieses Ziel als Erhaltung des durch ihn erwirtschafteten Periodendeckungsbeitrags. Weitere Ertragsziele richten sich auf die Vermeidung von Opportunitätskosten, die dadurch entstehen, daß unzufriedene Kunden andere Reaktionsformen, wie z.B. negative Mundwerbung, ergreifen (entgangener Umsatz oder Kosten für die Regulierung von Schäden). Weitere Opportunitätskosten sind in den Kosten der Neugewinnung eines Kunden zu sehen. Unter Berücksichtigung des Informationsaspektes von Beschwerden kann ein weiteres Ziel in der Ausnutzung der in Beschwerden enthaltenen Informationen bestehen. Eine ertragswirtschaftliche Quantifizierung dieses Ziels ist schwierig und allenfalls über die Kosten für eine alternative Marktforschung möglich. Beschwerden sind nutzbar als Informationen über den Markt und als Kontrollinformationen über die Qualität der Personalleistungen. In beiden Nutzungsvarianten ist die Qualität der Informationen in Abhängigkeit von ihrer Repräsentativität als Zufriedenheitsindikator für die Konsumentenzielgruppe zu sehen. Der Kontrollaspekt hat insbesondere für filialisierende Händler Bedeutung, soweit die Marktleistung quantifizierende Qualitätskontrollen aufgrund ihres Dienstleistungscharakters ermöglicht.

Diesen Ertragszielen der Beschwerdepolitik stehen Kostenziele gegenüber. Bei den Beschwerdekosten ist zwischen den fixen Bereitschaftskosten der Beschwerdebearbeitung und den variablen Kosten pro Fallbearbeitung zu unterscheiden.

4 INSTRUMENTALBEREICHE EINER BESCHWERDEPOLITIK DES HANDELS

4.1 Übersicht der Instrumentalbereiche

Es ist üblich, als Kernbereich der Beschwerdepolitik die in *Abbildung 2* zusammengestellten Instrumente des Beschwerdeinputs, der Beschwerdebearbeitung und der Informationsgewinnung aus Beschwerden zu unterscheiden.

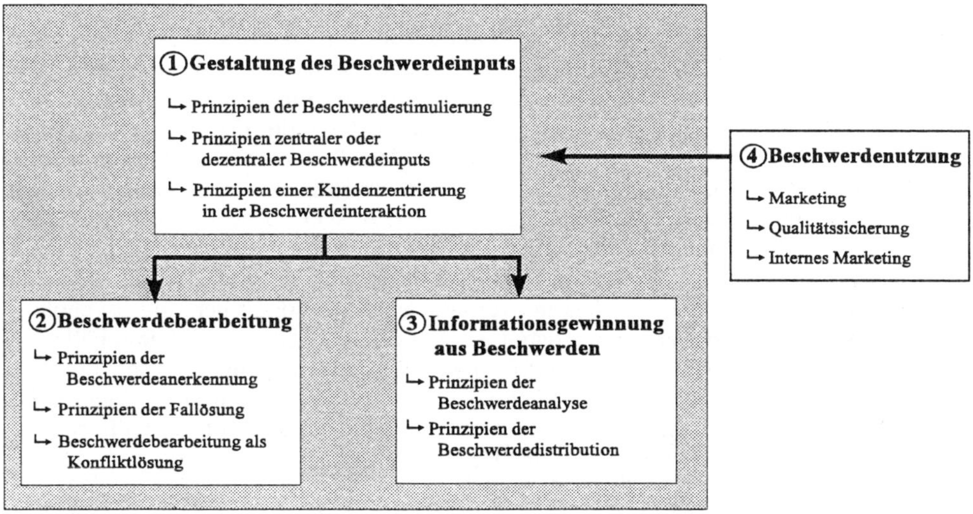

Abbildung 2: Instrumentalbereiche der Beschwerdepolitik

Die Gestaltung des Beschwerdeinputs umfaßt die Wahl des Beschwerdeweges, seine Kommunikation und die Gestaltung der Beschwerdeinteraktionen. Im Rahmen der Beschwerdebearbeitung sind materielle und immaterielle Fallösungsinstrumente zu unterscheiden. Die Informationsgewinnung aus Beschwerden umfaßt den Aufgabenbereich der Beschwerdeanalyse und der innerbetrieblichen Beschwerdedistribution. Aus dem Einsatz der drei Instrumente der Beschwerdepolitik erwächst der Bereich der Beschwerdenutzung.

Er stellt Folgeaktionen aus der Beschwerdepolitik dar und bildet insofern Schnittstellen zu anderen betrieblichen Funktionsbereichen.

Für diese Instrumentalbereiche der Beschwerdepolitik sollen im folgenden zentrale Handlungsprinzipien dargestellt werden.

4.2 Prinzipien der Gestaltung des Beschwerdeinputs

4.2.1 Prinzipien der Beschwerdestimulierung

Aktive Beschwerdepolitik verfolgt das Ziel, möglichst viel Unzufriedenheit in unternehmensbezogene Beschwerden umzusetzen. In der Literatur hat man dieses Ziel auch als Beschwerdemaximierung bezeichnet, wobei ein expliziter Bezug zu einem gegebenen Maß an Unzufriedenheit hergestellt werden muß. Diese Kanalisierung von Unzufriedenheit in unternehmensbezogene Beschwerden wird mit dem Prinzip der Beschwerdestimulierung verfolgt. Seine Gestaltung ergibt sich aus der Anwendung von Kenntnissen aus der Beschwerdeverhaltensforschung, die sich zur Aufdeckung von Beschwerdebarrieren eignet. Der Einsatz von stimulierenden Mitteln ist den produkt- und zielgruppenspezifischen Unterschieden wahrgenommener Barrieren anzupassen. Zu berücksichtigen sind verschiedene Maßnahmen der Vereinfachung von Beschwerdewegen, die Motivation zur Beschwerde bei Unzufriedenheit und die kundenorientierte Beschwerdeinteraktion.

Das Prinzip der Beschwerdestimulierung wirft das Problem „unberechtigter" Beschwerden auf. Unternehmen neigen dazu, die Berechtigung aus technischen oder kaufmännischen Sachnotwendigkeiten abzuleiten und denken insofern unternehmensbezogen. Soweit den Beschwerden Unzufriedenheit und damit nicht erfüllte Erwartungen zugrunde liegen, erscheinen sie demgegenüber auch als Problem fehlgeleiteter Erwartungen und fordern gemäß eines kundenorientierten Marketingverständnisses Aufklärungsaufgaben heraus. Oft entstehen gerade durch Werbung oder Verkaufsgespräche übersteigerte Erwartungen, die Unzufriedenheiten verursachen. Hier zeigt sich besonders deutlich die Vernetzung von Vor- und Nachkaufmarketing. Es gibt selbstverständlich auch Beschwerden, die trotz Zufriedenheit von den Kunden aus verschiedenen ökonomischen und psychologischen Gründen geäußert werden und damit in der Tat unberechtigt sind. Diese Fälle sog. Querulanten bilden bei Anwendung des Prinzips der Beschwerdestimulierung ein Problem. Sofern sie für die Beschwerdebearbeitung nicht auszusondern sind, besteht unter ökonomischen Gesichtspunkten die Aufgabe, sie als verlorene Kosten dem Nutzen der Beschwerdepolitik gegenüberzustellen und hier ein Optimum anzustreben.

4.2.2 Prinzipien zentraler oder dezentraler Gestaltung des Beschwerdeinputs

Die Handlungsalternative zentraler oder dezentraler Regulierung des Beschwerdeinputs stellt sich im Handel auf zwei Ebenen, nämlich auf der Verkaufsstellenebene und bei filialisierten Unternehmen auf der Ebene der Zentralverwaltung. Nach dem Prinzip der Dezentralisierung kann das Beschwerdeaufkommen

- nach sachlichen Zuständigkeiten differenziert und
- nach Problemumfang hierarchisch gestaffelt

entgegengenommen werden. Damit ist zu erreichen, daß alle Mitarbeiter ein kundenorientiertes Problembewußtsein entwickeln, Kundenunzufriedenheit verursachungsgemäß bearbeitet wird und das Beschwerdegeschehen in die sonstigen Marktkontakte integriert werden kann. Gerade im Handel (abgesehen vom Distanzhandel) bestehen breit angelegte Basiskontakte zwischen Personal und Konsument, die von den Kunden auch für Beschwerden genutzt werden können. Die Dezentralisierung erfordert Regelungen der Zuständigkeiten und Schaffung von Kompetenzen im Umgang mit Beschwerden bei allen kundennahen Mitarbeitern. Das Prinzip ist insofern nachteilig, als Regelungen der Zuständigkeiten schwer nach außen zu publizieren sind und damit u.U. für Kunden intransparent bleiben. In psychologischer Hinsicht entsteht ein Problem daraus, daß die Konfrontation der Mitarbeiter mit selbstverursachten Fehlern die Gefahr der Verdrängung und Unterdrückung von Beschwerdetatbeständen mit sich bringt. Dezentralisierte Beschwerdekontakte sind zudem schwer kontrollierbar und verursachen Schwierigkeiten bei der innerbetrieblichen Kanalisierung von Beschwerden.

Bei der Anwendung des Prinzips zentraler Beschwerdeinputs verkehren sich diese Vor- und Nachteile. Es wird realisiert durch die Schaffung von Beschwerdeanlaufstellen, wie z.B. Verbraucherabteilungen, Kundenberatungsstellen und Serviceabteilungen, die nach außen und innen als Ohr am Kunden deklariert werden. Dies erlaubt nach außen eine eindeutige Publizität und reduziert durch die Möglichkeit der Personalisierung der beratenden und helfenden Instanz die psychischen Beschwerdebarrieren. Die stellvertretende Entgegennahme von Beschwerden durch eine zentrale Abteilung verhindert das psychische Verdrängungsproblem, ermöglicht Kontrollen und vereinfacht innerbetriebliche Beschwerdewege. Inwieweit es dabei gelingt, die durch Beschwerde artikulierten Verbraucherinteressen in den unternehmerischen Entscheidungsprozeß einfließen zu lassen, wird sowohl von der hierarchischen Einordnung als auch den damit verbundenen abteilungsspezifischen Einflußrechten (Hansen & Stauss 1985, S. 163 ff.) determiniert.

Eine besondere Gestaltungsaufgabe hinsichtlich der Organisation zentraler Beschwerdeanlaufstellen besteht bei der Vertriebslinienpolitik großer und diversifizierter Einzelhandelskonzerne (Thieme 1987, S. 195). Die für den Konsumenten häufig als eigenständige Betriebsform erscheinenden differenzierten Vertriebslinien führen dazu, daß in diesen Fällen eine Dezentralisierung und Aufgabenverteilung mittels Vertriebslinien-spezifischer Beschwerdeanlaufstellen erforderlich ist. Sie sind durch eine übergeordnete, der Unternehmenszentrale verantwortliche Abteilung zu koordinieren.

4.2.3 Prinzip einer Kundenzentrierung in der Beschwerdeinteraktion

Die Beschwerdeinteraktion ist Bestandteil des Beschwerdeinputs und hat darüber hinaus Elemente der Beschwerdebearbeitung, insbesondere in der Anwendung immaterieller Fallösungsinstrumente. Überwiegend sind psychologische Grundlagen aus der Verkaufskommunikation übertragbar, wenngleich spezifische Interpretations- und Anwendungsüberlegungen notwendig sind aufgrund der besonderen psychischen Situation, die aus dem Beschwerdetatbestand resultiert. Ähnlich wie bei dem Verkauf sind zur Gestaltung von Beschwerdeinteraktionen strukturelle Bedingungen (insbesondere Merkmalsrelationen zwischen Beschwerdeführer und Beschwerdeadressat) und Prozeßdeterminanten (Ablauf der Kommunikation, inhaltliche Argumentation, kommunikative Umsetzung) zu berücksichtigen. Erhöhte Anforderungen entstehen aus der oft starken emotionalen Betroffenheit der Parteien.

Das Prinzip der Kundenzentrierung wird hier besonders herausgestellt, weil es mit dem Prinzip der Beschwerdestimulierung korrespondiert. Demgegenüber finden sich in der Praxis häufig Beschwerdeinteraktionen, die zur Beschwerdeunterdrückung als Prozesse der Zuständigkeitsabwehr, der gegenseitigen Schuldzuweisung oder der einseitigen Machtausübung gestaltet werden. Die Kundenzentrierung erfordert, daß in der inhaltlichen Argumentation auf die psychische Unzufriedenheitssituation der Kunden eingegangen wird. Vielfältige Grundlagen ergeben sich u.a. unter risiko-, attributions- oder dissonanztheoretischen Aspekten. In der kommunikativen Umsetzung bedeutet Kundenzentrierung, daß dem Konsumenten die Chance wechselseitiger Beeinflussung eingeräumt wird.

4.3 Prinzipien der Beschwerdebearbeitung

4.3.1 Prinzipien der Beschwerdeanerkennung

Eine grundlegende Entscheidung zur Beschwerdebearbeitung bezieht sich auf die Handlungsprinzipien der generellen Anerkennung oder Fallprüfung (*Abbildung 3*).

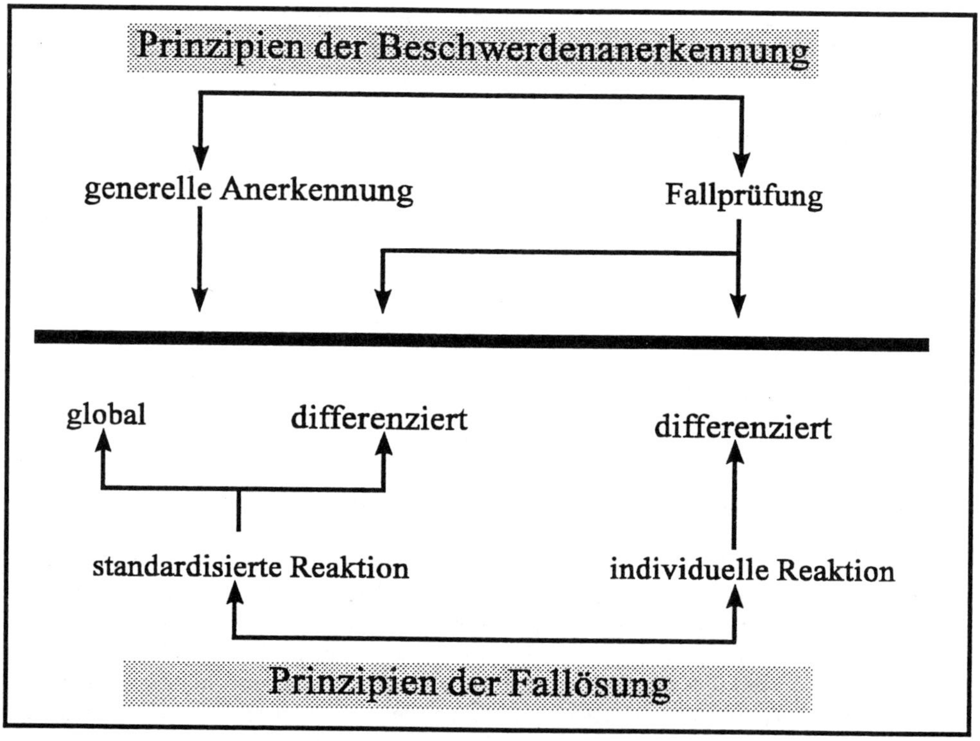

Abbildung 3: Prinzipien der Beschwerdebearbeitung

Quelle: Hansen 1990, S. 461

Diese Basisentscheidung ist in Abhängigkeit von Art und Umfang der anfallenden Beschwerden zu treffen. Tendenziell wird eher das Prinzip genereller Anerkennung verwirklicht, wenn Probleme bei der Berechtigungsprüfung bestehen (z.B. bei Beratungsgesprächen) oder Bagatellkosten der Beschwerderegulierung zu erwarten sind (Beispiel: Produktersatz bei niedrigwertigen Produkten). Neben diesen abzuwägenden Fragen der beschwerdepolitischen Kostenwirtschaftlichkeit ist zu berücksichtigen, daß dieses Prinzip imagepolitische Vorteile hat, indem sich das Einzelhandelsunternehmen als kundenorientiert positioniert, insbesondere wenn nachhaltige Irradiationseffekte bei umfangreichen Kundenkontakten zu erwarten sind. Die generelle Anerkennung von Beschwerden führt allerdings zu dem Problem, daß auch ungerechtfertigte Ansprüche erfüllt werden.

Mit dem Prinzip der Fallprüfung wird diesem Problempunkt vorgebeugt. Im Rahmen einer Beschwerdefallprüfung wird anhand spezieller Prüfkriterien (Käufer/Nicht-Käufer, Beschwerdeinhalt, Verantwortlichkeit sowie formale Kriterien wie z.B. gewährte Garantiefristen) eine Selektion der gerechtfertigt zu bearbeitenden Beschwerden vorgenommen (Riemer 1986, S. 228). Der Vorteil einer Fallprüfung besteht darin, daß neben dem Erkennen unberechtigter Forderungen erste Hinweise auf die ggf. zu lösende Beschwerdeursache gewonnen und damit Maßnahmen der Beschwerdefallösung vorbereitet werden können. Andererseits ist eine strenge Fallprüfung insofern problematisch, als sie die Kontaktaufnahme des Konsumenten erschwert und so das Ziel der Beschwerdestimulierung konterkarieren kann.

4.3.2 Prinzipien der Fallösung

Nach Entgegennahme und ggf. Prüfung der Beschwerden schließt sich die Beschwerdefallösung an. Die Rahmenbedingungen der Fallösung werden im wesentlichen durch den Beschwerdeinhalt bzw. -bezug, die Bedeutung des Kunden sowie betriebsformen- oder branchentypische Fallösungsstandards vorgegeben. Ähnlich wie für den Servicebereich lassen sich als Prinzipien der Fallösung nach Regelungsgehalt die standardisierte und die individuelle Reaktion unterscheiden, wobei erstere mit dem Prinzip genereller Anerkennung korrespondiert und letztere das Prinzip der Fallprüfung voraussetzt (vgl. *Abbildung 3*).

Für unkomplizierte, häufiger wiederkehrende oder ohne großen Aufwand zu regulierende Beschwerden sind standardisierte Reaktionsmuster zu entwickeln, die einerseits die Verwaltungsaufgaben gering halten und andererseits die Arbeitszeit verkürzen. Diese Rationalisierungseffekte erbringen Kostenvorteile und Marktchancen, da schnelle Bearbeitung oft wichtig ist, um Beschwerdezufriedenheit zu erzielen und den Zeitraum für mögliche negative Mundwerbung zu reduzieren. Die Unternehmung muß allerdings bei der Anwendung dieses Prinzips hinnehmen, daß unterschiedliche Kundenerwartungen sowohl über- wie unterschritten werden können. Dem ist entgegenzuwirken, wenn im Rahmen der Standardisierung keine globalen Beschwerdebearbeitungsregeln, sondern segmentspezifische Differenzierungen vorgegeben werden. Als Segmentierungskriterien können der Umsatz mit einem Kunden als ökonomischer Erfolgsfaktor oder die Einschätzung seiner Bedeutung als opinion leader (Mundwerbung) herangezogen werden. Voraussetzung ist die Möglichkeit der Identifikation von Segmentkriterien bei der Beschwerdeentgegennahme. Moralische Bedenken sind bei einer derartigen Differenzierung insofern anzumelden, als die Kundenansprüche auf Zufriedenstellung dann offenbar unterschiedlich wichtig genommen werden.

Individuelle Reaktionen werden ohne Vorregelung in persönlicher Abstimmung mit dem Beschwerdeführer entwickelt. Im Rahmen einer aktiven Beschwerdepolitik sollten sie aufgrund hoher Regulierungskosten auf Fälle komplizierter, selten auftretender oder ökonomisch bedeutsamer Beschwerden beschränkt bleiben.

Angesichts einer Vielzahl von materiellen und immateriellen Reaktionsmöglichkeiten (Aktionselementen) zur Fallösung, die teilweise untereinander substituierbar sind, entsteht Bedarf nach Auswahlprinzipien. Konflikttheoretisch interpretiert weist die Beschwerde den Charakter eines durch unterschiedliche Handels- und Verbraucherinteressen bedingten Austauschkonfliktes auf (Meyer 1988, S. 444). Die Beschwerdeabwicklung des Handels wird somit zu einem Konfliktlösungsfall, um bestehende Konfliktpotentiale abzubauen (Hansen 1990, S. 462).

4.3.3 Beschwerdebearbeitung als Konfliktlösungsprozeß

Zur Beschwerdefallösung können Konfliktlösungstypen entwickelt werden (Glasl 1980, S. 329 ff.; Häfliger 1981, S. 170 ff.). Sie sollen als Prinzipien der ursächlichen Problemlösung, der Konfliktüberdeckung durch Kompensationszahlungen und der Beeinflussung von Beschwerdedeterminanten kurz dargestellt werden: Der Wiederherstellung von Zufriedenheit mit der ursächlichen Unternehmensleistung ist vorrangig Bedeutung beizumessen (Beispiele: Reparatur, Produktersatz). Bei komplizierten, komplexen Beschwerdefällen erfordert dieses Prinzip einen gemeinsamen Problemlösungsprozeß, der für beide Konfliktpartner mit Lerneffekten verbunden ist und seitens des Handels für eine starke Loyalitätsbindung genutzt werden kann. Demgegenüber gibt es Fälle, in denen eine Ursachenbeseitigung nicht möglich oder erwünscht ist (Beispiel: Dienstleistungen), so daß die Beschwerdehandhabung über Kompensationszahlungen (Beispiel: Preisnachlaß) vorgenommen werden muß. Diese Form der Beschwerdebearbeitung stellt nur eine Quasilösung des Konfliktfalles dar. Zwar wird Zufriedenheit mit der Beschwerdelösung herbeigeführt, der Konflikt mit der ursächlichen Unternehmensleistung aber nur überdeckt. Die Beeinflussung der Beschwerdedeterminanten setzt nicht bei dem Beschwerdetatbestand selbst, sondern bei vorgelagerten Faktoren an. Dazu gehört insbesondere die Korrektur von Erwartungshaltungen, die in engem Zusammenhang mit der Entwicklung von Unzufriedenheit stehen.

4.4 Prinzipien der Informationsgewinnung

Die Informationsgewinnung aus Beschwerden umfaßt zum einen die systematische Analyse der eingehenden Beschwerden hinsichtlich ihres informatorischen Gehalts und zum anderen die Beschwerdenutzung. Prinzipien der Beschwerdeanalyse richten sich auf die Zeitintervalle (kontinuierlich / diskontinuierlich / fallweise) und auf den Umfang (umfassend / selektiv). Eine kontinuierliche Datenauswertung, d.h. die unmittelbar an den Zeitpunkt der Beschwerdeartikulation anknüpfende Analyse, weist den Vorteil auf, daß sich das Einzelhandelsunternehmen laufend auf einem aktuellen Stand bezüglich der Schwerpunkte und Trends artikulierter Unzufriedenheit befindet und so unmittelbar marketingpolitische Schlußfolgerungen ziehen kann. Im Fall eines hohen Beschwerdeaufkommens ist eine kontinuierliche Beschwerdeanalyse allein EDV-gestützt bei entsprechenden Rationalisierungseffekten realisierbar. Das Prinzip diskontinuierlicher Datenauswertung (z.B. im Quartalsabstand) bietet sich dann an, wenn der Beschwerdeanfall relativ gering und die

Beschwerdeinhalte im Zeitablauf relativ konstant sind. Beide Prinzipien machen es erforderlich, daß Merkmale festgelegt und der Beschwerdeanalyse und Dateninterpretation zugrunde gelegt werden. Je nach Auswertungsinteresse ist dieser Merkmalskatalog möglichst umfassend, d.h. auf alle erzielbaren Beschwerdedaten auszurichten oder selektiv aufzubauen. Dazu gehören Daten zur Person des Beschwerdeführers und zu den Kategorien Produkt/Dienstleistung, Problemursache und Unternehmensreaktion. Eine selektive Datenauswertung kann dann von Interesse sein, wenn das Einzelhandelsunternehmen nur ganz spezifischen und inhaltlich eingegrenzten Fragestellungen nachgehen will. Die Nutzung der Beschwerdeinformationen erfordert die Weitergabe an die zuständigen Entscheidungszentren im Einzelhandel oder an die Lieferanten. Hier können die gleichen Prinzipien angewendet werden, wie sie bereits für die Beschwerdeanalyse besprochen worden sind.

5 BESCHWERDEPOLITIK UND SCHNITTSTELLENPROBLEMATIK

Die Nutzung der Beschwerdepolitik erfolgt an den Schnittstellen zu anderen betrieblichen Funktionsbereichen. Sie stellt im Prinzip eine von Kunden initiierte Stärken/Schwächen-Analyse dar, die von unternehmerischer Seite im Rahmen der Beschwerdepolitik zwar unterstützt, letztlich aber vom Kunden eigeninitiiert vorgenommen wird. Ihre Ergebnisse können zur Verbesserung betrieblicher Prozesse und Leistungsergebnisse verwendet werden, um zukünftiger Unzufriedenheit vorzubeugen. Dies gilt für die Schnittstellen Marketing, Qualitätssicherung und Internes Marketing.

Schnittstelle Marketing: Zufriedenheit der Kunden wird oft als ein Konstrukt dargestellt, das aus einer Differenz von Erwartung und erlebter Realität entsteht. Hier wird der zirkuläre Bezug zum Vorkaufmarketing sehr deutlich. Insofern bietet der Umgang mit Unzufriedenheit der Kunden und die Analyse der Ursachen Ansatzpunkte für mögliche Verbesserungen von Vorkaufaktivitäten. Dabei ist allerdings eine umfangreiche Interpretationsleistung hinsichtlich der Validität, Reliabilität und Objektivität von Beschwerden als Qualitätsindikatoren des Marketing erforderlich.

Schnittstelle Qualitätssicherung: Die Beschwerdepolitik kann in engen Zusammenhang gestellt werden zu Bemühungen zum Qualitätssicherungsprogramm einer Unternehmung. Qualitätsprüfungen umfassen alle Phasen des betrieblichen Leistungsprozesses und alle Funktionsbereiche der Unternehmung. Bei der Definition der Qualitätsansprüche und -veränderungen liegt ein wichtiger Grundsatz in der Kundenorientierung, mit der sich eine enge Verzahnung zu den Ergebnissen der Beschwerdepolitik als notwendig erweist. Einschränkend ist allerdings zu fragen, ob Beschwerden das bei der Qualitätssicherung so wichtige Element der Frühzeitigkeit von Mängelerkennungen genügend realisieren können. Beschwerden haben nur dann den Charakter von Frühwarnindikatoren, wenn sie Marktentwicklungsprozesse frühzeitig signalisieren (Hansen 1979, S. 126). Um dies zu ermitteln, sind die Eigenschaften der Beschwerdeführer sorgfältig zu analysieren, um ihre Innovatoreneigenschaften einschätzen zu können.

Schnittstelle Internes Marketing: Darunter ist das interne „Verkaufskonzept" zu verstehen, im Sinne einer konsequenten Absicherung, Fortsetzung und Erfüllung der absatzmarktgerichteten Marketingmaxime bei dem Personal einer Unternehmung (Stauss & Schulze 1990, S. 2). Wenn die Beschwerdepolitik eine Kundenorientierung realisieren soll, so dient das interne Marketing insbesondere der Schaffung von Akzeptanz in Bezug auf diese Orientierung, der Ausstattung mit notwendigen Informationen und der Vermittlung von Fähigkeiten und Fertigkeiten für die Bewältigung der Kundentransaktionen. Im weiteren Sinne wird das organisationsinterne Umfeld hergestellt, um kundenorientierte Einstellungen und Verhaltensweisen zu stützen. Da im Rahmen der Beschwerdepolitik die Unternehmung und das darin wirkende Personal mit dem unangenehmen Tatbestand der Kundenunzufriedenheit in Berührung kommt, sind für die Implementierung diese Zielaspekte des internen Marketing von besonderer Wichtigkeit.

6 ERFOLGSKONTROLLE DER BESCHWERDEPOLITIK

Das Konzept der Beschwerdepolitik stößt häufig in der Praxis auf Bedenken, weil man erhebliche Kostensteigerungen erwartet: Retouren, Telefon- und Portokosten, Kosten für Ersatzlieferungen und Reparaturen. Während sich derartige Kostensteigerungen relativ einfach berechnen lassen, bleiben ertragswirtschaftliche Vorteile relativ schwer quantifizierbar. Die Ertragseinschätzungen müssen im Rahmen einer Erfolgskontrolle von den Zielen der Beschwerdepolitik ausgehen. Die folgende Erfolgsformel soll in gebotener Kürze die Kategorien angeben, die für eine Kontrollrechnung der Beschwerdepolitik relevant sind. (Vgl. zu diesem Thema die Monographie von Hoffmann 1991.) Dabei wird davon ausgegangen, daß die Einrichtung von Beschwerdemanagement-Systemen den Zufriedenheitsgrad der Kunden erhöht und daraus ertragswirtschaftliche Effekte erwachsen, die den Kosten gegenüberstehen.

$$G = W + M + O + R + I - K$$

G = Erfolg aus der Einrichtung einer aktiven Beschwerdepolitik
W = Deckungsbeiträge durch Wiederkäufe zufriedengestellter Kunden aufgrund abgewendeter Abwanderung. Der Wert der Kunden bezieht sich auf die Deckungsbeiträge aller Käufe einer Periode, bezogen auf das gesamte Sortiment.
M = Deckungsbeiträge durch Mundwerbung (positiv durch Akquisitionsleistungen zufriedengestellter Kunden, Verhinderung negativer Mundwerbung)
O = Opportunitätskosten der Kundenneugewinnung
R = abgewendete Regulierungskosten
I = Nutzen der Information aus der Beschwerdepolitik, meßbar in einem Vergleich mit alternativen Marktforschungskosten
K = Kosten des Beschwerdesystems (es entstehen fixe Bereitschaftskosten und variable Kosten pro Fallbearbeitung)

7 ZUSAMMENFASSENDE THESEN

1) Aktive Beschwerdepolitik ist ein Aktionsbereich des Nachkaufmarketing, der Transaktionsepisoden mit den Kunden und hier insbesondere die Phasen nach dem Kauf zum Ansatz der Marktgestaltung macht.

2) Der Handel ist die erste Beschwerdeadresse für unzufriedene Kunden. In seiner Doppelrolle als Sachgüter-vermittelnder Dienstleister ist für ihn eine aktive Beschwerdepolitik von besonderer Bedeutung.

3) Unternehmen sehen in Beschwerden eher eine abzuwehrende Last als eine Chance. Aktive Beschwerdepolitik erfordert hier ein Umdenken.

4) Beschwerden bieten die Chance, Kunden zufriedenzustellen und damit die Wiederkaufrate drastisch zu erhöhen.

5) Kunden betätigen sich in positiver oder negativer Richtung als Multiplikatoren der Unternehmensleistung. Zufriedene Kunden sind ausgezeichnete positive Akquisiteure.

6) Beschwerden, Anfragen und Vorschläge sind interessante Marktinformationen. Im Vergleich zur Marktforschung haben sie den Vorteil, daß sie von Kunden eigeninitiiert gegeben werden.

7) Aktive Beschwerdepolitik erfordert eine Ressourcenverlagerung von Vorkaufaktivitäten auf Nachkaufaktivitäten des Marketing.

8) Aktive Beschwerdepolitik richtet sich auf die drei Instrumentalbereiche der Gestaltung von Beschwerdeinputs, der Beschwerdebearbeitung und der Entwicklung von Informationssystemen. Die Nutzung der Beschwerdepolitik eröffnet Schnittstellen zum Marketing, zur Qualitätssicherung und zum internen Marketing.

LITERATUR

Albers, S.; Eggert, K.: Kundennähe. Strategie oder Schlagwort? In: Marketing Zeitschrift für Forschung und Praxis, 10 (1988), Heft 1, S. 5-16

Balderjahn, I.: Stichwort Nachkaufverhalten. In: Diller, H. (Hrsg.): Vahlens großes Marketinglexikon, München 1992, S. 806-807

Bruhn, M.: Konsumentenzufriedenheit und Beschwerden, Frankfurt a. M., Bern 1982

Diller, H.; Kusterer, M.: Beziehungsmanagement – Theoretische Grundlagen und explorative Befunde In: Marketing Zeitschrift für Forschung und Praxis, 10 (1988), Heft 3, S. 211-220

Frey, D.; Benning, E.: Informationssuche von Konsumenten nach Entscheidungen. Einige Spekulationen. In: Marketing Zeitschrift für Forschung und Praxis, 6 (1984), Heft 2, S. 107-113

Glasl, F.: Konfliktmanagement. Diagnose und Behandlung von Konflikten in Organisationen, Bern, Stuttgart 1980

Häfliger, E.: Der aktive Betrieb. Management by Conflicts, Diessenhofen 1981

Goodman, J. A.; Malech, A. R.; Marra, T. R.: Beschwerdepolitik unter Kosten-Nutzen-Gesichtspunkten – Lernmöglichkeiten aus den USA. In: Hansen, U.; Schoenheit, I. (Hrsg.): Verbraucherzufriedenheit und Beschwerdeverhalten, Frankfurt a. M., New York 1987, S. 165-202

Hansen, U.: Verbraucherabteilungen als Frühwarnsysteme. In: Zeitschrift für Betriebswirtschaft, 49 (1979) , Ergänzungsheft 2, S. 120-134

Hansen, U.: Absatz- und Beschaffungsmarketing des Einzelhandels, 2. Aufl., Göttingen 1990

Hansen, U.; Jeschke, K.: Nachkaufmarketing. Ein neuer Trend im Konsumgütermarketing?. In: Marketing Zeitschrift für Forschung und Praxis, 14 (1992), Heft 2, S. 88-97

Hansen, U.; Jeschke, K.: Nachkaufmarketing: Begründung, Konzeption und Implikationen eines nachkauforientierten Marketing von Konsumgüterunternehmungen. In: Tietz, B.; Köhler, R.; Zentes, J. (Hrsg.): Handwörter des Marketing, 2. Aufl., Stuttgart 1994, im Druck

Hansen, U.; Kirsch, A.: Beschwerdepolitik im technischen Vertrieb, Berlin 1987

Hansen, U.; Schoenheit, I. (Hrsg.): Verbraucherzufriedenheit und Beschwerdeverhalten, Frankfurt a. M. et al. 1987

Hansen, U.; Stauss, B.: Funktionen einer Verbraucherabteilung und Kriterien ihrer Einrichtung. In: Hansen, U.; Schoenheit, I. (Hrsg.): Verbraucherabteilungen in privaten und öffentlichen Unternehmen, Frankfurt a. M., New York 1985, S. 149-172

Hill, D.J.: Satisfaction and Consumer Services. In: Lutz, R. J. (Hrsg.), Advances in Consumer Research, 13 (1986), S. 311-315

Hoffmann, A.: Die Erfolgskontrolle von Beschwrdemanagement- Systemen: Theoretische und empirische Erkenntnisse zum unternehmerischen Nutzen von Beschwerdeabteilungen, Diss. Frankfurt a. M. et al. 1991

Jeschke, K.: Nachkaufmarketing: Kundenbindung und Kundenzufriedenheit auf Konsumgütermärkten, Diss. Frankfurt a. M. et al. 1994, im Druck

Kaas, K.P.; Runow, H.: Wie befriedigend sind die Ergebnisse der Forschung zur Verbraucherzufriedenheit? In: Die Betriebswirtschaft, 44 (1984), Heft 3, S. 451-460

Kuhlmann, E.: Verbraucherpolitik. Grundzüge ihrer Theorie und Praxis, München 1990

Lingenfelder, M.; Schneider, W.: Die Kundenzufriedenheit. Bedeutung, Meßkonzept und empirische Befunde. In: Marketing Zeitschrift für Forschung und Praxis, 13 (1991), Heft 2, S. 109-119

Meffert, H.; Bruhn, M.: Beschwerdeverhalten und Zufriedenheit von Konsumenten. In: Die Betriebswirtschaft 41 (1981), Heft 4, S. 597-613

Meyer, D.: Abwanderung und Widerspruch. In: Das Wirtschaftsstudium 17 (1988), Heft 8/9, S. 443-446

Plinke, W.: Fallgruben der Kundenorientierung überspringen. In: absatzwirtschaft 35 (1992), Heft 3, S. 97-101

Riemer, M.: Beschwerdemanagement, Frankfurt a. M., New York 1986

Schütze, R.: Kundenzufriedenheit: After-Sales-Marketing auf industriellen Märkten, Diss. Wiesbaden 1992

Stauss, B.: Beschwerdepolitik als Instrument des Dienstleistungsmarketing. In: Jahrbuch der Absatz- und Verbrauchsforschung, 35 (1989), Heft 1, S. 41-62

Stauss, B.; Schulze, H.S.: Internes Marketing. In: Marketing Zeitschrift für Forschung und Praxis, 12 (1990), Heft 3, S. 149-158

Straßburger, H.: Wiederkaufentscheidungsprozeß bei Verbrauchsgütern: Ein verhaltenswissenschaftliches Erklärungsmodell, Diss. Frankfurt a. M. et al. 1991

Thieme, U.: Verbraucherinteresse und die Funktion der Nachfrageermittlung des Einzelhandels in der BRD, Frankfurt a. M. 1987

Wimmer, F.: Beschwerdepolitik als Marketinginstrument. In: Hansen, U.; Schoenheit, I. (Hrsg.): Verbraucherabteilungen in privaten und öffentlichen Unternehmen, Frankfurt a. M., New York 1985, S. 225-254

Wiswede, G.: Einführung in die Wirtschaftspsychologie, Köln 1991

Kooperation statt Konfrontation – Kontraktmarketing zwischen Hersteller und Handel

Bruno Tietz, Saarbrücken

Kontraktmarketing ist eine Form der vertikalen Kooperation zwischen Hersteller und Handel. Zunächst werden die grundsätzlichen Entscheidungsfelder, Instrumente und Ausprägungen von Kooperationen einführend dargestellt und Kooperationen aus Sicht der Kundenpolitik und der Lieferantenpolitik beleuchtet. Der Hauptteil des Beitrages (Partnerpolitik) widmet sich der Gestaltung der Beziehungen zu Abnehmern und Lieferanten. Als kundenorientierte Kooperationsstrategien werden das Trade Marketing, das Kategoriemanagement und das Neo-Key-Accounting erörtert. Als konsequente Endstufe der vertikalen Kooperation wird das „straffe Kontraktmarketing" beschrieben.

1 EINFÜHRUNG

Das Verhältnis zwischen Industrie und Handel unterliegt wegen der Dynamik der Rahmenbedingungen ständigen Veränderungen. Dazu gehören insbesondere:

1) die mediale Evolution mit neuen Informations- und Kommunikationsbedingungen,
2) die Supranationalisierung und die Internationalisierung der Marktaktivitäten,
3) das durchschnittliche Größenwachstum auf beiden Seiten.

Die Neuordnung der Beziehungen vollzieht sich auf mehreren Feldern:

1) neue Lösungen bei der Marktbearbeitung,
2) Veränderungen im Bereich der Logistik,
3) überbetriebliche Informationssysteme.

An dieser Stelle soll insbesondere auf die Weiterentwicklung der Harmonisierungs- und Bindungskonzepte im vertikalen Kanal durch Kontraktmarketing eingegangen werden.

Zunächst muß man sich fragen, warum Unternehmen kooperieren. Hier gilt die sehr einfache und klare Grundregel, daß man davon überzeugt sein muß, bestimmte Aufgaben gemeinsam besser zu bewältigen als allein. Daraus ergibt sich das Grundgesetz der unternehmerischen Kooperation: Das ökonomische Anliegen der Kooperation muß tragfähig sein, um eine Kooperation zu begründen. Die Kooperation muß allen Partnern wirtschaftliche Vorteile bringen. Aus reiner Emotion, ohne ein geeignetes Produkt, ohne eine geeignete Dienstleistung oder ohne eine geeignete Betriebstypenformel kann aus einer Kooperation nie etwas Gutes werden.

2 ZUR IDEOLOGIE DER KOOPERATION

Die Kooperation hat in den letzten Jahrzehnten die Marktbearbeitung der Industrie und die Struktur des Handels in den westlichen Industriestaaten entscheidend mitgeprägt.

Die Grundlage für alle Bindungskonzepte zwischen selbständigen Marktpartnern ist die für eine Marktwirtschaft unerläßliche Vertragsfreiheit. Da die Dauer der Verträge länger und der Inhalt umfassender werden, entsteht eine Situation, die bereits im Jahre 1969 kontraktorientierte Marktwirtschaft genannt wurde (Tietz 1969). Die Marktwirtschaft des „Hau-Ruck-Wettbewerbs" gehört der Vergangenheit an.

In klassischen Wettbewerbsmodellen wird davon ausgegangen, daß jeder Umsatzakt eine eigenständige, neu zu treffende Entscheidung darstellt. Faktisch ist die Situation jedoch dadurch gekennzeichnet, daß die Transaktionen zwischen den Marktpartnern bereits seit Jahrzehnten zunehmend auf der Basis gewachsener vertraglicher Bindungen beruhen. Neben Saison- und Jahresverträgen gewinnen auch Mehrjahresverträge an Bedeutung. Dies ist Kontraktmarketing.

Je enger und ausschließlicher ein Systemträger mit seinen Partnern zusammenarbeitet, desto kräftiger tritt das System als Einheit im Markt auf. Je einheitlicher der Marktauftritt, desto offensichtlicher wird das Konzept des Gruppenwettbewerbs, in dem kooperierende Gruppen mit reduziertem Intragruppenwettbewerb sich gegen konkurrierende Gruppen oder auch konzernierte Unternehmen zu behaupten versuchen (Tietz 1981). Der Individual- und Einzelkämpferwettbewerb ist faktisch bereits weitgehend durch den System- oder Gruppenwettbewerb abgelöst worden.

Die Arbeitsteilung durch Kooperation folgt dem Prinzip der Wirtschaftlichkeit. Eine Aktivität soll von dem Partner erledigt werden, der dazu vergleichsweise am besten in der Lage ist. Dadurch können sich bisherige Zuordnungen von Aktivitäten teils auf den Hersteller, teils auf den Handel verschieben.

Das Gegenseitigkeitsprinzip

Jede Kooperation bewirkt eine Veränderung der Autonomiegrade und beruht auf einer freiwilligen Aufgabe von Freiheitsgraden. Eine freiwillige Aufgabe von ökonomischen oder sozialen Freiheitsgraden dürfte generell nur dann erfolgen, wenn Unternehmen durch die Harmonisierung der Aktivitäten auf bestimmten oder auf allen Kooperationsfeldern ihre Ziele besser erreichen als bei einem unabgestimmten Vorgehen.

Das Prinzip der Gegenseitigkeit erklärt, wie die Kooperation funktioniert. In allgemeiner Form könnte man sagen, daß jeder der beiden Partner etwas gibt. Jeder gibt Selbständigkeit ab. Jeder bringt Leistungen für den anderen. Einer finanziert z.B. eine Zentrale und erhält auf der anderen Seite Marktanteile, hat eine bessere Absatzsicherung und erreicht Gewinnsicherheit oder höhere Gewinne.

Diese subtile Gegenseitigkeit ist letztlich das Rückgrat einer funktionsfähigen Kooperation. Sie läßt sich nur so lange durchsetzen, wie beide Partner davon überzeugt sind, daß es ihnen mit Kooperation besser geht als ohne Kooperation.

Die Bedeutung der vertikalen Kooperation zwischen Industrie und Handel wird – vor allem vor dem Hintergrund des verschärften Preiswettbewerbs – zunehmen.

3 DAS GRUNDMODELL DER KOOPERATION

Eine freiwillige Aufgabe von ökonomischen oder sozialen Freiheitsgraden in einer Kooperation dürfte generell nur dann erfolgen, wenn Unternehmen oder sonstige Institutionen durch die Harmonisierung der Aktivitäten auf bestimmten oder auf allen Kooperationsfeldern ihre Ziele besser erreichen als bei unabgestimmtem Vorgehen. Auf dieser Grundüberlegung fußen alle Theorien über eine Begründung und Aufrechterhaltung der Kooperation zwischen Unternehmen.

Das Grundmodell der Kooperation umfaßt mehrere Entscheidungsfelder, und zwar

1) die Leistungsprogrammpolitik, die sich auf strukturelle, marketingorientierte, faktor- und kostenbezogene sowie finanzielle Entscheidungen bezieht,
2) die Managementpolitik, in deren Rahmen die Probleme der Planung, der Organisation, der Führung und der Kontrolle erörtert werden,
3) die Technologiepolitik als Grundlage für eine Realisierung der Strategien.

Während mit den strategischen Überlegungen eher festgelegt wird, was der Franchisegeber erreichen will, geht es bei den technologischen Fragen primär um das Know-how der konkreten und faktischen Durchsetzung des Gewollten.

Hinsichtlich der Kooperationsintensität kann man graduell Alternativen von schwacher über mittlere und starke bis hin zu höchster Kooperationsintensität unterscheiden. Mit der Festlegung der Kooperationsintensität wird der Umfang bestimmt, in dem eine Abstimmung beim Instrumentaleinsatz der Partner erfolgen muß.

Nach dieser Grundentscheidung für eine Kooperationsstrategie sind die konkreten Instrumente festzulegen:

1) Welche Elemente soll das Kooperationspaket umfassen?
2) Mit welcher Intensität wird bei den einzelnen Elementen gearbeitet?
3) Welches sind die kooperationsgeeigneten Partner?
4) Soll mit allen Partnern der gleiche Intensitätsgrad der kooperativen Zusammenarbeit angestrebt werden oder nicht?
5) Nach welchen Kriterien sind die Partner zu selektieren?
6) Welche organisatorischen Voraussetzungen sind für den reibungslosen Ablauf zu schaffen?

Jedes Kooperationspaket umfaßt mindestens drei Paketbestandteile:

1) das Warenpaket,
2) das Konditionenpaket,
3) das Dienstleistungspaket.

Darüber hinaus kann ein Kooperationssystem noch durch andere Paketbestandteile ergänzt werden, z.B.

4) ein Finanzierungspaket,
5) ein Beteiligungspaket.

Im Warenpaket werden alle warenbezogenen Programmpunkte fixiert, z.B.

- Mindestanforderungen an den Warenbezug,
- Bindungsquote an die Systemzentrale bzw. an den Hersteller,
- Auflagen zur Förderung der Marken,
- Mindestanforderungen an die Lagerhaltung,
- Mindestanforderungen an die Ersatzteilhaltung,
- Fixierung von Sonderaktionen.

Im Dienstleistungspaket werden alle dienstleistungsbezogenen Programmpunkte fixiert, z.B.

1) im warenbezogenen Dienstleistungspaket
   a) die Unterstützung von Werbemaßnahmen:
      - Werbemittelangebot,
      - Gemeinschaftswerbung,
   b) die Unterstützung der Verkaufsförderung:
      - Gestaltung der Ausstellungen,
      - Bereitstellung von Mustern,
      - Bereitstellung von Warenträgern,
      - Bereitstellung von Vorführeinrichtungen,
      - Bereitstellung von Verkaufspersonal,
      - Gestaltung von Wettbewerben (Incentive-Reisen),
   c) die Erschließung neuer Marktsegmente;

2) im nichtwarenbezogenen Dienstleistungspaket
   a) die Partnerinformation:
      - Marktentwicklung (regional),
      - Neuheiten und neue Trends,
      - neue Technologien,
      - Preisinformationen,
   b) die Partnerbetreuung:
      - durch Außendienstmitarbeiter,
      - durch Systemberater,
   c) die Partnerschulung,
   d) die Partnermitwirkung,
   e) die Kundenakquisition;
3) ausgewählte betriebswirtschaftliche und technische Hilfestellungen.

Neben der Festlegung der Kooperationselemente und der Kooperationsintensität sind auch die Abstimmungstechniken abzuklären, u.a.

- Abstimmung der Sortimentspolitik,
- Abstimmung der Preispolitik,
- Abstimmung der Markenpolitik,
- Abstimmung der Außendienstpolitik.

Nach Festlegung der Marktbearbeitungsstrategien und faktisch oft in einem Prozeß der gegenseitigen Abstimmung werden die Markttechnologien, d.s. die Aktivitäten und die Verfahren zu ihrer Effektuierung, fixiert. Die Kooperation kann demnach bei den Partnern die Spezialisierung auf bestimmte Aktivitäten, die Despezialisierung sowie eine Aktivitätendiversifikation zur Folge haben.

4 KUNDENPOLITIK UND KOOPERATION

Durch Kooperation versuchen Hersteller und Handel, ihre Kundenziele besser zu erreichen. Etwas salopp ausgedrückt: Es geht einem Unternehmen nur so gut, wie es den Kunden gefällt. Ohne eine konsequente Kundenpolitik von Hersteller und Handel hilft auch die Kooperation nicht weiter.

Die angestrebten Beziehungen zu den Handelspartnern einerseits und zu den Endabnehmern, d.s. Konsumenten und gewerbliche Verwender, andererseits prägen die Kundenphilosophie der Hersteller, letztlich immer auch die gewünschte Kombination des Hineinverkaufens und Herausverkaufens. Jeder Hersteller verfolgt eine Philosophie über seine direkten und indirekten Kunden, an der die Unternehmenspolitik einschließlich der Kooperationspolitik ausgerichtet wird.

Für Konsumgüterhersteller können folgende Elemente einer kundenorientierten Marktbearbeitungsphilosophie herausgestellt werden:

1) Ausbau der Marktbearbeitung in Ergänzung der primär produktionsorientierten Strategie:
   - konsequente Kundenpolitik,
   - konsequente Handelspartnerpolitik,
   - konsequente Öffentlichkeitspolitik.

2) Bessere Anpassung an die Kunden durch
   - Verbesserung des Image,
   - dynamische Kommunikation,
   - neue Produkte,
   - Anpassung bestehender Produkte.

3) Verbesserung der Handelsorientierung durch
   - bessere Marken,
   - bessere Plazierung,
   - besseren Marktauftritt,
   - bessere Emotionalisierung,
   - klarere rationelle Entscheidungsbegründungen.

Zur Kombination von Push- und Pull-Strategie

Die Kundenpolitik beruht auf einer subtilen Handhabung von Druck und Gegendruck oder vom Zug der Waren über den Handel hinweg und darauf beruhender Druckentlastung. Es ist verfehlt, Push und Pull als Gegenstrategien darzustellen. Sie werden in der Regel von jedem Unternehmen kombiniert eingesetzt. Dabei ist die Gewichtung auch von den Marktbearbeitungsbedingungen in einzelnen Branchen abhängig. Hochentwickeltes Marketing bedient sich der Pull-Strategie mit Sprungwerbung der Hersteller. Geringer entwickeltes Marketing ist eher an Push-Strategien orientiert.

Schwächer werdende Marken, so Lebensmittelmarkenartikel, führen zu einer Revitalisierung preisaggressiver Push-Strategien. Die Pull-Strategie wird von Kunden nicht (mehr) verstanden. Sie ist teilweise Politik gegen den Kunden, da sie seiner Mentalität auf der Basis veränderter Werte nicht mehr entspricht.

5 DIE LIEFERANTENPOLITIK

5.1 Die Grundlagen

Lieferantenpolitik ist die Selektion der Lieferanten durch Unternehmen im Inland und im Ausland. Die Lieferantenpolitik ist mehr als die klassische Beschaffungspolitik. Der Kunde beteiligt sich an der Leistungsfähigkeit seiner Lieferanten. Er veranlaßt sie zu Programmänderungen. Die Lieferantenpolitik soll eine dauerhafte Belieferungsfähigkeit sicherstellen. Dabei wird in einigen Bereichen inzwischen eine gegenseitige Offenlegung der Kalkulationsgrundlagen sowie der Soll- und Ist-Deckungsbeiträge und Gewinne vereinbart.

Entsprechend der Kundenpolitik können im Hinblick auf die Lieferantenpolitik folgende Fragen formuliert werden:

1) Welche Daten hat ein Unternehmen bei der Lieferantenpolitik zu berücksichtigen?
2) Wie lassen sich lieferantenbezogene Ziele erarbeiten?
3) Welches sind die wichtigsten Entscheidungen im Hinblick auf die Lieferantenpolitik?
4) Welche Eigenheiten der Lieferantenpolitik lassen sich für Unternehmen herausstellen?
5) Wie wirkt sich eine qualifizierte Lieferantenpolitik auf das Management eines Unternehmens aus?
6) Wie setzt man eine bewußte Lieferantenpolitik im Unternehmen durch?

Das Grundkonzept einer aktiven Lieferantenpolitik eines Unternehmens beruht darauf, die unmittelbare wie mittelbare Kundenpolitik des Lieferanten nicht als unveränderliches bzw. allein von Lieferanten gestaltetes Datum, sondern als Bereich des Verhandelns aufzufassen, um gemeinsam Kundenziele besser zu erreichen.

Die Lieferantenpolitik ist wesentlich davon geprägt, welche Wahrnehmung und welches Leitbild das Unternehmen von seinen Lieferanten hat. Man kann aus der Sicht des beschaffenden Unternehmens auch bei den Lieferanten Zielgruppen herausstellen, und man kann Phänomene wie Präferenzen gegenüber Lieferanten und Lieferantenaffinität feststellen.

Allgemeine Anforderungen an die Marketingstrategie der Hersteller durch Handelsunternehmen sind u.a. der Ausbau der folgenden Abteilungen bzw. Aktivitäten:

1) Marktinformation bezüglich
   - Umwelt,
   - Konkurrenten,
   - Kunden,
   - Konsumenten,
   - Sonstiges;
2) Produktentwicklung;
3) Produktpflege – Programmpflege;
4) Kundenbetreuung;
5) Marktkommunikation;
6) interne Information – Schulung;
7) Koordination.

Die Lieferantenpotentialanalysen

Zu den kategorialen Fragen eines Unternehmens gehört es, was man einem Lieferanten zumuten kann und als Abnehmer zumuten will: Was kann der Lieferant insgesamt liefern? Wieviel will man vom Lieferanten beziehen? Zur Evaluation des Management der Lieferanten gehören Merkmale wie der von Lieferanten erreichte und angestrebte Internationalisierungsgrad, die Innovationsqualität und die Sicherheit und Erfahrung bei der Diffusion von Innovationen. Somit ist die Dominanz der Leistungsprogramm- und Managementpolitik zwischen Lieferantenkonkurrenten zu ermitteln.

Die Qualität des Ausbildungssystems oder der Nachwuchssicherung kann für den Kunden bei einer Lieferantenpotentialanalyse relevant sein. Auch die Logistikkompetenz oder

Rohstoffkompetenz werden bei der Abschätzung der regelmäßigen Zusammenarbeit mit Lieferanten herangezogen.

Übersicht 1: Beispiele für Anforderungen des Einzelhandels an die Marktbearbeitungsstrategie des Herstellers

1. betriebstypenspezifische und regionalspezifische Konzepte
2. hohe erkennbare Vorteilsgewährung bei Waren und Diensten
3. möglichst weitreichende Exklusivität
4. Dauerhaftigkeit des Konzeptes
5. Vermeidung der Überforderung des Partners

Unerläßlich ist eine Auseinandersetzung mit der Anpassungsstrategie der Hersteller- oder der Importeurpartner. Entwickeln sich Hersteller auf das Image des Einzelpartners zu oder von ihm weg? Wie gut ist das Profil des Herstellerpartners?

5.2 Reverse Marketingstrategien

Bewußte Lieferantenstrategien im Sinne ganzheitlicher Beschaffungsstrategien werden als Reverse Marketing bezeichnet. „Statt zum Kauf überredet zu werden, versucht der Einkäufer nun, den Lieferanten zum Liefern zu motivieren." (Leenders & Blenkhorn 1989, S. 30).

Beim Prozeß des Reverse Marketing kann man insgesamt elf Phasen bestimmen (Leenders & Blenkhorn 1989, S. 54):

Phase		Zweck
1.	Grundlagenforschung	Allgemeine Erfordernisse und Potentiale beurteilen
2.	Spezifische Forschung	Spezielle Erfordernisse und anvisierte Lieferanten bestimmen
3.	Entscheidung	Entscheiden, ob man Reverse Marketing einsetzt oder nicht
4.	Planung	Ziel, Strategien und Plan festlegen
5.	Betriebsinterner Rückhalt	Interne Akzeptanz für den Plan gewinnen
6.	Planungsrevision	Revision und Vorbereitung des Managementteams
7.	Verhandlung	Dem Lieferanten den Vorschlag machen
8.	Prinzipielle Übereinkunft	Eine mündliche Abmachung treffen
9.	Schriftliche Übereinkunft	Die Abmachung schriftlich fixieren
10.	Vertragsabwicklung	Die Vereinbarung in die Praxis umsetzen
11.	Reverse-Marketing-Optionen	Die Reverse-Marketing-Vereinbarung beenden oder ändern

Das Beispiel Circuit City: Circuit City in den USA legt hohen Wert auf persönlichen Verkauf. Dies ermöglicht eine hohe Beeinflussungsintensität gegenüber Kunden. Dadurch ist es möglich, mit Lieferanten Mengenverträge abzuschließen, die ohne Probleme aufgrund des Verkäufereinsatzes abgeschleust werden.

The Limited als bedeutender Kooperationspartner für Lieferanten und Hersteller: The Limited hatte im Jahre 1990 über 3 000 Bekleidungsgeschäfte in Nordamerika und ist strikt auf die Steigerung von Marktanteilen ausgerichtet. Das Rückgrat ist die Vertragsproduktion der Mast Industries, einem Netz von weltweit über 150 Vertragsherstellern, die speziell Produkte für The Limited herstellen.

Die Kraft zur Schaffung von Markenartikeln durch den Handel ist nicht mehr zu übersehen. In nur 18 Monaten vom Herbst 1984 bis Frühjahr 1986 machte The Limited Forenza zur drittgrößten Sportbekleidungsmarke der Welt!

Quick Response

Quick Response umfaßt Initiativen – vor allem im Bekleidungssektor –, durch die die Zeitdauer zwischen dem Verkauf einer Ware am POS und der Wiederauffüllung des Regals mit dem gleichen Produkt minimiert werden. In diese Optimierung werden alle Institutionen der vertikalen Absatzkette integriert, vom Hersteller und Lieferanten der Garne und Stoffe über den Bekleidungshersteller hin zum Textileinzelhandel.

„Milliken beeinflußt die Geschwindigkeit der Lieferkette unmittelbar, um ihre Kunden im Wettbewerb zu stützen. Milliken, das erfolgreichste große Textilunternehmen der Vereinigten Staaten, unterstützt die amerikanischen Bekleidungshersteller im Wettbewerb gegen Billigpreisimporte. So verkürzt man die Lieferzeit für Bestellung von Einzelhändlern. Importware hat lange Durchlaufzeiten, also kann es sich der Einzelhändler leisten, in teuren Saison- oder modischen Produktlinien dem Hersteller, der wesentlich schneller liefert, höhere Preise zu bezahlen. Milliken organisiert die gesamte Lieferkette vom Garn bis zum Bekleidungshersteller, um im Vergleich zum Import höhere Reaktionsgeschwindigkeiten zu erreichen. Damit sichert Milliken nicht nur das eigene Geschäft, sondern auch das der US-Bekleidungshersteller" (Stalk & Hout 1990, S. 271).

Durch das Quick-Response-System von Dillard's wird Bekleidung schnellstens nachgeordert und in den Läden plaziert. Automatisch wird wöchentlich elektronisch nachdisponiert. Innerhalb von 12 Tagen ist die Ware im Laden. Im Jahre 1988 stieg der Umsatz der in dieses System einbezogenen Läden um 50 %.

6 DIE PARTNERPOLITIK

6.1 Der Gegenstand

Die vertikale Partnerpolitik befaßt sich mit der Gestaltung der Beziehungen zu Abnehmern und Lieferanten. Primär führt dies zu einer Intensivierung der Kundenpolitik und der Lieferantenpolitik durch vertragliche Kooperation. Partnerstrategien sind u.a. das Subcontracting, das Franchising (Tietz 1981), das Kontraktmarketing (Tietz & Mathieu 1979) oder die Technologiekooperation.

Gründe für vertikale Kooperationsstrategien sind u.a.:

1) Abbau des vorhandenen Konfliktpotentials zwischen den Marktpartnern;

2) Rationalisierungseffekte aus der gemeinsamen Nutzung von
   - Flächenkapazitäten, so Einzelhandelsflächen oder Lagerflächen, und Personalkapazitäten,
   - logistischen Systemen im Bereich Fertigwaren oder Ersatzteilwirtschaft;
3) Vermeidung von Doppelaktivitäten, die zum Teil einander entgegenlaufen, z.B. im Objektgeschäft, in der Werbung;
4) bessere Ausschöpfung des Gesamtmarktes;
5) bessere Informationspoolung.

Hersteller versuchen, besser an die Kunden heranzukommen, und Händler sind primär bestrebt, den Regalplatz besser zu nutzen und Kosten zu senken.

Ein Handelsunternehmen wird die Kooperation mit seinen Lieferanten u.a. von folgenden Kriterien abhängig machen:
- Produktprogrammkompetenz,
- Innovationskraft,
- Marktbearbeitungskraft,
- Logistikkompetenz,
- Informationskompetenz,
- Kostengünstigkeit.

Gefördert werden Lieferanten mit Systemangeboten.

Die Kooperation eines Herstellers mit Händlern richtet sich nach folgenden Kriterien:
- Zahl und Qualität der Standorte,
- Marktanteile,
- Sortiment,
- qualitativer Gesamtstandard,
- Verfahrens- und Prozeßkompetenz,
- Informationssysteme,
- Organisation,
- Innovationskraft,
- Höhe der Kosten,
- Höhe der Gewinne.

Für die Aktivitätengliederung zwischen Industrie und Handel zeigen sich zwei Tendenzen:

1) eine intensive Betreuung des Handels durch die Industrie, wenn die erforderliche Kompetenz vorliegt,
2) der Verzicht des Handels auf Betreuungsleistungen der Industrie, wenn die Kompetenz fehlt.

6.2 Kundenorientierte Strategien

6.2.1 Die Grundlagen

Je nach der Kooperationsintensität ergeben sich unterschiedliche kundenorientierte Partnerstrategien:

1) die unverbindliche Angebotsstrategie gegenüber dem Partner,
2) die verbindliche Programm- und Durchsetzungsstrategie (Paketstrategie) gegenüber dem Partner.

Ein Partner kann sich bei der verbindlichen Verpflichtungsstrategie für mehrere Kooperationspakete entscheiden. Wenn er sich jedoch für ein Paket oder eine Kombination von Paketen entschieden hat, ist er für eine bestimmte Vertragsdauer daran gebunden. Erst nach Ablauf des Vertrages kann er für eine andere Alternative optieren. Je nach den Partnereigenschaften ist teils das Angebotskonzept, teils das Durchsetzungskonzept zu empfehlen. Die Angebotsstrategie bedeutet für die Partner die Beibehaltung ihres Individualcode. Die Durchsetzungsstrategie kennzeichnet für die Partner die Akzeptanz eines System- oder Gruppencode.

6.2.2 Das Trade Marketing

Die Direktkundenpolitik der Hersteller wird zunehmend unter dem Konzept des Trade Marketing diskutiert. Trade Marketing hat das Ziel, bei selektierten Einzelhandelsunternehmen präferierter Hersteller zu sein. Die Zielharmonisierung wird oft unter das Konzept der Wertschöpfungspartnerschaft gestellt.

Trade Marketing ist gegenüber dem klassischen Konsumentenmarketing durch andere Schwerpunkte geprägt, so

1) Sortimentsfixierung im Handel unter Beachtung der eigenen und fremden Produkte,
2) Fixierung der Verkaufsförderungsprogramme, auch Festlegung von Sonderangeboten und Aktionen,
3) Klärung der Logistiklösung zwischen Hersteller und Handelspartner
   - Verpackung,
   - Auftragsabwicklung,
   - Lieferarten,
   - Lieferhäufigkeit,
   - Lieferservice,
4) Festlegung der Informations- und Know-how-Transaktionen,
5) Festlegung der Kooperation in der medialen Kommunikation,
6) Festlegung der Ökologiekooperation,
7) Festlegung der Managementkooperation, z. B. Key Accounting oder Kategoriemanagement,
8) Entscheidung über die Controllingkooperation, z. B. über Partnerzufriedenheit,
9) Klärung der Servicekooperation – Regalmanagement,
10) Fixierung des Konzeptes der Handelskonditionen.

Das Beispiel Henkel: Mit der Abteilung Handelsservice versucht Henkel, die Interessen von Produktmanagement und Vertrieb zu harmonisieren. Allgemeine Elemente des Konzeptes sind:

1) Verbesserung der Handelswerbung und Handelspromotion mit tragfähigerer Kommunikation über die Produkte,
2) Verbesserung der Verkaufsförderungsaktivitäten,
3) Intensivierung des Datenaustauschs, so SINFOS, beleglose Bestellungen,
4) Logistikkonzepte, so Handlingkonzepte durch neue Warenkartons oder Just-in-time-Konzepte,
5) Hilfe bei der Plazierung der Produkte,
6) bessere Nutzung von Warenwirtschaftssystemen,
7) intensive persönliche Handelskontakte,
8) gemeinsame Marktforschung.

Trade Marketing bedeutet neue Selektions- und Beurteilungskriterien der Handelsunternehmen durch Hersteller:

1) höhere Artikelvolumina beim Handel;
2) bessere Produktprogrammakzeptanz beim Handel;
3) Partnerschaft mit den Händlern, die komplexe Ziele stützen, so neben der Preispolitik
   - Qualitätsziele,
   - Serviceziele,
   - Kostenziele,
   - Logistikziele;
4) mehr Entscheidungs- und Aktivitätenoptimierung.

Dieses Konzept ist im übrigen ebenfalls eine Renaissance ähnlicher Bestrebungen aus den siebziger Jahren. Damals war die Zeit für eine derart intensive Zusammenarbeit noch nicht reif.

6.2.3 Das Kategoriemanagement

Als Weiterentwicklung des Produktmanagement, bei dem vielfach der Kundennutzen vernachlässigt wurde, weil nur der Vertrieb Kontakt zum Handelskunden hatte, ist Ende der achtziger Jahre von Colgate Palmolive und von Procter & Gamble das Kategoriemanagement eingeführt worden.

Hermann Simon stellt dazu unter Hinweis auf Vorläufer bei den Bereichsmanagern von Pharmaunternehmen oder Büromaschinenherstellern fest: „Kategoriemanagement soll größere Kunden- und Wettbewerbsnähe dadurch garantieren, daß 'Kategorien' von Kundenbedürfnissen definiert werden. Solche Kategorien können zum Beispiel Waschen, Körperpflege oder Haarpflege sein. Der Kategoriemanager erhält General-Management-Kompetenz mit umfassender Gewinnverantwortung. Die Ebene unter ihm ist funktional gegliedert, an ihn berichten also F&E-, Produktions- und Vertriebsmanager. Er führt quasi ein kleines Unternehmen, das einen überschaubaren Markt abdeckt" (Simon 1991, S. 86).

Weitere mit dem Kategoriemanagement verfolgte Ziele sind eine bessere regionale Marktausschöpfung in Anbetracht unterschiedlicher regionaler Marktanteile. Eine bessere Regionalisierung ist jedoch nicht unbedingt an das Konzept des Kategoriemanagement gebunden.

Im einzelnen zeigten sich folgende Ergebnisse:

1) Die Reduktion des Wettbewerbs im Produktmanagement durch Kategoriemanager, die eine Gesamtstrategie für das Bedürfnissegment anstreben;
2) eine Reduzierung von Produktlinien, z.B. bei Colgate statt sieben nur noch vier Waschmittel;
3) die Erweiterung der Produktpalette um Nischenprodukte und kleine Marken;
4) die Beschleunigung von Entscheidung und Umsetzung durch Umschichtung von „General-Management-Verantwortung auf die Kategorieebene" und Überwindung des Tempo-Nachteils der traditionellen Organisationsformen;
5) die Verlagerung der Geschäftsdefinition vom Produkt auf das Bedürfnis. „Man kommt näher an das Ideal einer bedürfnisorientierten Geschäftsdefinition heran und von der oft zu engen produktorientierten Definition weg. Hieraus ergeben sich wesentliche Implikationen für die Abgrenzung von Markt und Wettbewerb. Die Wettbewerbsperspektive erweitert sich...
   Ein interessanter Nebeneffekt besteht darin, daß Kategoriemanagement eine ideale Trainingsposition für Generalmanager-Aspiranten ist. General Management lernt man nicht im Seminar, sondern nur durch praktische Übung. Das Kategoriemanagement bietet hierfür ein hervorragendes Übungsfeld" (Simon 1991, S. 86 f.).

6.2.4 Neo-Key-Accounting

Im Jahre 1988 begann Wal-Mart, Führungskräfte zu den Qualitätsseminaren von Procter & Gamble zu schicken. Später eröffnete Procter & Gamble ein Büro in der Nähe der Zentrale von Wal-Mart und besetzte es mit einem Team von Systemanalytikern und EDV-Spezialisten, Kostenrechnern und Finanz- und Marketingfachleuten. Immer mehr Firmen haben Key-Accounter in den Zentralen großer Handelsunternehmen. Multifunktionale Teams stellen jedoch nur Procter & Gamble und Kraft bereit.

Seit Oktober 1991 sitzen Key-Accounter von Procter & Gamble und Henkel in den Räumen der Rewe Zentral AG in Köln.

Mehrere Gebiete dieses Partnering haben sich als besonders gewinnträchtig erwiesen:

1) neue Problemlösungen,
2) Mängelbeseitigung mit Senkung der Reklamationen,
3) neue Logistiklösungen durch Just-in-time-Anlieferungen unter Einsatz direkter Computerverbindungen mit Senkung der Lagerbestände im Handel um bis zu vier Fünftel auf ein Fünftel, d.h. Warenumschlag innerhalb des Zahlungsziels von zehn Tagen,
4) Micro-Merchandising durch Auswertung von Scannerdaten mit einer besseren Abstimmung der Produktlistung für die einzelnen Ladeneinheiten.

6.3 Lieferantenorientierte Strategien

Die Lieferantenkooperation läßt sich nur bedingt als spiegelbildlich zur Kundenkooperation auffassen. Sie mündet in neuartige Vertragstypen der Beschaffung. Mode- und geschmacksabhängige Handelsunternehmen kaufen bei den Lieferanten nicht Waren, sondern genau nach Tag, Maschinenkategorie und Kapazitätsausnutzung festgelegte Hersteller- und Logistikkapazitäten.

Die Kooperation mit Lieferanten bezieht sich auch darauf, daß Großhändler generell oder zu bestimmten Zeiten Spezialisten des Herstellers als Fachberater bei ihren Kunden einsetzen. Eine weitere mit der Kapitalgeberpolitik verknüpfte Kooperation betrifft die Mitfinanzierung von Ausstellungen, Lager- und Ladenentwicklungen oder von Klassifikationssystemen durch den Herstellerlieferanten beim Großhandel, Einzelhandel oder Handwerk.

Das Beispiel Wal-Mart: Die Lieferantenläden (Supplier Stores) sind ein neuer Betriebstyp von Wal-Mart, dem größten amerikanischen Einzelhändler: warenhausähnliches Sortiment, verschiedene Shop-in-shop-Konzepte unterschiedlicher Hersteller, Rack Jobbing durch Lieferanten. Als Strategie wird dabei von Wal-Mart angestrebt, eine neue Form der Partnerschaft mit Lieferanten zu finden und die Kunden besser zu bedienen.

Die Lieferantengeschäfte sind mit 10 000 m^2 in Janesville und 10 350 m^2 in Charlotte größer als die anderen Wal-Mart-Geschäfte mit 6 000 m^2. Die Abteilungsanordnung gleicht einem typischen Wal-Mart. Trotzdem empfindet der Kunde aufgrund breiterer Gänge, mehr Farben, modernerer Präsentationsformen eine hochstiligere Atmosphäre.

Der Betriebstyp verstärkt mit Hilfe neuester Technologien die integrierten Beziehungen zwischen Wal-Mart und seinen Lieferanten. Wal-Mart und seine Lieferanten wollen durch dieses Konzept einen höheren Umsatz erzielen. Wal-Mart will mit Hilfe der Lieferanten, die sich selbst um das Merchandising ihrer Produkte kümmern, die Flächenproduktivität im Geschäft verbessern. Dazu hat man den Vertragslieferanten im Vergleich zu anderen Wal-Mart-Geschäften die doppelte Verkaufsfläche gewährt.

Mit der Zeit hat Wal-Mart vor allem beim Merchandising von Hartwaren Stärke entwickelt. Der Lieferantenladen ist ein neuer Versuch, das Merchandising von Bekleidung und Textilien zu verbessern, so durch Präsentation, Qualität und Auswahl der Produkte. Der Versuch ermöglicht es den Lieferanten, sehr moderne Präsentationsformen zu testen.

Die Lieferantenläden bieten weniger Marken und eine breitere Präsentation der Waren einzelner Lieferanten als andere Wal-Mart-Geschäfte an. So wird in der Gitano-Boutique bei Bekleidung vergleichsweise mehr Kombi-Mode angeboten. Sortiment und Präsentation stehen unter der Kontrolle der Lieferanten, die über Kabel mit dem elektronischen Warenwirtschaftssystem von Wal-Mart verbunden sind. Die Regale werden durch Angestellte von Wal-Mart aufgefüllt.

Trotz der Verbesserung des Warenangebotes und der speziellen Präsentationstechniken bleiben die Experimentierbetriebe aufgrund der Farben, des Sortimentes und vor allem der

Preise als Wal-Mart-Geschäfte erkennbar. Verkaufsförderungsaktionen werden auf ein Minimum begrenzt, um das Konzept der Dauerniedrigpreise, für die Wal-Mart bekannt ist, aufrechtzuerhalten.

Wal-Mart stellt klar heraus, daß diese Läden nicht einen Betriebstyp der Zukunft darstellen. Es ist eher ein Experimentierbetriebstyp, mit dessen Informationen die Umstrukturierung der anderen Geschäfte erleichtert werden soll.

6.4 Das planvereinbarte Marketing – Das straffe Kontraktmarketing

Im planvereinbarten Marketing werden zwischen Industrie- und Handelsunternehmen die Umsatzanteile je Artikel für künftige Perioden festgelegt, und zwar nicht nur für die Artikel des Herstellers, mit dem man die Vereinbarungen trifft, sondern auch für andere warengruppenrelevante Hersteller. Durch einen laufenden Soll-Ist-Vergleich wird die Entwicklung beobachtet.

Wichtig sind genaue Vereinbarungen über die Höhe und Verwendungsart von Werbebudgets. Bei Verkaufsförderung und Mediawerbung liegen in Handel und Industrie divergierende Interessen vor. Jedoch scheint die Umverteilung der Budgets zugunsten der Point-of-Sale-Werbung an Grenzen zu stoßen. Die Verlagerung zwischen der Mediawerbung und der Werbung im Laden (POS-Werbung) erzwingt eine weitere Entwicklung kooperativer Werbekonzepte.

Die Marktstrategie wird in Zukunft für kategoriale sortimentspolitische Bereiche im Lebensmittelhandel, so für das Normalsortiment, für die Sonderangebote und für die Supersonderangebote, differenziert werden müssen, d.h. in den Kontakten zwischen Hersteller und Handel entwickelt sich zunehmend ein Konzept des Zwei- oder Drei-Schichten-Marketing. Für das laufende Geschäft werden Rahmenverträge geschlossen, für Aktionen unterschiedlichster Art werden außerhalb oder innerhalb dieser Rahmen Sonderverträge abgeschlossen. Dieses Konzept einer Marktspaltung mit gleichen Marktpartnern dürfte sich in Zukunft noch beträchtlich weiterentwickeln.

In weiterentwickelten Verträgen zwischen Industrie und Handel werden u.a. vereinbart:

1) Ausschließlichkeitsgrade bestimmter Betriebstypen für Markenartikel,
2) Art der Markenartikel- und Handelsmarkenpolitik in der jeweiligen Warengruppe,
3) Art der Kommunikation zwischen Hersteller und Handelssystem, z.B. Datenträgeraustausch,
4) Festlegung der Werbemaßnahmen,
5) Art der Warenplazierung,
6) Art der Lager- und Transportleistungen,
7) Art der Serviceprogramme.

Ein Schwerpunkt der Kooperation mit der Industrie könnte sich auf die physische Distribution beziehen.

Das Warengruppenmanagement im Handel ist planvereinbartes Marketing. Zum Warengruppenmanagement gehören:

1) Festlegung der Ziele im Hinblick auf jede Warengruppe, z.B. Frequenzziele, Umsatzziele, Imageziele, Gewinnziele,
2) Erstellung von Jahresplänen für die Warengruppen unter Beachtung der Beziehung zwischen Warengruppen,
3) Entscheidung über die Bereitstellung von Informationen nach Informationskategorien, so Marktdaten, Scanningdaten, Aktionsanalyse, Flächenmanagement, DPR,
4) kombinierte Einkaufs- und Verkaufsverantwortung mit erweiterten Aufgaben der Warengruppenmanager,
5) Festlegung der Beziehungen zu den Lieferanten der Warengruppe.

Das straffe Kontraktmarketing als Beispiel

Mit den straffen Formen des Kontraktmarketing werden vom Hersteller folgende Ziele verfolgt:

1) Förderung und Absicherung des Produkt-, Marken- oder Herstellerimages durch Präferierung leistungsfähiger Absatzmittler,
2) Einführung neuer Produktphilosophien und Aufbau neuer Programmlinien,
3) Verringerung der Marketingrisiken für den Hersteller,
4) Übernahme der Markt- und Warenrisiken nach Effizienzkriterien,
5) intensive Marktbearbeitung und Erreichung vorgegebener Marktausschöpfungsziele,
6) bestmögliche Bedienung der eingeschalteten Absatzmittler,
7) Verbesserung der Leistungsprogramme und Beratungspakete,
8) Beschleunigung der Marktreaktionen,
9) Verbesserung der Transparenz über die relevanten Märkte durch eine Verbreiterung der Informationsbasis und eine Verkürzung der Informationswege,
10) bessere Abschätzung der Wirkung von Marketingmaßnahmen, da aufgrund des Informationsdurchgriffs im Einzelhandel gezielte Abweichungsanalysen möglich werden,
11) Erschließung von Rationalisierungsreserven in Marketing und Distribution.

Der Handelspartner strebt durch Kontraktmarketing folgende Ziele an:

1) bessere Eigenprofilierung durch bessere Abteilungsprofile,
2) rasche Beteiligung an Produktentwicklungen des Herstellerpartners,
3) Verringerung der Marketingrisiken,
4) bessere Konditionen,
5) höhere Marktanteile,
6) Beschleunigung von Marktreaktionen,
7) bessere Markttransparenz durch Informationstransfer,
8) bessere Lösung von Logistikaufgaben.

7 AUSGEWÄHLTE ZUKUNFTSASPEKTE DER KOOPERATION ZWISCHEN HERSTELLERN UND HANDEL

Die Kooperation führt zu engeren Beziehungen zwischen Herstellern und Handel. Zu den zukunftsorientierten Strategien gehören:

1) wertorientierte Preisstellung;
2) gemeinsame Aktivitäten- und Verfahrensanalysen;
3) gemeinsame Kostenanalysen;
4) Ausdehnung der Zeitdauer der Verträge;
5) gemeinsame Organisationskonzepte auf der Grundlage von
   - Informationen,
   - Kooperationspartnern,
   - Warenbewegungen;
   - Einsatz von Multi-Spezialisten-Gruppen,
   - Evaluation von sachlichen und menschlichen Problemen;
   - Erarbeitung sequentieller Konzepte, d.h. von Stufenkonzepten der Kooperation,
   - gemeinsamen Datenbankkonzepten,
   - Regeln der Gewinnverteilung.

Wettbewerbspolitische Konsequenzen

Ziel der Kooperation ist die Verbesserung der Wettbewerbsbedingungen für die daran mitwirkenden Marktpartner.

Eine zentrale Frage der wettbewerbstheoretischen und wettbewerbspolitischen Diskussion sind die wünschenswerten oder gerade noch zuträglichen Konzentrations- und Kooperationsgrade in einer Wirtschaft. Die häufig erfolgte Messung der erreichten Konzentrationsstruktur oder die bisher kaum verbreitete Messung der Kooperationsstruktur sind dabei eher vordergründig und lassen keine Schlüsse zur wirtschaftspolitischen Beurteilung zu.

Der weltweit anerkannte hohe Entwicklungsstand der Wirtschaft ist in der Bundesrepublik Deutschland nach dem Zweiten Weltkrieg in besonderem Maße durch die Kooperation bewirkt worden.

LITERATUR

Leenders, M.; Blenkhorn, D.: Reverse Marketing – Wettbewerbsvorteile durch neue Strategien in der Beschaffung, Frankfurt a.M.-New York 1989

Simon, H.: Simon für Manager, Düsseldorf-Wien-New York-Moskau 1991

Stalk, G.;Hout, Th.: Zeitwettbewerb – Schnelligkeit entscheidet auf den Märkten der Zukunft, Frankfurt a.M.-New York 1990

Tietz, B.: Franchising – Ein weiterer Schritt zur kontraktorientierten Marktwirtschaft. In: Blätter für Genossenschaftswesen, 115. Jg., 1969, Nr. 12, S. 193-200; Nr. 16, S. 276-281; Nr. 17, S. 303-307; Nr. 22, S. 419-425

Tietz, B.: Der Gruppenwettbewerb als Element der Wettbewerbspolitik – Das Beispiel der Automobilwirtschaft, Köln-Berlin-Bonn-München 1981

Tietz, B.: Handbuch Franchising – Zukunftsstrategien für die Marktbearbeitung, 2. Aufl., Landsberg a.L. 1991

Tietz, B.: Der Handelsbetrieb, 2. Aufl., München 1993

Tietz, B.: Einzelhandelsperspektiven für die Bundesrepublik Deutschland bis zum Jahre 2010, Frankfurt a.M. 1993

Tietz, B.: Großhandelsperspektiven für die Bundesrepublik Deutschland bis zum Jahre 2010, Frankfurt a.M. 1993

Tietz, B.: Zukunftsstrategien für Handelsunternehmen, Frankfurt a.M. 1993

Tietz, B.; Mathieu, G.: Das Kontraktmarketing als Kooperationsmodell, Eine Analyse für die Beziehungen zwischen Konsumgüterindustrie und Handel, Köln-Berlin-Bonn-München 1979

Zum Management von komparativen Konkurrenzvorteilen im vertikalen Marketing – Ergebnisse einer empirischen Studie

Torsten Tomczak, Stephan Feige, Marcus Schögel, St. Gallen

Die aktuellen Tendenzen im vertikalen Marketing führen dazu, daß sich der Hersteller nicht mehr nur beim Endkunden, sondern auch beim Handel profilieren muß. Ähnlich den Verhältnissen im Investitionsgütermarketing ist es auch hier die Aufgabe der Herstellerunternehmung, komparative Konkurrenzvorteile zu schaffen. Die Ergebnisse einer empirischen Studie im deutschen Lebensmitteleinzelhandel zeigen, daß sich dafür Push- und Pull-Strategien sowie Kooperationen eignen.

1 DER ABSATZMITTLERMARKT ALS ENGPASS DES INDUSTRIELLEN MARKETING

Der Markterfolg von Unternehmungen der Konsumgüterindustrie hängt zunehmend von einer erfolgreichen Gestaltung der Geschäftsbeziehungen zu nachfragemächtigen und professionell geführten Handelsunternehmungen ab. Generell ist jede Austauschsituation dadurch gekennzeichnet, daß die jeweiligen Marktpartner sowohl Käufer als auch Verkäufer sind. So treten die Industrieunternehmungen zum einen als Anbieter ihrer Leistungen und zum anderen als Nachfrager nach Regalplatz auf. Die Absatzmittlerunternehmungen sind spiegelbildlich Anbieter des Regalplatzes und Nachfrager nach den industriellen Leistungen. In diesem Sinne ist die Nachfragemacht von Absatzmittlerunternehmungen im Prinzip eine Folge ihrer Angebotsmacht, indem sie als Gatekeeper den für die Industrieunternehmungen knappen und unentbehrlichen Regalplatz kontrollieren (vgl. Kirschner 1988, S. 51-54).

Der Handel nimmt durch seine Gatekeeper-Rolle direkten Einfluß auf die endkundenorientierten Marketing-Anstrengungen der Industrie (vgl. Hansen 1990, S. 46). Die im folgenden skizzierten Entwicklungstendenzen sind für die Probleme im Herstellermarketing maßgeblich:

Entwicklung auf Endkundenebene

Auf der Endkundenebene zeigt sich verstärkt die Tendenz zu einem hybriden Konsumverhalten (vgl. Meffert 1994, S. 164-165). Der Endkunde pendelt zwischen den Extremen Versorgungs- und Erlebniseinkauf. Je nach Situation verfügt er über mehrere Optionen, seine eigenen Bedürfnisse zu befriedigen. Er entscheidet sich nicht mehr konstant für eine Marke, sondern wählt jeweils diejenige, die ihm in einer bestimmten Situation für seinen Verwendungszweck die beste Alternative bietet. Generell läßt sich eine abnehmende Markentreue diagnostizieren. Ebenso ist eine verstärkte Tendenz zur Kaufentscheidung „vor Ort" festzustellen. 50 % der Kaufentscheidungen fallen erst am PoS (vgl. Bellino 1993, S. 6).

Der Wettbewerb auf Industrieebene

Durch das gewandelte Endkundenverhalten und den weitgehend gesättigten Verbrauch verschärft sich der Verdrängungswettbewerb. Auf der Suche nach Wachstumspotentialen sind die Unternehmungen gezwungen, nach neuen und innovativen Differenzierungsansätzen zu suchen. Gerade in der Lebensmittelbranche sind kaum Spielräume für „echte" Innovationen zu finden. Die hohe Professionalität der Wettbewerber führt dazu, daß eigene Maßnahmen von der Konkurrenz schnell nachgeahmt werden können. Belz (1993, S. 14 f.) umschreibt diese Situation eindrücklich mit dem Begriff des „Hochleistungs-Marketing". *Abbildung 1* faßt die zentralen Problemfelder des industriellen Marketing zusammen.

Das ***mangelnde Differenzierungspotential*** bei bestehenden Angeboten führt zu einer höheren Austauschbarkeit der Produkte für den Endkunden. Neue Varianten und Produktmodifikationen tragen kaum zur Differenzierung bei, sondern erhöhen die ***Komplexität*** des eigenen Angebotes.

Echte Innovationen sind kaum noch möglich. Häufig handelt es sich um ***Quasi-Innovationen oder Me too Produkte***.

Produktneueinführungen sind nur noch mit sehr ***hohen Aufwendungen*** zu realisieren. Dabei ist das ***Flop Risiko*** jedoch unvermindert hoch.

Die Werbeetats machen heute teilweise schon ***50-70 % des Umsatzes*** eines Produktes aus. Die Werbewirkung ist jedoch relativ gering.

Abbildung 1: Zentrale Probleme des industriellen Konsumgütermarketing

Entwicklungen auf Handelsebene

Die Situation innerhalb des Lebensmitteleinzelhandels ist durch die dramatischen Konzentrationstendenzen der letzten Jahre geprägt. Immer weniger Handelsunternehmungen vereinigen immer größere Umsatzvolumina auf sich. Mit dieser Umsatzkonzentration geht ein Rückgang der Zahl der Entscheidungsstellen im Handel einher.

Daß die Konzentrationsprozesse noch lange nicht abgeschlossen sind, verdeutlichen die Entwicklungen im Kontext des europäischen Binnenmarktes. Auch hier zeigt sich die Tendenz, daß durch Unternehmungszusammenschlüsse, Einkaufskooperationen und Verbundgruppen Handelsmacht aufgebaut wird (vgl. Brenn 1993, S. 329). So sind heute schon über 50 % der größten 50 europäischen Handelsunternehmungen außerhalb ihres Heimatlandes aktiv (vgl. Lademann 1993, S. 87-88).

Einher mit diesen Entwicklungen geht die verstärkte Marketingorientierung und Professionalisierung der Großformen des Lebensmitteleinzelhandels. Die Konzeption von modernen Warenwirtschaftssystemen und der Einsatz neuer Informations- und Kommunikationstechnologien bieten vielfältige Möglichkeiten, um handelseigene Zielvorstellungen professionell zu realisieren (vgl. *Abbildung 2*).

Einsatz neuer Informationstechnologien
- Aufbau von Warenwirtschaftssystemen (vgl. Zentes 1986) - Kommunikationskonzepte (vgl. Weinhold 1989)
Professionalisierungstendenzen
- Handelsmarkenkonzepte (vgl. Gugelmann 1991) - Category Management (vgl. Coca-Cola Research Group 1994, S. 62-63)
Internationalisierungstendenzen
- internationale Markteintrittsstrategien mit bestehenden Vertriebskonzepten (vgl. Zentes 1989, S. 229) - Europäische Beschaffungsstrategien (vgl. Hildebrandt 1989, S. 195-209)

Abbildung 2: Relevante Entwicklungen im Handelsmarketing

Eigenmarken sind ein Indiz dafür, daß der Handel sich immer mehr Funktionen des Marktgestalters aneignet und in die einstige Domäne des Herstellers eingreift. Die ehemals starre Funktionsverteilung ist aufgebrochen und bietet dem Handel vielfältige Formen zur Profilierung des eigenen Angebotes (vgl. Irrgang 1989, S. 88). Der Handel ist nicht mehr nur auf die Herstellermarken zur Profilierung seines eigenen Sortimentes angewiesen, sondern besitzt eigene Alternativen.

Durch diese Neuverteilung der Funktionen ergibt sich eine Verlagerung der wertschöpfenden Aktivitäten vom Hersteller auf den Handel. Es werden neue Argumente für eine Diskussion um die Margenverteilung geliefert, und die Diskussion um Zielkonflikte wird neu belebt (vgl. Bodenstein et al. 1992, S. 24).

2 KOMPARATIVE KONKURRENZVORTEILE IM VERTIKALEN MARKETING

2.1 Charakteristika von komparativen Konkurrenzvorteilen

Die im vorangegangenen Abschnitt aufgezeigten Entwicklungstendenzen im Lebensmitteleinzelhandel verdeutlichen die Notwendigkeit eines eigenständigen, auf die Kundengruppe „Absatzmittler" bzw. „Handel" ausgerichteten Marketing. Industrieunternehmungen, die auf den indirekten Distributionsweg angewiesen sind, müssen sich somit nicht nur auf dem Endkundenmarkt, sondern auch mit Blick auf den Handel komparative Konkurrenzvorteile (KKV) erarbeiten (vgl. generell zum Themenkreis komparativer Konkurrenzvorteile bzw. strategischer Wettbewerbsvorteile Backhaus 1992, S. 12 ff.; Simon 1988; Grosse-Oetringhaus 1994).

Das Streben nach komparativen Konkurrenzvorteilen ist mit dem Ziel des Aufbaus von akquisitorischem Potential gleichzusetzen. Mit dem Begriff akquisitorisches Potential wird eine Bedingungskonstellation erfaßt, bei der eine Unternehmung ihre Leistungen prinzipiell unter horizontalen Konkurrenzbedingungen offeriert, aber durch das Anbieten echter Leistungsvorteile über ein „Privatmonopol" verfügt (vgl. insbesondere Gutenberg 1976, S. 246 f.; Weinhold-Stünzi 1987, S. 248 ff.; Simon 1982, S. 74 ff.). Komparative Konkurrenzvorteile verschaffen einer Industrieunternehmung Handlungsspielraum, der sich nutzen läßt, um die Ansprüche der Handelsunternehmungen zu reduzieren oder um gewisse Forderungen durchzusetzen (z.B. Listungen, Promotions, Plazierungen, Service- und Beratungsleistungen, Preise). Je nach Ausgangssituation und Ausmaß des gewonnenen Handlungsspielraums kann entweder lediglich der Umfang von nicht entgoltenen Nebenleistungen stabilisiert oder sogar die Handelsspanne der Absatzmittlerunternehmung reduziert und so die eigene Deckungsbeitragssituation verbessert werden (vgl. grundlegend Tomczak & Gussek 1992).

Komparative Konkurrenzvorteile (KKVs) liegen vor, wenn die folgenden Forderungen erfüllt sind:

1) Ein für die jeweilige Handelsunternehmung bedeutsamer Kundennutzen wird angesprochen. Die Leistungen des eigenen Angebots sind in eine Leistung für den jeweiligen Kunden im Handel zu übersetzen. Pointiert formuliert: Der Handel kauft letztlich nicht Produkte und Dienstleistungen der Industrie (z.B. Regalpflege, Consumer Promotions, Schulungen), sondern ist interessiert an seinem Nutzen, der z.B. in einer Verbesserung der Gewinn- und Kostensituation, Erhöhung des Umsatzes bzw. Absatzes, Steigerung der Kundenfrequenz in den Verkaufsstellen oder Stärkung des Images der Handelsunternehmung und ihrer Ladengeschäfte bestehen kann. Die Größe eines komparativen Konkurrenzvorteils hängt u.a. davon ab, welche Bedeutung die vom Hersteller angebotene Leistung zur Lösung des Problems der jeweiligen Handelsunternehmung besitzt. Es gilt: Je wichtiger das Problem für die jeweilige Handelsunternehmung ist, desto größer ist im Falle der Lösung des Problems das Potential zur Erlangung von komparativen Konkurrenzvorteilen.

2) Der Nutzen grenzt das eigene Leistungsangebot möglichst *dauerhaft* von Wettbewerbsangeboten positiv ab. Die zentrale Zielsetzung besteht nicht in einer Maximierung des Nutzens der jeweiligen Handelskunden, sondern darin, einen relevanten Kundennutzen besser als irgendein anderer Wettbewerber oder der Handel selbst befriedigen zu können. Mit anderen Worten, im Mittelpunkt steht die *relative Steigerung des Kundennutzens* (vgl. Grosse-Oetringhaus 1994).

3) Der Nutzen basiert auf *Kernkompetenzen* der jeweiligen Industrieunternehmung. „Die Analyse der eigenen Ressourcenpotentiale im Sinne von besonderen Fähigkeiten ist eine entscheidende Voraussetzung für die Definition von KKVs." (Backhaus 1992, S. 22). D.h. dauerhafte komparative Konkurrenzvorteile liegen nur dann vor, wenn tatsächlich überlegene Fähigkeiten und Ressourcen vorhanden sind (vgl. Day & Wensley 1988; Haedrich & Tomczak 1990, S. 13 f.).

4) Der Nutzen ist für die relevanten Entscheider im Handel (Stichwort: Einkaufsgremium) deutlich *wahrnehmbar.*

Im folgenden wird herausgearbeitet, welchen Charakter industrielle Leistungen mit KKV aus dem Blickwinkel des Kunden „Handel" besitzen.

2.2 Beschaffungssituationen von Handelsunternehmungen

Eine von Kraljic (1984) entwickelte Klassifikation von Beschaffungssituationen läßt sich auf die Beschaffungsbedingungen von Handelsunternehmungen übertragen (siehe *Abbildung 3*). Betrachtet werden zwei Kriteriengruppen:

- Kriterien, die die relative Bedeutung einzelner industrieller Leistungen für die Absatzmittlerunternehmung betreffen, z.B. Kostenanteil im Verhältnis zu den Gesamtkosten, Ergebniseinfluß, Bedeutung von Qualität und/oder Image der zu beschaffenden Leistungen für die Leistung und/oder für das Image der Absatzmittlerunternehmung (*„Bedeutung der zu beschaffenden Leistungen"*).

- Kriterien, die die Komplexität der Beschaffungsmärkte und damit das Beschaffungsrisiko kennzeichnen, z.B. monopolistische bzw. oligopolistische Strukturen auf der Industrieseite, technologischer Fortschritt, Eintrittsbarrieren, Logistikkosten, Verfügbarkeitsrisiko, Transparenz (*„Komplexität des Beschaffungsmarktes/Beschaffungsrisiko"*).

Die akquisitorische Wirkung bestimmter industrieller Leistungen auf die jeweilige Absatzmittlerunternehmung läßt sich mit Hilfe der Dimensionen „Bedeutung der zu beschaffenden Leistungen" und „Komplexität des Beschaffungsmarktes/Beschaffungsrisiko" einordnen. Werden die beiden Dimensionen dichotomisiert, so ergibt sich die in der *Abbildung 3* wiedergegebene Klassifikation. Zu unterscheiden sind vier Quadranten:

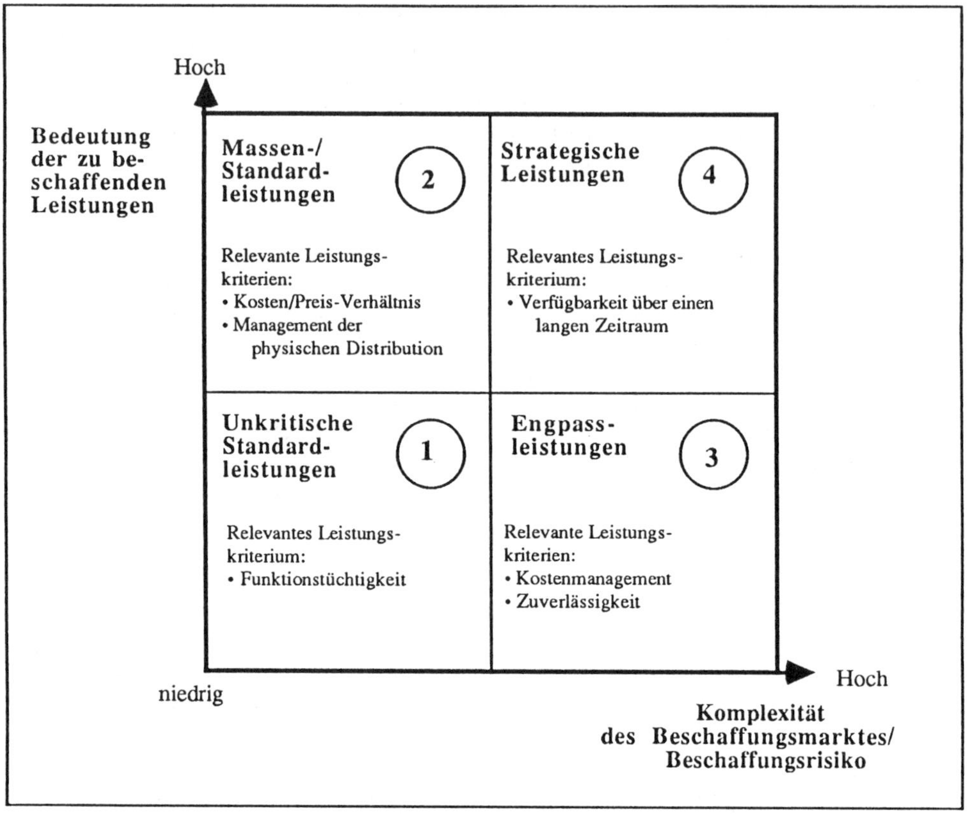

Abbildung 3: Klassifikation industrieller Leistungen aus Absatzmittlerperspektive (in Anlehnung an Kraljic 1984 und Haedrich & Gussek 1990)

1) *Unkritische Standardleistungen*
Dies sind industrielle Leistungen, deren Beschaffung für die jeweilige Absatzmittlerunternehmung problemlos ist, da diese von zahlreichen Lieferanten angeboten werden und zudem die Bedeutung dieser Leistungen für die Absatzmittlerunternehmung gering ist. Im Lebensmitteleinzelhandel ist hier beispielsweise an Grundnahrungsmittel wie Mehl, Zucker, Salz etc., aber auch an austauschbare Markenartikel zu denken, die eine geringe Umsatz- und Ergebnisbedeutung besitzen und lediglich zur Abrundung des Sortiments geführt werden.

2) *Massen-/Standardleistungen*
In diesen Quadranten fallen industrielle Leistungen, die zwar Relevanz für die Leistung der jeweiligen Absatzmittlerunternehmung besitzen, sich aber unbegrenzt und risikolos beschaffen lassen. Im Lebensmitteleinzelhandel sind dies beispielsweise austauschbare Markenartikel mit einer hohen Umsatzbedeutung, aber auch Nebenleistungen wie die Regalpflege oder die Durchführung von Verkaufsförderungsaktionen. Die zentralen Kriterien, anhand derer die industrielle Leistungsfähigkeit beurteilt wird, sind die der

jeweiligen Absatzmittlerunternehmung entstehenden Beschaffungs-, Lager- und Kapitalbindungskosten sowie die reibungslose Abwicklung physischer Distributionsaktivitäten. Das Verhalten der Absatzmittlerunternehmungen bei der Beschaffung von Massen-/Standardleistungen ist durch das Ausnutzen der Einkaufsmacht, Lieferantenwechsel und Produktsubstitution, gezielte Preis- und Verhandlungsstrategien, Auftragsmengenoptimierung etc. gekennzeichnet.

3) *Engpaßleistungen*
Engpaßleistungen zeichnen sich dadurch aus, daß ihre Beschaffung – da sie nur von einer begrenzten Anzahl von Industrieunternehmungen angeboten werden – für die jeweilige Absatzmittlerunternehmung mit einem gewissen Risiko verbunden ist. Allerdings ist der Nutzen (Umsatz-, Gewinnanteil, Imageprofilierung, Steigerung der Kundenfrequenz etc.) dieser Leistungen für die jeweilige Absatzmittlerunternehmung relativ gering. Eine solche untergeordnete Rolle spielen für gewisse Lebensmitteleinzelhändler eine Reihe von Produkten aus dem Non-Food-Bereich (z.B. Markenprodukte der Spielzeug- und der Gartenwerkzeugbranche) oder Nebenleistungen wie die Durchführung von verbrauchergerichteten Preisausschreiben.

4) *Strategische Leistungen*
Leistungen, die von großer Wichtigkeit für die jeweilige Absatzmittlerunternehmung sind und deren Beschaffung mit einem großen Risiko verbunden ist, lassen sich als strategisch bedeutende Leistungen charakterisieren. Industrieunternehmungen, die für eine Absatzmittlerunternehmung strategisch wichtige Leistungen anbieten, verfügen über einen komparativen Konkurrenzvorteil. In der Lebensmittelbranche können beispielsweise industrielle Leistungen wie ein Markenartikel, der im Endverbrauchermarkt profiliert ist, oder eine effiziente Lösung der Verpackungsproblematik strategische Leistungen darstellen. Zentrales Ziel der Absatzmittlerunternehmung ist es, die Verfügbarkeit dieser Leistungen langfristig sicherzustellen. Im Extremfall wird die Eigenerstellung dieser Leistungen oder zumindest eine langfristige vertragliche Bindung mit der jeweiligen Industrieunternehmung angestrebt.

Wird die vorgestellte Klassifikation von Beschaffungssituationen aus dem Blickwinkel der Industrie analysiert, so ist zusammenfassend festzustellen, daß vorrangig solche Leistungskomponenten, die für den jeweiligen Handelskunden von strategischer Bedeutung sind, komparative Konkurrenzvorteile besitzen. Massen-/Standardleistungen und Engpaßleistungen weisen in der Regel ein erheblich geringeres akquisitorisches Potential auf. Die akquisitorische Wirkung von unkritischen Standardleistungen tendiert gegen Null.

2.3 Quellen für komparative Konkurrenzvorteile

Industrieunternehmungen setzen ein breites Spektrum sehr unterschiedlicher Leistungen bzw. Anreize ein, um den Handel zur Erbringung seiner Gegenleistungen (Entgelt, „Regalplatz" in bestimmten Quantitäten und Qualitäten) zu motivieren. All diese Anreize wirken sich in bestimmter Weise auf die Leistung des Handels aus. Sie lassen sich in drei Gruppen unterteilen: Pull- und Push-Anreize sowie Anreize, die auf der Kompetenz zur Kooperation gründen.

Pull-Anreize: Hiermit sind Anreize angesprochen, die indirekt auf dem Weg über den Endverbraucher in Richtung Handel wirken. Solche Anreize besitzen potentiell eine „Sogwirkung" auf den Handel, da sie ihm ein bestimmtes Nachfragepotential, eine gewisse Kundenfrequenz in seinen Verkaufsstellen oder eine Imageprofilierung gegenüber seiner Konkurrenz versprechen. Die zentralen Pull-Marketinginstrumente sind Produktqualität, Marke und Endverbraucherwerbung.

Push-Anreize: Hierunter sind Anreize zusammenzufassen, die direkt beim Handel ansetzen und ohne Mitwirkung des Handels, d.h. autonom, erstellt werden. Im einzelnen sind solche zu unterscheiden, die dem „Hinein-Verkauf" und solche die dem „Ab-Verkauf" dienen. Den „Hinein-Verkauf" der Herstellerprodukte in den Handel unterstützen u.a. Anreize wie das Verfolgen einer Selektionsstrategie (vgl. Belz 1990) und in erster Linie Rabatt- und Nebenleistungszugeständnisse. Abverkaufsmaßnahmen mit Push-Wirkung sind beispielsweise Merchandisingmaßnahmen wie Regalpflege, Warenbevorratung und Verbraucher-Promotions.

Kooperations-Kompetenz: Das Anbieten von kooperativen Aktivitäten kann potentiell leistungsmotivierende Wirkungen besitzen. Ziel ist es, durch die Integration von Hersteller- und Handelsaktivitäten synergetische Effekte zu nutzen (vgl. insbesondere Zentes 1989) und eine einzigartige Problemlösung zu schaffen. Kooperationsanreize lassen sich grundsätzlich an allen Schnittstellen von Aktivitäten zwischen Hersteller- und Handelsunternehmungen generieren (z.B. Logistik, Promotions, Entwicklung von Handelsmarken, Space-Management).

So kann der Hersteller den Handel durch gewisse Managementleistungen wie Plazierungs- und Regaloptimierungsprogramme unterstützen. Beispiele für solche Aktivitäten sind das Space-Management-System APOLLO von Coca Cola oder das von der Mars GmbH zusammen mit der Handelsgruppe Rewe-Leibrand entwickelte „Beratungskonzept Süßwaren" (vgl. Zentes 1989). Des weiteren kann die Industrie dem Handel umfassende Unterstützungspakete anbieten, die von Strategieberatungen über Schulungen bis hin zu gemeinsamen Endverbraucher-Promotions reichen.

Eine weitere Option, die der Industrie für die Zusammenarbeit mit dem Handel offensteht, geht einen erheblichen Schritt weiter (siehe auch Tomczak 1993). Die Industrie betrachtet den Handel explizit nicht mehr als „ausführenden" Absatzmittler, der die Produkte der Industrie an die Endverbraucher heranträgt, sondern begreift sich selbst als *Zulieferer des Handels.* So entwickelt beispielsweise die Hilcona AG u.a. für die zwei größten Schweizer Handelsunternehmungen Coop und Migros Handelsmarkensortimente im Bereich tiefgekühlter Fertiggerichte. Die genaue Kenntnis von Bedürfnisstrukturen der Konsumenten, Wertetrends, Marktgrößen, Konkurrenzaktivitäten etc. sowie das Know how in der Produktionstechnologie von Fertiggerichten und in der Kreation von hochwertigen Mahlzeiten stellen die Voraussetzung für eine langfristig erfolgreiche Zusammenarbeit von Hilcona mit den Key Accounts im Handel dar. Nur weil Hilcona über spezifisches Know-how in den genannten Feldern verfügt, lassen sich Problemlösungen, die über einen komparativen Konkurrenzvorteil verfügen, für die jeweiligen Handelskunden entwickeln.

Ein zentrales Ziel jeder Industrieunternehmung besteht nun darin, die Pull-, Push- und Kooperationsanreize derart zu bündeln, daß den jeweiligen Handelsunternehmungen Leistungssysteme (vgl. zum Begriff Belz et al. 1991) angeboten werden, die in ihrer Gesamtheit einen komparativen Konkurrenzvorteil aufweisen.

Im Rahmen einer am Forschungsinstitut für Absatz und Handel an der Hochschule St. Gallen durchgeführten empirischen Studie bei Entscheidern im deutschen Lebensmitteleinzelhandel wurde u.a. der Frage nachgegangen, welches in diesem Markt die Quellen für komparative Konkurrenzvorteile sind bzw. welche Angebote der Industrie für die Handelsunternehmungen strategische Leistungen darstellen.

3 EMPIRISCHE STUDIE BEI ENTSCHEIDERN IM DEUTSCHEN LEBENSMITTELEINZELHANDEL

3.1 Amerkungen zum Design der Studie

Ziel der im Zeitraum von Dezember 1993 bis März 1994 im deutschen Lebensmitteleinzelhandel durchgeführten Studie war es, das Entscheidungsverhalten der an Listungsentscheidungen beteiligten Personen im Handel zu analysieren. Zielgruppe der Untersuchung waren daher alle Personen, die an Listungsentscheidungen mitwirken, also sowohl Facheinkäufer und Einkaufsleiter wie auch Koordinatoren, Produktmanager, Warenwirtschaftler und Verkaufsleiter. Die Untersuchung wurde auf die sechs Produktkategorien Bier, Molkereiprodukte, Fruchtsaft, Schokoriegel, Spirituosen und Waschmittel fokussiert. In jeder Produktkategorie wurden die relevanten Entscheider gebeten, sechs Marken aus den Top 10 „ihrer“ Produktkategorie im Hinblick auf 32 ausgewählte Themen zu beurteilen.

Die Fragenkreise bezogen sich auf die Handelsunterstützung der Industrie, den Markterfolg der Marken, die Werbung, die Preis-und Produktgestaltung, die Kompetenz der Hersteller, die finanziellen Anreize, die Geschäftsbeziehungen zur Herstellerunternehmung und die Anpassung an den Handel. Außerdem sollten der Consumer-Pull und Hersteller-Push sowie der Erfolg der Marken aus Sicht des Handels beurteilt werden. Die Themenliste und der Fragebogen wurden im Rahmen einer explorativen Vorstudie entwickelt und getestet. Insgesamt wurden 921 Entscheider im deutschen Handel schriftlich befragt. Verwertbar waren 283 Rücksendungen, was einer Stichprobenausschöpfung von 31 % entspricht (zu einer ausführlichen Darstellung der Studie sowie zu den Ergebnissen vgl. Feige & Tomczak 1994).

3.2 Ergebnisse der empirischen Studie

3.2.1 Faktoren der Listungsentscheidung

Um die Daten zu verdichten, wurde eine Faktorenanalyse durchgeführt. Die 32 Themen konnten bei guten bis erstklassigen Gütekriterien zu 4 Faktoren verdichtet werden (Hauptkomponentenanalyse; KMO-Wert = 0,94, MSA-Werte zwischen 0,67 und 0,98, überwiegend über 0,9; Varimax Rotation; vgl. Brosius 1989, S. 144 ff.).

Aufgrund der hinter den Faktoren stehenden Variablen können diese als Pull-Anreize, Kooperations-Kompetenz, Push-Anreize und „Hygiene"-Faktoren benannt werden. Hinter den Faktoren stehen im einzelnen die folgenden Variablen:

Pull-Anreize: Umschlagsgeschwindigkeit, Marktanteil, Bekanntheit, Einbußen bei Auslistung, Umfang der Werbung, Umsatz bei Aktionen, Frequenz bei Aktionen, Qualität der Werbung, Preisattraktivität, Produktqualität, Marketingkompetenz, Werbung in Fachmedien, Kompetenz zur Produkteinführung, Preis-Leistungs-Verhältnis, Attraktivität von Nicht-Preis-Aktionen, Merchandisingmaßnahmen

Kooperations-Kompetenz: Informationspolitik, Beratung, DPR, Beratung der Märkte, Geschäftsbeziehungen, Kompetenz der Gesprächspartner, Kompetenz zur Markenpflege, Kompetenz zur Produkteinführung, Marketingkompetenz, individuelle Aktionen

Push-Anreize: WKZ, Listungsgelder, Marge, Einsatz/Nutzen für den Handel, Mengenrabatte

„Hygiene"-Faktoren: Lieferzuverlässigkeit, Zielerreichungskonditionen, ökologische Kompetenz

3.2.2 Erfolgspotential der Faktoren

Der Erfolg wurde ordinal gemessen, indem die befragten Personen gebeten wurden, die beurteilten Marken nach den Kriterien Verzichtbarkeit, Vorliebe für Promotions und Beitrag der Marke für ihre Unternehmung zu ordnen. Die Formulierungen wurden nach einem Pretest aus einer Batterie von sechs Items ausgewählt.

Anschließend konnte mit Hilfe einer Diskriminanzanalyse untersucht werden, welchen Beitrag die vier Faktoren zur Erklärung des Erfolgs leisten. Erwartungsgemäß ist der Faktor Pull-Anreize mit 71 % Erklärungsbeitrag der wichtigste Faktor. Mit 19 % ist die Kooperations-Kompetenz noch als wichtig zu beurteilen. Geringere Bedeutung haben mit 12 % Erklärungsanteil die „Hygiene"-Faktoren. Der Faktor Push-Anreize schließlich ist mit dem Erfolg negativ korreliert und leistet mit 3 % Erklärungsanteil einen vernachlässigbar kleinen Beitrag zur Erklärung des Erfolgs (vgl. *Abbildung 4*). Die negative Korrelation ist damit zu erklären, daß inbesondere bei solche Marken zu finanziellen Anreizen bzw. Konditionen gegriffen wird, die beim Konsumenten nicht so stark verankert sind.

Offensichtlich spielt für die Entscheider im Handel bei der Listung von Markenartikeln vor allem die Stellung der Marke beim Endverbraucher die herausragende Rolle. Push-Anreize hingegen sind im Endeffekt offenbar nicht ausschlaggebend für die Listung.

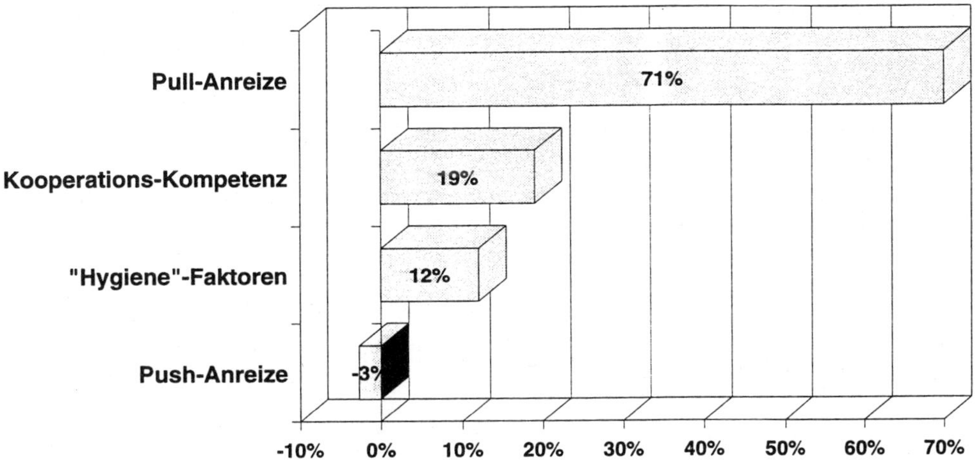

Abbildung 4: Faktoren und Erfolgsbeitrag

3.2.3 Erfolgreiche und weniger erfolgreiche Marken

Um die Erfolgsfaktoren für den Auftritt gegenüber dem Handel analysieren zu können, wurden die 36 untersuchten Marken geclustert. Als Klassifizierungsvariablen dienten die vorher extrahierten Faktoren. Nach dem Elbow-Kriterium ergaben sich fünf trennscharfe Cluster.

Die entstandenen Cluster können folgendermaßen bezeichnet werden:

- „unverzichtbare Top-Marken" (8 % der Stichprobe)
- „gesichert Endverbraucherpositionierte" (36 %)
- „Konditionenzahler" (20 %)
- „Auslistungskandidaten" (25 %)
- „'Nichts-zu-holen'-Kandidaten" (11 %)

Betont werden muß dabei noch einmal, daß alle Marken zu den Top 10 ihrer Produktkategorie gehören. Die Stichprobe ist sicherlich nicht als repräsentativ zu bezeichnen, jedoch zeigt die Relation von 44 % erfolgreichen gegenüber 36 % um die Existenz kämpfenden Marken die Problematik auf, mit der auch etablierte Markenartikel konfrontiert sind (vgl. *Abbildung 5*).

Cluster	Merkmale	Erfolg	Anzahl abs. / rel.
unverzichtbare Top-Marken	hohe Pull-Anreize, hohe Kooperations-Kompetenz, "Hygiene"-Faktoren mässig, geringe Push-Anreize	outstanding	3 / 8 %
gesichert Endverbraucher-positionierte	gute Pull-Anreize, "Hygiene"-Faktoren gut, gute Kooperations-Kompetenz, mittlere Push-Anreize	hoch	13 / 36 %
Konditionenzahler	mittlere Pull-Anreize, mittlere Kooperations-Kompetenz, "Hygiene"-Faktoren gut, hohe Push-Anreize	mittelmässig	7 / 20 %
Auslistungskandidaten	mäßige Pull-Anreize, mäßige Kooperations-Kompetenz, "Hygiene"-Faktoren gut, mittlere Push-Anreize	gering	9 / 25 %
Spielball des Handels, "Nichts-zu-holen"-Kandidaten	geringe Pull-Anreize, geringe Kooperations-Kompetenz, "Hygiene"-Faktoren mässig, geringe Push-Anreize	Existenz bedroht	4 / 11 %

Abbildung 5: Cluster von Markenartikeln und Erfolg

Um die Wichtigkeit der Faktoren noch einmal am Beispiel zu veranschaulichen, sind in *Abbildung 6* die Profile von drei ausgewählten Marken der Cluster ,,Top-Marken", ,,Konditionenzahler" und ,,Nichts-zu-holen"-Kandidaten dargestellt. *,,Top-Marken"* unterscheiden sich demnach vor allem durch ihre starken Pull-Anreize und die Kooperations-Kompetenz von den Mitbewerbern. Aufgrund der starken Stellung bei diesen Kriterien können diese Marken in Konditionenverhandlungen wesentlich souveräner auftreten. Das Cluster der *,,Konditionenzahler"* kann den Nachteil bei diesen endverbraucherorientierten Themen noch partiell durch stärkere Push-Anstrengungen ausgleichen, während die *,,Nichts-zu-holen"*-Kandidaten zu weiteren Anstrengungen (z.B. Konditionenzahlungen) schon nicht mehr in der Lage und dadurch in ihrer Existenz akut bedroht sind.

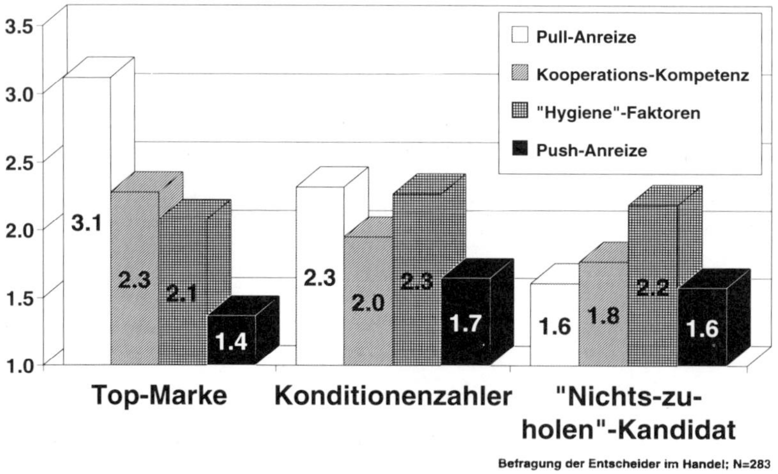

Abbildung 6: Typische Profile von „Top-Marken", „Konditionenzahlern" und „Nichts-zu-holen"-Kandidaten

4 FAZIT

Der Wettbewerb im vertikalen Marketing ist als äußerst intensiv einzustufen. In den meisten Produktkategorien verfügen maximal zwei bis drei Marken über *komparative Konkurrenzvorteile*, die im wesentlichen durch Pull-Anreize begründet sind. Der Weg, komparative Konkurrenzvorteile im Absatzmittlermarkt ausschließlich über Pull-Anreize zu erlangen, wird offensichtlich immer schwieriger. Selbst „Top-Marken" einer Produktkategorie, die momentan noch von den Entscheidern im Handel eindeutig als „Muß-Artikel", d.h. strategische Leistungen, eingestuft werden, ergänzen Pull-Anreize durch Kooperations-Angebote. Allerdings bestimmen und gestalten sie diese Zusammenarbeit aktiv mit, wohingegen sich insbesondere Marken der Kategorien „Auslistungs-" und „Nichts-zu-holen"-Kandidaten eher in einer reaktiven Position befinden und aus der Perspektive des Handels eindeutig Massen-/Standard-Artikel oder unkritische Standardleistungen darstellen.

LITERATUR

Backhaus, K.: Investitionsgütermarketing, 3., überarb. Aufl., München 1992

Bellino, H.: Strategische Verkaufsförderung ist Push Marketing. In: Thexis, Heft 2/93, S. 6-12

Belz, Chr.: Die Beschränkung der Absatzkanäle als Marketingstrategie. In: Jahrbuch der Absatz- und Verbrauchsforschung, 1/1990, S. 27-40

Belz, Chr. (1993): Hochleistungs-Marketing, in: Thexis, Heft 1/93, S. 14-23

Belz, Chr.; Bircher, B.; Büsser, M.; Hillen, H.; Schlegel, H.J.; Willée, C.: Erfolgreiche Leistungssysteme – Anleitung und Beispiele, Stuttgart 1991

Bodenstein, G.; Spiller, A.; Zühlsdorf, A.: Absatzkanalmanagement in der Konsumgüterindustrie, in: Lebensmittelzeitung, 21.8.1992, S. J20-J24

Brenn, D.: Der deutsche Lebensmitteleinzelhandel. In: M&A Review, Heft 7-8/1993, S. 324-329

Brosius. G.: SPSS PC+, Advanced Statistics und Tables, Hamburg, New York u.a. 1989

Day, C.S.; Wensley, R.: Assessing Advantage: A Framework for Diagnosing Competitive Superiority. In: Journal of Marketing, April 1988, S. 1-20

Feige, St.; Tomczak, T.: So entscheidet der Handel, St. Gallen 1994 (in Vorbereitung)

Grosse-Oetringhaus, W. F.: Value Marketing –Steigerung des Geschäftserfolgs durch Erhöhung von Kundenwerten. In: Tomczak, T.; Belz, Chr. (Hrsg.): Kundennähe realisieren, St. Gallen 1994 (in Vorbereitung)

Gugelmann, E.: Chancen und Gefahren von Eigenmarken im europäischen Markt. In: Thexis, Heft 3/1991, S. 10-12

Gutenberg, E.: Grundlagen der Betriebswirtschaftslehre, Bd. II, Der Absatz, 15. Aufl., Berlin/Heidelberg/New York 1976

Haedrich, G.; Gussek, F.: Ein Decision Support-System für das strategische Beschaffungs-Management. In: Kliche, M. (Hrsg.): Investitionsgütermarketing – Positionsbestimmung und Perspektive, Wiesbaden 1990, S. 310-332

Haedrich, G.; Tomczak, T.: Strategische Markenführung, Bern/Stuttgart 1990

Hansen, U.: Absatz- und Beschaffungsmarketing des Einzelhandels, 2., neubearb. und erw. Aufl., Göttingen 1990

Hildebrandt, L.: Perspektiven einer europäischen Markenpolitik. In: Trommsdorff, V. (Hrsg.): Handelsforschung 1990: Internationalisierung im Handel, Berlin 1989, S. 195-209

Irrgang, W.:Strategien im vertikalen Marketing, München 1989

Kirschner, U.: Die Erfassung der Nachfragemacht von Handelsunternehmen, Frankfurt a.M. u.a.O. 1988

Kraljic, P.: From purchasing to supply management. In: The McKinsey Quaterly, (Spring 1984), S. 2-17

Lademann, R. P.: Europa gibt dem Handel Impulse: Die Internationalisierung der Ernährungswirtschaft. In: Lebensmittelzeitung, 30.4.1993, S. 87-88

Meffert, H.: Marketing-Management, Wiesbaden 1994

Simon, H.: Preismanagement, Wiesbaden 1982

Simon, H.: Management strategischer Wettbewerbsvorteile. In: ZfB 59. Jg. (1988), H. 4, S. 461-481

The Coca-Cola Retailing Research Group: Supplier-Retailer Collaboration in Supply Chain Management, Mailand 1994

Tomczak, T; Gussek. F.: Handelsorientierte Anreizsysteme der Konsumgüterindustrie. In: ZfB 62. Jg. (1992), H. 7, S. 783-806

Tomczak, T.: Key account-orientierte Wettbewerbsstrategien in der Konsumgüterindustrie, in: Thexis, 3/1993, S. 45-48

Weinhold-Stünzi, H.: Marketing in 20 Lektionen, 12. Auflage, St. Gallen 1987

Weinhold-Stünzi, H.: Der Handel an der Schwelle zu neuen Strukturen und Prozessen. In. Thexis Heft 1/1989, S.1-6

Zentes, J.: Verkaufsmanagement in der deutschen Konsumgüterindustrie. In: DBW (46), Heft 1/1986, S. 21-28

Zentes, J.: Auswirkungen der Binnenmarktintegration auf den Handel. In: Trommsdorff, V. (Hrsg.): Handelsforschung 1989, Berlin 1989, S. 223-234

Zentes, J: Trade-Marketing – Eine neue Dimension in den Hersteller-Händler-Beziehungen. In: Marketing-ZFP, 4/1989, S. 224-229

Horizontale Kooperation im Handel

Strategische Allianzen: Neuorientierung der kooperativen Wettbewerbsstrategien im Handel

Joachim Zentes, Saarbrücken

Die Zukunftssicherung des mittelständischen Handels und damit auch die Aufrechterhaltung einer pluralistischen Wirtschaftsstruktur erfordern eine Neuausrichtung der Wettbewerbsstrategien sowohl für den einzelnen Anbieter als auch für die Verbundgruppen. Der Beitrag zeigt zunächst die wichtigsten Entwicklungstendenzen in der Industrie (Internationalisierung, Anbieterkonzentration, vertikale Kontraktmarketingsysteme) und im Handel (Handelskonzentration, Europäisierung) auf, skizziert den wettbewerbsstrategischen Bezugsrahmen und beschreibt – darauf aufbauend – ausführlich die Strategie der Integration und der Segmentation als mögliche Basisstrategien für Verbundgruppen.

1 BESTIMMUNGSFAKTOREN DES WETTBEWERBS IN DEN 90ER JAHREN

1.1 Entwicklungen auf der Ebene der Industrie

1.1.1 Internationalisierung des Wettbewerbs

Die Wettbewerbssituation ist bereits seit vielen Jahren durch eine zunehmende *Internationalisierung* der Anbieter gekennzeichnet (vgl. Zentes 1992a). Die zunehmende Internationalisierung geht einher mit einer Tendenz der *weltweiten Homogenisierung* der Märkte. Bei Betrachtung nationaler Märkte können diese zwar in immer mehr, in sich homogene Segmente mit hoher Trennschärfe aufgeteilt werden; zugleich zeigt sich bei internationaler Betrachtung, daß bestimmte (homogene) Cluster in vielen – oder fast allen industrialisierten – Ländern anzutreffen sind.

Die Heterogenität nationaler Märkte ist Ausdruck eines immer differenzierter werdenden Käuferverhaltens, das segmentspezifische Produkt- bzw. Leistungsprogramme der Industrie und segmentspezifische Geschäftstypen- und Marketingkonzepte des Handels erfordert. Die Existenz – quantitativ unterschiedlich ausgeprägter – gleichartiger Cluster in unterschiedlichen Ländern ermöglicht eine segmentspezifische, aber aus internationaler Sicht harmonisierte oder gar standardisierte Marktbearbeitung.

Dieses Globalisierungsphänomen ermöglicht den Herstellern die Ausschöpfung von Kostendegressions- und Erfahrungskurvenpotentialen in der Produktion. Die Internationalisierung der Absatzmärkte wird damit zugleich zu einer grundlegenden strategischen Stoßrichtung der Hersteller. Vor dem Hintergrund der Liberalisierung und Transformation der mittel- und osteuropäischen Wirtschafts- und Gesellschaftssysteme ist ein weiterer mengenmäßiger „Schub" für die Konsumgüterindustrie zu erwarten (vgl. Zentes 1993). Dieses Wachstumspotential bedeutet für die Hersteller zugleich einen „Wachstumszwang", da mit der Ausschöpfung der Marktpotentiale in Mittel- und Osteuropa ein Anstieg der „kritischen Masse" einhergeht.

Ein zunehmender *Anstieg der kritischen Masse* resultiert auch aus den sich ständig verkürzenden Produktlebenszeiten („Marktperioden") und dem gegenläufigen Trend längerer Entwicklungszeiten für neue Produkte bzw. neue Technologien.

1.1.2 Anbieterkonzentration

Aus den skizzierten Entwicklungen resultiert eine zunehmende *Konzentrationstendenz* der Industrie. Der marktbedingte und technologiebedingte Anstieg der kritischen Masse dürfte diesen Trend in den nächsten Jahren verstärken: So ist mit einer weiteren Zunahme der *Anbieterkonzentration* in allen Konsumgüterbranchen zu rechnen.

Die steigenden Aufwendungen im Bereich Forschung und Entwicklung und der steigende Risikograd dieser Aktivitäten führen zugleich zu einer Neuorientierung der Wettbewerbsstrategien der Anbieter.

So entstehen zunehmend neuartige F&E-Partnerschaften bzw. -Koalitionen zwischen Wettbewerbern in Form *strategischer Allianzen*, d.h. Wettbewerber *kooperieren* in bestimmten Aktivitäten der betrieblichen Wertkette und *konkurrieren* zugleich auf den Absatzmärkten mit ihren Endprodukten.

Damit bildet sich eine neue Wettbewerbsstruktur heraus: Kooperation und Konkurrenz der Allianzpartner.

1.1.3 Vertikale Kontraktmarketingsysteme

Die absatzmarktorientierten Aktivitäten der Hersteller werden zunehmend nach den Basiszielgruppen Handel (= direkte Kunden) und Konsumenten (= indirekte Kunden) differenziert. An Bedeutung gewinnt dabei das handelsorientierte Marketing (Trade Marketing). *Trade Marketing* zielt dabei auf „Abverkaufs"-Unterstützung des Handels durch die Hersteller sowie auf eine herstellerstrategie-konforme Ausrichtung des Handelsmarketing. Diese Form der Direktkundenpolitik der Industrie geht oftmals – aber nicht zwingend – einher mit selektiven Vetriebssystemen der Industrie, die eine Sicherung der Wettbewerbsposition des Fachhandels mit sich bringen.

Die Hersteller versuchen zugleich, durch Formen des *Kontraktmarketing* ihre Absatzkanäle zu stabilisieren. Die den Handelsunternehmen als Kompensation für eine stärkere Einkaufsbündelung (auf einen Hersteller) und Bindung angebotenen „Leistungspakete" beinhalten legitimerweise oftmals ähnliche oder gleiche Dienstleistungen (z.B. Geschäftstypenkonzepte, Schulungen, Ladenbau), wie sie die Verbundgruppen des Handels ihren Mitgliedern/Partnern anbieten. Diese *Partnerschaftsmodelle*, die insbesondere in Deutschland anzutreffen sind, haben zu einer Ausweitung der ,,Kooperationslandschaft" geführt. Für die Verbundgruppen bringt dies die Notwendigkeit einer Harmonisierung bzw. Koordinierung ihrer Leistungspalette mit den Leistungsangeboten der Anbieter (Lieferanten) bzw. eine Integration von Leistungsbausteinen in ihre Betreuungssysteme mit sich.

Während die Abstimmung der herstellerinitiierten (vertikalen) Aktivitäten mit den verbundgruppeninitiierten (horizontalen) Aktivitäten sich bisher weitestgehend harmonisch vollzog – dies gilt insbesondere für die Hersteller, die über selektive Vertriebssysteme vermarkten – ist der zunehmenden Anbieterkonzentration und dem darin begründeten *Marktgewicht* der Industrie ein Konfliktpotential inhärent.

1.2 Entwicklungen auf der Ebene des Handels

1.2.1 Handelskonzentration

Auf der Ebene des Handels zeichnet sich seit Anfang der 80er Jahre eine zunehmende Konzentration ab. Dabei lassen sich zwei Dimensionen dieser *Konzentrationstendenz* unterscheiden. Dies sei am Beispiel des Unterhaltungselektronik-Handels (UE-Handel) verdeutlicht. Zunächst ist eine *Umsatzkonzentration auf größere Geschäfte* (Läden) festzustellen. So gewinnen Geschäfte mit mehr als 5 Mio. DM Umsatz an Marktanteil; die Marktbedeutung der Geschäfte mit einem Jahresumsatz zwischen 2 und 5 Mio. DM hat sich stabilisiert. Der Anteil der Geschäfte mit weniger als 2 Mio. DM ist rückläufig. Gerade in dieser Umsatzklasse liegen traditionell mittelständische Unternehmen, die zu einem hohen Anteil Verbundgruppen angeschlossen sind. Diese Umsatzkonzentration auf „größere Einheiten" hat zugleich eine qualitative Dimension. So kommt darin auch das Aufkommen der *Fachmärkte* zum Ausdruck, deren Marktanteil in der UE-Branche rd. 20 % beträgt und weiter ansteigen dürfte.

,,Die Gewinner der Einzelhandelsentwicklung der nächsten Jahrzehnte sind die Fachmärkte mit einer Verdoppelung des Marktanteils. Fachmärkte mit Wachstumschancen sind:

– Drogeriefachmärkte auf 800 bis 1 200 m^2 Verkaufsfläche,
– Elektrofachmärkte auf 2 000 bis 4 000 m^2 Verkaufsfläche,
– Baufachmärkte,
– Spezialfachmärkte auf 2 000 bis 4 000 m^2 Verkaufsfläche,
– Allroundfachmärkte auf bis zu 15 000 m^2 Verkaufsfläche,
– Autozubehörfachmärkte auf 800 bis 2 000 m^2 Verkaufsfläche,
– Bekleidungs-, Textil- und Schuhfachmärkte,
– Haushaltswarenfachmärkte,
– Spielwarenfachmärkte" (Tietz 1992, S. 277 f.).

Neben der Umsatzkonzentration auf größere Geschäfte ist eine *Umsatzkonzentration auf Großformen* bzw. *Systeme des Handels* festzustellen. So gewinnen Filialsysteme – und ansatzweise auch Franchisesysteme – zunehmende Bedeutung (vgl. Lang 1992, S. 9-20).

Der Anteil der „mittelständischen Filialisten" ist im UE-Handel rückläufig. Bei der überwiegenden Mehrzahl der „Großfilialisten" handelt es sich um operative Einheiten von Konzernunternehmen, oftmals „branchenfremden" *Handelskonzernen*, die in Erwartung vergleichsweise hoher Umsatz- und Kapitalrenditen, aber auch aus brancheninternen Wachstumsbarrieren (kartellrechtliche Grenzen, Expansionshemmnisse durch Baunutzungsverordnungen u.ä.) in den UE-Bereich diversifizierten. Viele Filialbetriebe des UE-Handels gehen auf Familienbetriebe zurück, die – zu einem hohen Anteil Mitte der 80er Jahre – an Konzerne verkauft wurden.

Die aufgezeigten Entwicklungen deuten zusammenfassend auf eine *Zunahme der Konzentration* hin, eine Tendenz, die im Einzelhandel generell festzustellen ist (Tietz 1992, S. 362 f.):

1. Die Konzentration im Einzelhandel wird sich bei Lebensmitteln noch fortsetzen und bei Nichtlebensmitteln beschleunigen.

2. Die Ostöffnung erhöht die Konzentration in den Einzelhandelsbetrieben schubartig.

3. Die Internationalisierung fördert die Konzentration

4. Bei jedem Betriebstyp wird regional bis zu zwei Dritteln des Umsatzes durch drei bis fünf konzentrierte oder straff kooperierende Einzelhändler getätigt werden.

5. Die Fähigkeit zur Rückwärtsvertikalisierung oder zu kooperativen Lösungen der Logistikaufgaben kann die Konzentration reduzieren.

6. Die Innovationskraft bereits großer Unternehmen bei bestehenden und neuen Betriebstypen fördert die Konzentration.

7. Je besser es dem Einzelhandel gelingt, fähiges Management zu gewinnen, desto günstiger sind die Konzentrationsbedingungen.

1.2.2 Europäisierung des Wettbewerbs

Die Verwirklichung des Europäischen Binnenmarktes, die Schaffung des Europäischen Wirtschaftsraumes und die Öffnung der mittel- und osteuropäischen Länder führt auf der Ebene des Handels, der bisher meist lokal/regional oder national operierte, zu einer Europäisierung des Wettbewerbs. So eröffnen die sozio-politischen Entwicklungen neue *Perspektiven* für einen Markteintritt und damit eine Ausweitung der Geschäftstätigkeit, andererseits erzwingt die Wettbewerbssituation eine europaweite Expansion: Grenzüberschreitende Aktivitäten einzelner Unternehmen – dies gilt sowohl für konzernintegrierte Filialsysteme als auch für Verbundgruppen – führen „automatisch" zu einem *Anstieg der kritischen Masse.* Die Sicherung der relativen Markt- und damit auch Machtposition setzt somit eine gleichschrittige Expansion voraus.

Dieser *Expansionsdruck* bzw. die sich ggf. ergebenden Marktanteilsverschiebungen lassen sich bereits durch die Integration der neuen Bundesländer belegen. So ist in vielen

Branchen bei einer „gesamtdeutschen" Betrachtung der Anteil des mittelständischen Handels – trotz eines absoluten Wachstums – gesunken, da Großformen, so national operierende Filialisten, in Ostdeutschland schneller expandierten und dort größere Marktanteile erzielen konnten als in den alten Bundesländern.

2 NEUORIENTIERUNG DER KOOPERATIVEN WETTBEWERBSSTRATEGIEN

2.1 Wettbewerbsstrategischer Bezugsrahmen

2.1.1 Überblick

Die aufgezeigten Entwicklungen in der Konsumgüterwirtschaft erfordern im Hinblick auf eine *Zukunftssicherung* des mittelständischen Handels und damit im Hinblick auf eine Aufrechterhaltung einer pluralistischen Wirtschaftsstruktur eine Neuausrichtung der Wettbewerbsstrategien. Dies gilt sowohl für die einzelnen Anbieter (Facheinzelhandelsunternehmen) als auch für die Verbundgruppen, so die Einkaufsgemeinschaften, Freiwilligen Ketten u.ä.

Als Basisdimensionen einer *zukunftsorientierten Wettbewerbsstrategie*, die im folgenden vom Standpunkt einer Verbundgruppe betrachtet wird, lassen sich herausstellen:

- die Konfiguration der Aktivitäten,
- die aktivitätenspezifische Transaktionsform,
- die Koordination der Aktivitäten.

2.1.2 Konfiguration als Basisdimension

Die Strategiedimension *Konfiguration* bezieht sich auf die geographische Streuung der Aktivitäten der betrieblichen Wertkette auf unterschiedliche Länder oder Regionen, d.h. sie betrifft den strukturellen Aufbau der Wertkette aus geographischer Sicht.

Der Fachhandel ist seit vielen Jahren – oder gar Jahrzehnten – *beschaffungsseitig international* ausgerichtet. Dennoch dürfte diese Wettbewerbsdimension noch an Bedeutung gewinnen. So liegen Erfolgspotentiale in der Erschließung ausländischer Beschaffungsmärkte für Randsortimente bzw. Aktionsware begründet. Die Ausschöpfung dieser Potentiale setzt eine entsprechende *Einkaufsbündelung* („kritische Masse") und eine verbindliche Abnahme voraus. Dies wiederum bedeutet entsprechende verbundgruppeninterne Strukturen, so die Möglichkeit eines Eigen- (Import-)geschäfts der Verbundgruppenzentrale bzw. angegliederter Gesellschaften bzw. die Möglichkeit der Zuteilung auf die Mitglieder/Anschlußhäuser auf der Grundlage vorab vereinbarter Schlüssel.

In gleicher Weise lassen sich bei entsprechender „Masse" und *interner Durchsetzungskraft* auch die Geschäftsbeziehungen zu bestehenden Lieferanten um eine Intensitätsstufe erweitern. Die Abnahme „größerer Posten" sind in diesem Zusammenhang neben der (Fremd-) Produktion von Eigenmarken (Handelsmarken) als Optionen zu erwähnen.

In bezug auf die Konfiguration der betrieblichen Aktivitäten dürfte der Absatzmarkt die größten Reserven beinhalten. So wird die Ausdehnung auf den EG- bzw. EWR-Bereich („Going West") und mittelfristig auf den osteuropäischen Bereich („Going East") die zentrale strategische Stoßrichtung sein müssen.

2.1.3 Transaktionsform als Basisdimension

Die Strategiedimension *Transaktionsform* bezieht sich auf die Art der Durchführung einer Aktivität, so ihre *Internalisierung* (Integration) oder ihre Auslagerung bzw. der Fremdbezug „am Markt" (*Externalisierung*). Zwischen den Basisalternativen der organisationsinternen Durchführung und der Markttransaktion, die als Pole eines Kontinuums betrachtet werden können, liegen vielfältige Formen kooperativer Abwicklung.

Die Frage der zweckmäßigen Transaktionsform beantworteten gerade mittelständische Händler – aber auch (rechtlich) selbständige Unternehmer anderer Branchen (z.B. Landwirte) – seit vielen Jahrzehnten mit dem Beitritt in Einkaufs- und Marketinggemeinschaften, um aus der gemeinsamen Durchführung einer oder mehrerer Aktivitäten Erfolgspotentiale, z.B. Degressionseffekte, Bündelungseffekte, zu realisieren. Die Wahl der optimalen Transaktionsform gewinnt aus wettbewerbsstrategischer Sicht heute zunehmende Bedeutung; dies gilt nicht nur für mittelständische Unternehmen, sondern gleichermaßen für eine Verbundgruppe in ihrer Gesamtheit. Darüber hinaus sehen zunehmend auch Großunternehmen der Industrie und des Handels in dieser Dimension den Schlüssel zur *Sicherung ihrer (internationalen) Wettbewerbsfähigkeit.*

So werden gegenwärtig alle Aktivitäten der betrieblichen Wertkette hinsichtlich ihrer Auslagerung, z.B. in den Bereichen Distributionslogistik, Datenverarbeitung, Werbung, oder einer kooperativen Durchführung, z.B. in den Bereichen Forschung & Entwicklung, Beschaffung, Produktion, Vertrieb, überprüft. Dabei zeichnet sich neben der *„Outsourcing-Tendenz"* („Lean Production", „Lean Management") ein *Bedeutungsanstieg kooperativer Wettbewerbsstrategien* ab. So werden in neuartigen strategischen Allianzen oder Partnerschaften durch Zusammenlegung von Aktivitäten bzw. Bündelung kritische Massen erreicht, die auf Degressionseffekte abzielen oder neue Optionen eröffnen, so die Produktion und Vermarktung von Eigenmarken.

Neben derartigen „Y-Allianzen" entstehen aktivitätsübergreifende Partnerschaften, die durch eine Aufteilung der Aktivitäten einer Wertkette gekennzeichnet sind („X-Allianzen"). Derartige *komplementäre Kooperationen* gehen beispielsweise Unternehmen ein, um neue Märkte zu erschließen, so in Osteuropa. Die Gründung von Joint Ventures, bei denen der Parentalpartner „West" neben Kapital und Technologie-, Marketing- und Management-Know-how einbringt, der Parentalpartner „Ost" den Zugang zu lokalen Ressourcen und zu Absatzkanälen einbringt, sind Beispiele für derartige Koalitionen.

Letztlich lassen sich auch traditionelle Verbundgruppen als X-Koalitionen charakterisieren: Die strategischen Ressourcen der Verbundgruppenzentrale und der Partner haben eine komplementäre Struktur, die Partnerschaft hat aktivitätsübergreifenden Charakter. Diese Entwicklung verdeutlicht, daß diese Strategiedimension von zentraler Bedeutung für die zukünftige Wettbewerbsfähigkeit der Verbundgruppen ist. Sie wird daher im folgenden Abschnitt ausführlich diskutiert.

Die Ausschöpfung der Erfolgspotentiale kooperativer Strategien setzt neben einer Übereinstimmung („Fit“) der Partner auf der unternehmenspolitischen Ebene einen Fit auf der unternehmenskulturellen Ebene voraus. Dabei erweist sich oftmals gerade diese Ebene als die problematischste, da kooperative Transaktionsformen komplexe Interaktionsmuster darstellen, denen Konfliktpotentiale inhärent sind. Dies gilt gleichermaßen für strategische Partnerschaften von Großunternehmen als auch für traditionelle Verbundgruppen mit meist sehr heterogenen Mitgliederstrukturen (im Sinne von Unternehmerpersönlichkeiten).

2.1.4 Koordination als Basisdimension

Diese Dimension der Wettbewerbsstrategien bezieht sich darauf, wie ähnliche bzw. verwandte Aktivitäten koordiniert bzw. gesteuert werden. Die Frage der Koordination stellt sich insbesondere bei einer Streuung von Aktivitäten; sie ist damit sowohl für Unternehmen, z.B. national oder international operierende Filialunternehmen, als auch für Verbundgruppen von Relevanz. In Verbundgruppen bezieht sie sich in erster Linie auf die *Kooperationsintensität* und betrifft damit den *Autonomiegrad* der Partner. Kooperation beinhaltet immer ein bestimmtes Maß an Bindung zwischen den Partnern: „Jede Kooperation bewirkt eine Veränderung der Autonomiegrade und beruht damit auf einer freiwilligen Aufgabe von Freiheitsgraden“ (Tietz & Mathieu 1979, S. 11).

In enger Beziehung zur Kooperationsintensität steht der Umfang der kooperativ durchgeführten Aktivitäten, d.h. die Anzahl der *Kooperationsfelder*, deren Festlegung bzw. Auswahl letztlich eine Transaktionsformenentscheidung darstellt (vgl. *Abbildung 1*).

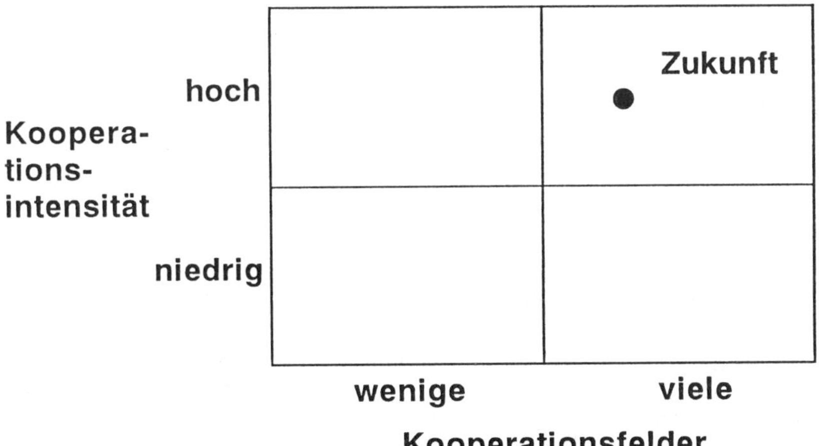

Abbildung 1: Basisoptionen der Kooperationspolitik

2.2 Strategische Optionen der Verbundgruppen

2.2.1 Überblick

Vor dem Hintergrund der im vorangegangenen Abschnitt skizzierten grundlegenden Strategien werden im folgenden die Optionen *kooperativer Wettbewerbsstrategien* für Verbundgruppen aufgezeigt. Als Basisoptionen werden herausgestellt:

- die Option der Integration,
- die Option der Segmentation,
- die Option der Europäisierung.

Diese Basisstrategien stellen jeweils eine Verknüpfung der im vorangegangenen Abschnitt aufgezeigten Wettbewerbsdimensionen dar; dabei bildet jeweils eine Wettbewerbsdimension den Schwerpunkt der Betrachtung, so bei

- der Option der Integration: die Koordination,
- der Option der Segmentation: die Transaktionsform,
- der Option der Europäisierung: die Konfiguration.

Die folgenden Ausführungen beschränken sich auf eine Erörterung der Integrations- und der Segmentationsoptionen.

2.2.2 Integration als kooperative Wettbewerbsstrategie

2.2.2.1 Ausgangssituation

Grundprobleme in traditionellen Verbundgruppen stellen – neben der Heterogenität der Mitglieder – die *Langwierigkeit der Entscheidungsprozesse* und die *Vollzugsdefizite* dar.

Die Verbundgruppen haben zwar in den letzten Jahren ihr Aktivitätenspektrum bzw. die Anzahl der Kooperationsfelder (vgl. *Abbildung 1*) wesentlich erweitert und sich damit zu weitreichenden „Y-Koalitionen" entwickelt, die neben Einkauf und Werbung auch die betriebswirtschaftlichen „Hintergrund"-Aktivitäten gemeinsam durchführen, so in den Bereichen Warenwirtschaft, Rechungswesen, Personalaus- und Weiterbildung. Durch Bündelungs-, Degressions- und Kompetenzverstärkungseffekte sollen strukturelle Nachteile im Vergleich zu Filialunternehmen kompensiert werden.

Als zentraler Nachteil erweisen sich im Vergleich zu straff geführten Filialsystemen jedoch die Entscheidungsstrukturen und Entscheidungsprozesse, die zu einer erheblich *längeren Entscheidungszeit* führen und damit die frühzeitige Wahrnehmung von Marktchancen verhindern. Dieser Nachteil wirkt sich in den letzten Jahren um so mehr aus, als sich Produkt- bzw. Strategielebenszyklen ständig verkürzen und die *Zeit* somit zu einem *strategischen Wettbewerbsfaktor* wird.

Neben der längeren Entscheidungszeit wirken die *Implementierungsbarrieren* retardierend. Sie sind in erster Linie in der meist nicht gegebenen bzw. nicht ausreichenden

Durchsetzungskraft der Verbundgruppenzentrale begründet. So haben auch Beschlüsse der Aufsichtsorgane oder gar der Gesellschafterversammlung i.d.R. nur „empfehlenden Charakter“: Eine enorme Diskrepanz von *Konzept* und *Vollzug* ist die Folge, was wiederum zu einem strukturellen Nachteil führt.

2.2.2.2 Lösungsansätze

Als wesentliche strategische Neuorientierung der traditionellen kooperativen Gruppen ist daher eine Anpassung der Entscheidungsstrukturen und Entscheidungsprozesse, die meist *basisdemokratischen Mustern* entsprechen, erforderlich. Das Streben nach Ausschöpfung aller Erfolgspotentiale kooperativer Wettbewerbsstrategien muß daher zu einer umfassenden *Regeneration* in den Verbundgruppen führen, die unter dem *Primat der Marktorientierung* steht.

Demgegenüber weisen traditionalistisch geprägte Verbundgruppen eher „*fundamentalistische*“ Züge auf; sie sind durch „*ideologische Altlasten*“ geprägt. Eine Weiterentwicklung ist in diesen Gruppen – wenn überhaupt – nur in kleinen Schritten bei Beibehaltung aller Elemente der bisherigen Gruppenphilosophie möglich. Stoßrichtungen einer avantgardistischen Strategie sind dagegen (vgl. Neumann 1992):

- ein harmonisierter Marktauftritt durch Geschäftstypenprofilierung,
- Full-Service-Betreuung der Partner so in Marketing, Logistik, Controlling, Warenwirtschaft,
- Standortsicherung durch Übernahme von Mitgliederstandorten, Beteiligungen an bzw. Kauf von Unternehmen,
- Expansion durch Regiebetriebe und Aufbau von Franchise-Systemen,
- Angebot von Finanzierungspaketen,
- Umlenkung der Willensbildung durch Anpassung der Entscheidungsstrukturen und -prozesse.

Letztlich führt dies zu einer klaren *Arbeitsteilung* zwischen der Verbundgruppenzentrale und den Partnern „vor Ort“. Die Kooperation gewinnt damit zugleich aktivitätsübergreifenden Charakter, d.h. auch X-Charakter. Die strategischen Ressourcen der Zentrale und der Partner haben eine komplementäre Struktur. Für die Partner (Anschlußhäuser) bedeutet dies einerseits einen begrenzten (freiwilligen) *formalen Autonomieverlust*, so in den Bereichen, die zentralseitig gesteuert werden. Hiermit geht jedoch eine *Ausweitung der materiellen Handlungsspielräume* einher. So ermöglicht diese Arbeitsteilung die „Konzentration der Kräfte“ vor Ort auf die wichtigen Erfolgsfaktoren Personal (Führung, Weiterbildung u.ä.) und Kundenorientierung (Verkauf).

Eine derartige strategische Stoßrichtung der Verbundgruppen kann durch den Übergang *von „losen“ Formen zu „straffen“ Formen* der Kooperation umschrieben werden (vgl. *Abbildung 2*).

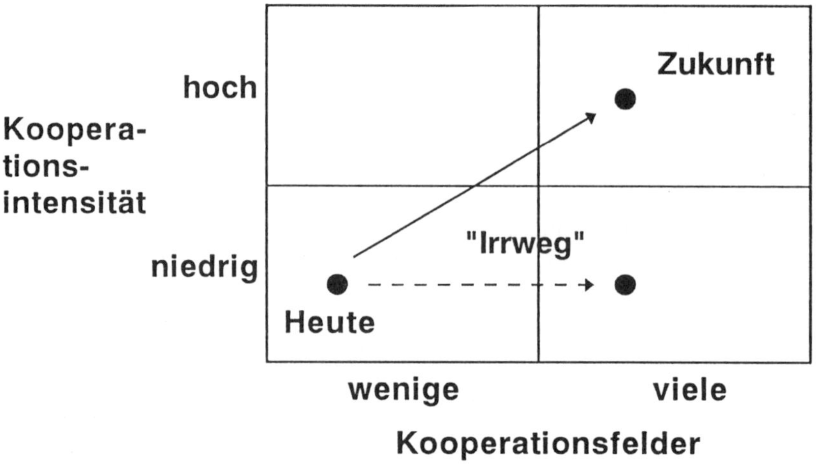

Abbildung 2: Entwicklungsrichtung traditioneller Verbundgruppen

Als problematisch – und letztlich aus finanziellen Gründen zum Scheitern verurteilt – erweist sich die Stoßrichtung einer Ausweitung der Kooperationsfelder ohne Intensivierung der Zusammenarbeit.

X-Koalitionen, d.h. aktivitätsübergreifende Partnerschaften, spielen andererseits im Handel bereits seit langer Zeit eine wichtige Rolle. So haben die *großhandelsinitiierten (vertikalen) Verbundgruppen*, so die Freiwilligen Ketten, den Charakter von X-Koalitionen. Bei ihnen kommt es ebenfalls zu einer Zusammenlegung komplementärer Potentiale, so in den Bereichen Beschaffung und Marketing einerseits und Absatz/Verkauf andererseits. Das Streben nach Bündelungs- und Degressionseffekten, die durch eine Zusammenlegung von einzelnen Aktivitäten erzielt werden können, und das Streben nach einer aktivitätsübergreifenden Partnerschaft durch Zusammenlegung komplementärer Potentiale fördert das Entstehen und die Verbreitung von *Franchisesystemen*. Diese Form der Kooperation ist zunehmend in den traditionellen Verbundgruppen des Handels anzutreffen. Sie tritt dort neben die etablierten Erscheinungsformen der Kooperation; langfristig deutet vieles darauf hin, daß diese Kooperationsform die herkömmlichen Verbundgruppenstrukturen ablösen dürfte.

2.2.3 Segmentation als kooperative Wettbewerbsstrategie

2.2.3.1 Ausgangssituation

Neben der Problematik der internen Durchsetzung bzw. des Vollzugs, die oftmals zu „*mittelstandsfolkloristischen Erscheinungsformen*“ anstelle einer professionellen Implementierung führt, erweist sich die *Heterogenität* der Mitglieder/Anschlußhäuser zunehmend als Problem. Sie ist in

– unterschiedlichen Sortimentsstrukturen,
– oftmals enormen Größenunterschieden, gemessen am Umsatz, der Verkaufsfläche, den Mitarbeitern,
– unternehmensstrukturellen Unterschieden, so Einzelunternehmen, Filialunternehmen,
– Standortunterschieden, so Verkaufsstellen in Großstädten, kleineren/mittleren Städten und „auf dem Land",
– unterschiedlichen Identifikationsgraden

begründet.

Diese Heterogenität ist Auslöser einer sich abzeichnenden *Neustrukturierung der Kooperationslandschaft.* So könnten sich professionelle Allianzen der „Macher" herausbilden, die Bündelungs-, Degressions- und Synergieeffekte in neuen homogenen Systemen realisieren und zugleich – aufgrund der Größe der Partner – mit „schlanken" Verbundgruppenzentralen operieren („*lean cooperation*"). Diese Allianzen könnten zugleich „verbundgruppenübergreifend" gebildet werden, d.h. einen Zusammenschluß der „Macher" aus unterschiedlichen traditionellen Gruppen darstellen.

Als Katalysator einer derartigen Entwicklung könnte die Verwirklichung des Europäischen Binnenmarktes bzw. die Schaffung des Europäischen Wirtschaftsraumes wirken. Modellcharakter kann dabei den sich gegenwärtig bildenden grenzüberschreitenden *Euro-Einkaufskontoren* des Lebensmittelhandels zukommen.

Neben Allianzen der „Macher" zeichnet sich eine weitere Tendenz ab. Großunternehmen des Handels, so Filialsysteme und Konzerne, entwickeln sich zu Einkaufskontoren, indem sie sich Dritten gegenüber öffnen. Sie gehen dabei über die „klassische" Großhandelsfunktion hinaus; mittelständische Unternehmen werden nicht als (Großhandels-)Kunden betrachtet, sondern als *assoziierte Partner.* Auch diese Entwicklung bringt eine neue Qualität der Kooperation mit sich.

2.2.3.2 Lösungsansätze

Zur Lösung des aufgezeigten Heterogenitätsproblems und damit zur „Abwehr" neuartiger Partnerschaftssysteme bietet sich in den (traditionellen) Verbundgruppen die *Segmentierung* der Mitglieder an. Darunter wird eine Differenzierung der Mitglieder nach dem *Grad der Inanspruchnahme* der modularen Leistungsbausteine und dem *Intensitätsgrad* bzw. Verbindlichkeitsgrad verstanden, nicht eine Differenzierung nach den Vertriebsschienen bzw. Geschäftstypen, die durchaus parallel betrieben werden kann.

Nach diesem Konzept lassen sich (mindestens) drei Mitglieder- bzw. Partnerkategorien bzw. Kooperations- oder Intensitätsgrade in Verbundgruppen unterscheiden (vgl. *Abbildung 3*):

– integrierte Partner,
– kooperierende Partner,
– assoziierte Partner.

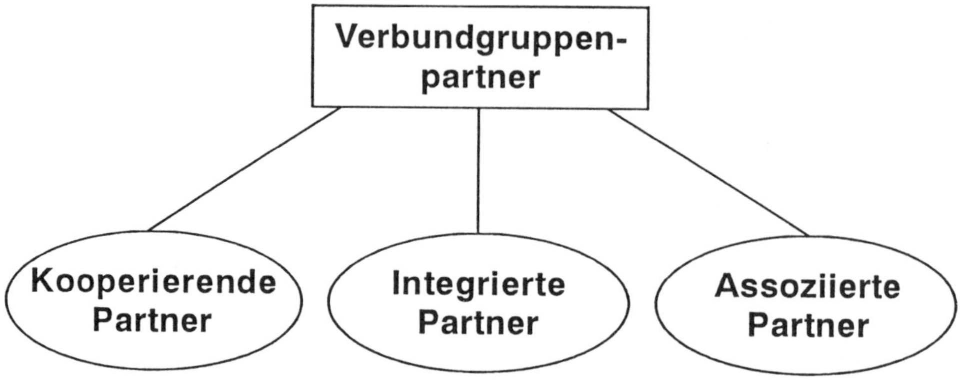

Abbildung 3: Kooperations-/Integrationsgrade in Verbundgruppen

Integrierte Partner zeichnen sich durch eine weitestgehende Inanspruchnahme des gesamten Leistungspaketes der Verbundgruppe aus. Sie nutzen damit die Vorteile eines arbeitsteiligen partnerschaftlichen Systems, dessen Wettbewerbsvorteile in der komplementären Kompetenz der Verbundgruppenzentrale und der Mitglieder „vor Ort" begründet sind: Marketing- und Management-Professionalität der Zentrale und dezentrale unternehmerische Initiative. Mit dieser Form der Zusammenarbeit geht zugleich ein hoher Intensitätsgrad der Kooperation einher: *Effektivität* und *Effizienz* der Zusammenarbeit erfordern eine interne Durchsetzungskompetenz. Diese Forderung ist durchaus im Einvernehmen mit dem Grundprinzip unternehmerischer Selbständigkeit der Partner, da die integrierten Mitglieder an der *Willensbildung*, so in Ausschüssen, Beiräten u.ä., beteiligt sind.

Die „integrierten Partner" dürften sich aus den traditionellen (kleineren und mittleren) Verbundgruppenmitgliedern rekrutieren. Dabei ist eine weitere Differenzierung denkbar, so in Verbundgruppen, die zugleich die Funktion einer Franchise-Zentrale ausüben.

Kooperierende Partner sind dadurch charakterisiert, daß sie nur einzelne Bausteine des Leistungspaketes der Verbundgruppe in Anspruch nehmen, so Einkauf und Werbung. Aufgrund ihrer eigenen Kompetenz, die durch die Größe bedingt ist, operieren diese Partner in den übrigen Bereichen, so EDV, Controlling, Logistik, weitestgehend autonom. Wenngleich diese Partner nur *selektiv* an dem Kooperationspaket partizipieren, so ist in den von ihnen wahrgenommenen Optionen dennoch ein hoher *Verbindlichkeitsgrad* Voraussetzung. Die erforderliche „Schlagkräftigkeit" der Gruppe in ihrer Gesamtheit setzt in den realisierten Kooperationsfeldern eine hohe Integration voraus.

Mit dieser Differenzierung der Partner geht zugleich ein Schritt in Richtung neuartiger *strategischer Allianzen* einher, die – wie bereits erwähnt – unter dem Primat der Marktbedeutung zu reformistischen Regenerationen der Verbundgruppen führen. Kooperierende Partner können zum einen große Einzelunternehmen bzw. Filialunternehmen in den bestehenden Gruppen werden, denen mit dieser Option eine gruppeninterne *Migration* ermöglicht wird. Zugleich bietet sich damit eine Möglichkeit, entsprechende Unternehmen aus anderen Gruppierungen oder „Einzelkämpfer" zu akquirieren.

Assoziierte Partner entsprechen aus funktionaler Sicht weitestgehend den kooperierenden Partnern, d.h. sie partizipieren nur an einzelnen Leistungselementen der Gruppe, vorrangig an dem *gemeinsamen Einkauf*. Strukturell unterscheiden sie sich von den übrigen Partnern dadurch, daß es sich hierbei nicht um mittelständisch-geprägte Unternehmen handelt, sondern um *„Großformen des Handels"*, so Konzerntochtergesellschaften.

Die Assoziierung derartiger Partner ist die wettbewerbbedingte Gegenstrategie zu der aufgezeigten Kontorentwicklung dieser Unternehmen mit Öffnung für (mittelständische) Dritte.

Diese funktionale Differenzierung in integrierte, kooperierende und assoziierte Partner kann mit einer *unternehmensrechtlichen Strukturierung* einhergehen. So können integrierte und kooperierende Partner Gesellschafter der Verbundgruppe sein, assoziierte Partner dagegen „nur" in einem Kontraktverhältnis zur Gruppe stehen. Dies läßt sich beispielsweise durch Auslagerung der Einkaufsaktivitäten der Gruppe in eine Tochtergesellschaft realisieren, die für alle Partner aktiv ist.

Literatur

Lang, H.: Entwicklung des Franchise-Verbands – Spiegelbild des anhaltenden Wachstums des Franchisings in Deutschland. In: Jahrbuch Fanchising 1992, Frankfurt 1992, S. 9-20

Neumann, G.: Zukunftsaspekte genossenschaftlicher Kooperationen im Handel. In: Zentes, J. (Hrsg.): Strategische Partnerschaften im Handel, Stuttgart 1992, S. 63-89

Tietz, B.; Mathieu, G.: Das Kontraktmarketing als Kooperationsmodell, Köln 1979

Tietz, B.: Einzelhandelsperspektiven für die Bundesrepublik Deutschland bis zum Jahre 2010, Frankfurt 1992

Zentes, J.: Kooperative Wettbewerbsstrategien im internationalen Konsumgütermarketing. In: Zentes, J., (Hrsg.), Strategische Partnerschaften im Handel, Stuttgart 1992, S. 3-32

Zentes, J.: Ost-West Joint Ventures als strategische Allianzen. In: Zentes, J. (Hrsg.): Ost-West Joint Ventures, Stuttgart 1992, S. 3-23

Zentes, J.: Eintritts- und Bearbeitungsstrategien für osteuropäische Konsumgütermärkte. In: Tietz, B.; Zentes, J. (Hrsg.): Ost-Marketing, Düsseldorf 1993, S. 63-101

Erfolgsforschung in kooperierenden Handelssystemen – erste Erkenntnisse einer empirischen Untersuchung

Dieter Ahlert, Bodo Krönfeld, Münster

In der Fähigkeit von Unternehmungen, schneller als die Konkurrenz zu lernen, sehen viele Autoren den zukünftig einzig dauerhaften Wettbewerbsvorteil im Handel. Im Gruppenwettbewerb mit den integrierten Handelssystemen müssen kooperierende Handelssysteme daher ihr Lernverhalten verbessern, um langfristig im Wettbewerb bestehen zu können. Der vorliegende Beitrag setzt sich mit der Frage auseinander, wie Handelskooperationen von erfolgreichen Vorbildern *organisatorisch* lernen. Auf der Grundlage einer repräsentativen Befragung kooperierender Handelssysteme, in die insgesamt 109 verbandsführende Einkaufsvereinigungen, freiwillige Ketten und Franchisesysteme einbezogen worden sind, werden neben allgemeinen Aussagen über das Lernverhalten dieser Organisationen unterschiedliche Erfolgsforschungs-Typen ermittelt und signifikante Unterschiede zwischen diesen Typen identifiziert.

1 DIE AUSGANGSSITUATION IM BUNDESDEUTSCHEN EINZELHANDEL

Der bundesdeutsche Einzelhandel ist gegenwärtig durch eine faszinierende *Vielfalt von Betriebs- und Systemtypen* gekennzeichnet, die den Verbrauchern in sämtlichen Konsumgüterbranchen ein breites und tiefes Spektrum an Wahlmöglichkeiten eröffnet und für den „Wettbewerb als Entdeckungsverfahren" ein reichhaltiges Experimentierfeld bereithält. Während die Existenz eines großen Teils der bestehenden Handelsunternehmungen als akut gefährdet gelten muß, können wir immer wieder beobachten, daß vormals unbekannte Handelssysteme in überraschend kurzer Zeit in den Markt eintreten und schnell expandieren können. Es hat heute den Anschein, daß sich das „Wheel of Retailing" immer schneller dreht. Dies äußert sich nicht nur im Wandel der sichtbaren Marktauftrittskonzeptionen der Einkaufsstätten, sondern auch in den organisatorischen Veränderungen im Systemhintergrund: Die *Betriebsformendynamik* wird durch eine hohe *Systemdynamik* überlagert.

Wenn in jüngster Zeit von einem *intensiven Gruppenwettbewerb* gesprochen wird, dann ist damit nicht nur der Wettbewerb zwischen freien (ungebundenen) Handelsbetrieben, kooperierenden Handelsgruppen und integrierten Handelssystemen (Filialsysteme unter einheitlicher Leitung) gemeint (*Inter-Gruppenwettbewerb*). Vielmehr ist der Wettbewerb zwischen differenten Vertriebslinien innerhalb der Handelsunternehmungen bzw. Handelskonzerne (*Intra-Gruppenwettbewerb*) und schließlich auch der Wettbewerb zwischen den stufenübergreifenden Systemtypen der vertikalen Koordination zwischen Industrie und Handel (*Wettbewerb der Distributionssysteme*) hinzugetreten. Letztere reichen vom technologischen Verbund (z.B. durch vernetzte Systeme des Warenwirtschafts- und Logistikmanagements) über vertikale Kooperationssysteme (z.B. auf der Basis vertraglicher Vertriebssysteme zwischen Industrie und Handel) bis hin zu gesellschaftsrechtlich integrierten Distributionssystemen, die im Zuge der Vorwärts- oder Rückwärtsintegration entstanden sind; sie können weiterhin danach eingeteilt werden, ob die Initiative und Systemführerschaft auf Seiten der Industrie, des Handels oder bei einem dritten Systemkopf angesiedelt sind.

Längst kann die These von einer „Polarisierung der Handels- und Distributionslandschaft" als überholt gelten, nach der erfolgversprechende Betriebstypen *entweder* im Bereich hoch konzentrierter, zentralistisch geführter Filialsysteme der discountierenden Massendistribution *oder* im Bereich dezentralistisch organisierter, im Extremfall völlig autonom operierender Einkaufsstätten der gehobenen Qualitäts- und Erlebnisdistribution zu suchen und ein „stuck in the middle" als verhängnisvoll zu qualifizieren wäre.

Die kooperativen Handelsgruppen bzw. Distributionssysteme (vertikale Kooperation zwischen Industrie und Handel) kennzeichnen sich dadurch, daß mehr oder weniger autonome Wirtschaftseinheiten in einer mehr oder weniger straffen Form der Verhaltensbindung ihre Aktivitäten aufeinander abstimmen und eine effizienzorientierte Zusammenarbeit praktizieren. Nach zunehmendem Bindungsgrad und gleichzeitig abnehmendem Autonomiegrad lassen sich die Kooperationssysteme wie folgt ordnen: Partnerschaftsabkommen, Einzelbindungen, Vertriebsbindung, Alleinvertrieb, Vertragshändler, Franchising.

Welcher der Systemtypen des Handels und der Distribution als Gewinner aus dem (Gruppen-)Wettbewerb hervorgehen wird, läßt sich gegenwärtig nicht antizipieren. Denn es geht nicht nur um die Frage, welche der in reiner Form zur Auswahl stehenden *Koordinationsprinzipien „Markt, Hierarchie oder Kooperation"* die geringeren Nachteile in Form von Transaktions-, Bürokratie- oder Kooperationskosten mit sich bringen werden. Es geht auch um die Frage, ob nicht den *komplexen Mischsystemen*, die zwei oder gar alle drei Koordinationsprinzipien miteinander verbinden, die Zukunft gehört.

Wenngleich es als „Anmaßung der Vernunft" qualifiziert werden muß, die zukünftige Entwicklung der bundesdeutschen Handelslandschaft voraussagen zu wollen, erscheint es doch reizvoll, den *Einfluß der neueren Managementtechnologien auf den „Wandel im Handel"* zu hinterfragen. In diesem Sinne hat sich die Münsteraner Distributions- und Handelsforschung schon im 1. Band des vorliegenden Jahrbuches (1986) mit der Rolle des Handelscontrolling (vgl. Ahlert & Günther 1986, S. 67 ff.) und in einem späteren Band mit der Bedeutung des evolutionären Managementansatzes (vgl. Ahlert & Schröder 1990, S. 57 ff.) befaßt und jüngst auch den Einfluß der neueren Technologien des integrierten Warenwirtschafts- und Logistikmanagements untersucht (vgl. Ahlert & Olbrich 1994).

Der vorliegende Beitrag entstammt einer aktuellen Projektlinie, die sich im Rahmen mehrerer empirischer Studien mit der Technologie der Erfolgsforschung im Handel beschäftigt (vgl. zu diesem Forschungsprogramm Ahlert & Schröder 1992). Während im letzten Band des Jahrbuches Handelsforschung (1993/94) die (strategische) Erfolgsforschung in einer bestimmten Konsumgüterbranche (Lebensmittelbranche) behandelt wurde (vgl. Ahlert & Olbrich 1993, S. 61 ff.), geht es im folgenden um die Besonderheiten der Erfolgsforschung in einer bestimmten Klasse von Handelssystemen: Auf der Grundlage einer umfassenden empirischen Exploration wird der *aktuelle Stand der Erfolgsforschung in kooperierenden Handelsgruppen* referiert und deren Beitrag zur Existenzsicherung in diesem Handelssegment reflektiert.

2 DIE PROBLEMSTELLUNG

Wer als Gewinner aus dem Wettbewerb der Systemtypen hervorgehen wird, dürfte in Zukunft nicht mehr allein davon abhängen, in welchem System

- das *(Nachfrage-)Machtproblem* (Erlangung günstiger Einkaufskonditionen),

- das *Technologieproblem* (Erhöhung der Systemwirtschaftlichkeit durch konsequente Nutzung fortschrittlicher, rechnergestützter Warenwirtschafts- und Logistiktechnologien) und

- das *Kostenmanagementproblem* (Perfektionierung des operativen Geschäfts u.a. durch Controllingsysteme)

am besten gelöst werden können. In dieser Hinsicht ist in absehbarer Zeit eine *Angleichung* der den aktuellen Konzentrations- bzw. Ausleseprozeß überlebenden Handelsunternehmungen zu erwarten. Von ausschlaggebender Bedeutung dürfte die Lösung des *Problems der strategischen Entwicklung* und als deren Grundlage die Bewältigung der Aufgaben einer *systematischen Erfolgsforschung* sein.

Im Handel spielt das *Lernen von erfolgreichen Vorbildern* seit eh und je eine große Rolle, da keine gewerblichen Schutzrechte für innovative Betreibungskonzepte erworben werden können und die hohe Umstellungsflexibilität schon immer das „Abkupfern" begünstigt hat. Es geht aber nicht allein um die Erforschung erfolgreicher Handelskonzepte als Grundlage von *Imitationsstrategien.* Da die Adoption exzellenter Konzepte in unveränderter Form aufgrund der heterogenen Standort- und Unternehmensspezifika nur in Ausnahmefällen zielführend ist, herrschen Strategien der Adaption bzw. Assimilation vor: Die Notwendigkeit einer Anpassung exzellenter Konzepte an die eigene Bedingungskonstellation erzwingt in der Regel Modifikationen und eröffnet Chancen zur *innovativen Imitation.* Sofern exzellente Komponenten unterschiedlicher Vorbilder als „Mosaiksteine" zu neuartigen Betreibungskonzepten kombiniert werden, kann die Erfolgsforschung auch als Grundlage von *vorbildorientierten Innovationsstrategien* dienen: Der eigentlich als permanente Perfektionierung angelegte Prozeß kann damit auch zur diskontinuierlichen Fortentwicklung der Handelskonzepte in großen Schüben (sog. Quantensprünge) führen.

Wesentliche Merkmale dieses Prozesses der Erfolgsforschung und Erfolgsgestaltung sind die aktive Beteiligung der betroffenen Mitarbeiter, die systematische Vorgehensweise und die arbeitsteilige Organisation in verzweigten Handelssystemen. Durch die Gestaltung des

Innovationsprozesses im Handel nach dem evolutionären Managementansatz wird die Voraussetzung geschaffen, ein größeres, über die gesamte Handelsunternehmung bzw. -gruppe verteiltes kreatives Potential auszuschöpfen, als es mit der Übertragung der kreativen Arbeit an einzelne Spezialisten (Stabsstellen oder externe Institutionen) möglich wäre. Es ist dann nur noch ein kleiner Schritt, sich von Vorbildern zu emanzipieren und eine *Strategie kreativer Innovationssprünge* zu praktizieren.

Strategische Erfolgsforschung und Erfolgsgestaltung, als evolutionärer Managementprozeß partizipativ organisiert, fördert nicht nur die Motivation der Mitarbeiter und setzt kreative Potentiale frei, sondern kann auch als ein im Handel besonders geeigneter Weg der Personalentwicklung angesehen werden. Mit der Idee des *Lean Management* harmoniert diese Vorgehensweise insofern, als die Verantwortlichkeit für die Qualität der Handelsleistungen und ihre laufende Verbesserung bei den unmittelbaren Leistungsträgern an der Basis und nicht in höheren Hierarchiestufen angesiedelt ist. Dezentralisierung und „Entflechtung der Hierarchien" können auf diese Weise nicht nur zu Kosteneinsparungen aufgrund einer „schlankeren Organisation", sondern auch zu erheblichen Verbesserungen des Leistungsniveaus führen.

Den Ausgangspunkt der vorliegenden Untersuchung bilden damit die folgenden Problemkomplexe:

1) Ist es prinzipiell denkbar, daß die kooperierenden Handelsgruppen im Wettbewerb der Systeme ihre strukturbedingten Nachteile – u.a. im Hinblick auf die Nachfragemachtentfaltung, die Implementierung integrierter Warenwirtschafts- und Logistiktechnologien sowie des Handelscontrollings – zu einem wesentlichen Teil dadurch ausgleichen können, daß sie eine *höhere Kompetenz zur strategischen Entwicklung der Einkaufsstätten nach dem evolutionären Managementansatz* entfalten?

2) Sind kooperierende Handelsgruppen in besonderem Maße dazu prädestiniert, das Instrumentarium der *Erfolgsforschung als Informationsgrundlage* der (operativen und strategischen) Erfolgsgestaltung einzusetzen?

Während diese beiden Problemstellungen anhand von Plausibilitätsüberlegungen bearbeitet werden können, ist es eine Aufgabe der empirischen Handelsforschung zu erkunden, wie der Stand der Erfolgsforschung in kooperierenden Handelsgruppen gegenwärtig ausgeprägt ist, d.h. in welchem Maße die in diesem Bereich liegenden Erfolgspotentiale bereits ausgeschöpft werden, und welche für kooperierende Handelsgruppen typischen Hemmnisse und Akzeptanzwiderstände dem entgegenstehen. Die daraus resultierenden Fragestellungen einer empirischen Exploration lauten also:

3) *Wie lernen Systemzentralen* kooperierender Handelssysteme von erfolgreichen bzw. erfolgversprechenden internen und externen Vorbildern?

4) Wie ist der *interne Wissenstransfer in Handelskooperationen* ausgestaltet, und welche Defizite sind in diesem Bereich zu überwinden?

3 DIE BESONDEREN CHANCEN KOOPERIERENDER HANDELSGRUPPEN IM BEREICH VORBILDORIENTIERTER STRATEGIEENTWICKLUNG

Während integrierte Handelssysteme die Groß- und Einzelhandelsstufe unter einem „unternehmerischen Dach" vereinigen, zeichnen sich kooperierende Handelssysteme durch die rechtliche und wirtschaftliche Selbständigkeit ihrer Einzelhandelsmitglieder aus. In Abhängigkeit davon, ob die Systemzentralen gesellschaftsrechtlich oder lediglich vertragsrechtlich an ihre Mitglieder gebunden sind, wird zunächst zwischen den Einkaufsvereinigungen und freiwilligen Ketten unterschieden. Als engere vertragliche Form der freiwilligen Kette soll dabei das Franchising aufgefaßt werden (vgl. Tietz 1991, S. 20).

Die kooperierenden Handelsgruppen sind eigentlich dazu prädestiniert, besser als zentralistisch gesteuerte Massenfilialsysteme des Handels die strategische Entwicklung nach dem evolutionären Managementansatz erfolgreich zu praktizieren (vgl. Ahlert & Schröder 1990a, S. 221 ff.). Während sich zahlreiche Massenfilialsysteme des Handels gegenwärtig durch organisatorische Vorkehrungen der Dezentralisierung (Erhöhung des Autonomiegrades) darum bemühen, Unternehmergeist und Experimentierfreude an die Basis zu tragen, liegt es in der Natur des kooperierenden Handelssystems, schon eine Gruppe von freien, eigenverantwortlich handelnden Unternehmern zu sein. Befreit von administrativen Zwängen können sie standortindividuell und schnell agieren und reagieren, von Vorbildern lernen, aber auch selbst Vorbilder für die weiteren Mitgliedsbetriebe der Gruppe liefern. Sie müssen ihre Vorgehensweise nicht nach den Belohnungs- und Sanktionsritualen von Vorgesetzten in den Zentralen ausrichten, sondern sie werden unmittelbar von ihren Kunden belohnt oder bestraft. Marktexperimente können hier unverfälscht stattfinden und zeigen unmittelbar und relativ schnell, ob ein innovatives Betreibungskonzept erfolgversprechend ist.

Um sich den zentralen Aufgaben des Handelsunternehmers vor Ort, nämlich

- der standortindividuellen Konzeptentwicklung,
- dem intensiven, persönlichen Kundenkontakt und
- der Mitarbeiterführung und Personalentwicklung

in Zukunft in angemessener Weise widmen zu können, ist insbesondere der mittelständische Händler darauf angewiesen, daß ihm „der Rücken freigehalten" wird von allen Aktivitäten, die von professionellen Spezialisten in der Gruppenzentrale besser entfaltet werden können. Dazu zählen insbesondere auch Maßnahmen im Bereich der *betriebsübergreifenden Erfolgsforschung.*

Im Vergleich mit den integrierten Handelssystemen ist jedoch auf die regelmäßig geringere finanzielle und personelle Ausstattung der Systemzentralen hinzuweisen. Die Selbständigkeit der Mitglieder kooperierender Handelssysteme ist darüber hinaus oft mit langwierigen und schwerfälligen Entscheidungsprozessen verbunden (vgl. Kuhn 1977, S. 41).

Während die Selbständigkeit der Einzelhandelsmitglieder einerseits schwerwiegende Probleme im Gruppenwettbewerb mit sich bringt, ist sie andererseits als die zentrale Stärke kooperierender Handelssysteme anzusehen. Im Vergleich zu den integrierten Handelssystemen verfügen Kooperationen über ein größeres unternehmerisches Potential, weil selbständige Unternehmer – und nicht zum Teil demotivierte Filialleiter – vor Ort agieren. Bislang scheinen kooperierende Handelssysteme allerdings dieses unternehmerische Potential nicht ausreichend genug zu nutzen (vgl. Ahlert & Eickhoff 1992, S. 10).

Durch einen systematischen internen Wissenstransfer sowie die Gewinnung neuen Wissens von außen können die beschriebenen Stärken der Handelskooperationen ausgebaut und ihre Schwächen im Gruppenwettbewerb ausgeglichen werden. Die betriebswirtschaftliche Literatur beschäftigt sich bereits seit längerer Zeit unter dem Thema „organisatorisches Lernen" mit diesen beiden Aspekten des Wissenstransfers und des stellvertretenden Lernens von Personen für Organisationen (vgl. Cangelosi & Dill 1965; Cyert & March 1963, McNulty 1964). Dabei wird unter dem Begriff des „organisatorischen Lernens" die Nutzung, Veränderung sowie die Fortentwicklung der organisatorischen Wissensbasis verstanden (vgl. Pautzke 1989, S. 112).

Einen Bestandteil des organisatorischen Lernens bildet die Erfolgsforschung, die den Aspekt des Lernens von erfolgreichen Vorbildern aus diesem Themengebiet herausgreift. Neben der Suche nach erfolgreichen Konzepten umfaßt diese dabei auch deren systematische Analyse (vgl. Ahlert & Schröder 1992, S. 2). Im Unterschied zur Erfolgsfaktorenforschung (vgl. zum Überblick Schröder 1994) setzt sich Erfolgsforschung nicht nur mit den abstrakten Bestimmungsfaktoren des unternehmerischen Erfolges, sondern auch mit konkreten Erfolgskonzepten und deren Übertragungsvoraussetzungen auseinander. Im angelsächsischen Schrifttum haben ähnliche Entwicklungen unter dem Thema „Benchmarking" bereits eine große Beachtung gefunden (vgl. Leibfried & McNair 1992).

4 ERFOLGSFORSCHUNG UND ORGANISATORISCHES LERNEN IM HANDEL

4.1 Grundlagen organisatorischen Lernens

Im Gegensatz zum individuellen Lernen setzen sich nur wenige Untersuchungen mit dem Phänomen des organisatorischen Lernens auseinander (vgl. Dierkes 1994, S. 7). Obwohl gerade in der angelsächsischen Literatur relativ früh Studien zum organisatorischen Lernen zu finden sind (vgl. Kapitel 3), existiert derzeit noch keine ausgearbeitete und umfassende Theorie des organisatorischen Lernens. Bei den vorliegenden Studien handelt es sich vielmehr um erste Ansätze zu diesem Thema (vgl. hierzu und zum folgenden Pautzke 1989, S. 103), in denen oft unterschiedliche Aspekte im Mittelpunkt stehen.

Als ein erster Aspekt des organisatorischen Lernens ist dabei das stellvertretende Lernen einer Elite (Unternehmensführung, dominierende Koalition) anzusehen. Da diese Elite in der Regel über eine dominierende Machtstellung in der Organisation verfügt, werden Entscheidungsprozesse und Problemlösungen in entscheidendem Maße vom individuellen Wissen ihrer Mitglieder geprägt.

Darüber hinaus steht das individuelle Lernen der übrigen Organisationsmitglieder im Mittelpunkt von Untersuchungen zum organisatorischen Lernen, da ein erheblicher Teil des handlungsrelevanten Wissens einer Organisation „in den Köpfen einzelner Systemelemente verstreut“ vorhanden ist. Insbesondere in komplexen Systemen hat dieser Aspekt eine große Bedeutung, da Entscheidungen stärker dezentral getroffen werden müssen. Daneben setzen sich auch einige Studien mit Lernprozessen in organisatorischen Teileinheiten (Subkulturen) auseinander, die eine gemeinsame, kontextspezifische Wissensbasis aufweisen.

Einen weiteren Aspekt des organisatorischen Lernens bildet die Frage, wie Wissen außerhalb des Gedächtnisses der Organisationsmitglieder gespeichert werden kann. Während einige Lernerfahrungen in organisatorischen Standardprozeduren, Werten, Normen, Systemen, Strukturen, Verfahren, Artefakten, Programmen, Strategien etc. konservierbar sind (sedimentiertes Wissen), ist dieses bei einem überwiegenden Teil des organisatorischen Wissens jedoch unmöglich. Insofern ist das Gedächtnis der Organisationsmitglieder als wichtigstes Speichermedium anzusehen.

In der vorliegenden Untersuchung wird das organisatorische Lernen mit Pautzke als die *Nutzung*, *Veränderung* und *Fortentwicklung* der organisatorischen Wissensbasis definiert. Damit rückt der Aspekt des grundsätzlich verfügbaren Wissens einer Organisation in den Mittelpunkt des Interesses. Individuelle und gruppenspezifische Lernprozesse (Eliten, Subkulturen) werden daher lediglich dann berücksichtigt, wenn sie die organisatorische Wissensbasis berühren.

Während die *Nutzung* der organisatorischen Wissensbasis auf eine Ausschöpfung des bestehenden latenten Wissens abzielt (Abbau von Informationspathologien oder Einleitung von Beschaffungsaktivitäten), ist ihre *Veränderung* auf die Ausweitung des aktuellen Wissens in einem bestehenden Rahmen (Kultur, Kontext, Sinnmodell etc.) ausgerichtet. Dagegen kommt es bei einer *Fortentwicklung* der organisatorischen Wissensbasis zu einem Übergang in eine höhere Entwicklungsstufe (Sinnmodell). Anstatt der Fragestellung „are we doing things right“ steht hier das „are we doing the right things“ im Vordergrund. Mit Agyris und Schön können diese Lernprozesse als „double-loop learning“ bezeichnet werden (vgl. Agyris & Schön 1987).

Als Fazit kann festgehalten werden, daß sich das organisatorische Lernen auf zwei wesentliche Prozesse verdichten läßt. Neben dem stellvertretenden Lernen von Personen für die Organisation stellt der Wissenstransfer innerhalb der Organisation den zweiten entscheidenden Aspekt des organisatorischen Lernens dar.

4.2 Erfolgsforschung als Element organisatorischen Lernens

Vor dem Hintergrund eines zunehmenden wirtschaftlichen, gesellschaftlichen sowie technologischen Wandels kommt der Fähigkeit zu lernen in allen Lebensbereichen, insbesondere aber auch im Handel eine immer größere Bedeutung zu (vgl. Pautzke 1989, S. I). Gerade in kooperierenden Handelssystemen, die sich mehr und mehr zu „Schicksalsgemeinschaften des selbständigen Einzelhandels“ entwickeln, reicht ein isoliertes Lernen einzelner Organisationsmitglieder nicht mehr aus, um dauerhaft im Wettbewerb bestehen zu können. Vielmehr ist es notwendig, daß das System durch die Nutzung bestehender Wissenspotentiale innerhalb der Gruppe (Wissenstransfer) sowie die Gewinnung neuen

Wissens (stellvertretendes Lernen von Personen für die Organisation) für die Gruppe organisatorisch lernt.

Als entscheidendes Element organisatorischen Lernens kann dabei das Lernen von erfolgreichen Vorbildern innerhalb und außerhalb der Handelskooperation betrachtet werden (Erfolgsforschung). Neben dem Lernen von erfolgreichen Handelsbetrieben (ganzheitliche Erforschung erfolgreicher Handelsbetriebe) können auch erfolgreiche Konzeptbausteine den Gegenstand der Untersuchungen bilden (partialanalytische Erforschung erfolgreicher Teilkonzepte). Darüber hinaus ist auch die Suche nach den Schlüsselfaktoren des Erfolges (Erfolgsfaktorenforschung) diesem Ansatz zu subsumieren (vgl. *Abbildung 1* in Anlehnung an Ahlert & Schröder 1992).

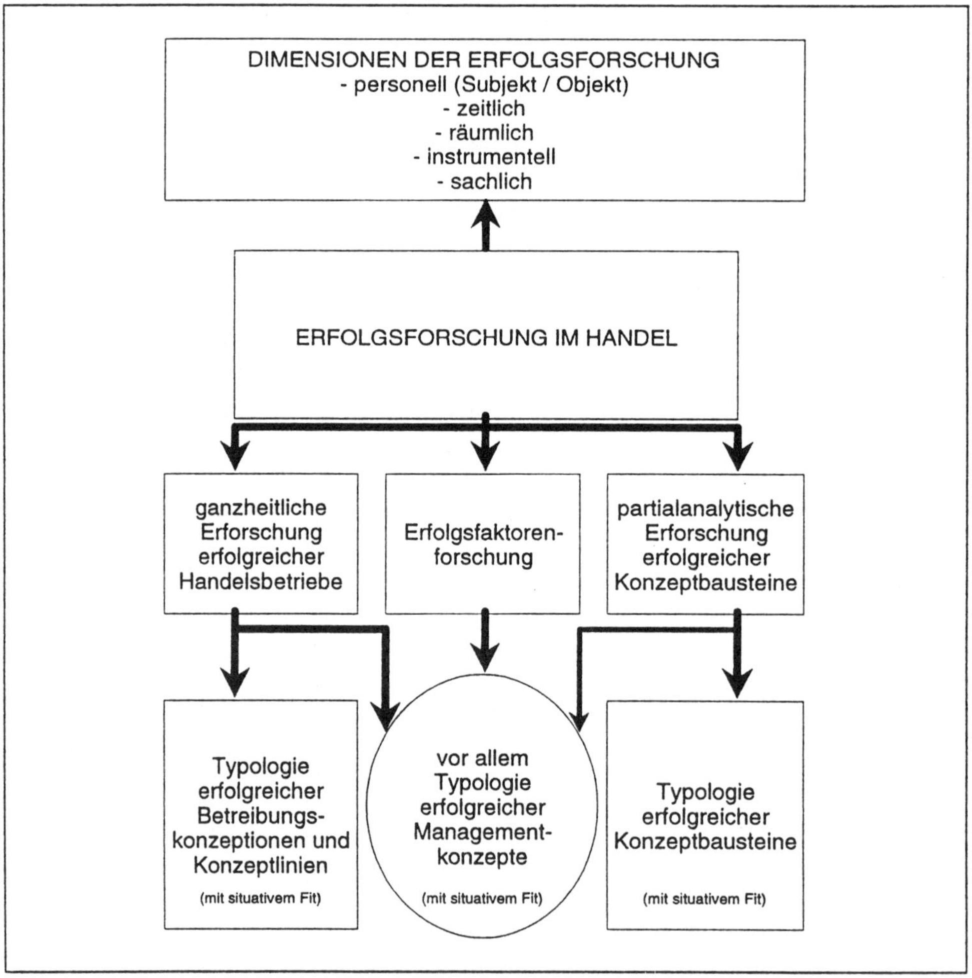

Abbildung 1: Bezugsrahmen der Erfolgsforschung

Mit den Dimensionen der Erfolgsforschung, die den Gegenstand der nachfolgenden Ausführungen bilden, lassen sich die unterschiedlichen Erscheinungsformen dieses Phänomens in der Handelspraxis systematisieren.

4.3 Dimensionen der Erfolgsforschung

Der Erfolgsforschung – als Orientierung an erfolgreichen Vorbildern – kommt in der Praxis seit jeher eine besondere Bedeutung zu. Insofern kann die Erfolgsforschung als Sammelbegriff für ein weites Spektrum ureigener Aktivitäten des Handels aufgefaßt werden. Um das Phänomen der Erfolgsforschung fassen zu können, soll im folgenden auf die Dimensionen der Erfolgsforschung näher eingegangen werden. Die zentrale Fragestellung lautet: *Wer* initiiert *wann, bei wem, wo* und *wie* die Suche nach erfolgreichen Konzepten? Wie die *Übersicht 1* zeigt, verfügt die Erfolgsforschung über eine räumliche, eine zeitliche, eine instrumentelle, eine subjektbezogene sowie eine objektbezogene Dimension.

Übersicht 1: Das Paradigma der Erfolgsforschung im Handel

Dimension	Inhalt	Beispiele
subjektbezogene Dimension	Wer initiiert/führt?	Einzelhändler Verbundgruppe Filialsystem etc.
zeitliche Dimension	... wann?	ständig zyklisch problembezogen etc.
objektbezogene Dimension	... bei wem?	HU derselben Branche HU fremder Branchen Industrie etc.
räumliche Dimension	... wo?	regional national internaitonal
instrumentelle Dimension	... wie?	Befragung Beobachtung Dokumentenanalyse
sachliche Dimension	... die Suche nach welchen Konzepten/durch? (was?)	Warenwirtschaft Sortimentsgestaltung Personalführung etc.

5 ERGEBNISSE DER EMPIRISCHEN UNTERSUCHUNG

5.1 Untersuchungsdesign

Da sich die Kooperationslandschaft im bundesdeutschen Handel durch eine große Intransparenz auszeichnet, liegen keine gesicherten Informationen über die Zahl der verbandsführenden Einkaufsvereinigungen, freiwilligen Ketten und handelsinitiierten Franchisesysteme vor. Während Expertenschätzungen sowie eigenen Recherchen zufolge ca. 300 verbandsführende Einkaufsvereinigungen und freiwillige Ketten im deutschen Handel aktiv sind, dürfte sich die Zahl handelsinitiierter Franchisesysteme auf etwa 75 belaufen (handelsinitiierte Franchisesysteme, die ein echtes Betriebs-Franchising betreiben).

Im Vorfeld der schriftlichen Befragung wurden zunächst 16 Manager und Mitarbeiter kooperierender Handelssysteme mündlich befragt. Diese Gespräche bildeten die Grundlage eines Fragebogens, der sich an alle Handelskooperationen in der Bundesrepublik Deutschland richtete. Insgesamt beteiligten sich 121 Gruppen an dieser schriftlichen Befragung, wobei 103 kooperierende Handelssysteme in die quantitative Auswertung einbezogen werden konnten, davon 53 % verbandsführende Einkaufsvereinigungen, 22 % freiwillige Ketten und 22 % Franchisesysteme. Die Vereinigungsmenge schriftlich und/oder mündlich zur Erfolgsforschung befragter Handelskooperationen liegt bei 127 Organisationen.

5.2 Erfolgsbeurteilung in kooperierenden Handelssystemen

Als eines der entscheidenden Probleme der Erfolgsforschung kann die Beurteilung des Erfolges von Unternehmungen oder unternehmerischer Teilkonzepte angesehen werden. Ohne auf die theoretische Diskussion geeigneter Erfolgsindikatoren in der Literatur eingehen zu wollen (zu den Erfolgsindikatoren der Erfolgsfaktorenforschung vgl. Schröder 1994), wird im folgenden auf die Praxisrelevanz quantitativer Größen und subjektiver Einschätzungen für die Beurteilungen erfolgreicher Unternehmungen durch die befragten Kooperationsmanager kurz eingegangen (vgl. *Übersicht* 2).

Übersicht 2: Erfolgsbeurteilung in kooperierenden Handelssystemen

Nach welchen Kriterien beurteilen Sie, ob eine Unternehmung/ein Konzept erfolgreich ist? (Mittelwerte der Antworten auf Ratingskalen)

trifft ziemlich zu:	Betriebsergebnis, Umsatzrendite, Deckungsbeitrag, Urteile der Mitglieder, Kostenvorteile, Umsatz
trifft etwas zu:	Urteile der Endverbraucher, Urteile der Führungskräfte in der Systemzentrale, eigene Intuition
trifft kaum zu:	Urteile der Fachpresse, Urteile externer Unternehmensberater

5.3 Erfolgsforschung der Systemzentralen (stellvertretendes Lernen)

5.3.1 Querschnitt aller Systemzentralen

5.3.1.1 Subjektbezogene Dimension

Obwohl den Erfahrungen und dem Wissen der Einzelhandelsmitglieder in sämtlichen kooperierenden Handelssystemen eine wesentliche Bedeutung bei der Entwicklung neuer Konzepte beigemessen wird, stammen die Impulse im strategischen Bereich in erster Linie von den Systemzentralen, da sich diese als Dienstleistungsorgane zur Förderung der Mitglieder in allen denkbaren Bereichen permanent auf den neuesten Stand bringen müssen (Ergebnis der Expertenbefragung). Für diese Tatsache sind darüber hinaus aber auch die einzelbetriebsbezogenen Interessen der Einzelhändler verantwortlich, die nicht selten ein Engagement für die Kooperation verhindern (vgl. Vierheller 1974). Im Bereich der Erfolgsforschung ist in den Handelskooperationen ebenfalls eine solche ,,top-to-down-Mentalität" zu beobachten. So werden Aktivitäten der Systemzentrale schwerpunktmäßig von der Geschäftsleitung bzw. vom Vorstand initiiert. Die Leitungen der Funktions- bzw. Geschäftsbereiche haben dagegen als Initiatoren der Erfolgsforschung eine vergleichsweise geringe Bedeutung. Auf die Frage, wer die Suche nach erfolgreichen Unternehmungen bzw. Konzepten auslöst, gaben die befragten Organisationen auf einer Fünfer-Skala (1 = trifft gar nicht zu; 5 = trifft voll zu) bei den Items ,,Geschäftsleitung/Vorstand" und ,,Leitungen der Geschäfts-/Funktionsbereiche" Antwortmittelwerte (Means) von 4,4 bzw. 3,7 an. In nur 11% der befragten Handelskooperationen traten weitere Personen(-gruppen) als Initiatoren der Erfolgsforschung auf. Beispielhaft sind hier Mitglieder, interne Berater, Außendienstmitarbeiter oder Mitgliederbetreuer zu nennen.

In bezug auf den zweiten Aspekt der subjektbezogenen Dimension – die Aufgabenträger der Erfolgsforschung – wurde gefragt, wer für die Systemzentrale Informationen über erfolgreiche Unternehmungen/Konzepte sammelt. Dabei stellte sich wiederum heraus, daß die Geschäftsleitungen der Systemzentralen das höchste Aktivitätsniveau aufweisen. Am wenigsten werden externe Berater damit beauftragt, Informationen über erfolgreiche Vorbilder zu sammeln (vgl. *Übersicht 3*).

Übersicht 3: Aufgabenträger der Erfolgsforschung

Wer sammelt für Ihre Systemzentrale Informationen über erfolgreiche Unternehmungen/Konzepte? (Mittelwerte der Antworten auf Ratingskalen)

trifft ziemlich zu:	Geschäftsleitung
trifft etwas zu:	Mitglieder, Außendienst (schreibend/beratend), einzelne Mitarbeiter der Systemzentrale,
trifft kaum zu:	eine Abteilung mit Stabsfunktion (Controlling o.ä.) eine Abteilung mit Linienverantwortung, externe Einrichtungen (Berater o.ä.)

5.3.1.2 Zeitliche Dimension

Aus den geführten Expertengesprächen wurde deutlich, daß ein überwiegender Teil der Systemzentralen kooperierender Handelssysteme unsystematisch und lediglich zu bestimmten Anlässen (unregelmäßig) von erfolgreichen Vorbildern lernt. Dabei orientieren sich die Systemzentralen nach dem Motto „habe Lösung, suche Problem" insbesondere dann an fremden Konzepten, wenn diese Lösungen außergewöhnlich gut erscheinen. Während drängende Probleme und ökonomische Aspekte („eigene Lösung wäre zu aufwendig") eine mittlere Bedeutung einnehmen, wird Krisen sowie Fehlschlägen bei eigenen Problemlösungen eine geringe Bedeutung beigemessen. Die folgende Übersicht enthält die Antwortmittelwerte auf die Frage: „Wann orientiert sich Ihre Systemzentrale an erfolgreichen Unternehmungen/Konzepten?".

Übersicht 4: Anlässe der Erfolgsforschung

Wann orientiert sich Ihre Systemzentrale an erfolgreichen Unternehmungen/Konzepten? (Mittelwerte der Antworten auf Ratingskalen)

trifft ziemlich zu:	fremde Lösung erscheint außergewöhnlich gut
trifft etwas zu:	eigene Lösung zu aufwendig, dringendes Problem muß gelöst werden
trifft kaum zu:	eigene Lösung fehlgeschlagen, Krisensituation

5.3.1.3 Objektbezogene/räumliche Dimension

Bei den Systemzentralen kooperierender Handelssysteme steht das Lernen von den eigenen erfolgreichen Einzelhändlern im Vordergrund. Viele Kooperationsmanager sind der Ansicht, daß zunächst die internen Wissenspotentiale ausgeschöpft werden sollten, bevor eine Orientierung an erfolgreichen fremden Vorbildern ins Auge gefaßt wird. Auf die Frage, von welchen erfolgreichen Vorbildern die Systemzentrale lernt, wurden an erster Stelle die eigenen Mitgliedsunternehmungen genannt. Relativ uninteressant sind dagegen handelsfremde und Industrieunternehmungen, was nicht zuletzt auf divergierende Bedingungskonstellationen zurückgeführt werden kann. Die Tatsache, daß von Unternehmungen derselben Branche ebenfalls nur in einem sehr geringen Umfang gelernt wird, läßt sich mit den bestehenden Informationsdefiziten in diesem Bereich erklären. Insgesamt ist das Lernniveau der Systemzentralen als sehr gering zu bezeichnen (vgl. *Übersicht 5*).

Übersicht 5: Erfolgreiche Vorbilder

Von welchen erfolgreichen Vorbildern lernt Ihre Systemzentrale? (Mittelwerte der Antworten auf Ratingskalen)

trifft etwas zu:	eigene Mitgliedsunternehmungen, branchenfremde Unternehmungen, konkurrierende Filialisten, konkurrierende Handelskooperationen, Unternehmungen bestimmter Betriebsformen
trifft kaum zu:	nicht direkt konkurrierende Unternehmungen der Branche, handelsfremde Unternehmungen, Industrieunternehmungen

Auch hinsichtlich des Lernens der Systemzentralen von erfolgreichen ausländischen Unternehmungen ist ein äußerst geringes Lernniveau, d.h. eine schwach ausgeprägte räumliche Dimension der Erfolgsforschung festzustellen. Dies ist damit zu erklären, daß eine Übertragung ausländischer Handelskonzepte auf den deutschen Markt teilweise mit erheblichen Problemen verbunden ist (als Beispiel hierfür sind die französischen CASTORAMA-Baumärkte in Deutschland angeführt worden). Von einigen Befragten wurde weiterhin auf die hohen Aufwendungen hingewiesen, die mit Aktivitäten im Ausland verbunden sind. Diese werden von den Mitgliedern der Kooperationen meist nicht toleriert.

5.3.1.4 Instrumentelle Dimension

Im Rahmen der instrumentellen Dimension wurde die Bedeutung unterschiedlicher Informationsquellen für die Gewinnung von Informationen über erfolgreiche eigene Mitglieder (interne Erfolgsforschung) sowie erfolgreiche fremde Unternehmungen (externe Erfolgsforschung) bzw. deren Erfolgskonzepte abgefragt. Bei der internen Erfolgsforschung stehen insbesondere die freiwilligen Mitteilungen der Mitglieder, die Gremienarbeit sowie die Erfa-Gruppen-Berichte im Vordergrund. Auf eine fehlende Systematik der Erfolgsforschung läßt in bezug auf die instrumentelle Dimension die geringe Bedeutung eines „gruppeninternen Vorschlagswesens" oder einer Abteilung „Mitgliederinformation" schließen.

Als ein weiteres Anzeichen einer starken „top-to-down-Orientierung" kooperierender Handelssysteme hinsichtlich der Erfolgsforschung ist die dominante Bedeutung von Geschäftsführergesprächen als Informationsquelle in der externen Erfolgsforschung anzusehen. Während die Einzelhandelsmitglieder ebenfalls eine sehr bedeutende Informationsquelle darstellen, ist die Nutzung externer Berater sowie die Abwerbung ehemaliger Mitarbeiter erfolgreicher Unternehmungen als wenig relevant anzusehen. Die folgenden Übersichten geben einen Überblick über die Antwortmittelwerte in bezug auf die instrumentelle Dimension der Erfolgsforschung.

Übersicht 6: Informationsquellen der internen Erfolgsforschung

Welche Bedeutung haben folgende Informationsquellen zur Gewinnung von Informationen über erfolgreiche Unternehmungen/Konzepte in Ihrer Mitgliederschaft? (Mittelwerte der Antworten auf Ratingskalen)

mittlere Bedeutung:	freiwillige Mitteilungen der Mitglieder, gemeinsame Arbeit in Gremien, Berichte von Erfa-Gruppen, Außendienstberichte
geringe Bedeutung:	zentral durchgeführte Kundenbefragungen, eine Art „gruppeninternes Vorschlagswesen"
sehr geringe Bedeutung:	eine Abteilung „Mitgliederinformation"

Übersicht 7: Informationsquellen der externen Erfolgsforschung

Welche Bedeutung haben folgende Informationsquellen zur Gewinnung von Informationen über erfolgreiche fremde Unternehmungen/Konzepte? (Mittelwerte der Antworten auf Ratingskalen)

große Bedeutung:	Geschäftsführergespräche, Befragung der eigenen Mitglieder
mittlere Bedeutung:	gezielte Konkurrenzbeobachtungen, Seminare, Kongresse, Tagungen, Gespräche mit aktuellen Mitarbeitern, Befragung gemeinsamer Lieferanten, unternehmensübergreifende Gesprächskreise, Fachpresse,
geringe Bedeutung:	Gespräche mit Verbandsvertretern, Kundenbefragungen, Befragung externer Unternehmensberater, Gespräche mit ehemaligen Mitarbeitern

5.3.1.5 Sachliche Dimension

Ein Ergebnis der geführten Expertengespräche besteht darin, daß grundsätzlich kein unternehmerischer Bereich besteht, in dem die Systemzentralen der Kooperationen nicht von erfolgreichen Vorbildern lernen. Allerdings liegen die Schwerpunkte des Lernens eindeutig auf den Kernbereichen kooperationsspezifischer Dienstleistungen. So wurde auch in der schriftlichen Befragung den warenbezogenen Bereichen, wie Warenwirtschaft/EDV, Lagerhaltung/Logistik und Warenpräsentation eine besondere Bedeutung beigemessen. Daneben kann die Werbung als weiterer Kernleistungsbereich der Gruppen und wichtiges Lernobjekt angeführt werden. Eine Antwort auf die Frage, in welchen Bereichen die Systemzentralen von erfolgreichen Unternehmungen lernen, gibt die folgende *Übersicht 8*.

Übersicht 8: Themenbereiche der Erfolgsforschung

In welchen Bereichen lernt Ihre Systemzentrale von erfolgreichen Unternehmungen/Konzepten? (Mittelwerte der Antworten auf Ratingskalen)

trifft etwas zu:	Warenwirtschaft/EDV, Werbung, Lagerhaltung/Logistik, Warenpräsentation, Sortimentsgestaltung, Systeme der strategischen Planung, Ladenbau, Eigenmarken, Betriebsorganisation, Personalführung
trifft kaum zu:	Betriebsberatung

5.3.2 Erfolgsforschungs-Typen

Im Hinblick auf die Intensität der Erfolgsforschung bestehen zwischen den einzelnen Systemzentralen kooperierender Handelssysteme teilweise erhebliche Unterschiede. Eine Clusteranalyse über die Dimensionen der Erfolgsforschung hinweg ergab dabei drei Erfolgsforschungs-Typen, die sich hoch signifikant voneinander unterscheiden. Zwischen den Gruppen der „Aktiven" (Cluster 2/34 Kooperationen) und der „Passiven" (Cluster 3/23 Kooperationen) existiert ein Cluster „Durchschnittlicher" (Cluster 1/37 Kooperationen), das jedoch eher in Richtung der „Aktiven" als der „Passiven" tendiert. Obwohl sich die Erfolgsforschungs-Typen hinsichtlich der Intensität ihrer Aktivitäten signifikant voneinander unterscheiden, können ähnliche Antworttendenzen innerhalb der Dimensionen festgestellt werden. Dieses bestätigt die in den vorangegangenen Abschnitten (anhand der Antwortmittelwerte der gesamten Stichprobe) getroffenen Aussagen.

Bei der objektbezogenen Dimension zeigt sich, daß die „Aktiven" von fast allen Objekten der Erfolgsforschung am intensivsten lernen. Eine Ausnahme bilden dabei lediglich fremde Unternehmungen aus der eigenen Branche (konkurrierende Verbundgruppen, nicht direkt konkurrierende Unternehmungen der Branche), die für das Cluster der „Durchschnittlichen" interessantere Lernobjekte darstellen. In bezug auf die Stichprobenmittelwerte weisen die „Aktiven" große positive Abweichungen beim Lernen von Industrie- (0,7) und handelsfremden Unternehmungen (0,7), eigenen Mitgliedsunternehmungen (0,6) und branchenfremden Unternehmungen (0,5) auf. Hinsichtlich der räumlichen Dimension ist darüber hinaus auf ein stark überdurchschnittliches Lernen dieses Clusters von ausländischen Unternehmungen hinzuweisen (Mittelwertabweichung: 1).

Die Gruppe der „Passiven" weicht im Rahmen der sachlichen Dimension besonders stark von den Antwortmittelwerten der übrigen Cluster ab, während das Cluster der „Aktiven" wiederum – bis auf die Bereiche Ladenbau und Sortimentsgestaltung – am intensivsten in den vorgegebenen Themenkomplexen lernt. Große Lerndefizite mit Abweichungen von 1,0 bis 1,3 sind in der Gruppe der „Passiven" bei den Themenbereichen: Systeme der strategischen Planung, Betriebsorganisation, Warenpräsentation sowie der betriebswirtschaftlichen Beratung festzustellen.

Auch in bezug auf die instrumentelle Dimension der Erfolgsforschung zeichnen sich die „Passiven" durch ein durchgängig geringeres Aktivitätsnivau aus. Dabei messen sie allen vorgegebenen Informationsquellen interner und externer Erfolgsforschung eine teilweise wesentlich geringere Bedeutung zu als die übrigen Cluster. Dagegen schätzen die „Aktiven" in 14 von 19 vorgegebenen Antwortkategorien die Bedeutung der genannten Informationsquellen höher ein als das Cluster der „Durchschnittlichen" (2 Kategorien werden geringer; 3 Kategorien in etwa gleich hoch eingeschätzt).

5.3.3 Problembereiche der Erfolgsforschung

Sowohl im internen als auch externen Bereich werden die mit der Erfolgsforschung verbundenen Probleme relativ gering eingestuft. Als ein zentrales Problem wurde allerdings die Tatsache genannt, daß der Erfolg bestimmter Unternehmungen oder Konzepte stark von Personen abhängig und damit nur sehr schwer kopierbar ist. Im externen Bereich wird darüber hinaus die fehlende Auskunftsbereitschaft fremder Unternehmungen als problematisch empfunden (vgl. *Übersicht 9*)

Übersicht 9: Problembereiche der externen Erfolgsforschung

Welche Probleme stehen dem Lernen von erfolgreichen fremden Unternehmungen/Konzepten entgegen? (Mittelwerte der Antworten auf Ratingskalen)

trifft ziemlich zu:	Erfolg vieler fremder Unternehmungen hängt nur von Personen ab
trifft etwas zu:	fremde Unternehmungen wollen „Erfolgsrezepte" nicht preisgeben
trifft kaum zu:	„Erfolgsrezepte sind zu einzigartig, um kopiert zu werden, Mitglieder akzeptieren die Ideen fremder Unternehmungen nicht, nachahmenswerte Vorbilder fehlen, von fremden Unternehmungen kann man nur im administrativen Bereich lernen

5.4 Wissenstransfer

Ein zweiter wesentlicher Aspekt des organisatorischen Lernens kooperierender Handelssysteme von erfolgreichen Vorbildern ist der Wissenstransfer innerhalb der Kooperationen, wobei die Erfahrungsaustausch-Gruppen der Mitglieder einen Kernbereich dieses Wissenstransfers bilden. In erster Linie dienen die Erfa-Gruppen dazu, ein direktes, zentralunabhängiges Lernen der Mitglieder voneinander zu ermöglichen. Darüber hinaus sind diese Gruppen aber auch ein wichtiges Forum für die Systemzentrale, um Informationen über die Mitglieder zu gewinnen bzw. neue Erkenntnisse an die Mitglieder weiterzugeben. Insofern kann die Ausgestaltung des Erfahrungsaustauschs in kooperierenden Handelssystemen als ein entscheidender Indikator des Wissenstransfers betrachtet werden. Im Rahmen der Untersuchungen stellte sich heraus, daß die Intensität und Differenziertheit des Erfahrungsaustauschs in den Kooperationen ebenfalls von der Clusterzugehörigkeit der Systemzentralen (im Hinblick auf das stellvertretende Lernen von erfolgreichen Vorbildern) wesentlich beeinflußt wird (vgl. *Abbildung 2*).

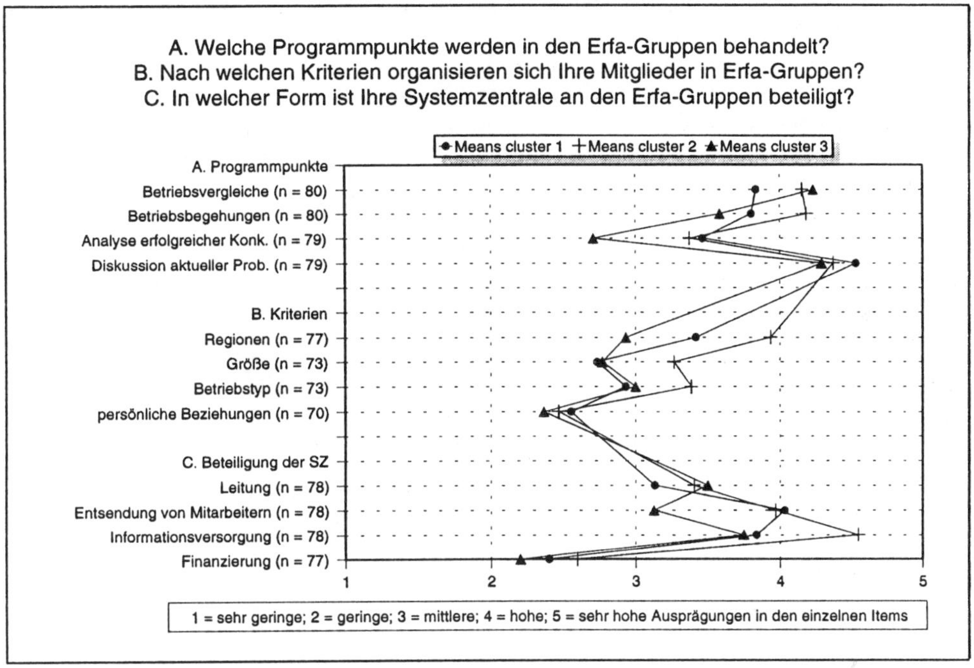

Abbildung 2: Erfahrungsaustausch in kooperierenden Handelssystemen

Während sich der Differenzierungsgrad des Erfahrungsaustauschs an der Nutzung unterschiedlicher Kriterien der Gruppeneinteilung ablesen läßt und die Intensität der Austauschaktivitäten durch die behandelten Programmpunkte beschrieben wird, kann der Wissenstransfer von der Systemzentrale zu den Mitgliedsbetrieben durch die Beteiligung der Systemzentralen an den Erfa-Gruppen operationalisiert werden.

In welcher Form die Mitglieder von der Systemzentrale über erfolgreiche Konzepte informiert werden, hängt wiederum vom Cluster ab: Mitgliederinformation durch Konferenzen etc. betreiben alle Kooperationen (trifft ziemlich zu), Cluster 2 am meisten; durch Rundschreiben informieren Kooperationen vom Cluster 2 am meisten, vor Cluster 1 und weit vor Cluster 3; fast dasselbe gilt für Information durch Präsentationen, was aber für Cluster 3 kaum zutrifft.

6 FAZIT

Wie die Ergebnisse der empirischen Untersuchungen zeigen, werden die Chancen der Erfolgsforschung in kooperierenden Handelssystemen bisher nicht ausreichend genutzt. Dies ist insbesondere an dem relativ geringen Lernniveau über die gesamte Stichprobe hinweg abzulesen. Erste Vermutungen über die Ursachen dieser relativ unsystematischen Orientierung an erfolgreichen Vorbildern lassen sich dahingehend formulieren, daß offensichtlich der derzeitige Wettbewerbsdruck in vielen Gruppen noch zu gering ist, um eine stärkere Lernorientierung auszulösen. Dabei gilt diese Aussage nach den Erkenntnissen der geführten Expertengespräche sowohl für die Systemzentralen als auch für die Mitgliedsunternehmungen. Die Tatsache, daß die Aktivitäten der Erfolgsforschung in kooperierenden Handelssystemen sehr stark „top-to-down" ablaufen und insbesondere von den persönlichen Prädispositionen der Beteiligten abhängen, weist auf die besondere Bedeutung unternehmenskultureller Aspekte für dieses Thema hin. Im Rahmen des organisatorischen Lernens dürfen die Kooperationsmanager nicht als Einzelkämpfer fungieren. Vielmehr müssen sich die Mitglieder in den Prozeß der Erfolgsforschung einbringen und die bestehenden Erwartungshaltungen aufgeben. Es ist ein Sinneswandel in den Gruppen notwendig, durch den die Offenheit aller Systemelemente für organisatorisches Lernen gestärkt wird. Während diese organisatorischen Veränderungen durch die Systemzentralen nur moderiert und nicht direkt gestaltet werden können, ist eine der vordringlichsten Aufgaben des Managements kooperierender Handelssysteme in einem gezielten und systematischen Ausbau der internen und externen Beziehungen (Netzwerke) zu sehen, die als Infrastruktur des organisatorischen Lernens bezeichnet werden können. Dies hat eine fortschrittliche Handelskooperation der Bekleidungsbranche aufgegriffen, indem sie die Verbesserung ihrer internen Kommunikationsstrukturen zu einer Kernaufgabe der neunziger Jahre gemacht hat.

LITERATUR

Ahlert, D.: Distributionspolitik, 2. Aufl., Stuttgart, Jena 1991

Ahlert, D., Eickhoff, M.: Nutzen der Erfolgsforschung für kooperierende Handelssysteme, in: Der Verbund, 5. Jg., Heft 4/1992, S. 10-14

Ahlert, D., Günther, H.: Die Controllingfunktion im Steuerungssystem des stationären Einzelhandels. In: Trommsdorff, V., (Hrsg.): Handelsforschung 1986, Wiesbaden, S. 67-87

Ahlert, D., Olbrich, R. : Strategische Erfolgsforschung im Lebensmittelhandel und ihre Bedeutung für Handelsmanagement, Industrie und Wettbewerbspolitik. In: Trommsdorff, V., (Hrsg.): Handelsforschung 1993/94, Wiesbaden, S. 61-75

Ahlert, D., Olbrich, R. (Hrsg.): Integrierte Warenwirtschaftssysteme und Handelscontrolling, Konzeptionelle Grundlagen und Umsetzung in der Handelspraxis, Stuttgart 1994

Ahlert, D., Schröder, H.: Voraussetzung einer erfolgreichen Internationalisierung im europäischen Einzelhandel: Strategisches Controlling als Kernfunktion des evolutionären Handelsmanagements. In: Trommsdorff, V., (Hrsg.): Handelsforschung 1990, Wiesbaden, S. 57-80.

Ahlert, D., Schröder, H.: Erlebnisorientierung im stationären Einzelhandel – Eine Aufgabe des evolutionären Handelsmanagements, in: Marketing ZFP, Heft 4/1990, S. 221-229

Ahlert, D., Schröder, H.: Strategische Erfolgsforschung im Handel – ein Forschungsprogramm – Arbeitspapier Nr. 15 des Lehrstuhls für Betriebswirtschaftslehre, insb. Distribution und Handel, Münster 1992

Argyris, C., Schön, D.A.: Organizational Learning: A Theory of Action Perspective, Reading (Mass.) u.a. 1987

Cangelosi, V.E., Dill, W.R.: Organizational Learning: Observation Toward a Theory. In: Administrative Science Quarterly, Vol. 10 (1965), S. 174-203.

Cyert, R.M., March, J.G.: A Behavioral Theory of the Firm, Englewood Cliffs (N.J.) 1963

Dierkes, M.: Ständige Anpassung und Weiterentwicklung. Organisationslernen – eine zentrale Herausforderung der neunziger Jahre. In: Blick durch die Wirtschaft, Nr. 8 vom 12.01.1994, S. 7

Kuhn, G.: Entwicklung und Probleme der Kooperation im Handel: Eine Analyse der Umstrukturierungen der Einkaufsvereinigungen und freiwilligen Ketten zu marktaktiven und zentral geführten kooperativen Gruppen. In: Sundhoff, E., (Hrsg.): Schriften zur Handelsforschung, Nr. 56, Göttingen 1977

Leibfried, K.H.J., McNair, C.J.: Benchmarking. A Tool for Continous Improvement, New York 1992

McNulty, J.E. (1964): Some Economic Aspects of Business Organization, Philadelphia.

Pautzke, G.: Die Evolution der organisatorischen Wissensbasis: Bausteine einer Theorie des organisatorischen Lernens, München 1989

Sattelberger, T. (Hrsg.): Die lernende Organisation, Konzepte für eine neue Qualität der Unternehmensentwicklung, Wiesbaden 1991

Schröder, H.: Erfolgsfaktorenforschung im Handel. Stand der Forschung und kritische Würdigung der Ergebnisse. In: Marketing ZFP, Heft 2/1994, (im Druck).

Vierheller, R.: Unternehmensführung und Mitgliederinformation in der Genossenschaft. Zur Anwendung der elektronischen Datenverarbeitung in integrierten Handelsgenossenschaften. In: Hamm, W.; Reinhardt, R. (Hrsg.): Marburger Schriften zum Genossenschaftswesen, Reihe A, Bd. 42, Göttingen 1974

Zum Problem der Mitgliederintegration in Verbundgruppen

Günter Olesch, Bonn

Der zunehmende Systemwettbewerb im Handel zwingt die Verbundgruppen zu Reaktionen: Sie forcieren die gemeinsame Absatzpolitik, um die Wettbewerbsfähigkeit ihrer Kooperationspartner zu verbessern. Dies führt zur Herausbildung eines stärkeren Systemcharakters der Gruppen, der wiederum einen höheren Integrationsgrad der Mitglieder in das Gruppengeschehen voraussetzt. Der Beitrag beschreibt, welche Probleme mit der Mitgliederintegration verbunden sind und wo ihre Grenzen liegen.

1 DAS GRUNDPROBLEM

Der Wettbewerb auf den Absatz- und Beschaffungsmärkten wird zunehmend durch die Konkurrenz von Systemen geprägt. Wichtige Akteure des Systemwettbewerbs sind zunächst die Filialunternehmen. Ihre Beschaffungs- und Absatzentscheidungen werden zentral durchgeführt. Dies hat ihnen die Durchsetzung neuer Vertriebsformen und ihre Verknüpfung mit integrierten Warenwirtschafts- und Informationssystemen erleichtert und damit einen geschlossenen Marktauftritt nach innen und außen ermöglicht.

Zu den Akteuren des Systemwettbewerbs gehören ferner vertikal orientierte Absatzsysteme von Herstellern. Sie konnten ihren Einfluß auf die Absatzaktivitäten des Handels verstärken oder werden selbst im Handel durch den Aufbau eigener Distributionssysteme aktiv. Jedenfalls haben herstellergesteuerte Systemkonzepte auf der Basis des Kontraktmarketings an Bedeutung gewonnen. Diese Entwicklung führt dazu, daß die vertikalen und horizontalen Wettbewerbsbeziehungen der Systeme immer stärker ineinandergreifen und ihre Reaktionsverbundenheit stark zunimmt (Täger 1994, S. 244).

Schließlich zählen zu den Akteuren des Systemwettbewerbs auch die Verbundgruppen. Ihre Marktbearbeitungsstrategien haben sich in den vergangenen Jahren drastisch verändert. Über den gemeinsamen Einkauf hinaus ist die Zusammenarbeit bei den Absatzfunktionen immer mehr in den Mittelpunkt des Kooperationsgeschehens gerückt. Die Verbundgruppen haben es hierbei im Unterschied zu den Filialbetrieben mit der Schwierigkeit dezentraler Entscheidungsstrukturen zu tun. Diese unterschiedliche Ausgangslage relativiert die Durchsetzungsmöglichkeit eines geschlossenen Marktauftritts. Die Monopolkommission kam in ihrem jüngsten Sondergutachten über "Marktstruktur und Wettbewerb im Handel" (1994, S. 78) zu dem Ergebnis, daß in einer systembedingten einheitlichen Absatz- und Beschaffungspolitik ein wesentlicher Wettbewerbsvorteil zu sehen ist. Vor diesem Wettbewerbshintergrund kann es nicht verwundern, daß die Verbundgruppen ihren Systemcharakter forcieren. Dies führt zu der Frage des Integrationsgrades von Mitgliedern in Verbundgruppen, denn Systembildung setzt eine gewisse Zentralisation des Gruppengeschehens und eine stärkere Partizipation der Mitglieder am Gruppengeschehen voraus.

Die Frage der Integrationspolitik von Verbundgruppen bewegt sich somit an der Schnittstelle von Kooperations-, Mittelstands- und Wettbewerbspolitik. Unter kooperationspolitischen Gesichtspunkten soll ein höherer Grad an Mitgliederintegration deren Überlebensfähigkeit im Systemwettbewerb sichern helfen. Aus mittelstandspolitischer Sicht stellt sich die Frage nach dem Erhalt der Selbständigkeit der beteiligten Handelsunternehmen, während aus wettbewerbspolitischer Sicht die Frage zu stellen ist, ob durch eine höhere Mitgliederintegration nicht auch Wettbewerbsbeschränkungen bewirkt werden können.

Nachfolgend sollen einige kooperationspolitisch relevante Gesichtspunkte der Integrationspolitik beleuchtet werden. Wettbewerbspolitische und kartellrechtliche Gesichtspunkte bleiben außer acht.

2 ZUM BEGRIFF DER INTEGRATION

Unter Integration wird allgemein das Zusammenführen von Unternehmungen verstanden, also deren Verbindung zu einer neuen Einheit (Ott 1990, S. 7). In der Psychologie spricht man von der Integration der Persönlichkeit. Sie stellt den Übereinstimmungsgrad der verschiedenen Einzelprozesse und Handlungen eines Menschen dar. Unter soziologischen Gesichtspunkten bedeutet Integration das Zusammenführen von Teilprozessen, um den inneren Zusammenhalt eines sozialen Gebildes zu fördern. Mit allen Definitionen ist jedoch der Gedanke verbunden, daß das neue Ganze mehr als die Summe seiner nicht integrierten Teile repräsentiert (Gomez 1986/87, S. 9).

Übertragen auf die Verbundgruppen bedeutet Integration, die Teile der Kooperation, nämlich ihre Mitglieder, durch einen gestaltenden Prozeß zu einem System zu formen. Hierin kommt der prozessuale Charakter der Kooperation zum Ausdruck: Integrationspolitik ist auf den Kooperationsprozeß hin orientiert und beschreibt einen wichtigen Vorgang der evolutionären Entwicklung von Kooperationssystemen.

Wie alle evolutionären Vorgänge umfaßt die Entwicklung von Verbundgruppen sowohl die Destabilisierung der von ihr selbst geschaffenen Strukturen als auch ihren dynamischen Ausgleich. Kooperationen als komplexe Systeme sind niemals völlig stabil, sondern bestenfalls in ihren Interaktionen mit der Umwelt dynamisch stabilisiert (Laszlo, S. 116). Sie befinden sich in einer permanenten Bewegung zwischen Stabilisierung und Destabilisierung. Integration und Desintegration sind bei Kooperationen untrennbar in einem Prozeß miteinander verwoben.

Dies bedeutet, daß der Prozeß der Integration nicht linear und gleichförmig verläuft, sondern in einer Aufeinanderfolge von Phasen unterschiedlicher Integrations- und Desintegrationsdynamik.

3 DIE INTEGRATIONSEBENEN

Bezogen auf die Verbundgruppen sind drei Integrationsebenen zu unterscheiden:

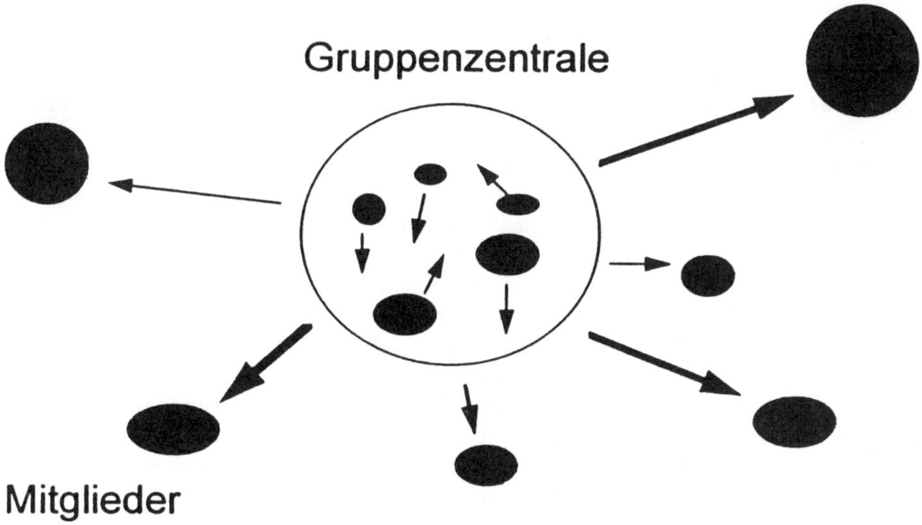

Abbildung 1: Die Integrationsebenen der Verbundgruppen

Zunächst geht es um die Integration der Mitgliedsunternehmen oder Anschlußhäuser in den Verbund. Es geht also um die Nabelschnur zwischen Zentrale und Mitglied. Die Mitglieder gruppieren sich wie Satelliten um die Zentrale. Sie befinden sich in unterschiedlicher Entfernung zu ihr. Die Nabelschnur, die sie mit der Zentrale verbindet, ist unterschiedlich dick. Bildlich gesprochen liegt die Aufgabenstellung für die Integrationspolitik auf dieser Ebene darin, die Mitglieder in eine gleiche Position gegenüber der Zentrale zu bringen. Die Satelliten müssen in eine ähnliche Kreislaufbahn um das Mutterschiff manövriert werden.

Die zweite Ebene bezieht sich auf das Verhältnis der Mitgliedsunternehmen zueinander. Bei der geschichtlichen Ausgangslage der Kooperationen stand dieses Interaktionsfeld ganz im Vordergrund. Dies galt vor allem für die Genossenschaften. Die Mitglieder einer Genossenschaft haben sich nicht nur durch ihr Verhältnis zur Genossenschaftszentrale, sondern auch durch ihr Verhältnis zu einander definiert. Dieses Verständnis von Kooperation ist zunehmend verlorengegangen. Es wurde im Laufe der Kooperationsgeschichte durch das Beziehungsgeflecht zwischen dem einzelnen Mitglied und der Zentrale ersetzt.

Vielleicht liegt die größte Herausforderung des Integrationsmanagements darin, das Bewußtsein um die gemeinsame Gruppenexistenz wieder zum Leben zu erwecken. Hierbei geht es nicht nur um das berühmte "Wir-Gefühl", sondern um das Bewußtsein, füreinander dazusein und füreinander einzustehen. Es geht um das Wissen darum, daß die Kooperation eine Schicksalsgemeinschaft darstellt. Heute kann man in vielen Fällen sogar sagen, eine gemeinsame Kampfgemeinschaft zum Überleben. Der Gedanke der genossenschaftlichen Solidarität findet seine moderne Entsprechung im Bewußtsein des gemeinsam geteilten Schicksals. Hierfür gibt es im Amerikanischen den Ausdruck: shared destiny relationship.

Die dritte Ebene bezieht sich auf die Zentrale selbst.

4 DIE INTEGRATIONSFELDER

Von den Kooperationen wird die Frage sehr unterschiedlich beantwortet, auf welche Felder sich der Integrationsvorgang beziehen sollte. Wenn man in die Kooperationspraxis hineinschaut, stößt man im Zusammenhang mit dieser Frage meistens auf recht einseitige Lösungen. Es wird jeweils ein Feld der Integrationsmöglichkeit besonders bearbeitet. Andere Felder werden dagegen völlig brach liegen gelassen.

Manche Kooperationen sehen den Faktor Integration rein unter materiellen oder funktionalen Gesichtspunkten. So trifft man häufig die Auffassung, je höher der Warenbezug eines Mitglieds über die Zentrale ist, um so besser sei es in den Verbund integriert. Dies ist nur ein Beispiel. Häufig liegt aber in Wahrheit keine wirklich ganzheitliche Integration des Mitglieds vor, sondern die hohe Bezugsquote ist vielleicht dem Umstand zuzuschreiben, daß von der Zentrale entsprechender Druck zum Warenbezug ausgeübt wird. Die Verwunderung ist dann groß, wenn das Mitglied trotz vermeintlich hoher Integration von einem Tag auf den anderen die Verbundgruppe verläßt.

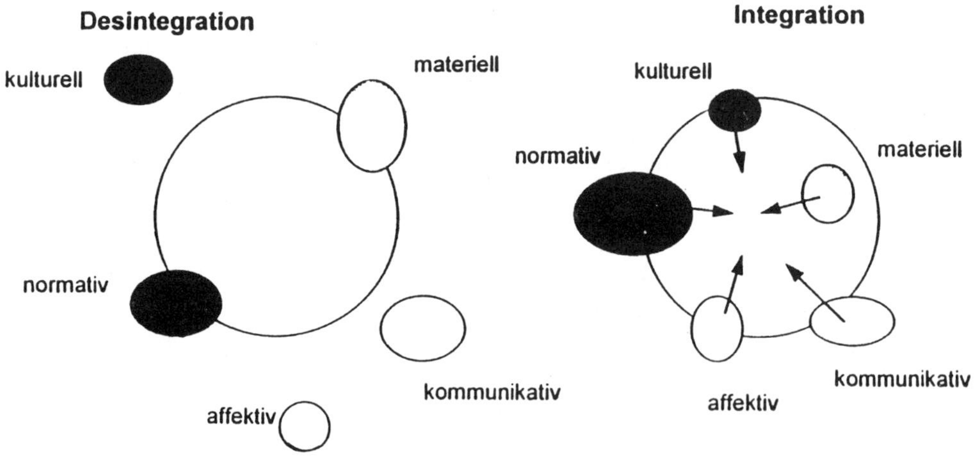

Abbildung 2: Integrationsfelder

Dieses Beispiel soll verdeutlichen, daß Integration eine ganzheitliche Positionierung des Mitglieds gegenüber der Zentrale bedeutet, die sich zugleich aber aus unterschiedlichen Elementen zusammensetzt. Als solche Felder der Integrationspolitik kommen in Frage:

- Die kulturelle Integration. Sie bedeutet die Übereinstimmung mit der Gruppenphilosophie und der Gruppenkultur, also mit dem, was die Kooperation als sozio-kulturelles Gebilde ausmacht. Im Bereich der Gruppenkultur ist am ehesten so etwas wie eine Kooperationsheimat für das Mitglied zu erreichen. Die Identität zwischen Mitglied und Gruppe wird in hohem Maße aus kulturellen Elementen erzeugt.

- Die normative Übereinstimmung. Sie bedeutet, daß Integration auch im Bereich der Normen und Spielregeln bestehen, bzw. durch diese bewirkt werden muß. Auf diesem Feld geht es also um die richtige Ausgestaltung der Partizipation durch vertragliche, gesellschaftsrechtliche und sonstige Regelungen.

- Wichtig ist selbstverständlich der Bereich der materiellen oder funktionalen Integration. Der Leistungsaustausch zwischen Mitglied und Zentrale, wie etwa die Warenversorgung, Logistik und Einkauf müssen stimmen, um Integration bewirken zu können.

- Schließlich stellt ein bedeutendes Feld der Integrationspolitik die Kommunikation dar. Hierunter ist nicht nur der Austausch von Rundschreiben, sondern die umfassende Einbindung und Einbeziehung des Mitglieds in ein Informations- und Kommunikationssystem zu verstehen. Dies reicht von der klassischen personalen Kommunikation durch Mitgliederbesuche, Erfa- und Regionaltagungen, also der gesamten Palette der Gremienarbeit, bis hin zur Kommunikation über Warenwirtschaftssysteme.

Für alle diese vier Felder gilt das vorher Gesagte: Sie bilden Teilelemente einer ganzheitlichen Integrationspolitik. Alle vier Felder sind in etwa gleich wichtig. Das Versäumnis auf einem dieser Felder kann die Bemühungen auf den drei übrigen völlig außer Kraft setzen. Wenn die Integration beispielsweise im kommunikativen Bereich vom Mitglied nicht als ausreichend empfunden wird, bewirken Bemühungen zur Integration in den drei anderen wenig.

5 INTEGRATION UND DESINTEGRATION

Betrachtet man Kooperationen auf der Zeitachse, dann ergibt sich für sie eine typische Entwicklungslinie: In ihrer Pionierphase beginnen sie als relativ einfache Systeme. Sie reichern im Laufe ihrer Entwicklung die Dienstleistungen an und differenzieren sie, so daß aus ihnen immer komplexere Systeme werden. Die Leistungsdifferenzierung wird mit dem Ziel durchgeführt, den Mitgliedern marktgerechte und maßgeschneiderte Leistungen anzubieten. Damit wird zugleich auch ein höheres Maß an Integration bewirkt. Gleichzeitig wächst aber mit dem Komplexerwerden des Gesamtsystems das Potential der Desintegration (Biehal 1994, S. 14).

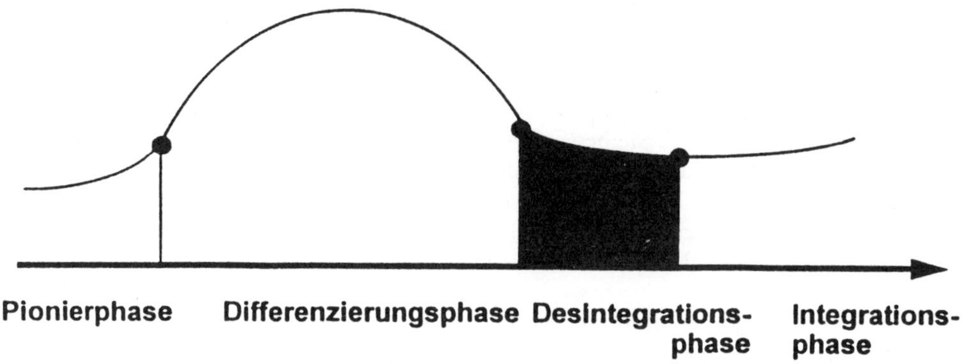

Abbildung 3: **Zyklisches Phasenmodell der Verbundgruppen**

Auf den ersten Blick ist dies ein Widerspruch, aber nur scheinbar. Wenn eine Gruppe ein Betriebstypenmodell einführt und die Mitgliedsunternehmen neu strukturiert, kann dies zu einer Umkehr des Gruppenverständnisses führen. Aus den früheren – der Gemeinschaft verpflichteten – Mitgliedern wird jetzt eine reine Kundenbeziehung. Hierin liegt ganz eindeutig die Gefahr der Desintegration, obwohl bezogen auf einzelne Mitglieder möglicherweise ein höherer Integrationsgrad bewirkt worden ist.

Es gibt auch Zusammenhänge zwischen Gruppengröße und Stabilitätsgrad der Gruppe. In ihrer Entwicklung überspringen die Gruppen mit dem quantitativen Mitgliederwachsen immer wieder auch qualitative Barrieren. In diesen Phasen kann es zu extremen Stabilitätsschwankungen kommen, die eine totale Revision der Gruppenkonzeption erforderlich machen.

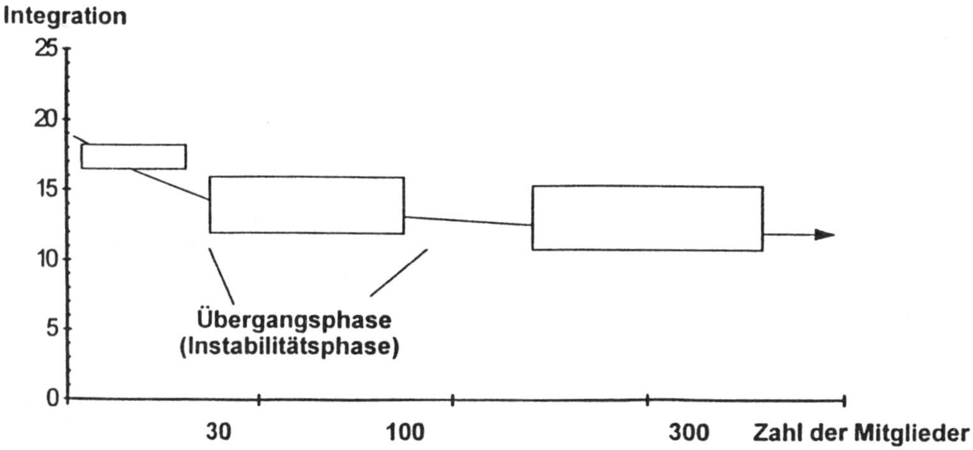

Abbildung 4: **Integrationsgrad und Gruppengröße**

Im Hinblick auf einzelne strategische Maßnahmen der Verbundgruppen kann sich nun folgendes Bild ergeben: Eine Gruppe kann zunehmend unter Wettbewerbsdruck geraten, weil sich in der Branche mehr und mehr Fachmärkte etablieren. Daraufhin überlegt das Management, selbst Fachmärkte als Mitglieder in den Verbund zu integrieren. Die Diskussion hierüber löst Instabilität aus. Auch nachdem es gelungen ist, Aufsichtsrat und Mitgliederversammlung von der Richtigkeit des Konzepts zu überzeugen, kommt es zu einer weiteren Instabilitätsphase, die aber überwunden werden kann. Die Verbundgruppe befindet sich jetzt auf einer höheren Komplexitätsebene, weil sie einen zusätzlichen Vertriebstyp integrieren konnte. Dasselbe kann bei der Einführung eines Franchisesystems passieren. Die heftigsten Destabilisierungsphasen können – wie neuere Beispiele zeigen – durch Fusionen zwischen Verbundgruppen ausgelöst werden. Die Fusion zweier Kooperationen bedeutet einen tiefen Einschnitt. Sie bedeutet das Aufeinanderstoßen unterschiedlicher Kooperationskulturen. Das Zusammenführen von Verbundgruppen stellt somit die höchsten Anforderungen an das Integrationsmanagement.

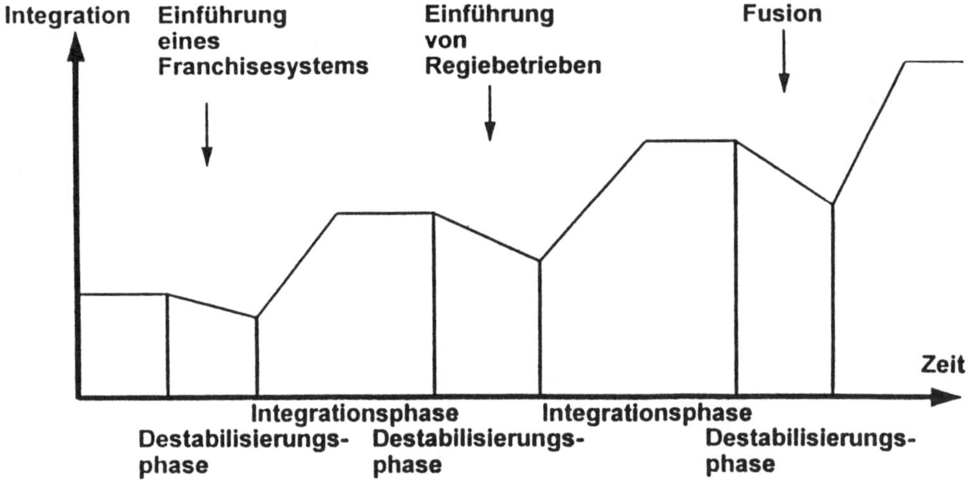

Abbildung 5: Integrationsgrad und Gruppenstrategie

Das Gelingen der Integration nach einer Fusion hängt entscheidend davon ab, welche Zielvorstellungen die Gruppen mit der Fusion verbunden haben. Begründet wird eine Fusion oder auch eine strategische Allianz immer mit dem Hinweis auf Synergieeffekte. Erstaunlicherweise tun sich die beteiligten Kooperationen aber bei der exakten Definition möglicher Synergieeffekte schwer. Man handelt eher aus dem Gefühl heraus, daß sich die Synergien nach der Fusion oder Allianzbildung von selbst einstellen werden, anstatt diese im voraus zu präzisieren. Die Synergieeffekte umgibt nicht selten etwas mystisch-geheimnisvolles, weil sie nur schwer gefunden und schon gar nicht bewertet werden können (Freund 1991, S. 495).

Selbst wenn Synergieeffekte im vorhinein definiert werden, wird häufig nach der Fusion vergessen, daß die Synergien nur durch den Prozeß der Integration ausgelöst und am Leben gehalten werden können. Dieser Prozeß benötigt Zeit und diese Zeit bildet zweifellos einen besonderen Nährboden für instabile Phasen der Verbundgruppe. Mit diesen wenigen Sätzen soll auf die Tatsache aufmerksam gemacht werden, daß es bei Fusionen oder auch Kooperationen unter Verbundgruppen einen ganz engen Zusammenhang zwischen der vorherigen klaren Definition möglicher Synergien und dem nachfolgenden Integrationsprozeß gibt.

Bei den bisher erwähnten strategischen Neuorientierungen kommt der Anstoß jeweils vom Wettbewerb, also von außen. Die Verbundgruppen haben es aber mit einer zweiten Art von Integrationsproblemen zu tun. Sie kommen von innen. Diese Probleme sind sehr viel schwieriger in den Griff zu bekommen. Als solche internen Desintegrationsfaktoren können gelten:

Gruppe in der Gruppe
Große / kleine Mitglieder
Generationskonflikt; Junge / alte Mitglieder
Unterschiedliche Persönlichkeitsstrukturen
Expansionsfähige/-unfähige Mitglieder
Systemorientierte / individualorientierte Mitglieder
Kooperationswillige/-unwillige Mitglieder
Unterschiedliche Lebenszyklen der Mitgliedsunternehmen
Zufriedene/unzufriedene Mitglieder
Sortimenter/Spezialisten
Filialisierte/-nicht filialisierte Mitglieder
Bindungswillige/-unwillige Mitglieder
Aktive/passive Mitglieder

Abbildung 6: Interne Desintegrationsfaktoren

Alles dies stellt ein Konfliktpotential dar, das desintegrative Tendenzen zum Ausbruch bringen kann. Alles dies stellt aber auch die Chance zur Integration dar. Wenn ein Generationenproblem auftritt, kann durch eine qualifizierte Juniorenarbeit ein Integrationseffekt für die jüngere Generation erzielt werden. Wenn sich innovationsfreudige Mitglieder gegen erhaltungsorientierte stellen, können sie in eigene Leistungsgruppen integriert werden. Wenn es zur Gruppenbildung innerhalb der Gruppe kommt, etwa zur Durchführung gemeinsamer Prospektaktionen, muß die Marketingpolitik des Verbandes hierauf hinorientiert und entsprechend verbessert werden.

6 MASSNAHMEN ZUR FÖRDERUNG DER INTEGRATION

Wenn über Maßnahmen zur Förderung der Integration gesprochen wird, muß daher ganz am Beginn das Instrumentarium zum Erkennen von Destabilisierungstendenzen stehen. Dies ist nicht nur eine Gefühlssache oder eine Frage des Instinktes. Noch gut in Erinnerung ist der Kooperationsmanager früherer Jahre, der aus dem Bauch heraus erkannte, wo eine Lunte brannte. Es ist ihm dann auch nicht schwergefallen, sie auszutreten. In komplexen Systemen reicht dies freilich nicht mehr.

Erforderlich ist ein Vorgehen in drei Stufen. Zunächst geht es um die Installierung von Frühwarnsystemen, die wie ein Radargerät Streßfaktoren ausfindig machen. Solche Sensoren können etwa Mitgliederbefragungen sein oder überhaupt die Förderung eines vertrauensvollen und offenen Miteinander, in dem die Bereitschaft besteht, auch Schwachstellen des Kooperationsgeschehens zur Sprache zu bringen.

Ist eine Quelle möglicher Destabilisierungen erkannt, sollte sie auf ihre Tragweite hin analysiert werden. Es würde sich lohnen, von Zeit zu Zeit eine Analyse der Verbandsstruktur unter dem Gesichtspunkt potentieller Integrationsmängel durchzuführen. Eine solche Analyse sollte anhand der oben beschriebenen Felder der kulturellen und sozialen, funktionalen und kommunikativen Integration erfolgen.

Die Analyse mündet dann in die Entwicklung konkreter Integrationsmaßnahmen. Stellt sich ein Defizit im Bereich der kulturellen Integration heraus, wäre etwa daran zu denken, auf breiter Front die Gruppenphilosophie zu revitalisieren und daran den Prozeß einer neuen Identitätsfindung zu knüpfen.

Unter dem Gesichtspunkte der normativen Integration, also des vertraglichen Regelwerks, könnte an eine abgestufte Partizipation und rechtliche Einbindung gedacht werden. Die *Abbildung 7* zeigt, welche Bindungskategorien zur Zeit von den Kooperationen praktiziert werden.

Diese Auflistung unterschiedlicher Partnerschaftskategorien kann man auch in eine Matrix übersetzen. In *Abbildung 8* ist die Situation der Wümeg-Gruppe dargestellt. Sie hat als regionale Genossenschaft des Malerhandwerks begonnen und sich nach und nach weiteren Marktpartnern geöffnet, die sich – von ihrer Integration in den Gesamtverbund her – unterschiedlich positionieren. Zugleich ist die Gruppe über ihre frühere regionale Bedeutung hinausgewachsen.

Die kommunikative Integration kann durch die Einbindung in Warenwirtschaftssysteme, durch die Schaffung eines Datenverbundes, durch Vernetzung auch in anderer Art und Weise gefördert werden. In diesem Zusammenhang spielt die Professionalisierung der Gremienarbeit eine zentrale Rolle. Viele Verbundgruppen glauben, daß die Integration dadurch gefördert wird, daß in ihrem Aufsichtsrat oder Beirat ausschließlich beteiligte Einzelhändler mitarbeiten. Die Beobachtung zeigt aber, daß die Integration dadurch Impulse erhält, daß Kompetenz von außen in die Gremien hineingeholt wird. Hierdurch können nämlich Konfliktpotentiale neutralisiert und im Dialog mit den "externen" Partnern in Integrationsimpulse umgewandelt werden.

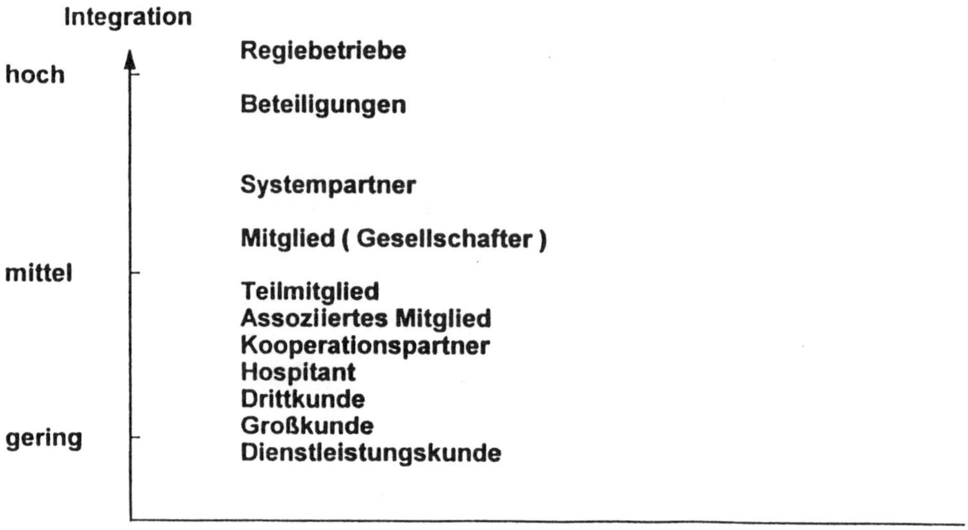

Abbildung 7: Beispiele normativer Integration

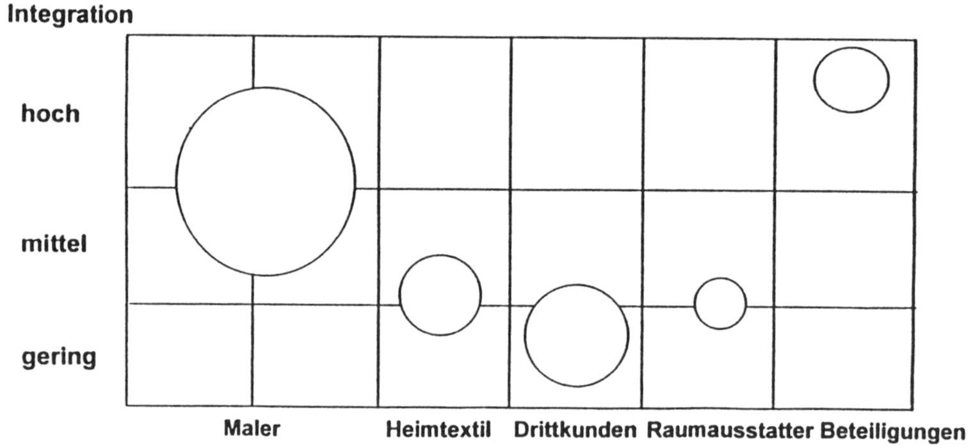

Abbildung 8: Strategische Kooperationsmatrix der Wümeg-Gruppe

7 GRENZEN DER INTEGRATIONSPOLITIK

Gibt es überhaupt eine solche Grenze? Sie gibt es deshalb zwangsläufig, weil jedes System in sich mit seinen Möglichkeiten begrenzt ist. Jede Gruppe hat ihre eigenen strukturellen Voraussetzungen. Diese bestimmen letztlich die Grenzen des Kooperationssystems. Das bedeutet nichts anderes, als daß die strategischen Ziel-Orientierungen der Gruppenpolitik mit den strukturellen Gegebenheiten in Einklang stehen müssen.

Die Aufgabe, die hier zu bewältigen ist, klingt einfach, ist es aber ganz und gar nicht. Es geht nämlich darum, realistisch und nüchtern zu erkennen, welche Faktoren sich durch den

Integrationsprozeß verbessern lassen können und welche unabänderlich sind. Herausgegriffen sei in diesem Kontext das Problem der Entscheidungsprozesse in Verbundgruppen. Eine Kooperation wird immer schwerfälligere, zeitraubendere und umständlichere Entscheidungsprozesse haben als ein Konzern. Sie wird hieraus auch immer Wettbewerbsnachteile erleiden müssen. Wenn das Gruppenmanagement diese Einsichten negiert und aus Ungeduld eigenmächtig Entscheidungsprozesse abkürzt, wird es selbst zu einem Destabilisierungsfaktor. Deshalb kann es nur darum gehen, diese mit dem Wissen um die Besonderheiten der Entscheidungsstrukturen zu optimieren.

Die Grenzen der Integrationspolitik ergeben sich aber nicht nur aus den strukturellen Besonderheiten des Gesamtverbundes, sondern auch aus der besonderen Situation der Mitglieder. Sie sind Individuen, die Kooperation ist dagegen ein kollektives System. Aus dieser Konstellation ergibt sich die Frage, wieweit kann und darf die Integration von selbständigen Unternehmen in die Verbundgruppe gehen.

Wie erwähnt, war während der letzten Jahren bei den Verbundgruppen eine klare Tendenz hin zur Systementwicklung zu erkennen. Die Mitglieder wurden zu Systempartnern mit der Folge einer immer engeren Anbindung bis hin zur Integration in gruppeneigenen Franchisesystemen.

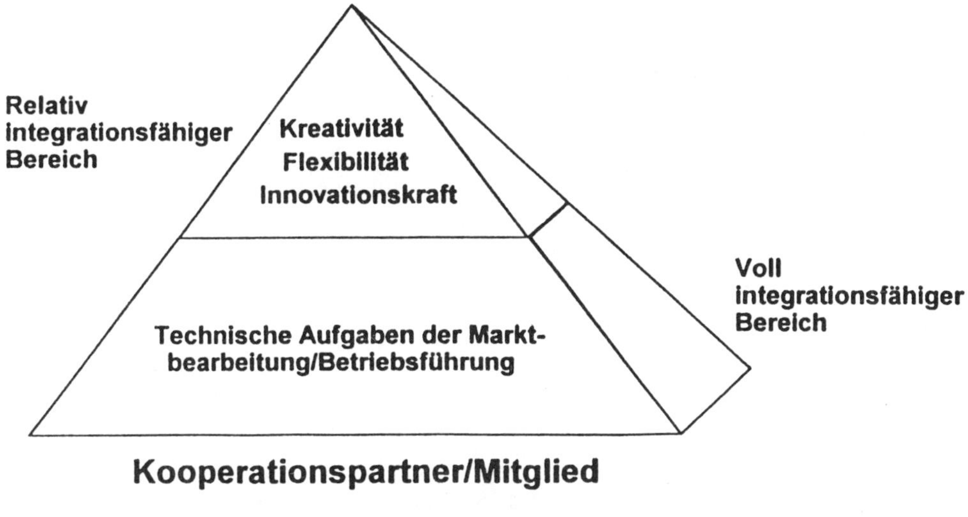

Abbildung 9: Grenzen der Integration

Häufig ergibt sich hieraus nun folgendes Grunddilemma: Die Mitglieder sehen zuweilen in der Systembildung eine Einengung ihrer Möglichkeiten und damit einen Nachteil des Verbundes. Das Kooperationsmanagement sieht umgekehrt in der Individualität der Mitglieder eine Schwäche, vor allem in der mangelnden Bindungswilligkeit und auch in der mangelnden Akzeptanz der Dienstleistungsangebote. Diese Situation wird jedoch je nach Branche oder Betriebsgröße ganz unterschiedlich empfunden. Eine Richtschnur zum Grad und zur Grenze der Integration kann folgende Überlegung bieten:

Es ist unbestritten, daß die Kooperationen bei allen Nachteilen gegenüber Filialunternehmen und konzernierten Großbetrieben einen entscheidenden Vorteil haben: Er liegt in der Kreativität, Innovationskraft und Flexibilität seiner selbständigen Partner.

Auf der anderen Seite werden diese Vorteile dadurch begrenzt, daß der Unternehmer zugleich durch eine Vielzahl von Managementfunktionen gebunden wird. Er muß das Umweltmanagement für seinen Betrieb wahrnehmen und sich im Steuerrecht auskennen. Er muß Finanzpolitik betreiben können und EDV-Spezialist sein. Er muß Personal führen können und auch betriebswirtschaftlich geschult sein.

Bezogen auf das Integrationsproblem bedeutet dies: Es gibt Bereiche, in denen eine konsequente und weitgehende Integration angesagt ist. Dies sind alle diejenigen Bereiche, die die Kreativität des selbständigen Unternehmers einengen. In diesen Bereichen kann die Integration nicht weit genug gehen. Dies aus dem Grunde, weil eine möglichst vollständige Integration dieser Funktionen in den Verbund erst die innovativen und kreativen Kräfte des Unternehmers wirklich freisetzt.

Der anzustrebende Integrationsgrad ist demnach auf unterschiedliche Ebenen beim Mitgliedsunternehmen zu beziehen: auf eine absolut und eine nur begrenzt integrationsfähige Ebene. Die zuletzt genannte ist die persönliche Kreativität und Individualität. Hier sollte sich die Kooperation ganz auf die emotionale Kommunikation sowie soziale und kulturelle Einbindung beschränken. Sie sollte also Anregungen geben, Impulse vermitteln und sich eben darauf konzentrieren, die unternehmerische Kreativität zu fördern.

Hieraus ergibt sich letztlich auch das Verhältnis zwischen Individuum und System. Die Integrationspolitik einer Gruppe darf nicht dazu führen, den selbständigen Unternehmer zu einem anonymen Teil des Systems zu machen. Im Gegenteil, das System stellt den Hintergrund dar, vor dem der selbständige Unternehmer in seinem Markt seine Kreativität und Individualität ausspielt.

LITERATUR

Biehal, F.: Dienstleistungsmanagement und die schlanke Organisation. In: Biehal, F. (Hrsg): LeanService, Wien 1994

Gomez, P.: Organisationsmethodik auf neuen Wegen. In: Vorlesungsunterlagen zur Organisationsmethodik, 5. Sem., Hochschule St. Gallen, 1986/87 S. 5-13

Freund, W.: Die Integration übernommener Unternehmen, DBW – Die Betriebswirtschaft, (1991), Heft 4, S. 491-498

Laszlo, E.; Laszlo Ch.; Liechtenstein, A. von: Evolutionäres Management, Fulda 1992

Monopolkommission: Marktstruktur und Wettbewerb, Sondergutachten gemäß 24 b Abs. 5 Satz 4 GWB, Köln 1994

Ott, J.: Akquisition und Integration mittelständischer Unternehmungen, Diss. Bamberg 1990

Täger, U.Ch.; Ahrens, Ch.; Lachner, J.; Nassua, Th.: Entwicklungsstand und -perspektiven des Handels mit Konsumgütern, Berlin 1994

Mitgliederbetreuung als Ansatz eines strategischen Kooperationsmanagement

Burkhard Strobel, Worms

Strategische Managementprinzipien erfordern in Kooperationen ebenso wie eine partnerschaftliche Orientierung der Entscheidung eine differenzierte Betreuung nach Eigenart und Wichtigkeit der Kooperationsmitglieder. Die Portfolio-Technik gibt Hilfen, um diese Differenzierung systematisch vornehmen zu können. Dazu müssen die traditionellen Gegenüberstellungen von Marktattraktivität und Wettbewerbsvorteile auf die Eigenart des Verbundsystems zugeschnitten werden. So entsteht eine Matrix aus dem Vergleich von Förderungswürdigkeit als Kombination von Betriebstypenattraktivität und Förderungseignung einerseits und Kooperationsbindung als Kombination von Förderungsbedürftigkeit und -akzeptanz. So entstehen Partnertypen, die eine ganz unterschiedliche Dienstleistungs- und Betreuungsstrategie erfahren müssen.

1 FÖRDERUNGSAUFTRAG ALS GRUNDPRINZIP DES KOOPERATIONSMANAGEMENT?

„Eine der Hauptaufgaben der Unternehmungsleitung besteht darin zu entscheiden, wie finanzielle, materielle und personelle Ressourcen ... den verschiedenen Geschäftseinheiten zugewiesen werden sollen, damit die Unternehmung als Ganzes überleben und wachsen kann. Eine effiziente Unternehmungsleitung weist die Ressourcen den Geschäftseinheiten zu, in denen die Marktaussichten günstig und die Unternehmung eine Position der Stärke einnimmt" (Hinterhuber 1991, S. 106 f.).

Ersetzt man in diesem Grundsatz der strategischen Führung den Begriff Unternehmung durch den Begriff Kooperation, so zeigt sich dieses Führungsprinzip als Gegensatz zum globalen Förderungskonzept frühgenossenschaftlicher Verbundgruppen. Dieser Grundsatz der Gleichbehandlung mag eine Berechtigung haben, wenn die Mitgliederstruktur einer Kooperation ausgeglichen, das Aufgabenspektrum eingeschränkt ist. In den meisten Kooperationen ist dies nicht (mehr) gegeben.

Die heutige Situation ist das Ergebnis von Strukturwandlungen, welche nach Tietz (1992, S. 340 ff.) und Olesch (1988) nahezu alle Kooperationen durchlaufen. Nun rächen sich die

Fehler der Vergangenheit. Eine wenig differenzierte Aufnahmepolitik zu Beginn einer Kooperation führt zwangsläufig zu einer großen Heterogenität der Mitgliederstruktur, die erst dann zu einem Problem wird, wenn diese Kooperation aus der Phase des einfachen Einkaufsverbundes (Warenvolumenphase nach Tietz 1992) heraustritt und zunehmend Dienstleistungen und Marketingkonzepte für die Mitglieder anbietet (Full-Service- bzw. Marketing-Phase, Tietz 1992).

So erscheint die Phase der Segmentierung und Diversifizierung (ebenda, S. 343) nahezu zwangsläufig, um diese Heterogenität in Leistung und Betreuung handhaben zu können. Der Versuch, über die Bildung von Betriebstypen und Fachgruppen auch in solche Gebilde ein gewisses Maß an Homogenität zu bringen, ist ein Ansatz, den viele Kooperationen heute gehen.

Neuerdings kommen in die Kooperationsführung auch Begriffe aus dem Bereich der Unternehmenskultur. Insbesondere die in diesem Zusammenhang geforderte Kundenorientierung (vgl. z.B. Kühn 1991, S. 97 ff.) führt in fortschrittlichen Kooperationszentralen heute zu einer Rückbesinnung auf den Gesellschafter, das Mitglied, den Genossen, als Objekt aller Leistungen und Bemühungen. Diese Rückbesinnung ist allerdings keineswegs als Gegensatz zur Emanzipationsphase zu verstehen, in der die Kooperationszentralen eine gewisse Eigenständigkeit gegenüber den Mitgliedern anstreben. Vielmehr rückt die Kooperationszentrale stark in die Nähe von Dienstleistungs- und Warenanbietern, die ohne das einmal vorhandene ideologische Potential täglich im Wettbewerb mit anderen Kooperationen und „freien“ Leistungsanbietern ihr Profil finden müssen. Interessanterweise haben manche Branchen schon immer diese „Freiheit“ ihrer Mitglieder zu spüren bekommen. So ist der genossenschaftlich organisierte pharmazeutische Großhandel noch nie durch eine extreme Einkaufsloyalität der eigenen Genossen belohnt worden.

Kundenorientierung also bedeutet in Kooperationen Mitgliederorientierung, in Abwandlung des Definitionsversuchs von Kühn (1991, S. 98) eine Grundeinstellung der Mitarbeiter einer Kooperationszentrale zu den Mitgliedern und den Mitgliedsbedürfnissen. Folgt man diesem Ansatz, so ist es nur folgerichtig, von einem internen Mitgliedermarketing zu sprechen. Damit aber ist der Weg offen, die für ein externes (Kunden-) Marketing in Theorie und Praxis entwickelten strategischen Ansätze auf ihre Anwendbarkeit zu überprüfen. Ist dies der Fall, so könnte ein strategisches Konzept der Mitgliederförderung ähnlich entwickelt werden, wie ein klassisches Marketingkonzept (vgl. dazu Becker 1990, S. 121 ff.).

Ziel des vorliegenden Beitrags ist es, Kriterien aufzuzeigen, nach denen die Mitglieder einer Kooperation sinnvoll differenziert werden können, um die Leistungen der Kooperationszentrale im Sinne einer effektiven Kooperationsführung strategischer und im Sinne des individuellen Mitgliederbedarfes spezifischer einsetzen zu können.

2 KOOPERATIONSPARTNER ALS STRATEGISCHE GESCHÄFTSEINHEITEN

Die oben angesprochenen Fragestellungen schließen eine brisante Anschlußfrage ein. Die Übertragung strategischer und marktorientierter Fragestellungen auf das Gebiet der Kooperationen ist ja nur dann angebracht, wenn die Kooperationsführung überhaupt über Art und Umfang der Mitgliederförderung und -betreuung entscheiden kann. Wenn wir die Mitglieder analog zu Kunden eines Unternehmens betrachten, so schließt das auch ein, daß eine strenge Trennung zwischen Kooperationsführung und ihren Mitgliedern herrscht.

In freiwilligen Ketten, also vertikalen, großhandelsgestützten Verbundgruppen, ist eine solche Trennung sicher einfacher nachzuvollziehen, wenn auch nicht ohne Probleme, als in horizontalen Kooperationen, wie sie insbesondere die Einkaufsgenossenschaften (gleich welcher Rechtsform) darstellen, in denen die „Kunden" (= Mitglieder) nicht nur Objekte der Strategie, sondern auch Träger sind, da diese ihrerseits über Aufsichtsgremien die Kooperationsführung kontrollieren. Die großen Einkaufsgenossenschaften und Ketten im Lebensmittelhandel zeigen dennoch, daß sie sehr wohl ein strategisches Mitglieder-Management betreiben können. Trotz der praktischen Umsetzungsproblematik seien bei der folgenden Analyse die Mitglieder als eigenständige, zunächst von der Kooperationsleitung unabhängige Unternehmungen anzusehen. Die mögliche Doppelfunktion der Mitglieder als Kunden und Gesellschafter wird also bewußt außer acht gelassen.

Noch theoretisch-abstrakter, für die folgende Analyse aber geeigneter, ist es, von sogenannten strategischen Geschäftseinheiten, Geschäftsfeldern oder Geschäftsbereichen zu sprechen (vgl. Robens 1985, S. 192). Die herkömmlichen Definitionen (z.B. Dunst 1979, S. 57 f.) dieser SGE gehen dabei von am Markt operierenden Unternehmungen aus, bei denen die Produkte sich durch unterschiedliche Sachleistungen (Modelle, Fertigungsverfahren, Zubehör, Software) und Dienstleistungen (Installationen, Beratungen) unterscheiden. Die Marktebenen dieser SGE unterscheiden sich durch Branchenzugehörigkeit, Wirtschaftsstufe, Betriebsgröße, Vertriebsweg oder Qualitätsanspruch.

Für den Handel ist diese Definition zu erweitern. Hier erscheinen viel häufiger Warengruppen, Sortimentsbereiche (vgl. Witt 1992, S. 34 f.) oder Organisationseinheiten (Abteilungen, Filialen) als SGE. In diversifizierten Handelskonzernen werden darüber hinaus Gruppen von Niederlassungen mit gemeinsamen Strukturmerkmalen und Marktauftritten (Betriebstypen, vgl. dazu Lerchenmüller 1992, S. 233 ff., Strobel 1988, S. 99 ff.) als SGE empfohlen (Drexel 1981, S. 153, 271 ff.).

Als Strategische Geschäftseinheiten des folgenden Ansatzes werden also die Mitglieder unterschiedlicher Geschäftstypen definiert. Allerdings sind diese in der Regel keiner unmittelbaren strategischen Beeinflussung zugänglich. Der Vergleich mit Filialen könnte also nur dann sinnvoll sein, wenn es um das Management von Regiebetrieben, eventuell noch von Franchise-Partnern geht. Daher ist es naheliegend, diese SGE mit Kundenclustern zu vergleichen, die ebenfalls nur mittelbar den strategischen Entscheidungen zugänglich sind (vgl. Böing & Barzen 1992, S. 85 ff.). Ergänzt werden können diese SGE durch andere Betriebe, die (noch) nicht zu den Mitgliedern zählen, aber für die Kooperationszentralen strategische Bedeutung haben, insbesondere ungebundene Kunden (besonders bei großhandelsgestützten Verbundgruppen) und freie bzw. in anderen Kooperationen gebundene Betriebe, die aber potentielle Kunden oder Mitglieder werden könnten (vgl. zu dieser Erweiterung Gries 1992, S. 223).

Die Abgrenzung solcher SGE in Kooperationen stellt als solche keine Innovation dar. Nahezu alle Kooperationen arbeiten heute in der Segementierungsphase mit Fachgruppen- oder Betriebstypenkonzepten (Tietz 1992, S. 343, Strobel 1988, S. 10, Schmüser 1993, S. 12), aber selten werden die Methoden eines strategischen Managments auf diese Segmente angewandt.

3 KRITERIEN ZUR ANALYSE VON KOOPERATIONSPARTNERN

Die Übertragung der Prinzipien der Unternehmensstrategie auf Kooperationen bedeutet, daß die eben definierten SGE, also die Mitgliedertypen, einer kritischen Analyse bezüglich der Kriterien der Marktaussichten und Positionsstärke zu unterziehen sind. Als geeignetes Instrumentarium zur Analyse von Marktaussichten und Positionsstärken von SGE findet in Theorie und Praxis eine Portfolio-Matrix Anwendung, deren Achsen eben diese Erfolgskriterien messen (vgl. Hinterhuber 1991, S. 108 ff.).

Übersicht 1: Grundschema der Portfolio-Matrix

hoch			
mittel			
niedrig			
Markt-Attraktivität	niedrig	mittel	hoch
	relativer Wettbewerbsvorteil		

Quelle in Anlehnung an Hinterhuber 1992, S. 199 und Witte 1992, S. 40.

Die konkrete Ausgestaltung der Portfolios unterscheidet sich in den verschiedenen Ansätzen vor allem in der Art der beiden Kriterien und ihrer Skalierung (vgl. hierzu die Gegenüberstellung und kritische Würdigung von Robens 1985, S. 191ff.). Den meisten Anwendungen ist gemeinsam, daß die Kriterien nach internen und externen Daten unterschieden werden. In der konkreten Ausgestaltung treten diese auf als einfach anzuwende, aber in der Analyse ungenaue einfaktorielle Kriterien, die meist auf der Arbeit der Boston-Consulting-Gruppe aufbauen (Marktanteil und Marktwachstum), und als komplexe, nicht immer überschneidungsfreie multifaktorielle Kriterien, die auf dem McKinsey-Ansatz aufbauen (Marktattraktivität und Wettbewerbsvorteil). Die Vielfalt der Einzelkriterien wird über ein Wertzahlverfahren oder Scoring zu einer Meßgröße zusammengefaßt (vgl. zum Scoring-Verfahren Becker 1990, S. 341, Kuhlmeier 1980, S. 223 ff.).

Für die Anwendbarkeit in Kooperationen gibt es zur Zeit noch keine adäquaten Portfolio-Ansätze. Sie sind im folgenden abzuleiten. Als Grundlage möge dabei das Portfolio der McKinsey-Gruppe dienen, das als Erweiterung des Grundmodells der Boston Consulting Gruppe die Kriterien der Marktattraktivität und der relativen Wettbewerbsvorteile in einer Neun-Felder-Matrix gegenüberstellt. Die Marktattraktivität wird in ,,normalen" Unternehmungen durch Gewinn- oder Wachstumsperspektiven mit den Teilbereichen Marktwachstum und -größe, Marktqualität, Versorgung mit Energie und Rohstoffen und der Umweltsituation (Hinterhuber 1992, S. 112) beschrieben. Die Wettbewerbsvorteile werden durch die (im Vergleich zum Wettbewerb) relative Marktposition (z.B. Marktanteil, Image, Größe, etc.), das relative Produktionspotential (in Prozessen, Technizität und Beschaffungsmöglichkeiten), das relative Innovationspotential und die Führungsqualität charakterisiert. Die Übertragung solcher Bewertungskriterien auf die Mitglieder von Kooperationen führt zu interessanten Aufschlüssen, sofern man der Andersartigkeit der Verbundgruppen Rechnung trägt.

3.1 Förderungswürdigkeit und Förderungseignung als Maß der Betriebsattraktivität

Wie attraktiv ist eine Gruppe von Betrieben oder auch ein einzelner Betrieb für eine Kooperation? Welche Gewinn- und Wachstumsperspektiven (Hinterhuber 1992, S. 112) oder besser welche aktiven Beiträge zum Kooperationserfolg sind bei bestimmten Mitgliederkategorien zu erwarten?

Übersicht 2: Kriterien der Betriebsattraktivität

Förderungswürdigkeit[1]	**Förderungs-Eignung**
Externe Faktoren	Betriebstypen-Einpassung
– Marktanteil des BT	– Fachhandelsadäquanz
– Typen-Wachstum	– CD-Adäquanz
– Sortiments-Wachstum	– Sortimentsadäquanz
– Konkurrenzintensität	– Werbeadäquanz
– Sättigung der Sortimente	– Preisadäquanz
– Eintrittsbarrieren	– Beschaffungsadäquanz
– Lebenszyklus-Position	Standorteinpassung
– Umweltadäquanz	– Wettbewerbsvermeidung
– Soziale Akzeptanz	– Standortsicherung
Interne Faktoren	– Netzbildung
– Ertrags-/Kostenniveau	Führungseinpassung
– Investitionsbedarf	– Entscheidungsdelegation
– Personalbedarf	– Führungsmitwirkung
– Standortanforderungen	– Kooperationsnutzung
– Sortimentsanforderung	

(1) vgl. Betriebstypenattraktivität bei Drexel 1981, S. 160f., Kulhmeier 1980, S. 227

Attraktiv sind solche Betriebstypen (und damit auch Betriebe), die ein hohes Wachstums- und Ertragspotential (für sich und damit auch für die Kooperation als Ganzes) haben. Analog zur Marktattraktivität könnte man von Betriebs- oder Betriebstypenattraktivität (vgl. Witt 1992, S. 40, Drexel 1981, S. 160 f.), im Fall der Kooperationsmitgliedschaft auch von Förderungswürdigkeit sprechen.

Förderungswürdigkeit umfaßt also Merkmale, welche die Erfolgschancen ganzer Betriebstypen umschreiben. Neben den klassischen Merkmalen des Marktanteils und des vergangenen Marktwachstums sind vor allem die Zukunftschancen zu bewerten. Zu diesem Zweck wird häufig die Stellung der Betriebsform im Lebenszyklus herangezogen (Drexel 1991, S. 160). Diese sehr komplexe Positionierung wird hier unterstützt durch eine Fülle von externen Einzelfaktoren, die sich sowohl auf den Betriebstyp als auch auf die in ihm vertretenen Sortimente beziehen (Wachstum, Sättigungsgrad, Anteil). Darüber hinaus sind Konkurrenzaspekte (Intensität, Vorsprung durch Eintrittsbarrieren), aber auch Veträglichkeiten zu Umweltrestriktionen (z.B. Ökologie, Ethik) und sozialpolitischen Anforderungen (Mittelstand, regionale Förderung, Rechtsnormen) ein Indiz für die Attraktivität eines ganzen Typus.

Nicht alle Betriebe, die ein hohes Erfolgspotential haben, sind auch für eine Kooperation geeignet. Die Förderungseignung als zweite Kategorie der Betriebsattraktivität kennzeichnet die Einpassungsfähigkeit und -bereitschaft des Betriebes in den Verbund. Die Synergieeffekte durch einen Betrieb in der Kooperation sind besonders groß, wenn entscheidende Strukturen und Verhaltensweisen optimal aufeinander abgestimmt sind.

An erster Stelle steht hier die Einpassung des Betriebstyps selbst. Klassische Kooperationen sind meist fachhandelsorientiert. So kristallisiert sich die Bedeutung dieses Merkmals immer dann besonders heraus, wenn Betriebsformen Einlaß in die Kooperation begehren, die wesentliche Fachhandelsmerkmale vermissen lassen. Daß dabei die Grenzen verschwommen sind, macht die Beurteilung schwer, wie Beispiele zur Bewertung der Fachmärkte immer wieder zeigen. Aber auch im Rahmen tolerierter oder gewünschter Betriebsformen gibt es Attraktivitätsunterschiede.

Von Marketing-Adäquanz könnte man dann sprechen, wenn das individuelle Unternehmenskonzept nicht nur erfolgreich ist, sondern sich durch Außengestaltung (CD), Sortimentsbreite, -tiefe und -niveau, Werbeaussagen und Preisverhalten optimal in den Marktauftritt der Kooperation einfügt. Beschaffungsadäquanz liegt dann vor, wenn Warengruppen und Lieferanten sich mit den Listungen und Empfehlungen der Kooperation decken. Bezüglich der Standorte sind solche Betriebe geeignet, die zu anderen Mitgliedern keine Wettbewerbsbeziehungen aufweisen oder die sogar im Sinne der flächendeckenden Netzbildung oder Besetzung strategisch wichtiger Standorte erhebliche Vorteile für Marketing und Logistik der gesamten Kooperation bringen.

Ein subtiles Kriterium ist schließlich die Kooperationsfähigkeit der Betriebsführung, konkret des Unternehmers. Sie ist geprägt durch die Bereitschaft zur Mitarbeit in dem Kooperationssystem einerseits und die Bereitschaft zur Aufgabe von Entscheidungsautonomie in bestimmten Bereichen andererseits. Dokumentiert werden diese Merkmale der Einpassung in der Regel auch und gerade durch die Inanspruchnahme der Kooperationsleistungen sowohl auf dem eigentlichen Gebiet gemeinsamer Warenbeschaffung (Konzentrationsquote) als auch in der Nutzung der angebotenen Dienstleistungen. Gerade dieser Aspekt trägt entscheidend dazu bei, ob eine Kooperation fruchtbar ist.

Bereits an dieser Stelle ist es interessant, ein Portfolio zu entwerfen, das die globalen Aspekte der Förderungswürdigkeit mit den individuellen Aspekten der Förderungseignung in Zusammenhang bringt. Konkret sind aus dieser Gegenüberstellung drei Partnertypen interessant:

1) Problempartner sind durch eine geringe Förderungswürdigkeit gekennzeichnet. Sie sind für Kooperationen nur dann von Interesse, wenn sie einen hohen Grad an Kooperationseignung aufweisen. Hier hat die Kooperationszentrale eine starke Position, weil diese Mitglieder dem Werben anderer Kooperationen nicht sehr ausgesetzt sind. Allerdings gilt für diese Gruppe in erster Linie der Förderungsauftrag. Leistung und Betreuung der Kooperation müssen darauf abzielen, diese Betriebe in ihrem Unternehmenskonzept weiterzuentwickeln, so daß sie attraktiver werden. Für problematische Partnerschaften ist also die Strategie der Betriebstypenoptimierung angezeigt. Gelingt dies nicht, sollte eine Trennung angestrebt werden, sofern dies möglich ist. Das gilt vor allem für Mitglieder, die aus alter Tradition in der Kooperation sind, die aber mit einem uninteressanten Unternehmen wichtige Standorte blockieren, Entscheidungsprozesse in der Kooperation behindern oder den Marktauftritt der Kooperation nach außen stören. Sie sind Problemfälle fast jeder Kooperation.

2) Erfolgreiche Individualisten weisen durch ihr Unternehmenskonzept eine hohe Förderungswürdigkeit auf, passen jedoch durch ihren Marktauftritt bzw. ihre Unternehmerpersönlichkeit nur schwer in Kooperationen. Im Bereich der Fachhandelskooperationen (z.B. Unterhaltungselektronik) finden sich solche Unternehmen vor allem bei den Spezialisten (z.B. Hifi). Für erfolgreiche Individualisten gilt eine freiheitliche Haltestrategie (Kunden-Lieferanten-Beziehung) oder eine Einpassungsstrategie mit dem Ziel, die Bindung zu erhöhen.

3) Über die Wunschpartner sind Bemerkungen überflüssig. Dies sind die attraktiven Kooperationspartner schlechthin, die mit erfolgreichen Betriebstypen und optimaler Einpassung die eigentlichen Träger der Leistungsfähigkeit einer Kooperation darstellen, sofern sie kooperationswillig sind.

3.2 Förderungsbedarf und Förderungsakzeptanz als Maß der Kooperationsattraktivität

Je attraktiver ein Betrieb oder eine SGE eingestuft wird, um so größer sollten die Förderungs- und Betreuungsbemühungen des Kooperationsmanagements sein, sofern diese Bemühungen beim Partner auf fruchtbaren Boden fallen. Diese Aussicht aber hängt davon ab, wie abhängig das Mitglied von Hilfestellungen und Förderungen allgemein ist (Förderungsbedürftigkeit) und wie die konkrete Kooperation im Vergleich mit anderen Wettbewerbskooperationen in ihren Leistungen akzeptiert wird.

So erscheinen die Kooperationsleistungen für diejenigen Betriebe besonders attraktiv, die der Förderung besonders bedürfen, weil sie strukturelle oder situationsbedingte Nachteile gegenüber dem Wettbewerb nicht alleine überwinden können. Diese Ebene ist vergleichbar mit der Kundenattraktivität des Ansatzes von Böing & Barzen (1992, S. 88), allerdings mit umgekehrten Vorzeichen. Besonders attraktiv für die Kooperation ist demnach nicht der erfolgreiche Alleskönner, der sein Unternehmen optimal an seinem Standort positioniert, sondern der Unternehmer, der ein Bedürfnis nach Nachteilsausgleich hat.

Kooperationsleistungen beeinflussen also erst dann die Position einer Verbundgruppe, wenn sie den Förderungsbedürfnissen der (bestehenden oder potentiellen) Mitglieder entsprechen. Das Förderungsbedürfnis entscheidet über Kooperation oder Individualität. Die Leistungen und das Image der einzelnen Verbundgruppen entscheiden über die Akzeptanz und damit über Wahl der konkreten Kooperation. Beide Kriterien machen zusammen die Kooperationsattraktivität aus.

Übersicht 3: Kriterien der Kooperationsattraktivität

Förderungsbedarf[1]	**Förderungsakzeptanz**
Unternehmenskonzept	Leistungsvorteile
– Image – Bekanntheitsgrad – Wettbewerbsposition – Umsatzanteil am StO – Corporate Identity	– Sortimentsabdeckung – Dienstleistungen – Konditionen
Betriebsfaktor-Qualität	Betreuungsvorteile
– Standort – Verkaufsfläche – Mitarbeiter – Sortiment/Einkauf – Finanzkraft	– Betreuungsintensität – Betreuungsqualität – Betreuungs-Differenzierung
Leistungserfolg	Marktvorteile
– Rentabilität /Ertragskraft – Produktivität – Liquidität / cash flow	– Bekanntheitsgrad – Image beim Handel – Marktanteil

(1) vgl. Kundenattraktivität bei Böing & Barzen 1992, S.88

Förderungsbedürftigkeit also ist das Gegenstück zu Betriebsattraktivität (Drexel 1981, S. 161). Sie charakterisiert die konkrete individuelle oder generelle Benachteiligung des Betriebstyps oder des einzelnen Betriebs gegenüber dem Wettbewerb. Analog könnte man aus der Sicht der Betriebe in Anlehnung an die Begriffe der allgemeinen Strategielehre von relativen Wettbewerbsnachteilen der SGE selbst (nicht der Kooperation) sprechen (vgl. Drexel 1981, S. 162, Hinterhuber 1992, S. 114 ff., Böing & Barzen 1992, S. 88). Der Wettbewerbsnachteil eines Betriebes ist somit aus Sicht des Kooperationsmanagements kein interner Faktor, sondern eine externe Gegebenheit. Die Wettbewerbsvorteile des Verbundes selbst sind an anderer Stelle zu analysieren.

Dabei können die Nachteile global aus dem individuellen Unternehmenskonzept resultieren, das sich als Imagewert, Bekanntheitsgrad, Wettbewerbsposition oder Umsatzanteil dokumentiert und allgemein qualitativ in einer Corporate Identity gipfelt. Basis dieser externen Erfolgsgrößen ist die Qualität und Beschaffungsmöglichkeit der Leistungsfaktoren des Unternehmens (Standort, Raum, Personal, Ware und Kapital). Als Resultierende ergibt sich der Leistungserfolg des Betriebes, skizziert durch die klassischen Meßwerte der Rentabilität, Produktivität und Liquidität (vgl. zu diesem Problemkreis insbesondere Treis 1981).

Entsprechend dem Förderungsbedarf ergibt sich das konkrete Leistungsspektrum der Kooperation für seine Mitglieder. Dabei kann die Gewichtung der Vorteile je nach Betriebstyp durchaus unterschiedlich sein. So bewerten bestimmte Kooperationspartner die originären Kooperationsleistungen der Warenbeschaffung (Vollständigkeit der Sortimentsabdeckung, Exklusivität gegenüber anderen Wettbewerbern) und die Konditionen (Höhe der Einkaufspreise und Boni, Zahlungskonditionen, Delkrederehandhabung) höher, andere legen mehr Wert auf die Dienstleistungen in Form von Sortimentsempfehlungen, Werbehilfen oder Einrichtungsberatungen.

Zu den Leistungen einer Zentrale zählt auch die Betreuungskonzeption in ihrer quantitativen (Mitarbeiterzahl, Besuchsfrequenz) und qualitativen (Ausbildung und Erfahrung der Mitarbeiter, Spezialisteneinsatz) Ausprägung, sowie die mitgliederorientierte Differenzierung der Leistungs- und Betreuungsangebote nach Geschäftstypen oder Fachgruppen. Schließlich wirkt die Image-Attraktivität einer Kooperation nach außen (zum Kunden der Mitglieder) und nach innen (zum Partner) und dokumentiert sich durch einen entsprechenden Bekanntheitsgrad und Marktanteil der Kooperation bei den verschiedenen Betriebstypen der relevanten Branche.

Diese relativen Kooperationsvorteile durch Leistung, Betreuung und Marktstellung können durch den Begriff der Förderungsakzeptanz beschrieben werden. Daß diese Vorteile von verschiedenen Mitgliedern auch verschieden akzeptiert werden, erleben die Kooperationen, welche gerade die förderungsbedürftigen Betriebe durch ein wohl abgestimmtes Leistungspaket betreuen, dann schmerzhaft, wenn diese Zöglinge – durch die Kooperationsleistung aus der Förderungsbedürftigkeit entwachsen – zu Kooperationen wechseln, die sich um emanzipiertere Geschäftstypen kümmern.

Auch hier lassen sich durch die Gegenüberstellung von Förderungsbedarf und Förderungsakzeptanz wieder unterschiedliche Mitgliedstypen finden, die unterschiedliche Strategien erfordern. Die Frage nach dem spezifischen Kooperationsvorteil scheint vor allem für die Partner von Interesse, die einen konkreten Förderungsbedarf haben. So ergeben sich drei unterschiedliche Partnertypen:

1) Partner ohne Förderungsbedarf neigen naturgemäß zur geringen Akzeptanz jedweder Kooperation. Dabei tritt dieser Förderungsbedarf entweder objektiv nicht auf, weil das Unternehmen erfolgreich und gesund ist (diese Unternehmen werden dann auch von

der Kooperation als besonders attraktiv eingeschätzt) oder wird nicht erkannt, weil der Unternehmer seine eigenen Fähigkeiten und Chancen überschätzt (was gegen seine Kooperationseignung spricht).

2) Partner mit Förderungsbedarf leiden unter den oben angedeuteten Wettbewerbsnachteilen und erkennen diese Defizite. Sie suchen die Annäherung an Verbundgruppen. Entspricht dieser Förderbedarf den Leistungen einer konkreten Situation, so wird sich eine enge und intensive Bindung einstellen, sofern auch von seiten der Kooperation Interesse an einer Allianz vorhanden ist.

3) Wird die Kooperation dem Leistungsanspruch nicht gerecht, so wird es schwer sein, neue Partner zu gewinnen. Haben sich Kooperationsleistung und Anforderung bei bestehenden Partnerschaften von einander entfernt, so ist die Partnerschaft bedroht. Die Kooperation muß prüfen, ob der Partner es wert ist, das Leistungsangebot zu optimieren oder ob man eine Trennung in Kauf nimmt.

4 DIE KOOPERATIONSSTRATEGIEN

Kombiniert man die aus differenzierten Einzelmerkmalen zusammengesetzen Kriterien der Kooperationsattraktivität und der Betriebsattraktivität, so entsteht ein klassisches Neun-Felder-Portfolio, in das nunmehr die SGE der Kooperation einzuordnen sind.

Übersicht 4: Matrix der Kooperationsstrategien

Betriebsattraktivität	hohe Attraktivität (Förderungswürdigkeit)	hohe Koop.-Eignung	*G: Selektive Förderung* *Halten und Akzeptanz ausbauen*	***H: Intensive Förderung*** ***zur Bindung, sonst aufgeben, da hohe Wechselgefahr***	***I: Intensive, interaktive Förderung*** ***Geschäftstypen / Franchise-Entwicklung***
	hohe Attraktivität (Förderungswürdigkeit)	geringe Koop.-Eignung	D: Abschöpfung da reine Kundenbeziehung zu Beschaffung	*E: Selektive Förderung* ***zur stärkeren Bindung, sonst als Kunde halten oder Aufgabe***	***F: Intensive Förderung*** ***als Individualist ohne Integration in Typen***
	geringe Attraktivität (Förderungswürdigkeit)	geringe Koop.-Eignung	A: Aufgabe keine Akquisition, keine aktive Betreuung	B: Aufgabe oder Einzelleistungen auf Nachfrage, Vollkostendeckung	*C: Differenzierte Förderung* *gem. Geschäftstypen-Konzept / Franchise oder Aufgabe*
			geringer Bedarf	großer Bedarf	großer Bedarf
			geringe Akzeptanz	geringe Akzeptanz	große Akzeptanz
			Kooperationsattraktivität		

Schematisch können die für diese Felder empfohlenen Strategien drei Grundstrategien zugeordnet werden (vgl. Hinterhuber 1992, S. 109):

– Investitions- und Wachstumsstrategien in den Feldern F/I/H
– Selektive Strategien in den Feldern C/E/G
– Abschöpfungs- und Desinvestitionsstrategien in den Feldern A/B/D

4.1 Abschöpfungs- und Desinvestitionsstrategien

Das Feld A ist gekennzeichnet durch Geschäftstypen, bei denen weder von Seiten der Kooperation ein Förderungsinteresse vorliegt, noch von Seiten des Partners Vorzüge einer solchen Kooperation gesehen werden. In der Portfolioanalyse wird dieses Feld meist mit dem Begriff „dogs" belegt. Hier finden sich vielleicht alte Partner aus der Gründerzeit, die den Weg der Kooperation nicht mitgegangen sind. Sie haben Betriebstypen, die am Markt nicht mehr attraktiv sind und die durch die geringe (nicht immer altersbedingte) Kooperationsbereitschaft auch nicht zur Änderung ihres Unternehmenskonzepts bewegt werden können. Oder es sind Unternehmer, welche durch die Kooperation ein hohes Maß an Eigenständigkeit erreicht haben und nun glauben, alleine arbeiten zu können, weil die Kooperation nicht die Leistungen bietet, die diese Unternehmen brauchen. Im freien Markt sind dies meist kleinere Unternehmen mit Abneigungen gegen jede Art der Bindung. Als Kooperationsstrategie liegt völlige Passivität auf der Hand. Alte Partnerschaften sollten nicht weiter gepflegt werden, vielleicht sogar aktiv beendet werden, wenn dadurch neue interessante Betriebe aufgenommen werden können. Für Akquisitionen stehen solche Betriebe nicht an.

Feld B zeigt einen hohen Förderungsbedarf, dem allerdings keine optimale Bindung an die Kooperation gegenübersteht. Die Aufnahme in die Kooperation war für beide Seiten ein Fehler, der korrigiert werden sollte. Investitionen in diese Betriebe von Seiten der Zentrale überdauern nicht die Amortisationszeit. Der Betrieb hat einen starken Hang, neue Partnerschaften zu suchen und würde dort in die Position C gelangen. Betriebe dieser Kategorie sollten die Dienstleistungen, die sie nachfragen, gegen Vollkostenersatz erhalten. Eine regelmäßige, betriebstypenspezifische Förderung sollte nicht stattfinden.

Feld D kennzeichnet das Mitglied mit hoher Attraktivität, aber geringer Kooperationseignung und -bindung. Oft finden sich hier Satelliten-Gruppen, welche die Kooperation für optimale Einkaufskonditionen nutzen. Damit ist das Verhältnis dieser Partnerschaft auch charakterisiert. Es herrscht eine Lieferanten-Kunden-Beziehung vor. Die Aufnahme solcher Partner stößt in Kooperationen oft auf Widerstand, weil diese neuen Unternehmen nicht in das Gesamtkonzept passen, ja oft Wettbewerber der „normalen" Mitglieder im Markt sind. Kooperationszentralen kennen die Probleme, wenn solche Fremdkörper über bestehende Mitglieder durch Zukauf oder Übernahme einerseits oder durch strategische Allianzen durch das Management selbst eingebracht werden. Hier ist es für die Harmonie mit den anderen Partnern von besonderer Wichtigkeit, durch die Konditionen der Zusammenarbeit sicherzustellen, daß die Gesamtkooperation Vorteile aus der Allianz zieht, d.h. eine Abschöpfungsstrategie betreibt.

4.2 Selektive Strategien

Die Felder C, E und G zeichnen sich dadurch aus, daß die Beurteilungskriterien weder alle positiv noch alle negativ ausfallen. Hier ist die konkrete Analyse der individuellen Situation wichtig.

In Feld C stehen Betriebe mit geringer Attraktivität und einem hohen Bindungsgrad der Kooperation. Hier versammeln sich in den Kooperationen meist zahlreiche Betriebe. Die geringe Attraktivität, die Benachteiligung der Betriebe auf ihren Märkten, ist ja gerade eine der Triebfedern für den Zusammenschluß. Da die Betriebstypen aber wenig erfolgversprechende Zukunftsaussichten aufweisen, muß es gelingen, ihnen eine andere Unternehmenskonzeption zu geben. In der Regel ist es hier nicht mehr mit Einzelmaßnahmen, sondern nur noch mit einer Totalsanierung getan. Dieses Feld ist der Bereich für standardisierte Geschäftstypen-Konzepte und Franchise-Systeme (vgl. dazu Strobel 1988, S. 10). Da Entwicklungen von solchen Konzepten und die permanente Betreuung durch die Zentrale einen hohen Aufwand darstellen, ist der hohe Bindungsgrad von großer Bedeutung. Nur wenn Aussicht besteht, diese Partner in ihrer Attraktivität zu steigern und wenn die dann interessanten Partner auch in der Kooperation verbleiben, lohnt sich der Aufwand.

Feld E zeigt Betriebe mit objektiv interessanten Merkmalen eines hohen Förderungsbedarfes und hoher Attraktivität. Allerdings sind diese Betriebe extrem unempfänglich für Kooperationsbemühungen. Sie sind weder durch ihre Struktur besonders geeignet noch haben sie eine besondere Bindung an die Kooperation. So gestaltet sich die Partnerschaft wieder als reine Lieferanten-Kunden-Beziehung, die nur dann erhöhte Aufwendungen rechtfertigt, wenn die Chance einer dauerhaften Verbindung besteht. Ziel muß es also sein, diese Individualisten enger zu binden und sie damit in das Feld F zu überführen. Gelingt dies nicht, so ist auch hier die Abschöpfungsstrategie anzuraten.

Feld G stellt eine völlig andere Situation dar. Hier finden sich die Individualisten mit erfolgreichen Unternehmenskonzepten, die keinen großen Förderungsbedarf haben und daher auch keinen großen Bindungsgrad an eine Kooperation aufweisen. Wenn allerdings die Unternehmenskonzepte strategisch gut in das Gesamtbild der Kooperation passen, so sind dies Partner von hohem Wert. Oft sind es gerade die Partner, die mit einer Kooperation groß geworden sind und diese Kooperation mit tragen. Da diese Partner aber auch für Wettbewerbskooperationen von Interesse sind und wegen des geringen Förderungsbedarfes wenig sachliche Bindung an die Kooperation aufweisen, ist eine emotionale Einbindung für den Fortbestand der Partnerschaft wesentlich. Im Bereich der Leistungen können nur individuelle Angebote akzeptiert werden. Häufig sind Kooperationen auch überfordert, wenn sie für diese Unternehmen Beratungen oder Seminare anbieten sollen. Vielmehr ist es wichtig, den Erfahrungsaustausch zwischen diesen Partnern zu organisieren oder Experten zu vermitteln. Coaching ist hier wichtiger als Beratung. Vor allem aber sind diese Partner in das Gesamtgefüge der Verbundorganisation einzubeziehen (vgl. dazu Kuhn 1992, S. 4 ff.).

4.3 Innovations- und Wachstumsstrategien

Die verbleibenden drei Felder stellen das eigentliche Aktionsfeld der Kooperationspolitik dar. Hier wird ein hoher Förderungsbedarf mit einer hohen Attraktivität kombiniert. Die Unterscheidung liegt einmal in der Eignung des betrachteten Unternehmens für die Kooperation und in der Bindung des Partners an die Kooperation.

Feld F ähnelt sehr Feld E. Auch hier handelt es sich um einen erfolgreichen Individualisten. Bei diesen Betrieben liegt jedoch eine relativ hohe Bindung an die Kooperation vor, so daß dieser Individualität in der Betreuung Rechnung zu tragen ist. Es müssen Strategien entwickelt werden, die die Uniformität vermeiden oder diese spezifischen, aber erfolgreichen Konzepte konsequent in das strategische Konzept des Gesamtverbundes einfließen lassen. Falsch wäre zum Beispiel der Versuch, diese Betriebe in ein Typenkonzept oder in ein Franchising zu zwängen. Die Attraktivität liegt ja gerade in der Individualität, und nicht in der Konformität. Das Prinzip kann hier nur in einer Hintergrundförderung liegen. Diese Betriebe nutzen die Bausteine der Kooperationsleistung, ohne nach außen die Zugehörigkeit zu dokumentieren. Dennoch sind diese Betriebe in die regelmäßigen Betreuungsmaßnahmen einzubeziehen.

Feld H ist das Pendant zu F. Hohe Attraktivität steht einer nur mäßigen Kooperationsbindung gegenüber. Leider finden sich in dieser Kategorie die Betriebe, die einem Kooperationswechsel nicht abgeneigt sind. Bestehende Mitglieder sind extrem abwanderungsgefährdet. Daher muß es Ziel sein, diese Gesellschafter enger an die Kooperation zu binden. Die dazu erforderlichen Maßnahmen wurden bereits im vorigen Abschnitt angeführt. In diesem Feld ist es erforderlich, permanent das Leistungsspektrum und die Betreuungskonzeption der Kooperation zu überprüfen, um Bedarf und Angebot dieser Gruppe anzugleichen. Ist dies gelungen, so wechseln die Betriebe in das Feld I. Kann es nicht gelingen, so bleibt die Abwanderungsgefahr bestehen. Einzelmaßnahmen zur Stützung eines Gesellschafters mit Scheidungsabsichten, wie sie oft in Form von Sonderkonditionen oder kostenlosen Service-Leistungen versucht werden, führen nur kurzfristig zum Erfolg. Sie erfordern extrem hohe Investitionen in diese Partnerschaft, verschieben aber die Trennung meist nur um einige Zeit und machen die Kooperation erpreßbar.

Feld I („stars" in der Portfolioanalyse) schließlich kennzeichnet optimale Partnerschaften. Motivierte Unternehmer mit guten Unternehmenskonzepten suchen den Zusammenschluß, weil sie erkennen, daß auch trotz der eigenen Attraktivität ein Verbund Synergien entwickelt. Auf diese Unternehmer ist die Kooperation zugeschnitten und erfolgreich. Die Kooperationsstrategie besteht in einer intensiven Wechselwirkung. Das Leistungsspektrum ist auf diese Gruppe abgestimmt. Der unterschiedlichen Betriebstypenstruktur innerhalb dieser Gruppe wird durch Module bei Einzelleistungen oder durch Geschäftstypen-Konzepte bei Paketangeboten, eventuell auch durch Franchise-Typen Rechnung getragen. Allerdings werden diese Leistungen nicht (wie in Feld C) passiv angeboten, sondern aktiv weiterentwickelt. Aus diesem Feld rekrutiert eine Kooperation ihre Pilotbetriebe für Innovationen. Die Betreuung ist intensiv in Frequenz und Qualität. Sie wird ergänzt durch betriebstypen- (oder fachgruppen-) spezifische Aktivkreise und regelmäßige Betriebsberatungen (als Abonnement). Das Bekenntnis dieser Unternehmungen zur Kooperation nach außen ist wichtig. Ihre Attraktivität steigert das Image der gesamten Kooperation. Der gemeinsame Marktauftritt ist für diese Betriebe wichtig. Da sie in das Kooperationskonzept passen, profitieren sie auch optimal von übergreifenden Werbungen und Image-Kampagnen der Zentrale an den Endverbraucher. Diese Betriebe sind für die Kooperationsführung unverzichtbar. Je nach Grundstruktur und Rechtsform der Kooperation formieren sich aus dieser Gruppe die Beiräte, Aufsichtsräte, Fachgruppenleiter, Gruppensprecher. Da der Bindungsgrad hoch und die Kooperationseignung gut ist, kann ein hohes Maß an Identifikation erwartet werden. Da die Betriebstypen attraktiv und der Förderungsbedarf hoch ist, entsteht ein gegenseitiger Nutzen aus dieser Partnerschaft.

5 KONSEQUENZEN UND GRENZEN

Nicht ohne Reiz ist es, auf der Basis dieser Portfolio-Analyse weitergehende strategische Optionen auszuloten (vgl. dazu allgemein Becker 1991, S. 125).

Die Standardisierung der Kooperationsleistungen und -betreuung muß der Vergangenheit angehören. Die Forderung nach differenzierter Betreuung im Rahmen der bestehenden Mitgliederstrukturen wird nicht auf gravierenden Widerstand innerhalb der Mitgliederschaft stoßen. Konflikte aber sind dann bereits vorbestimmt, wenn der Differenzierungsansatz konsequent auch dazu benutzt wird, unpassende Partner zu entfernen oder in den Leistungen so zu diskriminieren, daß diese von selbst andere Kooperationspartner suchen. Die Kooperationslandschaft zeigt genügend Beispiele, daß solche Betriebe eigene Verbundgruppen bilden, in denen sie sich dann besser aufgehoben fühlen.

Theoretisch stehen dem Kooperationsmanagement aber neben der hier im Vordergrund diskutierten Marktdurchdringung auch Alternativen zur Verfügung, indem die Kooperationsleistung neuen Märkten (hier Mitgliederschichten) angeboten wird. Zu denken ist dabei an den Eintritt in neue Branchen- oder Betriebsformenbereiche. So könnte eine Fachhandelskooperation auch für Nicht-Fachhandelsformen (z.B. Discounter oder Universalsortimenter, Versandhandel) tätig werden. Ansätze dieser Art finden sich von Zeit zu Zeit durch Aufnahme neuer Gesellschafter (z.B. Beitritt mittelständischer Warenhäuser zur Fachhandelskooperation) oder durch Aufkauf neuer Unternehmen bzw. Diversifikation durch traditionelle Fachhandels-Gesellschafter. Selten nur wird eine solche Strategie als gezielte Markterweiterung geplant.

So wird in der Regel eine Marktdurchdringungs- und Leistungsentwicklungsstrategie betrieben, die sich auf bestehende Mitgliederstrukturen stützt. In enger Auslegung könnte von Puristen des Fördergedankens sogar verlangt werden, daß sich diese Durchdringung nur durch Intensivierung der Zusammenarbeit der bestehenden Mitglieder, eventuell durch Gewinnung neuer, bisher nicht kooperierter Unternehmen, zu beschränken habe, keinesfalls aber durch die Abwerbung von Mitgliedern anderer Kooperationen.

In diesen strategischen Alternativen zu denken, erfordert eine Kooperationsführung, welche die partnerschaftlichen Strömungen kennt und in das eigene Management einzubeziehen weiß. Werden die generellen Optionen durch ideologische Barrieren beschränkt, so werden Verbundgruppen niemals die Durchschlagskraft der Konzerne erreichen, mit denen sie im Markt konkurrieren. Und je aktiver dieser Wettbewerb ist, um so eher wird eine konfliktfreie full-service-orientierte Anpassungsstrategie nicht mehr greifen, sondern ist eine marketingorientierte Durchsetzungsstrategie erforderlich, die letztlich in ein Franchising mündet (Tietz 1989, S. 8). Oft aber scheitern diese Notwendigkeiten an den internen Entscheidungsprozessen der Verbundgruppen.

LITERATUR

Becker, J.: Marketing-Konzeption, 3. Aufl., München 1990

Böing, E.; Barzen, D.: Kunden-Portfolio im Praktiker-Test. In: Absatzwirtschaft 1992, Heft 2, S. 85-92

Drexel, G.: Strategische Unternehmungsführung im Handel, Berlin 1981

Dunst, K.H.: Portfolio Management, Berlin 1979

Gries, W.: Führung mit strategischen Geschäftseinheiten in Genossenschaften. In: Mändle, E.; Swoboda, W. (Hrsg.): Gesnossenschafts-Lexikon, Wiesbaden 1992, S. 222-223

Hinterhuber, H.H.: Strategische Unternehmensführung, 5. Aufl., Bd. I, Berlin 1991

Kuhlmeier, A..: Die Betriebstypeninnovation als Bestandteil der Absatzpolitik im Einzelhandel, Göttingen 1980

Kühn, R.: Methodische Überlegungen zum Umgang mit der Kundenorientierung im Marketing-Management. In: Marketing ZFP, 13 (1991), Heft 2, S.97-107

Kuhn, G.: Verbundgruppen und Organisationsentwicklung. In: Der Verbund 5 (1992) Heft 1, S.4-6

Lerchenmüller, M.: Handelsbetriebslehre, Ludwigshafen 1992

Olesch, G.: Strategische Ansätze zur Weiterentwicklung der Verbundgruppen In: Der Verbund 1 (1988) Heft 1, S.4-6

Robens, H.: Schwachstellen der Portfolio-Analyse. In: Marketing ZFP, 7 (1985), Heft 3, S. 191-200

Schmüser , J.: Die EK-Gruppe-Spezialisten für Vielfalt. In: Der Verbund 6 (1993) Heft 2, S.12-14

Strobel, B.: Maßanzug oder Konfektion. In: Der Verbund 1 (1988) Heft 3, S.10-13

Strobel, B.: Standortspezifische Geschäftstypen im Fachhandel. In: Trommsdorff, V. (Hrsg.) Handelsforschung 1988, Heidelberg 1988, S. 99-115

Tietz, B.: Degeneration und Regeneration der Verbundgruppen des Handels. In: Der Verbund 2 (1989) Heft 3, S.4-8

Tietz , B.: Einzelhandelsperspektiven für die Bundesrepublik Deutschland bis zum Jahr 2010, Frankfurt 1992

Treis, B. (Hrs.): Der mittelständische Einzelhandel im Wettbewerb, München 1981

Witt, F.-J.: Handelscontrolling, München 1992

Zukunftsorientierte Führung von Einzelhandels-kooperationen

Christoph Gustav Pauli, Friedrich Hoffmann, Augsburg

Die meisten deutschen Handelskooperationen haben in den vergangenen Jahren den Weg der Zentralisierung gewählt, um durch Machtzuwachs v.a. auf den Beschaffungsmärkten gegen die Filialisten zu bestehen. Der Erfolg der kooperierten Einzelhändler selbst liegt dagegen zumeist lediglich im Überleben. Im Hinblick auf die abnehmende Bedeutung der nicht kooperierten Betriebe im Gesamtmarkt stellt sich die Frage, inwiefern die zentralistischen Konzeptionen der traditionellen (Lebensmittel-) Kooperationen für den wachsenden Markt der Kooperationen in anderen Branchen übernommen werden können bzw. sollen. Hier setzt das Modell der unternehmerischen Holding an, bei dem selbständige Einzelhändler im Vordergrund der Betrachtung stehen.

1 AKTUELLE PROBLEME VON EINZELHANDELSKOOPERATIONEN

Die großen deutschen Handelskooperationen, zumeist aus der Lebensmittelbranche, haben den Weg der Zentralisierung gewählt, um durch Machtzuwachs v.a. auf den Beschaffungsmärkten gegen die Filialisten zu bestehen. So werden von jeher die zukünftigen Entwicklungschancen von Einzelhandelskooperationen von Wissenschaft und Praxis umso positiver beurteilt, je straffer sie organisiert sind und je geschlossener sie am Markt auftreten. In den vergangenen Jahren sind dabei zwei grundlegende Tendenzen zur Zentralisierung bzw. zur Konzentration innerhalb der Kooperation festzustellen: Übernahme von Kompetenzen durch die Zentrale einerseits und steigender Anteil am Eigengeschäft der Zentralen andererseits. So haben sich neben dem eigentlichen Kooperationsgeschäft Regiebetriebe (Übernahmen und Neugründungen), Beteiligung an Filialsystemen, Franchising und Nichtmitglieder-Geschäft als zentrale Spielfelder herauskristallisiert (vgl. Batzer u.a. 1989, S. 70 ff.). Bereits heute generieren einige Handelskooperationen über die Hälfte des Umsatzes nicht mehr mit den selbständigen Mitgliedern der Kooperation (z.B. Spar 50 %, Rewe 75 % des Umsatzes; vgl. Mattmüller 1990, S. 214 ff.). Bei institutionaler Betrachtungsweise müßten diese Unternehmen entsprechend als Konzern mit angeschlossener Kooperation definiert werden. Der Erfolg der kooperierten Einzelhändler selbst liegt dagegen zumeist lediglich im Überleben in einem von Übernahmen und Insolvenzen gekennzeichneten Markt. Im Hinblick auf die abnehmende Bedeutung der nicht kooperierten Betriebe im Gesamtmarkt stellt sich die Frage, inwiefern die zentralistischen Konzeptionen der traditionellen Lebensmittel-Kooperationen für den wachsenden Markt der Kooperationen in anderen Branchen übernommen werden können bzw. sollen.

Hier setzt das Modell der unternehmerischen Holding an, welches wir im Zusammenhang mit der Führung von Unternehmensverbindungen unter besonderer Berücksichtigung selbständiger Unternehmer entwickelt haben. Aufbauend auf den Stärken eines selbständigen Einzelhändlers (Innovationskraft, Flexibilität, Unternehmertum, Eigeninitiative, lokale Marktkenntnisse und vor allem Kundenkenntnisse), den Chancen auf den Märkten (Wettbewerbsverschärfung, Wertewandel, steigende Kundenanforderungen, zunehmende Komplexität) sowie den internen Anforderungen (Dezentralisation, Intrapreneurship, Autonomie), kann ein zukunftssicherndes Führungskonzept aufgezeigt werden. Der selbständige Einzelhändler rückt in den Vordergrund der Betrachtung. Die Kooperation versucht weiterhin die Schwächen auf der Beschaffungsseite zu kompensieren, der eigentliche Wettbewerbsvorteil soll jedoch entsprechend der einzelunternehmerischen Stärken auf der Absatzseite erzielt werden.

Aufgrund dieser Tendenzen stellt sich die Frage, was in diesem Zusammenhang unter einer Kooperation zu verstehen ist und welche Implikationen für die Führung und Gestaltung hieraus abgleitet werden können bzw. müssen.

2 KOOPERATION ALS ZWISCHENFORM ZWISCHEN EINZELUNTERNEHMUNG UND MARKT

Kooperationen befinden sich im Spannungsfeld zwischen Marktkoordination (Marktmechanismus) und Unternehmensintegration (Hierachiemechanismus). Die reine Marktkoordination zeigt im Hinblick auf den selbständigen Einzelhandel deutliche Schwächen. Der einzelne Einzelhändler wird ohne Kooperation zum Scheitern verurteilt sein. Soweit besteht in Theorie und Praxis Einigkeit. Daraus zu schließen, je mehr Kooperation, desto besser, im Sinne der traditionellen zentralistischen Strukturen, ist zu einseitig. Schenk sieht in der Forderung nach einer möglichst starken Zentralisation, v.a. im Bereich Beschaffung, auch „eine wettbewerbspolitisch bedenkliche, dem System der Marktwirtschaft fremde Voraussetzung“ (Schenk 1991, S. 384). Gleiches zeigt auch das Beispiel des Zusammenbruchs des zentralistischen Systems des Ostblocks. Es gilt also, das richtige Maß und die richtige Richtung der Kooperation (Zentralisation versus Dezentralistion) zu finden. Auch wenn hier ebenso das Grundgesetz der Organisation gilt – es gibt nicht *die* beste Organisation –, so können doch gewisse Gesetzmäßigkeiten und Handlungsempfehlungen aufgezeigt werden.

2.1 Affinität von Einzelhandelskooperation und Konzern

Kooperation ist jede auf freiwilliger Basis beruhende, vertraglich geregelte Zusammenarbeit rechtlich und wirtschaftlich selbständiger Betriebe zum Zwecke der Verbesserung der Leistungsfähigkeit und damit implizit ihrer Wettbewerbsfähigkeit (z.B. Schenk 1991, S. 354). Die Einzelhandelskooperationen, hier im Sinne von Verbundgruppen gleichgelagerter Facheinzelhändler, sind grundsätzlich unabhängig von der Rechtsform und ihrer Entstehungsgeschichte und grenzen sich durch ihren Gesamtunternehmensbezug zu funktionalen Kooperationen ab. Auf Basis der allgemeingültigen Definition geht der hier zugrundegelegte *Kooperationsbegriff* von einem horizontalen Zusammenschluß selbständiger Facheinzelhändlern aus, die durch die Schaffung einer (institutionalisierten) Kooperationszentrale ihre Wettbewerbsfähigkeit erhalten und steigern wollen.

Organisatorisch entsteht also eine Spitzeneinheit und Grundeinheiten in Form der rechtlich selbständigen Mitgliedsunternehmen. Dies wiederum bringt sie in die Nähe von Konzernen, bei denen üblicherweise von den Definitionsmerkmalen des § 18 AktG ausgegangen wird: 1. Zusammenfassung von mehreren, 2. rechtlich selbständigen Unternehmen unter 3. einheitlicher Leitung (*Rechtlicher Konzernbegriff*). Das Aktiengesetz unterscheidet weiterhin zwischen Unterordnungs- und Gleichordnungskonzernen (§ 18 Abs. I bzw. II AktG). Während bei dem in der Praxis weitaus üblicheren *Unterordnungskonzern* die einheitliche Leitung von einem herrschenden über das/die abhängige(n) Unternehmen ausgeübt wird (§§ 291 u. 319 AktG), definiert sich ein *Gleichordnungskonzern* durch das fehlende (rechtliche) Abhängigkeitsverhältnis zwischen Spitzen- und Grundeinheiten (im Sinne der §§ 291 u. 319 AktG). Anzumerken ist hierbei, daß die entsprechenden Paragraphen des Aktienrechts sich nicht nur auf Aktiengesellschaften beschränken, sondern als Konzernrecht schlechthin verstanden werden (vgl. Emmerich & Sonnenschein 1991, insbes. S. 42 ff.).

Im Gegensatz dazu werden Handelskooperationen vom Bundeskartellamt als Kartelle definiert, wobei unter Kartell eine vertragliche Absprache bei kapitalmäßiger und rechtlicher Selbständigkeit zu verstehen ist, mit dem Hauptziel der Beseitigung oder zumindest Beschränkung des Wettbewerbs. Aber sichern nicht gerade die Einzelhandelskooperationen den Wettbewerb in der deutschen Handelslandschaft? (vgl. Schenk 1992, S. J15; Tietz 1985, S. 1365). So wäre zu überlegen, ob das rechtliche Kleid des Kartells für Einzelhandelskooperation angemessen ist, oder ob hier nicht eher Überlegungen zum Gleichordnungskonzern angebracht sind. Hierunter sind nach dem Gesetz wie o.a. Unternehmensverbindungen ohne rechtliches Abhängigkeitsverhältnis, aber mit einheitlicher Leitung zu verstehen. Der Grund für diese Diskrepanz liegt vermutlich einerseits in der Vernachlässigung des Gleichordnungskonzerns in der Rechtsprechung, wodurch die Auslegung desselben als spärlich bis ungelöst anzusehen ist (vgl. Emmerich & Sonnenschein, S. 27). Andererseits war der Gleichordnungskonzern 1965 vom Gesetzgeber nur im Aktienrecht vorgesehen, welches erst im Laufe der Zeit zum Konzernrecht weiterentwickelt wurde. Ein eigentliches Konzernrecht existiert dagegen bis heute nicht und ist aus heutiger Sicht höchstens im Rahmen der Europäischen Union zu erwarten.

Ohne auf das Konzernrecht im einzelnen weiter eingehen zu wollen, kann festgehalten werden, daß eine hohe Affinität von Kooperation und (Gleichordnungs-) Konzern besteht. Der rechtliche Begriff bildet den Rahmen für die betriebswirtschaftliche Auseinandersetzung mit dem Phänomen Konzern, um daraus Implikationen für die Führung abzuleiten.

Zentraler Ansatzpunkt eines *betriebswirtschaftlichen Konzernbegriffs* ist die Sicht des Konzerns als „Ganzes“, als Entscheidungs- und Handlungs*einheit*, der hinsichtlich der unternehmerischen Willensbildung absolute Autonomie zuzuerkennen ist. Der Konzern ist demnach im betriebswirtschaftlichen Sinne eine wirtschaftlich autonome Einheit, auch wenn – wie bei einem offenen System – die einzelnen selbständigen Einheiten nach innen und außen als eigenständige Marktpartner auftreten (können). Um die Vielfalt der Erscheinungsformen in der Praxis zu erfassen, ist es nötig, einen Konzern als Zwischenform zwischen Einzelunternehmen und Markt – im Sinne (mehrerer) unverbundener konkurrierender bzw. kooperierender Unternehmen – zu begreifen. Demnach gibt es Konzerne, die eher einem Einzelunternehmen ähnlich sind und solche, die eher unverbundenen Unternehmen wesensverwandt sind (vgl. Hoffmann 1993, S. 8). Die Abgrenzung zum Markt ergibt sich durch die einheitliche Leitung, d.h. durch die Führung der Teileinheiten durch eine institutionalisierte Obergesellschaft. Diese wird, durch die Entstehungsgeschichte bedingt, häufig als Holdinggesellschaft tituliert.

2.2 Holding als Führungsorganisationsform von Kooperationssystemen im Handel

Der Begriff der Holding wird hier nicht als Institution, sondern als Struktur verstanden. Als solche regelt sie die Aufgaben- und Kompetenzverteilung zwischen Obergesellschaft und den einzelnen Konzerngliedern und stellt damit eine bestimmte *Konzernorganisation* dar. Die jeweiligen idealtypischen Holdingformen (operative, strategische, Finanz- und unternehmerische Holding) legen dann das Ausmaß der Kompetenzverteilung zwischen den Einheiten in Abhängigkeit der zentral bzw. dezentral gelösten Aufgabengebiete fest. Diese Notwendigkeit besteht auch für die Kooperation im Einzelhandel und ermöglicht die Diskussion über eine *Kooperationsorganisation* nach dem Muster der Holding-Konzerne. Dabei ist unter Holding nicht nur die reine Organisationsgestaltung von Unternehmensverbindungen zu verstehen, sondern in einem erweiterten Zusammenhang ein Führungskonzept für Unternehmensverbindungen.

3 EINZELHANDELSKOOPERATIONEN IM SPANNUNGSFELD ZWISCHEN ZENTRALISATION UND DEZENTRALISATION

Nach empirischen Untersuchungen läßt sich – zumindest in Deutschland – bis heute ein bestimmter Entwicklungsweg von Einzelunternehmen hin zu Konzernen aufzeigen.

Einzelunternehmen kommen aus verschiedenen Gründen (Wettbewerbsfähigkeit, Wachstumsgrenze, Internationalisierung, Finanzlage, etc.) an ihre Grenzen. So kommen erste Tochtergesellschaften hinzu, wodurch sich Einzelunternehmen zum (Stammhaus-) Konzern (*operative Holding*) entwickeln. Gerade bei hohem Diversifikationsgrad und/oder wachsender Größe des Unternehmens machen sich vermehrt zentrifugale Kräfte bemerkbar, die viele Stammhauskonzerne dazu veranlassen, ihre Organisationsform hin zur *strategischen Holding* bzw. Management-Holding zu wechseln. Die Vorteile werden im wesentlichen in größerer operativer (Markt-) Flexibilität und größerer (Mitarbeiter-) Motivation gesehen, um der steigenden Dynamik und Komplexität der Umwelt gerecht zu werden. Nicht zuletzt durch Beraterschlagworte wie Gemeinkostenwertanalyse und Überkomplexität wurde auf die Problematik von (zu großen) Zentralbereichen aufmerksam gemacht, die keinen Mehrwert schaffen. Dies führte in jüngster Zeit zu dem Wandel von der „traditionellen" Management-Holding (strategische Holding) hin zur „schlanken" Management-Holding, welche nach neuerem Sprachgebrauch als *Finanzholding* verstanden werden kann (vgl. Werdich 1993, S. 307 ff.). Gleichzeitig wird der Ruf nach Unternehmertum, Entrepreneurship, Eigenverantwortung oder Autonomie immer stärker. Es werden innovative Macher („Schumpeter"-Unternehmer) anstelle bedenkenloser Aufgabenträger (konventionelle Mitarbeiter/Manager) gefordert. Dies deutet in Richtung unternehmerischer Konzerne und damit auch in Richtung *unternehmerischer Holding*, also ein Führungskonzept, in dem das Unternehmerische zentrales Gestaltungselement der Unternehmensverbindung ist (vgl. Hoffmann 1992, S. 555).

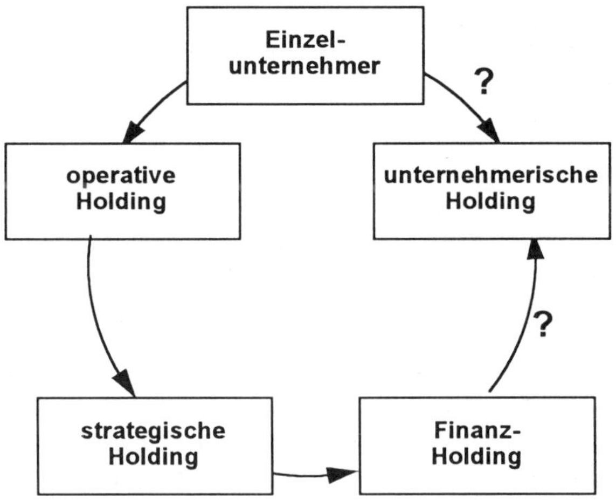

Abbildung 1: Entwicklungsrichtung deutscher Unternehmen auf dem Kontinuum der Holdingformen

Was bedeutet dies nun für die Einzelhandelskooperationen, die hier im Vordergrund der Betrachtung stehen?

Der traditionelle Weg der Einzelhandelskooperationen ist der Weg in Richtung einer zentral geführten operativen Holding, die in Anlehnung an die klassischen Filialsysteme per Knopfdruck von der Zentrale gesteuert werden können bzw. müssen. Je straffer sie organisiert sind und je geschlossener sie am Markt auftreten, umso positiver werden die zukünftigen Entwicklungschancen von Einzelhandelskooperationen von Wissenschaft und Praxis beurteilt (z.B. Kuhn 1977, S. 1;, Schmid 1989, S. 32; Beuthien & Träger 1993, S. 14). Wichtigstes Motiv der Zentralisation ist der Wunsch, die Schlagkraft, die Effizienz, die Marktstärke des Gesamtsystems zu erhöhen. Doch hierzu konstatierte Meyer bereits 1978, daß die Kooperationssysteme nicht aus ihrer Haut heraus können, da sie im Kern auf freiwilliger Basis beruhen (vgl. Meyer 1978, S. 8). Dennoch versucht ein Großteil der Kooperationsmanager, diesen „angeblichen“ Mangel durch zunehmende Machtzentralisation in deutschen Einzelhandelskooperationen zu egalisieren. Doch bei näherer Betrachtung muß festgestellt werden, daß dieses Bestreben nicht nur von Erfolg gekrönt ist. Einerseits tendieren die Renditen zum Nullpunkt und für die einzelnen Kooperationsmitglieder liegt der Hauptvorteil im Überleben, zumindest wenn kalkulatorische Kosten, speziell der kalkulatorische Unternehmerlohn, im Sinne von Oppertunitätskosten richtig angesetzt werden. Und andererseits stellt sich auch für die Kooperation als Ganzes nicht der gewünschte Erfolg ein, sind sie doch letztlich der „ewige“ Zweite hinter den klassischen Filialsystemen.

Konzernorganisation und Kooperation bewegen sich also aufeinander zu, geht man davon aus, daß Konzerne zunächst aus zentral geführten Einheitsunternehmen durch Diversifikation, v.a. über Akquisition oder Multiplikation unter Beibehaltung der zentralen Führung, entstanden sind und Kooperationen aus freiwilligen Zusammenschlüssen autonomer Markteinheiten.

Ausgehend von der kooperationswilligen Einzelunternehmung bieten sich somit für Kooperationen als Institution zwei grundsätzliche Alternativen:

- Weg der traditionellen Kooperationen in Richtung Filialisten (operative Holding),
- neuer zukunftsorientierter Weg (unternehmerische Holding).

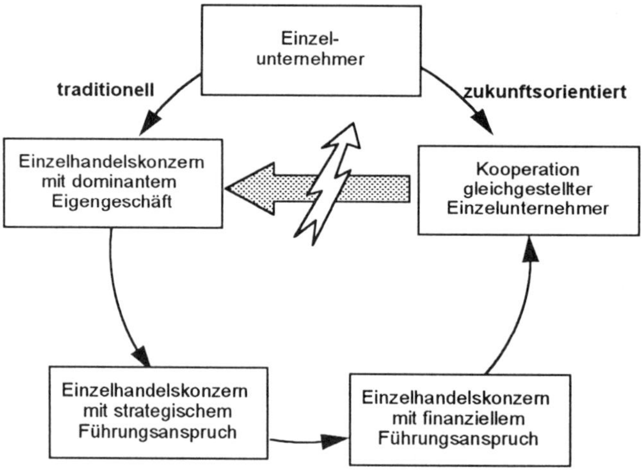

Abbildung 2: Grundsätzliche Entwicklungsalternativen für Einzelhandelskooperationen

Die Unzufriedenheit der selbständigen Einzelhändler über die zentrale Ausrichtung der klassischen Systeme hat auch in der Praxis Anfang der neunziger Jahre zur Neugründung der „maxima-electronic-Vertriebs-Cooperation GmbH & Co. KG" geführt, die als Beispiel für eine von einzelunternehmerischen Interessen geleitete Kooperation herangezogen werden kann. Mit Pioniergeist unter dem Motto „wer das Ziel kennt, kann auch den richtigen Weg finden" schlossen sich 56 eigenständige Handelsunternehmen der UE-Branche zusammen. Entsprechend der Namensgebung steht hier nicht die Beschaffung im Vordergrund, sondern die aus eigener Erfahrung geprägte Zielsetzung, die „Selbständigkeit der Einzelhändler zu sichern und durch gemeinsame Leistungen zu unterstützen." Ende 1993 waren bereits 350 selbständige Einzelhändler Mitglied der „maxima" und gegen Ende 1994 dürften es nach vorläufigen Prognosen bereits 500 sein.

Wie kann also ein zukunftsorientiertes Führungskonzept für Einzelhandelskooperationen in Anlehnung an die unternehmerische Holding aussehen?

4 KONZEPT DER UNTERNEHMERISCHEN HOLDING ALS ANTWORT AUF DIE HERAUSFORDERUNGEN AN EINE ZUKUNFTSORIENTIERTE KOOPERATIONSFÜHRUNG

Für die Führung von Unternehmen allgemein und Einzelhandelskooperationen im besonderen bedarf es eines integrativen Managementkonzepts. Ausgangspunkt unternehmerischer Betätigung sind *Visionen* als grundlegender Wegweiser für Ziele und Strategien. Um *Ziele* – Maßstab jedes unternehmerischen Handelns – zu erfüllen, müssen in Abstimmung mit der Umwelt (externes Umfeld und interne Potentiale und Fähigkeiten) *Strategien* zur Zielerreichung entwickelt werden. Die formulierten Ziele und Strategien müssen in konkretes Handeln umgesetzt werden. Diese Umsetzung erfolgt durch *Realisationskonzepte*, die damit als Verhaltensbeeinflussungskonzepte zu verstehen sind. Prinzipiell kommen drei Realisationskonzepte in Betracht, die einander ergänzen und verstärken, aber teilweise auch ersetzen können (vgl. Schmidt 1993, S. 126):

- *Organisations-Management* als formal dauerhaft orientiertes *Ordnungsinstrument* zur Zielerfüllung,
- *Personal-Management* als organisations-, kultur- und mitarbeiterorientiertes *Steuerungsinstrument* zur zielorientierten Führung,
- *Kultur-Management* als *Verhaltensinstrument* zur Unternehmens- und Individualzielerreichung.

Abgestimmt mit dem *Führungsunterstützungsinstrument Controlling* können Unternehmen zum *Erfolg* geführt werden.

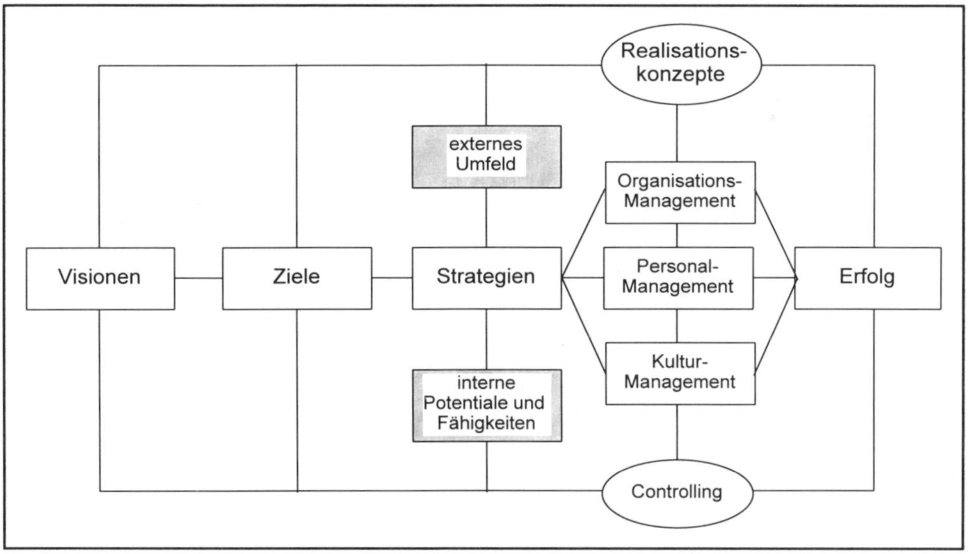

Abbildung 3: Theoretischer Bezugsrahmen für die Führung von Kooperationssystemen auf Basis des Unternehmungs-Bewertungs-Systems (UBS) (Hoffmann 1990, S. 321)

4.1 Orientierungsrahmen

Um den unternehmerischen Aktivitäten eine grundlegende Richtung vorzugeben, bedarf es eines umfassenden Orientierungsrahmens, der sich in Visionen, Grundsätzen und Zielen manifestiert.

4.1.1 Visionen und Grundsätze

Visionen als Vorstellung von dem zukünftigen Zweck eines Unternehmens spiegeln das Selbstverständnis des Unternehmens wider. *Visionen* werden als Wegweiser für Ziele und Strategien verstanden und sind Orientierungspunkt für das Management. Die Vision ist dabei Wegweiser und Ziel zugleich, steht sie doch in einer ständigen Wechselbeziehung zwischen unternehmerischer Realität und geistiger Projektion und ist damit Ausgangspunkt und Basis für den freiwilligen Unternehmensverbund. Fundament einer *reinen Kooperationsvision* ist die Metavision „gemeinsam stark im Wettbewerb zu sein" (Zeller 1993, S. 353) oder etwa die „Erhaltung eines leistungsfähigen Mittelstandes und Bewahrung absoluter Unabhängigkeit" (Pauli 1993, S. 395). Gleichzeitig verfolgt auch jeder Unternehmer mehr oder weniger bewußt seine *eigene Vision*. Die Schnittmenge beider Visionen ist die *unternehmensallgemeine Kooperationsvision*, die i.d.R. einen stärkeren Marktbezug aufweist, wie z.B. bei der „maxima" die „Leistungsführerschaft im UE-Markt durch optimale Kundenzufriedenheit."

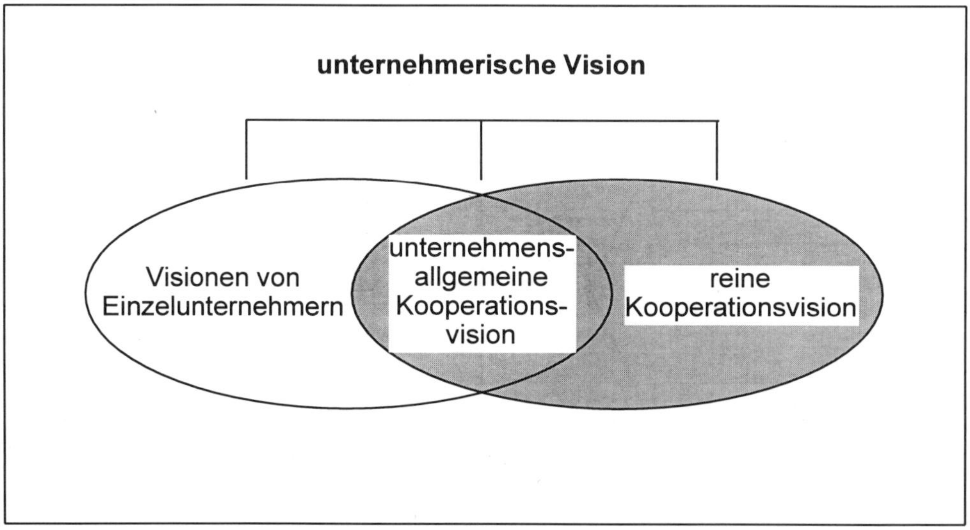

Abbildung 4: Zusammenhang von Unternehmervisionen und Kooperationsvision

Die Vision und die Philosophie müssen, um handlungsleitend im gesamten Unternehmenskomplex zu sein, bekannt und dafür entsprechend codifiziert werden. Und dies gilt um so mehr für Unternehmensverbindungen, die auf Autonomie und Entscheidungsfreiheit basieren. Die Unternehmens- und Führungs*grundsätze* bilden dann das Fundament für den Grundkonsens in der Kooperation, d.h. zwischen Unternehmern und Zentrale. Als weiches

Führungsinstrument erfüllen sie damit eine Koordinations- und Integrationsfunktion (vgl. Hoffmann 1989, S. 167 ff.).

Ein beispielhaftes unternehmensindividuelles „Grundgesetz" hat auch die „maxima" in Form von acht Grundsätzen aufgestellt. Diese sind nicht nur Basis der Kooperation, sondern werden gerade auch (potentiellen) Neumitgliedern nahegebracht und auch gegenüber der Industrie publiziert.

1. „maxima electronic" ist eine zu *100 % einzelhandelsgeführte* Kooperation.
2. *Fremdbestimmung* durch *nicht* einzelhandelsorientierte Interessen gibt es bei „maxima" nicht.
3. Ziel ist es, den Absatz von Unterhaltungselektronik- und Haustechnikprodukten *vor Ort* zu *maximieren.*
4. „maxima elektronic" konzentriert sich ohne Wenn und Aber auf geordnetes, effektives und *partnerschaftliches Vermarkten.*
5. Mit dem Preis-Leistungsverhältnis der Aktions- und Schwerpunktsortimente profiliert sich „maxima" *im Wettbewerb.*
6. Mit ihren Aktionen, der Beratung und dem Service stellt sich „maxima" bei den Verbrauchern als *klare Alternative* zu anderen Wettbewerbern dar.
7. Das „maxima"-Marketing muß *glaubwürdig und überzeugend* sein.
8. *Identifikation* des einzelnen Geschäftes mit dem „maxima"-Design im Laden, am Schaufenster, in der Werbung, in der Verkaufsförderung und an den Firmenfahrzeugen.

Quelle: maxima electronic, Augsburg

Inwiefern allerdings diese Grundsätze tatsächlich angewandt werden und nicht als bloßes Lippenbekenntnis dastehen, hängt wesentlich von der glaubwürdigen Umsetzung der Kooperationszentrale als Vorbild und der Identifikation der selbständigen Einzelhändler mit den Grundsätzen ab.

4.1.2 Ziele von Einzelhandelskooperationen

Bezüglich der *Ziele* von Kooperationen sollen zwei Aspekte näher beleuchtet werden, die in diesem Zusammenhang als besonders relevant anzusehen sind. Zunächst weist das formale Zielsystem von Kooperationen in Anlehnung an die Konzernführung eine besondere Komplexität im Gegensatz zu Einzelunternehmen auf. Diese Komplexität ergibt sich durch die Mehrdimensionalität in Unternehmensverbindungen:

– Ziele der einzelnen kooperierten Unternehmer (Individualzielsystem),
– Ziele der Kooperationszentrale und
– Ziele der Kooperation als Ganzes (Kooperationswertsteigerung).

Jedes Subsystem der Kooperation (Einzelhändler und Zentrale) verfolgt sein eigenes Zielbündel. Diese *unternehmensallgemeinen Ziele* spiegeln sich formal in dem Oberziel der Existenzsicherung des jeweiligen Unternehmens wider. Um diese, gerade für den selbständigen Einzelhändler besonders relevante Intention, zu gewährleisten, müssen ökonomische (Kapitalverzinsung), soziale (Verantwortung) und in Zeiten hoher Komplexität und Dynamik zunehmend Anpassungsziele zur proaktiven und reaktiven Flexibilität verfolgt werden (vgl. Hoffmann 1990, S. 316 f.). Durch den Unternehmensverbund der Kooperation müssen einerseits diese Zielsysteme untereinander kompatibel sein und andererseits kommt eine neue Zieldimension in Form des *Kooperationszwecks* hinzu. Aus Sicht der Einzelhändler definiert sich der Zweck dadurch, einen Vorteil gegenüber dem einzelbetrieblichen Vorgehen zu gewinnen. Hierdurch wird zugleich die Konfiguration der Kooperation determiniert, die sich grundsätzlich in der Wertsteigerung der Kooperation als „Ganzes" ausdrückt.

Für die Führung von Kooperationen bedeutet dies, daß das Individualzielsystem der Handelsunternehmer mit dem Zielsystem der Kooperationszentrale abgestimmt werden muß und zugleich muß das Ziel der *Kooperationswertsteigerung* daraus hervorgehen. Nur durch diesen Bottom-up-Prozeß kann von einer hohen Akzeptanz und einem hohem Zielerreichungsgrad ausgegangen werden.

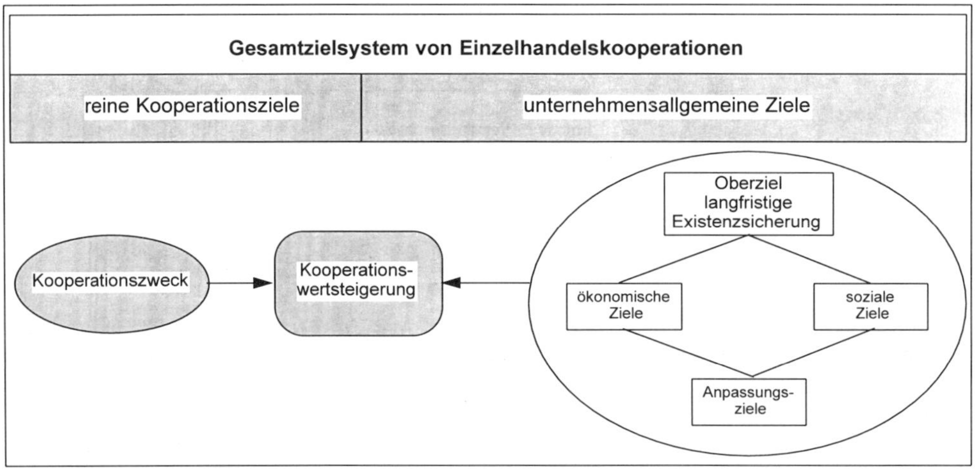

Abbildung 5: Gesamtzielsystem von Einzelhandelskooperationen

Im Gegensatz dazu haben sich in einigen traditionellen Kooperationen die Ziele der Zentrale mittlerweile verselbständigt. Die Dominanz des Eigengeschäfts (bis zu 75 %) läßt die Position der kooperierten Einzelhändler im Mittelpunkt des Zielsystem der Kooperationen als Lippenbekenntnis erscheinen.

4.2 Kooperationsstrategie

Das Ziel einer Kooperation liegt in der Schaffung von Mehrwert für die einzelnen angeschlossenen selbständigen Unternehmer. Für diese Zielsetzung bedarf es entsprechend eigener Strategien, die sich von der eines Einzelunternehmens unterscheiden müssen. Zur Erreichung von Mehrwert durch Unternehmensverbindungen konnten in empirischen Untersuchungen vier idealtypische Strategien festgestellt werden (vgl. Porter 1987; Hoffmann 1989 und 1993):

- *Aufgabenzentralisierung* durch Zusammenlegung gleicher Tätigkeiten, um Größenvorteile zu nutzen,
- *Know-how-Transfer* durch die gezielte, zumeist dauerhafte Übertragung von Wissen zwischen einzelnen Unternehmen,
- *Portfolio-Management* als Risiko-Streuungs-Strategie in Anlehnung an die Finanzwissenschaft und
- *Sanierung* von unterbewerteten Unternehmen und Veräußerung nach erreichtem Turnaround.

Basis für die Formulierung der Kooperationsstrategie muß entsprechend dem dezentralen Gedanken der unternehmerischen Holding die Unternehmensstrategie auf Ebene der Einzelhändler sein – also die Wettbewerbsstrategie. In Anlehnung an Porters generische *Wettbewerbsstrategien* unterscheiden wir Kostenführerschaft, Differenzierung und Spezialisierung (vgl. Porter 1986, S. 31 ff.).

Um die richtige Kombination aus Konzern- und Wettbewerbsstrategie zu finden, muß ein Abgleich mit der externen und internen Umwelt stattfinden. Die generellen *Umfeld*bedingungen sind gekennzeichnet durch zunehmende Wettbewerbsverschärfung aufgrund wirtschaftlicher, technologischer, politischer und gesellschaftlicher Dynamik und Komplexität. Besonderen Einfluß auf die Aktivitäten der Händler übt der Wertewandel in der Bevölkerung aus. Dieser zeigt sich nicht nur in einem geänderten Käuferverhalten, sondern wird auch durch die Mitarbeiter in die Unternehmen hineingetragen. Diese steigenden Kunden- und v.a. auch Mitarbeiteranforderungen können in einem dezentralen, auf Autonomie aufbauenden Unternehmensverbund besser als in einem zentralistischen System erfüllt werden. Dadurch werden die *Potentiale und Fähigkeiten* selbständiger Einzelhändler, die sich aus dem Unternehmertum ergeben, wie lokale Markt- und Kundenkenntnisse, höhere Motivation durch Eigentum sowie Flexibilität und Eigeninitiative zu Stärken von unternehmerisch ausgestalteten Kooperationen.

Damit ergeben sich in der Aufgabenumwelt ganz besondere Chancen für Kooperationen: Auf den *Absatzmärkten* zeigt sich eine Tendenz zu steigenden Kundenanforderungen und zu hybridem Käuferverhalten, d.h. hohe Preisorientierung einerseits und hohe Erlebnis-/ Qualitätsorientierung andererseits. Heute finden sich diese Orientierungen bei dem gleichem Individuum, das Produkte mit „low interest" möglichst billig bevorzugt und bei Produkten mit „high interest" die Erfüllung seiner individuellen Wünsche im Vordergrund sieht. Der Konsument ist auch bereit, dafür entsprechende Gegenleistungen zu erbringen (vgl. vertiefend Mattmüller 1987, S. 69 ff.; Ahlert & Schröder 1990, S. 222 f.).

Auf den *Beschaffungsmärkten* zeigen sich gerade aufgrund des zunehmenden Drucks der Handelskonzerne Probleme bei Herstellern hochwertiger „Nicht"-Standardprodukte, ihre Produkte dem Marketingkonzept gerecht zu distribuieren (Preisdumping). Durch eine Partnerschaftsstrategie, gerade mit mittelständischen Herstellern als Markenpartner, bieten sich hier für Facheinzelhandelskooperationen besondere Chancen, sich mit individuellen Produkten zu einem akzeptablen Preisniveau im Markt von den meist rein preisorientierten Wettbewerbern abzuheben. Eine Profilierung wird hierdurch für Hersteller und Händler möglich.

Die *Konkurrenz* setzt dagegen auf die Niedrigpreisbereiche, in denen der preisorientierte Kauf – auch in der Beschaffung – dominiert (Kostenführerschaft). Um Abstand zu nehmen von einer einseitigen Orientierung an preisaggressiven Konkurrenten, bietet sich nicht zuletzt aufgrund der bestehenden und zukünftigen Marktpotentiale eine Fokussierung auf den erlebnis- und qualitätsorientierten Markt für Einzelhandelskooperationen an (Differenzierung). Diese manifestiert sich in einer konsequenten Absatz- und damit Kundenorientierung, die zur Defintion von Problemlösungsansätzen für spezifische Zielgruppen weitergeführt werden muß.

Aufgabe der Kooperation muß demzufolge sein, auf den Potentialen und Fähigkeiten der Einzelhändler aufbauend die Chancen der Märkte zu ergreifen, um dadurch gegenüber der Konkurrenz zu einem nachhaltigen Wettbewerbsvorteil zu gelangen. Auf Wettbewerbsebene kommt daher nur die *Differenzierungs-* und Spezialisierungsstrategie in Frage. Die adäquate Kooperationsstrategie kann entsprechend nur Know-how-Transfer und Aufgabenzentralisierung sein (vgl. Pauli 1993, S. 397 f.). Aufgabenzentralisierung bzw. -konzentration, um im wesentlichen die Schwächen auf der Beschaffungsseite zu kompensieren, der Mehrwert und der Wettbewerbsvorteil soll aber entsprechend auf der Absatzseite durch Know-how-Transfer erzielt werden. *Know-how-Transfer* bedeutet hier im wesentlichen, Problemlösungen für den einzelnen Händler anzubieten, die in Form von Wettbewerbsvorteilen im lokalem Markt umzusetzen sind. Es geht also darum, in Form der freiwilligen Filialisierung (Meyer 1973/1988, S. 103) die Multiplikation von Erfahrungen, die sich beim Betriebsvergleich in Kooperationen einstellen, zu nutzen (Hirsch 1925 nach Schenk 1991, S. 386).

4.3 Realisationskonzepte

Die Realisierung von Visionen, Zielen und Strategien muß von unternehmerischen Gedanken geprägt sein, d.h. von Autonomie, Dezentralisation und unbürokratischen Instrumenten. Die Führung der autonomen, innovativen Konzernunternehmen bzw. selbständigen Einzelhändler muß vor allem durch personelles und kulturelles Engagement der einzelnen Unternehmer und durch einen Konsens über wichtige Lenkungsfragen getragen werden. Wesentlich für die Führung einer unternehmerischen Holding sind deshalb Personal- und Kultur-Management. Formales Organisations-Management kann entsprechend nur in sehr geringem Maße erfolgen – auf keinen Fall dominant (vgl. Zeller 1993, S. 355).

4.3.1 Organisations-Management

So viel Dezentralisation wie möglich, so viel Zentralisation wie nötig, könnte entsprechend der Grundgedanke für das Organisations-Management in der unternehmerischen Holding lauten.

Unternehmer wollen für sich keine restriktiven Handlungsschranken! So sollte sich die rechtliche Unabhängigkeit auch im wirtschaftlichen Bereich widerspiegeln. Daher muß grundsätzlich die Autonomie der selbständigen Unternehmer beibehalten werden und erfordert dementsprechend ein sehr geringes Ausmaß an (strukturellen) organisatorischen Koordinationsinstrumenten. Um trotz des geringen strukturellen Organisationsgrades Know-how-Transfer zu realisieren, kann diese Organisation mit Projektgruppen, Task forces etc. überlagert werden. Dialog heißt hierbei das Schlüsselwort zum Erfolg. Die organisatorischen Elemente sind beispielsweise Erfa-Gruppen, Arbeitskreise, Workshops und regelmäßige Regionalveranstaltungen (vgl. hierzu tiefergehend Olesch 1987, S. 27). Aufgrund der Freiwilligkeit ist eine strikte Zweck- und Zielorientierung unerläßlich, da die Einzelhändler sich sonst weder an den Gruppen noch an deren Ergebnissen beteiligen würden.

Die *Aufgabe der Kooperationsobergesellschaft* besteht dann im wesentlichen darin, einen möglichst hohen Beitrag zur Wertsteigerung der Teileinheiten beizutragen. Damit stellt sich neben der generellen Aufbaustruktur der Kooperation die Frage nach den Aufgaben bzw. der Ausgestaltung der Kooperationszentrale selbst. Grundsatz der unternehmerischen Holding ist es, die Obergesellschaft möglichst klein zu halten; einerseits, um keinen unnötigen Overhead zu schaffen und andererseits, um die Autonomie der Einzelhändler zu wahren. Daher verfügen unternehmerische Holdings in der Regel über keine Zentralbereiche, da dies dem Grundgedanken des unternehmerischen Elementes widersprechen würde. Vielmehr muß die Kooperation, um den Know-how-Transfer zwischen den Teileinheiten der Kooperation zu gewährleisten, sich als *Center of Competence* verstehen. D.h., es müssen von der Obergesellschaft die Möglichkeiten zur Gewinnung von Know-how und abgestuft zur Gewinnung von Größensynergien zur Verfügung gestellt werden.

Zur Unterstützung können gemeinsame Service- und Beratungs-Center gebildet werden. Die *Service-Center* beinhalten vorwiegend Bereiche, in denen Synergien realisiert werden können, wie z.B. Einkauf, Lager, Warenwirtschaft, Rechnungswesen, Finanzierung und dergleichen, wobei hier der Grundsatz gilt „*Autonomie vor Synergie*" (Hoffmann, S. 748). In einer als unternehmerische Holding organisierten Handelskooperation können zusätzlich auch spezifische Probleme einzelner Kooperationspartner in Form von *Beratungs-Centern* behandelt werden, um in gemeinsamer Unterstützung eine Lösung für einzelne Unternehmer zu finden (z.B. individuelle Unternehmensstrategie, Nachfolgeproblematik, Aus- und Umbau von Betriebsstätten, Rechtsberatung etc.). Situationsabhängig bietet sich dann auch die Einschaltung externer Berater an. Diese Service- und Beratungs-Center müssen nicht Teil der Obergesellschaft sein, sondern können auch an selbständige Unternehmen des Kooperationssystems oder gar vollkommen an Dritte delegiert werden, d.h. Out Sourcing vor Eigenerstellung.

Dadurch kann den selbständigen Einzelhändlern ein umfangreiches Dienstleistungspaket von Warenwirtschaft, Ladenbau, Werbung, Verkaufsförderung bis hin zu betriebswirtschaftlicher Schulung zur Verfügung gestellt werden, welches in einem gegenseitigen Abstimmungsprozeß ständig optimiert werden muß. Organisations-Management in unternehmerischen Holdings dient somit vorwiegend der Unterstützung und Konsensfindung auf Kooperationsebene bzw. zwischen den einzelnen selbständigen Händlern.

4.3.2 Personal-Management

Das Personal-Management in der Obergesellschaft sollte sich auf langfristige, strategische und kooperationsweite Probleme konzentrieren, vor allem auf die Unternehmerentwicklung. Das dezentrale Personal-Management, also die Führung des (Verkaufs-) Personals, ist als genuine Aufgabe der Unternehmer zu sehen.

Bereits 1965 stellte Zopp in einer Untersuchung fest, daß Human-Ressources zu den wesentlichsten Erfolgsfaktoren, gerade bei gleichgelagerten Einzelhandelsbetrieben, zu zählen sind (vgl. Zopp 1965). Im stationären Einzelhandel kommt dem menschlichen Faktor durch die direkte Verbindung zum Kunden eine entscheidende Bedeutung für den Erfolg einzelner, gerade erlebnis-/qualitätsorientierter Konzepte zu. So fordert Patt ein dem Betriebstyp und damit dem Kundentyp entsprechendes Personal (vgl. Patt 1988, S. 223).

Zur Bewertung und Gestaltung der Human-Ressourcen bietet sich eine Unterscheidung nach Persönlichkeits- und Leistungspotential an: „Erforderlich sind Mitarbeiter, die aufgrund ihrer Persönlichkeit bereit sind, sich mit der Unternehmung zu identifizieren, ihre Aufgaben zu erfüllen und sich für ihre Unternehmung einzusetzen. Dieses *Persönlichkeitspotential* wird bestimmt durch spezifische Eigenschaften und Einstellungen der Menschen. Sie prägen den Charakter eines Menschen, dokumentieren sein Wertesystem und bestimmen, inwieweit potentiell vorhandene Fähigkeiten umgesetzt werden" (Hoffmann 1990, S. 317). Wer wäre hier geeigneter als ein selbständiger Unternehmer, um durch sein Persönlichkeitspotential zum Erfolg des Unternehmens beizutragen?

„Unternehmen brauchen aber auch Mitarbeiter, die aufgrund ihrer Leistungsfähigkeit den an sie gestellten Anforderungen gerecht werden. Dieses *Leistungspotential* wird bestimmt durch Fähigkeiten, Ausbildung und Erfahrung" (Hoffmann 1990, S. 317 f.). Während Ausbildung und Erfahrung durch lebenslanges Lernen ständig, gerade auch durch Weiterbildung, gefördert werden müssen, haben empirische Untersuchungen bei selbständigen Einzelhandelsunternehmern immer wieder erhebliche Schwächen im Bereich der (konzeptionellen) Fähigkeiten aufgezeigt, die in einer auf wirtschaftlicher Selbständigkeit und Autonomie aufbauenden Kooperation von zentraler Bedeutung sind (vgl. Klein-Blenkers 1972, Reske 1977, Treis 1981, Badekow 1992). Diese Untersuchungen zeigen Schwachstellen bei *sachbezogenen* Fähigkeiten (unzureichende Information über betriebswirtschaftliche Steuergrößen), bei den *sozialen* Fähigkeiten (mangelhafte Führungskenntnisse und schlechtes Führungsverhalten) und bei den *konzeptionellen* Fähigkeiten (kein klares Unternehmenskonzept, falsche Sortimentspolitik und falsche Unternehmensziele). Damit zeigt sich bei den selbständigen Händlern ein erheblicher, z.T. auch bedenklicher Problemlösungsbedarf und damit genau der kritische Punkt, an dem das zentrale Personal-Management in Einzelhandelskooperationen anzusetzten hat.

Viele traditionelle Kooperationen gingen aufgrund der o.a. Schwächen dazu über, diese Funktionen im Rahmen des Organisations-Managements auf die Zentrale zu übertragen. Hierdurch werden aber die Stärken des Persönlichkeitspotentials von Unternehmern unterlaufen. Daher muß in einer unternehmerischen Kooperation durch gezieltes Personal-Management diese Schwäche egalisiert werden und die selbständigen Händler nicht – wie oft hinter vorgehaltener Hand zu hören – als unbelehrbar angesehen werden. Es sollten also der Problemstellung entsprechend spezifische Seminare, konkrete Praxisfallstudien, Plan- und Rollenspiele zur Mitarbeiterführung, betriebswirtschaftliche Schulungen etc. initiiert werden. Die Unternehmer müssen trotz des permanenten Zeit- und kurzfristigen Erfolgsdrucks zur Arbeit mit langfristigen Konzepten hingeführt werden. Damit stellt das Personal-Management eine genuine Aufgabe des Kooperations-Managements dar, was nicht ausschließt, daß Instrumente des Personal-Managements an (externe) Service-Bereiche ausgegliedert bzw. delegiert werden (können). Für Neumitglieder bieten sich darüber hinaus auch Senior-Partner- bzw. Paten-Modelle zur Sozialisation und Wissensvermittlung an.

4.3.3 Kultur-Management

Kultur-Management ist als „invisible hand" mit seiner Koordinations- und Integrationsfunktion ein bzw. das wesentliche Realisationskonzept der unternehmerischen Holding (vgl. Schneider 1993, S. 179 ff.). Ausgangspunkt hierfür ist eine *kulturbewußte Kooperationsführung*, die von dem Verständnis für selbständiges und unabhängiges Unternehmertum mit den Hauptargumenten der Selbst- und Fremdachtung sowie Selbstverwirklichung geprägt ist. Die handelstypische Devise „Vertrauen ist gut – Kontrolle ist besser" muß in einer auf Freiwilligkeit aufbauenden Unternehmensverbindung ad acta gelegt werden (vgl. Pauli 1993, S. 411 ff.). Die geeignete Alternative für ein unternehmerisches Führungskonzept kann deshalb nur lauten: „Kontrolle ist notwendig – Vertrauen ist besser (Kontrolliertes Vertrauen)" (Hoffmann 1993, S. 740). In diesem Sinne wird eine Kooperation immer eine Vertrauensorganisation sein, im Gegensatz zur streng formalisierten, standardisierten und hierachisch gegliederten Unternehmensgruppe (Mißtrauensorganisation) (vgl. Bleicher 1992, S. 153 f.). Schließlich muß sich eine kulturbewußte Kooperationsführung darüber im klaren sein, daß Kultur-Management im Sinne einer Machermentalität nicht aufoktroyierbar ist. Vielmehr muß die Kooperationskultur in einem offenen Dialog langfristig gestaltet werden. Dieser Prozeß ist insofern risikobehaftet, als er in gewissem Maße ungeplant und evolutionär abläuft (vgl. Hoffmann 1989, S. 172).

Einem vor diesem Hintergrund kulturbewußtem Management bieten sich vier Hauptansatzpunkte zur *Kulturgestaltung*:

- *Selektion geeigneter Symbole*, die die angestrebte Identifikation und intrinsische Abgestimmtheit der Kooperationsteileinheiten sichtbar machen.
- *Selektion geeigneter Vorbilder*. Betroffen hiervon ist besonders das Kooperations-Mangement selbst, ist es doch dominanter Träger der Kooperationskultur, so wie sie den selbständigen Einzelhändlern vermittelt wird.
- *Selektion geeigneter Sanktionsmechanismen*, die erwünschtes (norm-konformes) Verhalten sichtbar machen und belohnen sowie unerwünschtes Verhalten negativ sanktionieren.

– *Selektion geeigneter Kooperationsmitglieder und Mitarbeiter*, hier vor allem bei der Aufnahme bzw. Einstellung neuer Mitglieder.

Durch die *Auswahl der Kooperationspartner* wird die Kooperationskultur wesentlich mitgeprägt bzw. determiniert. Von daher sollten die üblicherweise quantitativen Selektionskriterien um eine qualitative Komponente erweitert werden. Diese Auswahlkriterien betreffen nicht nur den einzelnen Handelsbetrieb, sondern vor allem auch die Person des Unternehmers selbst, denn im Gegensatz zu Umsatzzahlen, Sortiment, Bonität und sonstigen Kennziffern lassen sich die Einstellungen des Unternehmers grundsätzlich nicht ändern. So muß auch die Aufnahme in die Kooperation letztlich als zweiseitiger Prozeß erfolgen. Schließlich muß nicht nur der aufzunehmende Händler in die Kooperation passen und dieses nach außen hin demonstrieren, sondern auch der Händler selbst muß von gerade dieser Kooperation überzeugt sein – also intrinsisch motiviert sein. Diese (innere) Übereinstimmung stellt das Grundfundament für eine Kooperation in Form der unternehmerischen Holding dar. Wie Praxisbeispiele zeigen, sehen viele kooperierte Händler ihre Kooperation als die Wahl des kleinsten Übels an bzw. sehen sich in jüngster Zeit verstärkt nach Kooperationsalternativen um (o.V. 1992, S. 2). Der enorme Zulauf aus anderen Kooperationssystemen bei der ,,maxima" belegt diese Tendenz.

4.3.4 Kooperations-Controlling

Die richtigen Informationen zur richtigen Zeit am richtigen Ort sind für alle Unternehmen ein bedeutender Wettbewerbsfaktor. Controlling hat aber gerade in Unternehmensverbindungen über diese Dienstleistungsfunktion hinaus eine Koordinations- und Integrationsfunktion. Damit lassen sich zwei Aufgabenbereiche unterscheiden:

– kooperationsweite informationelle Vernetzung und
– Information, Planung, Steuerung und Kontrolle des operativen Geschäftes als ergebnisorientierte Entscheidungshilfe (-funktion).

Es muß ein *Informationssystem* geschaffen werden, das eine kooperationsweite informationelle Vernetzung gewährleistet. Dieses vertikale *und* horizontale Informationsnetz ist der Pool für Know-how und die Grundlage für das operative Controlling incl. Steuerung des Warenflusses (WWS). Dabei muß das Informationssystem die internen und externen Faktoren zeitgleich, und wenn möglich proaktiv berücksichtigen und erfassen, um tatsächlich relevante Informationen im strategischen Führungsprozeß zu liefern. Dazu ist es notwendig, einen genau abgestimmten Datenbedarf zu erfüllen und nicht überdimensionierte Systeme zu implementieren, die von niemandem genutzt werden (vgl. Sessing 1994, S. 63).

Neben der mehr qualitativ-strategisch orientierten Informationsfunktion muß das Controllingsystem auch als quantitatives, detailliertes und operatives Informations-, Planungs-, Steuerungs- und Kontrollsystem ausgelegt sein. Diese *operative Steuerungsfunktion* muß gewährleisten, daß die selbständigen Einzelhändler permanent über ihre Aktivitäten Bescheid wissen, um operativ flexibel und richtig am Markt agieren zu können. Aber hier vor allem auf dezentraler Ebene, denn schließlich ist jeder von ihnen für seinen (operativen) Erfolg selbst verantwortlich.

Die Implementierung eines computergestützten Informationssystems, welches bei den heutigen Möglichkeiten der Technik On-line geschaltet werden kann, muß ebenso ein EDV-gesteuertes Warenwirtschaftssystem beinhalten. Dies dient nicht nur der Realisierung von Synergien, sondern durch schnelle Bestellabwicklung für hohe Flexibilität und niedrige Kapitalbindung können auch in Kooperationssystemen Rationalisierungspotentiale verwirklicht werden. Bezüglich der postulierten Partnerschaftsstrategie mit der Industrie kann es – im Sinne der Gate-keeper-Funktion des Handels – zusätzlich als entscheidend betrachtet werden, Vernetzungen zu den Herstellern aufzubauen, um einen optimalen Waren- und Informationsfluß zu gewährleisten.

Die Aufgaben der Kooperationszentrale liegen auch beim Controlling im wesentlichen in der Unterstützung der selbständigen Einzelhändler. Durch beispielhafte Projekte sind ausreichend viele Teileinheiten zur Implementierung zu bewegen und der angestrebte gemeinsame Nutzen zu realisieren (kritische Masse) (vgl. Ahlert & Olbrich 1994, S. 202 f.). Dazu gehört dann auch, daß bestimmte Servicefunktionen zentral oder von einem verbundenen Drittunternehmen zur Verfügung gestellt werden. Diese unterstützenden und betreuenden Funktionen der Kooperationszentrale haben ein informationelles Fließgleichgewicht auf horizontaler und vertikaler Ebene zu gewährleisten, d.h., die Zentrale sollte das Systempotential zur Verfügung stellen. Die Systemnutzung muß durch die Entscheider und Verantwortlichen selber erfolgen, also durch die Handelsunternehmer. Insgesamt darf aber nicht vergessen werden, daß die vielfältigen technischen Möglichkeiten den direkten persönlichen Kontakt nicht ersetzen können.

5 INTEGRIERTE ANWENDUNG ALS ERFOLGSGRUNDLAGE

Das Konzept der unternehmerischen Holding für Einzelhandelskooperationen kann nur in seiner geschlossenen Anwendung zum Erfolg führen. Der Führungsfit als Situationsabgestimmtheit formaler und informaler Führungsinstrumente muß gegeben sein. Dabei erfordert ein mehr an harten Führungsinstrumenten ein geringeres Ausmaß an weichen Führungsinstrumenten und vice versa. So gleicht die Wahl der Führungsinstrumente einem Nullsummenspiel (vgl. Hoffmann 1993, S. 735). Die alleinige Reduzierung z.B. struktureller Maßnahmen innerhalb des Organisations-Managements, wie sie hier vorgeschlagen wird, muß zum Mißerfolg führen, da ein geringerer organisatorischer Zentralisationsgrad (dezentrales Organisations-Management) einen höheren Einsatz mitarbeiter(unternehmer)orientierter Führungsinstrumente des Kultur-Managements erfordert. Partzipatives Personal-Management hingegen ist ebenso wie dezentral und nicht rigide gehandhabtes Controlling generell für alle Arten von Unternehmensverbindungen erfolgsunterstützend (vgl. Hoffmann 1993, S. 729 u. 736).

LITERATUR

Ahlert, D.; Olbrich, R.: Die Einführung computergestützter Warenwirtschaftsysteme in Handelssystemen als Problem des geplanten organisatorischen Wandels. In: Ahlert, D.; Olbrich, R. (Hrsg.): Integrierte Warenwirtschaftssysteme und Handelscontrolling: Konzeptionelle Grundlagen und Umsetzung in der Handelspraxis, Stuttgart 1994, S. 199-223

Ahlert, D.; Schröder, H.: „Erlebnisorientierung" im stationären Einzelhandel: Eine Aufgabe des evolutionären Handelsmanagements. In: Marketing ZFP, 12 (1990), Nr. 4, S. 221-229

Albach, H.: Die Rolle des Schumpeter-Unternehmers heute. In: Bös, D.; Stolper, H.-D. (Hrsg.): Schumpeter oder Keynes?, Berlin u.a. 1984, S. 125-146

Badekow, H.: Die selbstgemachte Existenzgefährdung. In: Der Handel, 1992, Nr. 1-2, S. 8-9

Batzer, E.; Lachner, J.; Meyerhöfer, W.: Die handels- und wettbewerbspolitische Bedeutung der Kooperation des Konsumgüterhandels, ifo-Studien zu Handels- und Dienstleistungsfragen, 36/I, München 1989

Bleicher, K.: Zukunftsperspektiven organisatorischer Entwicklung: von strukturellen zu human-zentrierten Ansätzen. In: Zeitschrift Führung + Organisation, 59 (1990), S. 152-161

Beuthien, V.; Träger, U. C.: Einzelhandel in der EG: Gleiche Chancen für Kooperationen und Franchisesysteme – Entwicklungen aus handels- und wettbewerbspolitischer Sicht und aus Sicht des EG-Wettbewerbsrechts. In: ifo-Schnelldienst, 1993, Nr. 5, S. 13-23.

Emmerich, V., Sonnenschein, J.: Konzernrecht: Das Recht der verbundenen Unternehmen bei Aktiengesellschaft, GmbH, Personengesellschaften und Genossenschaften, 4., völlig neubearbeitete Auflage, München 1991

Hoffmann. F.: So wird Diversifikation zum Erfolg: Ergebnisse einer empirischen Untersuchung in der Bundesrepublik Deutschland. In: HARVARDmanager, 11 (1989), IV. Quartal, S. 52-58

Hoffmann, F.: Unternehmungs- und Führungsgrundsätze: Ergebnisse einer empirischen Untersuchung. In: Schmalenbachs Zeitschrift für betriebswirtschafliche Forschung, 41 (1989), S. 167-185

Hoffmann, F.: Erfassung, Bewertung und Gestaltung der Unternehmungskulturen: Von der Kulturtheorie zu einem anwendungsorientierten Ansatz. In: Zeitschrift Führung + Organisation, 58 (1989), S. 168-173

Hoffmann, F.: Erfassung, Bewertung und Gestaltung der Mitarbeiterqualität: Ein anwendungsorientierter Ansatz. In: Zeitschrift Führung + Organisation, 58 (1989), S. 410-414

Hoffmann, F.: Unternehmungs-Bewertungs-System (UBS): Ein anwendungsorientiertes Konzept. In: Zeitschrift Führung + Organisation, 59 (1990), S. 315-322

Hoffmann, F.: Der Konzern als Gegenstand der betriebswirtschaftlichen Forschung. In: Hoffmann, F. (Hrsg.): Konzernhandbuch: Recht – Steuern – Rechnungslegung – Führung – Organisation – Praxisfälle, Wiesbaden 1993, S. 1-79

Hoffmann, F.: Zukunftsperspektiven globaler Führungskonzepte. In: Hoffmann, F. (Hrsg.): Konzernhandbuch: Recht – Steuern – Rechnungslegung – Führung – Organisation – Praxisfälle, Wiesbaden 1993, S. 719-749

Klein-Blenkers, F.: Unternehmensziele im Facheinzelhandel. In: Mitteilungen des Instituts für Handelsforschung an der Universität zu Köln, 24 (1972), Nr. 7, S. 69-75

Mattmüller, R.: Hedonismus: Trend zu Lebensgenuss und Konsequenzen für das Marketing. In: Thexis, 4 (1987), Nr. 4, S. 69-72

Mattmüller, R.: Handels-Marketing. In: Meyer, P.W.; Meyer, A.: Marketing-Systeme: Grundlagen des institutionalen Marketing, Stuttgart u.a. 1990, S. 77-138

Mattmüller, R.: Marketing-Prognosen für den Handel, Augsburg 1990

Meyer, P. W.: Einzelhandel: Ende einer Entwicklung? In: Der Verbraucher, 1978, Nr. 6, S. 8-10

Meyer, P. W.: Handels-Marketing, Materialien zu den Grundlagen des Marketing, Band 7, 5. Auflage, Augsburg 1988

Olesch, G.: Neue Ansätze zur Gestaltung der Gremienarbeit in Verbundgruppen. Chancen und Risiken der Mitgliederpartizipation. In: Gesellschaft zur Kooperationsförderung im Handel (GKH) (Hrsg.): Die innere Erneuerung der Verbundgruppen des Handels, Köln 1987, S. 22-35

o.V.: UE-Report: „Fremdgehen" ist in! In: Branchenanzeiger UE, 3 (1992), Nr. 11, S. 2

Patt, P.-J.: Strategische Erfolgsfaktoren im Handel: Eine empirische Analyse am Beispiel des Bekleidungsfachhandels, Frankfurt a.M. u.a. 1988

Pauli, C. G.: Branche und Konzernführung. In: Hoffmann, F. (Hrsg.): Konzernhandbuch: Recht – Steuern – Rechnungslegung – Führung – Organisation – Praxisfälle, Wiesbaden 1993, S. 369-435

Porter, M. E.: Wettbewerbsvorteile (Competitive Advantage): Spitzenleistungen erreichen und behaupten, Frankfurt a.M. 1986

Porter, M. E.: Diversifikation – Konzerne ohne Konzept: Ergebnisse einer Langzeituntersuchung bei 33 US-Unternehmen. In: HARVARDmanager, 9 (1987), IV. Quartal, S. 30-49

Reske, W.: Insolvenzursachen mittelständischer Betriebe: Ursachen und Prophylaxe. In: FfH-Mitteilungen, hrsg. von der Forschungsstelle für den Handel, Berlin 1977

Schenk, H.-O.: Marktwirtschaftslehre des Handels, Wiesbaden 1991

Schenk, H.-O.: Der Praxis fehlt die Theorie: Neubesinnung der Handelstheorie gefordert. In: Lebensmittel Zeitung, 44 (1992), Nr. 49, S. J15

Schmidt, B. T.: Integrierte Konzernführung: Konzept und empirische Untersuchung bei 75 großen und mttelständischen Konzernen, Aachen 1993

Schneider, D.: „Unsichtbare Hand" – Erklärungen für die Institution Unternehmung. In: Zeitschrift für Betriebswirtschaft, 63 (1993), S. 179-195

Sessing, G.: Besonderheiten von Kooperationen im Handel und Implikationen für die Führung, unveröff. Diplomarbeit, Augsburg 1994

Tietz, B.: Der Handelsbetrieb: Grundlagen der Unternehmenspolitik, München 1985

Treis, B.: Größenbedingte Vor- und Nachteile mittelständischer Einzelhandelsunternehmen bei der Zielsetzung. In: Treis, B. (Hrsg.): Der mittelständische Einzelhandel im Wettbewerb, München 1981, S. 37-42

Werdich, H.: Finanzholding. In: Hoffmann, F. (Hrsg.): Konzernhandbuch: Recht – Steuern – Rechnungslegung – Führung – Organisation – Praxisfälle, Wiesbaden 1993, S. 305-345

Zeller, M.: Unternehmerische Holding. In: Hoffmann, F. (Hrsg.): Konzernhandbuch: Recht – Steuern – Rechnungslegung – Führung – Organisation – Praxisfälle, Wiesbaden 1993, S. 347-367

Zopp, H.: Differenzierungsgründe der Leistung bei gleichgelagerten Einzelhandelsbetrieben, Köln und Opladen 1965

Mitgliederbindung in Verbundgruppen – Möglichkeiten und Grenzen des Einsatzes von Corporate Identity-Strategien

Jörg Glaser, Bonn

Die Schaffung und die Erhaltung von Mitgliederbindung in Einkaufs- und Verbundgruppen ist der Schlüssel zum Erfolg jeder Kooperation. Das Kooperationsmanagement ist ständig auf der Suche nach neuen strategischen Ansätzen. Eine Möglichkeit, die im folgenden näher dargestellt wird, ist die Umsetzung von Corporate Identity in den Gruppen.

1 EINFÜHRUNG

Verbundgruppen nehmen in der Handelskette eine Sonderstellung ein. Eine schlichte Beschreibung ihrer Handelsfunktionen, die sie innerhalb der Handelskette auf Beschaffungs- und Absatzmärkten ausüben und die nach Schär über ihre „Selbständigkeit und Existenzmöglichkeit" im Markt entscheidet, wäre nur die Beschreibung eines Teiles ihrer Daseinsberechtigung.

„Kooperation ist gelebte Gemeinschaft. Sie wird von Menschen getragen. Infolgedessen finden sich alle menschlichen Verhaltensmuster in einer Kooperation wieder, wie sie bei jeder sozialen Gemeinschaft vorkommen" (Olesch 1987).

Eine Kooperation ist ein sich selbst organisierendes System, dessen Struktur von den Mitgliedern, also Einheiten anderer Handelskettenstufen, bestimmt wird. Das Verbundgruppenmarketing gerät häufig in das Dilemma der Interessen der Gruppenzentrale als wirtschaftliche Einheit und den Interessen- und Bedürfnislagen der Mitglieder.

„Corporate Identity" ist eine Managementstrategie, die speziell auf diese Problematik eine Antwort zu geben versucht. Durch die Schaffung eines „Zusammengehörigkeitsgefühls" oder eines „Wir-Gefühls" wird die Bewältigung des Interessenausgleichs in Verbundgruppen angegangen – mehr noch – es wird der Versuch unternommen, die unterschiedlichen Unternehmensstrategien der Gruppenmitglieder auf einen gemeinsamen Nenner zu bringen.

So differenziert, wie sich die Kooperationsformen im Handel darstellen, so unterschiedlich sind auch ihre CI-Strategien.

2 VERBUNDGRUPPEN – BANDBREITE DER KOOPERATIONSFORMEN IM HANDEL

Im funktionellen Sinne wird unter Kooperation die Zusammenarbeit verschiedener Wirtschaftspartner verstanden, von denen jeder einen bestimmten Aufgabenbereich übernimmt. Im institutionellen Sinne sollen im folgenden die Begriffe „Kooperation", „Einkaufsverband" und „Verbundgruppe" synonym verstanden werden als Beschreibung von Organisationen, deren ideellen und/oder wirtschaftlichen Träger selbständige Einzelunternehmer sind. Diese Unternehmen haben sich zum Zwecke des Nachteilsausgleichs gegenüber Herstellerkonzentration auf der Beschaffungsseite und/oder Großvertriebsformen auf der Absatzseite zu Organisationen zusammengeschlossen. In der Regel sind die sich zusammenschließenden selbständigen Unternehmer gleichzeitig Eigentümer der Organisation (Genossen einer e.G., Gesellschafter einer GmbH oder KG, Aktionäre einer AG).

Alle Kooperationen zeichnen sich dadurch aus, daß sie der Sicherung der langfristigen Wettbewerbsfähigkeit ihrer Mitgliedsbetriebe erste Priorität einräumen. Diese, ursprünglich aus dem genossenschaftlichen Bereich stammende, „förderungswirtschaftliche Grundausrichtung" für den mittelständischen Handel bedeutet jedoch nicht, daß die „schwächeren" Mitglieder um jeden Preis von der Gruppe gestützt werden. Moderne Verbundgruppen können es sich im Wettbewerb mit den Filialsystemen auf Absatz- und Beschaffungsmärkten schon lange nicht mehr leisten, als Sammelbecken der „Fußkranken" zu dienen. Einheitliche Erscheinungsformen und eine klare Mitgliederstruktur gehören ebenso dazu wie gemeinsame und transparente Management- und Marketingkonzepte.

Verbundgruppen können nach folgenden Kriterien kategorisiert werden:

- Branchenzugehörigkeit,
- Handelsart der Zentrale (Groß-/Einzelhandel),
- Handelsart der Mitglieder (Groß-/Einzelhandel),
- Dienstleistungsspektrum der Zentrale (Marketing, Schulung, Zentralregulierung u.v.a.m.),
- Regiebetriebe,
- Rechtsform,
- Mitgliederpartizipation,
- (...)

Schon an diesem relativ unvollständigen Katalog wird deutlich, daß jede Verbundgruppe ihr individuelles Management- und Marketingkonzept benötigt. Eine Übertragung eines Konzeptes auf eine andere Kooperation ist zumeist nicht oder nur sehr eingeschränkt möglich. Hinzu kommt, daß die Kooperationen innerhalb einer Branche verschiedene Segmente des Marktes potentieller Mitglieder bearbeiten. Es liegt auf der Hand, daß die Anforderungen der Mitglieder an ihre Zentrale entsprechend unterschiedlich sind, umgekehrt ausgedrückt, daß das Gruppenmanagement und -marketing entsprechend differenziert ausgeprägt sein muß.

Diese nur kurz angerissene Problematik der Heterogenität der Kooperationsformen verdeutlicht, daß es die „Corporate Identity-Strategie für Verbundgruppen" nicht gibt und nicht geben kann.

3 CORPORATE IDENTITY - BEGRIFF MIT VIELEN FACETTEN

Corporate Identity (CI) ist ein Begriff der Management-Theorie, der im Laufe seiner Nutzungsgeschichte eine sehr große Interpretationsbandbreite erhalten hat. Ganz erheblich wird der Erklärungsbedarf, wenn man sich mit CI in Verbundgruppen und deren Ausprägungsformen auseinandersetzt.

CI ist eine umfassende Management-Strategie, die sich mit der Schaffung bzw. Förderung einer eindeutigen Unternehmensidentität befaßt (Merkle 1992, S. 81). CI als Begriff beschreibt also zum einen die Beschäftigung mit der (sozialwissenschaftlich verstandenen) Unternehmensidentität, zum anderen werden aus einer CI-Strategie konkrete Handlungsempfehlungen abgeleitet, um einen Handelsbetrieb leichter und schneller erkennen und wiedererkennen zu können (Merkle 1992, S. 70; Röhrig 1986, S. 4). Während CI also eine Management-Strategie bezeichnet, handelt es sich bei der Unternehmensidentität um einen Begriff, der das Erkennbare und Einzigartige einer „tiefer" liegenden Unternehmenspersönlichkeit beschreibt (Merkle 1992, S. 81).

Diese begriffliche Differenzierung hat bei der Betrachtung von Verbundgruppen eine besondere Bedeutung. Eine Unternehmensidentität ist für alle Gruppen des Handels unverzichtbar. Das Mitglieds-/Anschlußhaus muß mindestens in wirtschaftlicher Hinsicht die Gruppe als „einzigartig" ansehen und sich insofern mit ihr identifizieren können. Die Unternehmensidentität bedeutet für die Kooperationen weit mehr als Sachverhalte, die mit den Worten „Öffentlichkeitsarbeit", „Image" oder „Werbung" beschrieben werden. Für die Gruppe ist die Ausprägung einer Identität gleichbedeutend mit der Realisierung von Mitgliederbindung. Sie zählt demnach zu den existenziellen Fragen, die sich eine Kooperationszentrale immer wieder stellen muß.

4 ZUSAMMENHANG - CORPORATE IDENTITY, CORPORATE IMAGE, CORPORATE DESIGN

Häufig wird CI als Management-Strategie mit Begriffen wie Corporate Design oder Corporate Image in einem Atemzug genannt. Der Zusammenhang ist wie folgt zu sehen:

Sämtliche CI Maßnahmen zielen darauf ab, im Ergebnis ein möglichst positives Image zu erzeugen – und zwar sowohl nach „außen" bei Kunden, Lieferanten und anderen Interaktionspartnern, als auch nach „innen" bei den Mitarbeitern oder den Gesellschaftern eines Unternehmens selbst. Der „klassischen Definition" folgend ist das Corporate Image ein Ergebnis der CI-Strategie. Ein Instrument zur Durchsetzung eines Images nach „außen" ist die Ausbildung eines Corporate Designs, also eines einheitlichen Auftretens des Unternehmens nach außen.

Ein Idealzustand ist dann erreicht, wenn es gelingt, Unternehmensidentität und Image in Übereinstimmung zu bringen. Dieser theoretische Zusammenhang muß durch die Realitäten der Kooperationspraxis ergänzt werden.

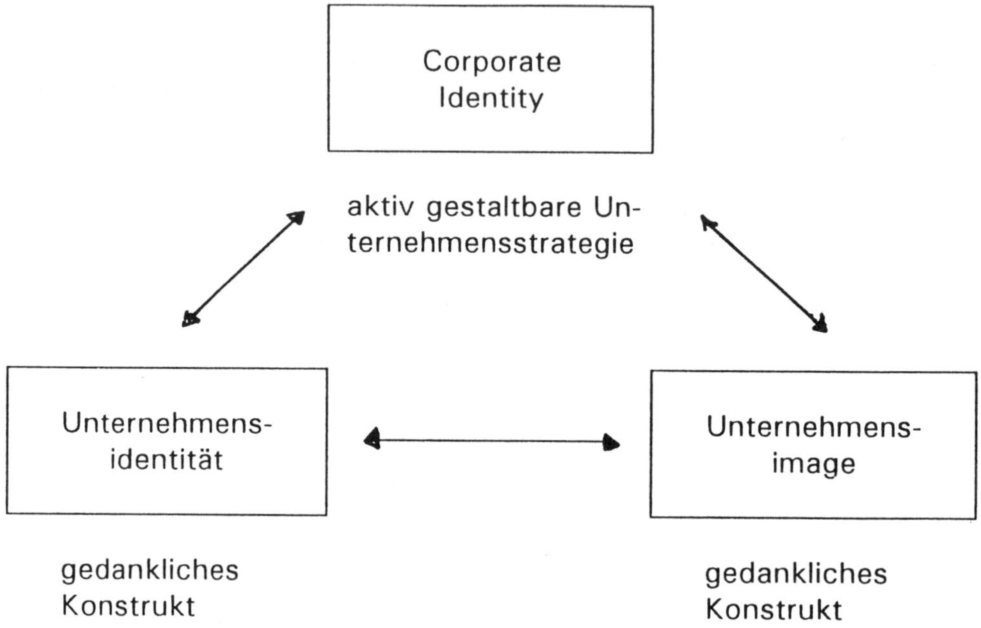

Abbildung 1: Zusammenhang von Corporate Identity, Unternehmensidentität und Unternehmensimage

Die Zielgruppen einer CI-Strategie in Kooperationen können nicht eindeutig nach dem Kriterium ,,innen" und ,,außen" differenziert werden. Der Genosse, Gesellschafter, Aktionär, also das Mitglied, ist zugleich Eigentümer und Kunde der Zentrale. Dies stellt besondere Anforderungen an die Unternehmensindentität der Gruppen. Es reicht nicht aus, daß ein nach außen gerichtetes Corporate Image mit einem ausgeprägten CD den ,,Kunden" vom Unternehmen überzeugt. Das Mitglied als ,,Eigentümer" wird durch die vielfältige Gremienarbeit, in das es integriert ist, eine Differenz und Unglaubwürdigkeit des Gruppenimages im Vergleich zur Identität sehr schnell erkennen. Einer CI-Strategie in Verbundgruppen muß also die Ausprägung einer Gruppenidentität zugrunde liegen. Fraglich bleibt nur, ob auch Corporate Image und Corporate Design für CI-Strategien in Verbundgruppen zwingend notwendig sind.

5 CORPORATE IDENTITY IN VERBUNDGRUPPEN

Einkaufsverbände und Marketinggemeinschaften als Zusammenschlüsse selbständiger Händler sind von den Individualinteressen ihrer Mitglieder geprägt. Die Mitglieder führen Betriebe, die teilweise den unterschiedlichsten Branchen (Glas/Porzellan/Keramik, Baustoffe, Spielwaren etc.), den unterschiedlichsten Handelsarten (Produktionsverbindungshandel, Konsumgütergroßhandel, Einzelhandel), den verschiedensten Ausrichtungen ihres Sortimentes (hohes, mittleres und niedriges Niveau) und der ganzen Bandbreite von Umsatzgrößenklassen angehören. Für die Verbände bedeutet dies die Notwendigkeit zur Segmentierung ihrer Geschäftsfelder, um möglichst vielen Interessen der Partner gerecht zu werden. Nicht selten entwickeln die so gebildeten Untergruppierungen über ihre Spezialisierung eine eigene Identität (im Innenverhältnis), die dann häufig durch eigene Logos sowie eigene Werbestrategien nach außen manifestiert wird. Der Einkaufsverband, der hinter einer solchen diversifizierten Strategie steht, wird von den Anschlußhäusern aber auch von den externen Zielgruppen (Abnehmer bzw. Endverbraucher, Lieferanten, Öffentlichkeit) nicht mehr in vollem Umfange wahrgenommen.

Der Geschäftsführung der Gruppe stellt sich an dieser Stelle die Frage, ob versucht werden sollte, die Unternehmensidentität und das Image der Verbundgruppe durch eine „zentrale" CI-Strategie zu fördern oder ob auf den bestehenden Identitäten der Untergruppierungen aufgebaut werden sollte und demnach auf den gemeinsamen Außenauftritt der Zentrale mit ihren Anschlußhäusern verzichtet wird.

Es müssen Überlegungen angestellt werden, ob auf der operativen Ebene (CI-Instrumentarium) für diese Verbundgruppen ein einheitliches Gruppen-Erscheinungsbild und ein einheitliches Gruppen-Verhalten sowie eine harmonisierte Gruppen-Kommunikation realisierbar ist oder ob die Kooperation einem der Instrumente das Schwergewicht verleiht.

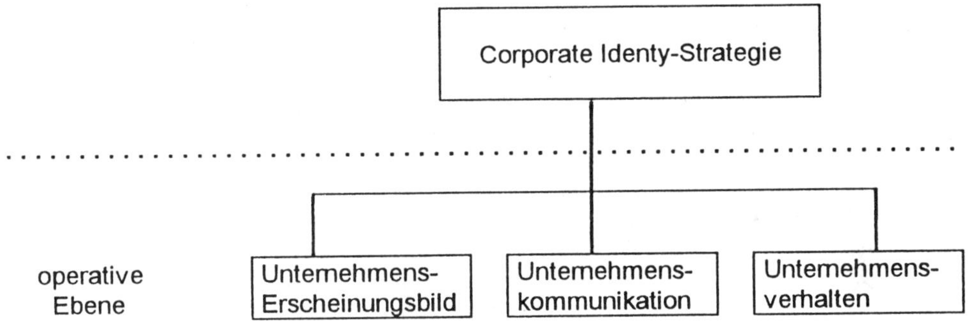

Abbildung 2: Instrumente der CI-Strategie

Quelle: Merkle 1992

Die Praxis des Verbundgruppen-Management gibt die unterschiedlichsten Antworten. Führt man sich das Kooperationmanagement und dessen Rahmenbedingungen einmal vor Augen, so handelt es sich um eine Reihe nicht enden wollender Abstimmungs- und Harmonisierungsprozesse der verschiedenen Interessengruppen. In den unterschiedlichen Gremien auf Mitglieder-, Vorstands-, Geschäftsführungs- und auch Mitarbeiterebene sind die beabsichtigten Konzepte und Strategien zu diskutieren. Es handelt sich um einen enormen Überzeugungsprozeß, der nicht selten damit endet, daß eine mühsam und mit viel Kreativität erstellte Konzeption, obwohl marktfähig, verworfen wird. Vor diesem Erfahrungshintergrund haben sich in der Kooperationspraxis folgende Strategien entwickelt:

- Einheitliche und zentrale CI-Strategie (CD-orientiert) sowie Betriebstypen-orientierte CI-Strategie
- Modular aufgebaute CI-Strategie
- Identitätsorientierte CI- Strategie

5.1 Einheitliche und zentrale CI-Strategie

Nicht wenige Verbundgruppen versuchen, über die Vereinheitlichung ihres äußeren Erscheinungsbildes (CD-Maßnahmen) die Bindung der Mitglieder an die Kooperation zu festigen und zu einer Gruppenidentität zu gelangen. Zu unterscheiden sind hier die CD-Maßnahmen, die das Auftreten der Gruppenzentrale gegenüber ihren Marktpartnern (Mitglieder, Lieferanten, andere Kooperationen der Branche etc.) anbelangen und die, die von Kooperationen für ihre Mitglieder entworfen werden (Betriebstypen-orientiert).

In der Regel sind die CD-Maßnahmen der Zentralen selbst und die der Mitgliedsbetriebe aufeinander abgestimmt. Es gibt jedoch auch durchaus Fälle aus der Betriebstypenpolitik von Verbundgruppen, bei denen der Außenauftritt der Gruppenzentrale und das CD der Anschlußhäuser keinen Bezug aufweisen. In erster Linie handelt es sich hierbei um Regiebetriebe oder franchiseähnliche Konzepte.

Eine einheitliche und zentrale Strategie der Verbundgruppen für ihre Mitglieder, bei der aus der Entwicklung eigener Logos, Werbekonzeptionen, Ladenbauprogrammen bis hin zu ganzen Betriebstypen eine Festigung der Mitgliederbindung resultiert, ist häufig vorzufinden, wenn folgende Rahmenbedingungen vorliegen:

- Die Mitglieds-/Anschlußhäuser lassen sich relativ eindeutig kategorisieren. Als Kriterien kommen die struktur- und absatzpolitischen Ausrichtungen der Handelsbetriebe, wie z.B. Größe (Umsatz, Verkaufsfläche, Beschäftigte), Handelsart (Großhandel, Einzelhandel), Standortqualität, Sortimentsausrichtung (nach Zielgruppen, nach Branchenherkunft), Bedienungsform (Selbstbedienung, Vorwahl, Beratung) etc. in Frage.

- Der Markt der Anschlußhäuser legt eine Segmentierung der Zielgruppen mit einiger soziodemographischer Sicherheit nahe. Zum Beispiel legt der Markt für Möbel und Einrichtungsgegenstände eine Segmentierung in Wohndesign, junges Wohnen, traditionelles Wohnen etc. nahe. Eine auf zuverlässigen Marktforschungsergebnissen beruhende CD-Strategie wird dem Markt gerecht und wirkt bei den Mitgliedern integrativ im Sinne einer CI. Diese Identität und das Zugehörigkeitsgefühl ist jedoch auf die jeweilige Vertriebsschiene begrenzt und hat selten Ausstrahlungseffekte auf die ganze Gruppenzentrale.

- Die Wettbewerbssituation des Marktes ist durch hohen Druck, insbesondere durch marketingaggressive Filialisten, an den Standorten der Anschlußhäuser gekennzeichnet. Zum Beispiel verursachte im Do-it-yourself-Markt das aggressive Auftreten der Lebensmittelfilialisten mit großflächigen Fachmärkten auf der grünen Wiese, daß einheitliche Fachmarktkonzepte der Verbundgruppen bis hin zu franchiseähnlichen Systemen auch im Baustoffgroßhandel einen erheblichen Verbreitungsgrad bekommen haben (hagebau, mobau, INTERPARES etc.).

– Die betriebswirtschaftliche Situation der angeschlossenen Handelsbetriebe (Roherträge, Kosten) macht es auf einigen Märkten zu einer zwingenden Notwendigkeit, über das Mengengeschäft und damit über großflächige SB-orientierte Verkaufsformen die Wettbewerbsfähigkeit zu erhalten. Allen voran haben die Verbundgruppen des Lebensmittelhandels (REWE, EDEKA) dieser Entwicklung Rechnung getragen. Sie haben teils über Beteiligungskonzepte für den mittelständischen Händler, teils über Standortsicherung in eigener Regie den Großfilialisten stand gehalten. Ohne ein einheitliches Auftreten auf diesem Markt wäre für die Verbundgruppen und den mittelständischen, selbständigen Lebensmitteleinzelhändler ein Halten der Marktposition nicht möglich gewesen. Eine ähnliche Situation bietet der Markt für Unterhaltungselektronik. Auch hier zwingt der Preis- und Spannenverfall zu großflächigem und einheitlichem Auftreten gegenüber dem Wettbewerb. Betriebstypenstrategien bis hin zum Franchising der Verbundgruppen sind in dieser Branche ebenfalls keine Seltenheit.

Festzuhalten ist, daß bei der CD-orientierten, einheitlich von der Zentrale gelenkten CI-Strategie der Markt die Vorgaben für die Entwicklung eines Konzeptes erteilt. Die Gruppenidentität bzw. der Aufbau des „Wir-Gefühls" bei allen beteiligten Zielgruppen resultiert allein aus dem wirtschaftlichen Erfolg der eingeschlagenen Strategie. Die Management-Strategie folgt der Marketing-Strategie.

Für Verbundgruppen, deren Geschäftsfelder auf einem relativ homogenen Absatzmarkt liegen, stellt sich an diesem Punkt die Frage, ob das positive Image einer Vertriebsschiene auf die ganze Gruppe übertragen werden oder ob die Verbundgruppenzentrale als neutraler Dienstleister im Hintergrund verbleiben sollte. Beide Fälle sind in der Kooperationspraxis zu finden:

Beispielsweise ist die Parfümerie-Marketinggemeinschaft aldro GmbH & Co. KG, Wiesbaden, den ersten Weg gegangen. Der bis dato relativ übersichtliche Markt exklusiver Parfümerien mit seinem Depotgeschäft und einem bislang klaren Wettbewerber des Mittelstandes (Douglas-Filialen) bildet überschaubare Rahmenbedingungen. Durch die Vorgaben bei der Autorisierung im Rahmen des Depotgeschäftes, ist auch die Mitgliederstruktur der aldro im Vergleich zu anderen Branchen relativ homogen. Aufgrund des starken Wettbewerbs zu den Douglas-Filialen und immer gravierenderen Nachfolgeproblemen, die zu einem Verlust von Standorten für die Verbundgruppe führten, wurde eine Auffanggesellschaft zum Betrieb der Parfümerien in eigener Regie gegründet. Diese Gesellschaft, die unter dem Namen „Aurel" in kurzer Zeit einen überdurchschnittlichen Bekanntheitsgrad erhalten hat und mit einem einheitlichen CD auf dem Markt auftritt, wurde für die traditionellen aldro-Verbundgruppen-Mitglieder immer interessanter. Die Mitgliedshäuser wollten an dem wirtschaftlichen Erfolg des CD der Aurel-Parfümerien partizipieren. Die aldro ging zunächst dazu über, den Namen „Aurel" in Lizenz an ihre Mitgliedsbetriebe zu vergeben, mittlerweile firmiert die ganze Gruppe unter diesem Namen.

Ein Beispiel für den zweiten angeführten Weg ist die Strategie der Nord-West-Ring Schuh-Einkaufsgenossenschaft e.G., die mit ihrer Vertriebsschiene „Quick-Schuh" ein erfolgreiches Franchise-Konzept ins Leben gerufen hat. Im Hinblick auf das CD von „Quick-Schuh" besteht keinerlei Verbindung zur Verbundgruppe; der wirtschaftliche Erfolg des Konzeptes kommt allein dem Image von „Quick-Schuh" zugute, die Verbundgruppe tritt als Dienstleister dahinter zurück.

Ein weiteres Beispiel ist die Betriebstypenkonzeption vom Deutschen Möbel-Verbund. Die Zentrale sieht sich auch hier nur „als Koordinator der Einzelleistungen der Betriebstypen".

Ob ein Vertriebsschienen-Image auf die ganze Gruppe übertragbar ist, entscheiden letztlich die Mitglieder. Trotz wirtschaftlicher Vorteile eines einheitlichen Auftretens der Verbundgruppen-Mitglieder geben diese nur äußerst ungern ihren eigenen angestammten Namen auf. Hinzu kommt, daß in der Regel ein gewisses Mißtrauen gegenüber Marketingkonzepten der Gruppenzentralen vorherrscht.

5.2 Modular aufgebaute CI-Strategie

Insbesondere dem Problem unterschiedlicher Mitgliederinteressen sowie einer Beibehaltung des individuellen Handelsmarketing vor Ort trägt diese Strategie Rechnung. Als zusätzliche Rahmenbedingung ist also eine Beachtung und Integration des individuellen Handelsmarketing des Mitglieds vor Ort zu nennen.

Die modular aufgebaute CI-Strategie geht zwar ebenfalls von der Entwicklung eines gruppeneinheitlichen CD's aus, sie wird jedoch ergänzt durch die Möglichkeit der Einflußnahme durch die Mitglieder. Am Beispiel der Verbundgruppe Garant Möbel GmbH & Co. KG soll dies deutlich werden:

Eine relativ klare Einteilung des Marktes in zu bearbeitende Marktsegmente nach acht sozialen Milieus führte bei Garant zu der Überlegung, die Kooperationsstrategie auf einige dieser Milieubereiche zu konzentrieren. Im Unterschied zur sozialwissenschaftlichen „Schichten-Theorie" beleuchtet diese Theorie soziale Milieus inhaltlich, z.B. Wertorientierungen, Lebensstil, Alltagseinstellungen etc. und bezieht somit Motive, Bedürfnisse und Erwartungen potentieller Kunden in die Ausgangsanalyse ein. Man entschied sich, die strategische Ausrichtung des Gruppenmarketing an einer Teilmenge dieser Milieus zu orientieren. Im Unterschied zur vorab beschriebenen Betriebstypenpolitik entwickelte Garant die flexiblere Modul-Strategie. Mit den Modulen „Garant für gutes Wohnen; Garant für gutes Wohndesign und Garant für schöne Mitnahmemöbel" werden die definierten Zielgruppen angesprochen. Zusätzlich ist das Modul „Garant für perfekte Küche" als eine nach dem Kriterium Warengruppe ausgerichtete Lösung zu sehen.

Ihre Flexibilität erhält die Modul-Strategie gegenüber den starren Betriebstypen-Konzeptionen dadurch, daß das Anschlußhaus zum einen die verschiedenen Module unter einem Dach kombinieren und zum anderen mit Hilfe ausgefeilter Marketinghandbücher die Details einer jeden Modullösung selbst festlegen kann. In den Garant-Handbüchern werden sämtliche mögliche Alternativen der Farb-, Form- (Ladenbau, Elemente) und architektonischen Gestaltung dargestellt. Der Händler kann so die für seinen Standort passende Modulkombination auswählen, ohne aus dem einheitlichen CD der Gruppe herauszufallen. Bei allen angebotenen Kombinationen ist ein hoher Wiedererkennungsgrad des Gruppenlogos „Garant" gewährleistet.

Diese Strategie wird gleich zwei Anforderungen gerecht. Zum einen trägt sie der Erkenntnis Rechnung, daß trotz aller noch so detaillierten Marktforschungsarbeit der Händler vor Ort über seine Kundschaft am besten Bescheid weiß. Zum anderen hat sie durch die

Einräumung von erheblichen Freiheitsgraden den Vorteil, daß die Akzeptanzprobleme der Anschlußhäuser über die Flexibilität des Systems aufgefangen werden.

Auch bei dieser Strategie kann festgehalten werden, daß das Management dem Marketing gefolgt ist. Erst in einem zweiten Schritt ging Garant daran, auch die Kooperations-Mitarbeiter in das neue Konzept einzubinden.

An die Spitze aller Aktivitäten (Führungshandbuch, Workshops, Seminare etc.) ist der Leitsatz „Ich bin der Garant für besten Service" gestellt worden. Eine neu entwickelte Kommunikationsstruktur führte beispielsweise dazu, daß die Informationen den direktesten Weg zu den Verantwortlichen finden (sog. Multiknotenkommunikation). Letztlich honorierten auch die Lieferanten die neue Strategie, da ihnen nun über die Module die Möglichkeit eines zielgerichteten Produktmarketing eröffnet worden war.

5.3 Identitätsorientierte CI-Strategie

Die bis hierhin beschriebenen Strategien wurden von der Marktseite der Anschlußhäuser nahegelegt. Fraglich bleibt, welche Strategie die Kooperationen einschlagen, die auf völlig unterschiedlichen Märkten (z.B. Stahlgroßhandel, Geschenkartikelfachhandel, Haushaltswareneinzelhandel, Werkzeuggroßhandel) gleichzeitig tätig sind und sich nicht auf allen Märkten mit einem einheitlichen Auftreten profilieren können. Aus den heterogenen Mitglieder- und Marktstrukturen resultieren ebenso heterogene Betreuungs- und Dienstleistungsstrukturen in den Zentralen der Gruppen. Die einzelnen Abteilungen erlangen häufig eine so große Eigendynamik, daß der dahinterstehende Einkaufsverband und seine Gruppenidentität von den Mitgliedern und den Marktpartnern nicht mehr wahrgenommen wird.

Aus der Überlegung heraus, daß auf der operativen Ebene (CI-Instrumentarium) für diese Verbundgruppen ein einheitliches Gruppen-Erscheinungsbild und ein einheitliches Gruppen-Verhalten auf allen Märkten nicht realisierbar ist, geht theoretisch die Konsequenz hervor, daß die Gruppen-Kommunikation entsprechend in den Vordergrund gerückt werden muß, es sollte ein Identitätsmanagement aufgebaut werden.

Auf die besonderen Belange der Praxis des Kooperationsmanagement bezogen bedeutet dies folgendes: Die ausgebildeten und erfolgreichen heterogenen Betreuungs- und Dienstleistungsstrukturen im Einkaufsverband werden *nicht* durch gruppeneinheitliche CD-Maßnahmen konterkariert. Im Gegenteil, das ausgebildete CD der Warengruppenabteilungen wird durch die organisatorische Umstellung auf ein Profit-Center-System noch unterstützt. In zentraler Hand verbleiben Dienstleistungsfunktionen wie zum Beispiel Werbung, Ladenbau, Betriebsberatung oder EDV-Unterstützung. Diese zentralen Bereiche arbeiten den warengruppenorientierten Profit-Centern zu. Die Service-Funktionen, die der Zentrale zugeordnet werden, legen schon die Gruppenidentität nahe.

Die Kooperation wird zu einem Dienstleistungssystem für die individuellen und regionalen Marktanforderungen. Das äußere Erscheinungsbild der Kooperationsmitglieder bleibt hingegen geprägt von der Warengruppen- bzw. Marktzugehörigkeit. Die Verbundgruppe tritt also auf jedem Markt mit einem selbständigen CD auf, ohne auf eine einheitliche

Gruppenidentität zu verzichten. Sie baut auf den gewachsenen Strukturen auf und betreibt eine CI-Strategie nach innen.

Diese Überlegungen stoßen jedoch dann an ihre Grenzen, wenn nicht erheblicher Wert auf das Instrument der Kommunikation gelegt wird. Eine Profit-Center-Organisation, die auf einen zentralen Dienstleister zugreift (Werbung, Beratung, Ladenbau etc.), führt zwangsläufig zur Einführung einer Matrixorganisation mit all ihren Kompetenz- und Abstimmungsproblemen. Dem kann entweder durch ständige Meetings und Abstimmungen der Verantwortlichen entgegengewirkt werden oder durch die Verlagerung der Entscheidungskompetenz in Ausnahmefällen auf die Führungsebene (Geschäftsführung, Vorstand). Die Schwierigkeit wird bei der Prioritätensetzung für den zentralen Dienstleister liegen.

Ein Beispiel für den verstärkten Einsatz des CI-Instrumentes Kommunikation zur Schaffung einer Gruppenidentität ist die Vorgehensweise der Optiker Gilde GmbH & Co. KG. Durch intensive und systematische Mitglieder- und Mitarbeiterbefragungen wurde zunächst die existierende und die gewünschte Identität der Kooperation erfragt. In einem zweiten Schritt erarbeitete man eine Gruppenphilosophie, die nicht nur auf die Zentrale bezogen ist, sondern auch detailliert Aussagen zur gewünschten Mitgliederstruktur trifft. An diesem Raster haben sich nun Zentrale, Mitglieder und auch Neumitglieder zu messen. Der Entwicklungsprozeß hin zur angestrebten Gruppenphilosophie (= Identität) wurde somit eingeleitet; das Interesse an einer kommunikativen Haltung zur Gruppenzentrale bei den Mitgliedern wurde geweckt.

6 IDENTITÄTSMANAGEMENT IN DER PRAXIS

Die Praxis des Identitätsmanagement bzw. der Durchsetzung einer CI-Strategie in Verbundgruppen kann auf das gruppendynamische Problem „Integration" zurückgeführt werden. Die Mitglieder einer Gruppe erkennen zwar einerseits die Notwendigkeit, sich in ein Netzwerk zu integrieren, haben aber auch andererseits das Bedürfnis, ihr Ich zu stärken. Jedem Beteiligten ist zum einen bewußt, daß er in und durch die Gruppe einen längeren Hebelarm hat, mit dessen Hilfe er wirtschaftliche Ziele erreichen kann, die sonst für ihn außer Reichweite gelegen hätten. Zum anderen wird dem Beteiligten in der Gruppe aber auch erst bewußt, daß er „anders ist"; er wird zum Nachdenken über seine eigene Individualität angeregt (Battegay 1973, S. 156).

Dieses gruppendynamische Grunddilemma ist vor allem in sehr weit entwickelten Verbundgruppen zu finden, die mit einem ausgeprägten Gruppen-CD, also einer einheitlichen und zentralen CI-Strategie arbeiten. Resultat ist ein Rollenkonflikt. Die angeschlossenen Händler betonen in den Gremien der Verbundgruppen ihre Unterstützung für einen einheitlichen Marktauftritt in ihrer Rolle als „Eigentümer der Gruppe".

Sollen die Gruppen-Strategien dann jedoch im eigenen Hause, möglichst noch mit eigenem finanziellen Investitionsaufwand, umgesetzt werden, so „schlüpft" der innovative Eigentümer der Gruppe in die Rolle des selbständigen und unabhängigen Händlers, der in seiner unternehmerischen Entfaltung ungebunden bleiben möchte. Die bereits beschlossene CD-Strategie droht zu versanden. Große und bedeutende Kooperationen wie beispielsweise die

Intersport oder das E/D/E arbeiten an diesem Problem. Der gemeinsame Marktauftritt wird von allen mitgetragen aber nur von wenigen umgesetzt.

7 DURCHSETZUNGS-MASSNAHMEN IN KOOPERATIONEN

Die exemplarisch dargestellten CI-Strategien der Verbundgruppen sollten zwei Thesen untermauern:

- Je heterogener die Markt- bzw. Mitgliederstruktur einer Verbundgruppe ist, desto wichtiger ist eine für die Anschlußhäuser wirtschaftlich interessante Konzeption. Insbesondere im Falle einer zentralen, auf einer einheitlichen CD aufgebauten Strategie muß erheblicher Wert auf die Entwicklung von geeigneten Durchsetzungsmaßnahmen gelegt werden.

- Je flexibler die CI-Strategie angelegt ist (Modul-Strategie, identitätsorientierte Strategie), desto wichtiger wird das Instrument „Kommunikation“.

Die schwierigste Aufgabe einer Verbundgruppe ist demnach der Versuch, eine einheitliche, zentral gelenkte und CD-orientierte Strategie auf eine heterogene Markt-/ bzw. Mitgliederstruktur „zu stülpen“. Bei allen aufgeführten Strategien hängt der Erfolg entscheidend davon ab, ob die gewählten Durchsetzungsmaßnahmen greifen, einige Beispiele:

Die Gruppen ElectronicPartner und Intersport subventionieren das betriebstypeneinheitliche Auftreten ihrer Mitglieds-/Anschlußhäuser. Es werden z.B. Ladenbau- oder dekorative Elemente kostenfrei zur Verfügung gestellt. Als weitere Maßnahme kann die Aufnahme neuer Mitglieds-/Anschlußhäuser an die Bedingung geknüpft werden, sich dem CD der Gruppe anzuschließen. Denkbar ist auch die Leistungssegmentierung der Mitglieder/Anschlußhäuser. Beispielsweise können die Häuser in unterschiedliche Gruppen eingeordnet werden, die einerseits die CD-Maßnahmen in unterschiedlicher Intensität mittragen, und dafür andererseits entsprechend unterschiedliche finanzielle Anreize erhalten.

Eine Durchsetzungsmaßnahme ist in Verbundgruppen allerdings unverzichtbar: Die Überzeugung der Mitglieder von der Qualität der Gruppen-Strategie. Qualität bedeutet für den selbständigen Unternehmer: Sicherung des wirtschaftlichen Erfolges. Die Überzeugungsarbeit und demnach das CI-Instrument Kommunikation muß bei allen CI-Überlegungen in Verbundgruppen im Vordergrund stehen.

LITERATUR

Battegay, R.: Der Mensch in der Gruppe – Gruppendynamik und Gruppenpsychotherapie, Stuttgart, 1973

Heinrich, D.: Identitäts-Management, Profit durch Profil. Die Zentrale Unternehmensidee: Das Stärkste, was ein Unternehmen haben kann, Düsseldorf, 1990

Institut für Handelsforschung (Hrsg.): Die handels- und wettbewerbspolitische Bedeutung der Kooperationen des Konsumgüterhandels, Bd. 1-111, München 1989

Merkle, W.: Corporate Identity für Handelsbetriebe, Göttingen, 1992.

Olesch, G.: Neue Ansätze zur Gestaltung der Gremienarbeit in Verbundgruppen. In: Gesellschaft zur Kooperationsförderung im Handel (Hrsg.): Die innere Erneuerung der Verbundgruppen des Handels, S 22-35, Köln, 1987

Olesch, G.: Die Kooperationen des Handels, Köln, 1991

Olesch, G.: Die Einkaufsverbände des Einzelhandels, Frankfurt/Main, 1980.

Röhrig, K.A.: Corporate Identity und seine Auswirkungen mit Beispielen deutscher Handelsbetriebe. In: Dynamik im Handel, Heft 3/86, S. 4 ff.

Standortplanung in Verbundgruppen des Einzelhandels – Theoriegrundlagen und Ergebnisse einer empirischen Untersuchung

Michael Bienert, Berlin

Standortentscheidungen sind im Einzelhandel von besonderer Bedeutung, Struktur und Güte des Standortnetzes sind wesentliche Determinanten des Unternehmenserfolgs. Im Systemwettbewerb zwischen Verbundgruppen, Filialisten und Franchiseunternehmen ist die Qualität der Standorte daher ein wichtiger strategischer Wettbewerbsparameter. Nach einer kurzen theoretischen Einführung in die Methodik und Vorgehensweise der Standortplanung werden die Ergebnisse einer aktuellen empirischen Befragung zur Standortplanung und -beratung in Nonfood-Einzelhandelsverbundgruppen vorgestellt. Neben der Planung von Neustandorten interessierten auch Art und Umfang der laufenden Standortplanung. Im Vergleich zu den Systemwettbewerbern werden Nachteile bzw. Schwächen bei der Standortplanung und -steuerung erkennbar, eine engere Kooperation zwischen Verbundzentralen und Mitgliedern scheint daher notwendig. Mögliche Ansatzpunkte einer verbesserten Standortplanung werden im Fazit der Untersuchung aufgezeigt.

1 THEORETISCHE GRUNDLAGEN

Die herausragende Bedeutung von Standortentscheidungen im Einzelhandel ist in Theorie und Praxis unumstritten (Strobel 1988, S. 99). Standortentscheidungen sind strategische Grundsatzentscheidungen, die mit langfristigen Festlegungen in Bezug auf Immobilien, Betriebsmittel und Personal verbunden sind und die kurzfristig nicht oder nur unter erheblicher Kostenbelastung revidiert werden können (z.B. Müller-Hagedorn 1991, S. 100; Hansen 1990, S. 178). Gute Einzelhandelsstandorte sind ein Engpaß; die begrenzte Zahl lukrativer Standortalternativen und die hohen finanziellen Risiken verstärken die Bedeutung sorgfältiger Standortanalysen.

1.1 Methoden der Standortanalyse

Die systematische Suche nach neuen und erfolgversprechenden Einzelhandelsstandorten ist ein mehrstufiger, komplexer Entscheidungsprozeß. Der Gesamtablauf kann grundsätzlich in zwei Phasen aufgeteilt werden, die *Makroanalyse* (Grobbewertung) und die *Mikroanalyse* (Feinbewertung). Bei differenzierterer Betrachtung lassen sich innerhalb der

Mikroanalyse die *Einzugsgebietsabgrenzung* und die nachfolgende *punktuelle Standortanalyse* unterscheiden. Jede Teilphase hat eigenständige Zielsetzungen, es werden jeweils spezifische Informationen benötigt, und es stehen unterschiedliche Methoden der Informationsverarbeitung zur Verfügung. Eine trennscharfe Abgrenzung der Phasen ist im Einzelfall schwierig, da zum Teil gleiche Daten nur unterschiedlich differenziert analysiert werden oder Informationen der Vorstufe in der nachfolgenden Phase aufgegriffen und weiterverarbeitet werden.

Die *Makroanalyse* ist – vornehmlich für Großunternehmen des Einzelhandels – Ausgangspunkt des standortpolitischen Entscheidungsprozesses. Oehme (1991, S. 88 ff.) bezeichnet sie als Marktstrukturanalyse: Für das in Teilgebiete gegliederte gesamte Absatzgebiet eines Handelsunternehmens wird durch Gegenüberstellung des relevanten Nachfragevolumens und des eigenen Umsatzes der jeweils eigene Marktanteil geschätzt und die regionale Wettbewerbsstruktur ermittelt. Auf Basis dieser ersten Grobbewertung können dann standortpolitische Grundsatzentscheidungen abgeleitet werden, beispielsweise die Entscheidung für eine „Expansionsstrategie" in einer Region, in der der eigene Marktanteil knapp hinter dem des regionalen Marktführers zurückbleibt.

Notwendige Voraussetzung einer differenzierten Bewertung vorselektierter Standortalternativen ist die genaue *Abgrenzung des relevanten Einzugsgebietes*. Als Einzugsgebiet kann ein geographisch abgegrenzter Raum bezeichnet werden, dessen Einwohner potentielle Kunden des in Betracht gezogenen Standortes sind (Barth & Theis 1991, S. 56; Bieberstein 1989, S. 40 f.). Die Diskussion von Methoden der Einzugsgebietsabgrenzung ist ein klassisches Betätigungsfeld der Handelsforschung. Es existiert eine Vielzahl unterschiedlicher Verfahren, die jeweils einer der folgenden drei Gruppen zugeordnet werden können (Falk & Wolf 1992, S. 289 ff.; Barth & Theis 1991):

- Verfahren auf Basis von Erfahrungswerten,
- Verfahren auf Basis von theoretischen Gesetzmäßigkeiten,
- Verfahren auf Basis von Befragung und Beobachtung.

Verfahren auf Basis von Erfahrungswerten zeichnen sich durch einfache Handhabung und einen geringen Erhebungsaufwand aus. Als Beispiel kann die *Kreismethode* genannt werden: Um den Einzelhandelsstandort werden nach Luftliniendistanzen konzentrische Kreise (z.B. von 500 m, 1000 m und 2000 m) gelegt, und jeder der so gebildeten Zonen wird pauschal – aufgrund von Erfahrungswerten – ein bestimmter Kundenanteil zugewiesen (z.B. 60 %, 30 % und 10 %). Der Vorteil der hohen Praktikabilität und Wirtschaftlichkeit wird mit dem Nachteil starker Ungenauigkeiten erkauft; die komplexen realen Zusammenhänge werden nur sehr vereinfacht abgebildet. Im Gegensatz zu den auf Erfahrungswerten beruhenden Methoden orientiert sich die zweite Verfahrensgruppe explizit an theoretisch beschriebenen und empirisch belegten allgemeinen Gesetzmäßigkeiten. Am bekanntesten ist das *„Law of Retail Gravitation"* von Reilly (1931), nach dem die Anziehungskraft eines Ortes um so größer ist, je mehr Einzelhandelsbetriebe der Ort aufweist und je geringer die Entfernung zum Untersuchungsort ist. Für praktische Standortanalysen haben theoretisch-deduktive Verfahren aber nur geringe Bedeutung, da sie eher zur Bestimmung komplexer Einzelhandelsagglomerationen und weniger zur Bestimmung des Einzugsgebiets einer einzelnen Verkaufsstelle geeignet sind und darüber hinaus nur einige ausgesuchte Einflußgrößen berücksichtigen. Verfahren auf Basis von Befragung und Beobachtung ermöglichen dagegen eine sehr realitätsnahe Einzugsgebietsabgrenzung, da sie einzelfallspezifisch sind und auch eine größere Anzahl wichtiger Einflußfaktoren berücksichtigt werden können. Unter dem Aspekt der Wirtschaftlichkeit sind entsprechende Verfahren aufgrund der erforderlichen kostenintensiven Primärerhebungen jedoch negativ zu bewerten.

Im Anschluß an die Einzugsgebietsabgrenzung werden zur endgültigen Entscheidung über Annahme oder Ablehnung eines Einzelhandelsstandorts *punktuelle Standortanalyseverfahren* durchgeführt. Wiederum steht eine breite Palette z.T. sehr unterschiedlicher Verfahrensvorschläge zur Auswahl. Eine einheitliche Systematik der punktuellen Standortanalyseverfahren ist – im Gegensatz zu den Verfahren der Einzugsgebietsabgrenzung – aus der Handelsliteratur aber nicht erkenntlich, vielmehr existieren unterschiedliche Verfahrensgliederungen nebeneinander. Die Gliederungsvorschläge beziehen sich häufig nur auf bestimmte Einzelverfahren oder einzelne Verfahrensgruppen, ein ganzheitliches Rahmenschema liegt bislang nicht vor. Zum Beispiel systematisiert Wolf (1981, S. 149 ff.) in a) Bewertungsverfahren, b) Investitionsrechenverfahren und c) Analogieverfahren, Tietz (1985, S. 210 ff.) in a) quantitative Verfahren und b) qualitative Verfahren und Liebmann (1974, S. 1913 ff.) in a) Checklisten, b) Analogiemethode, c) Gravitationsmethode und d) Methoden der Investitionsrechnung.

Für eine übergeordnete Verfahrensgliederung wird hier nach dem Kriterium ,,Umfang einbezogener Standortfaktoren" eine Zweiteilung in *Totalanalysen* und *Partialanalysen* vorgeschlagen. Während Totalanalysen eine realitätsnahe Beschreibung der Standortgesamtsituation anstreben und dabei einen möglichst vollständigen Standortfaktorenkatalog zugrunde legen, zielen Partialanalysen auf die Erklärung ausgewählter Standorteinflüsse unter Berücksichtigung einer begrenzten Anzahl von Standortfaktoren. Die folgende *Übersicht 1* ordnet die in der Literatur genannten punktuellen Standortbewertungsverfahren jeweils einer der beiden Gruppen zu (für kompakte weitergehende Informationen zu den einzelnen Methoden vgl. z.B. Falk & Wolf 1992; Berekoven 1990; Wolf 1981; Wurth 1970).

Übersicht 1: Methoden der punktuellen Standortanalyse

Methoden der punktuellen Standortanalyse	
TOTALMODELLE	*PARTIALMODELLE*
* Punktbewertungsverfahren	* Statische Investitionsrechenverfahren
	- Kostenvergleichsrechnung
- Checklistenmethode	- Gewinnvergleichsrechnung
- Rangreihenverfahren	- Rentabilitätsvergleichsrechnung
	- Wirtschaftlichkeitsvergleichsrechnung
* Profilvergleich	- Amortisationsrechnung
* Analogmethode	
	* Dynamische Investitionsrechenverfahren
* Nutzwertanalyse	- Kapitalwertmethode
	- Annuitätenmethode
	- interne Zinsfußmethode
	* Methoden des Operations Research

1.2 Standortfaktoren

Ein weiterer Schwerpunkt der Standortforschung ist die Diskussion über Anzahl und Art relevanter Einflußgrößen. Der mittlerweile etablierte Begriff „Standortfaktor" kann allgemein als Merkmal eines Standortes beschrieben werden, das einen Einfluß auf das Geschäftsergebnis ausübt. Die anfänglich auf Industriebetriebe ausgerichtete Standorttheorie beschäftigte sich überwiegend mit kostenorientierten Einflußgrößen (z.B. Weber 1909, S. 16). Für Handelsunternehmen sind Kostenfaktoren aber heute eher zweitrangig; ausschlaggebend ist vielmehr die Analyse der wichtigsten absatzorientierten Standortfaktoren. In der Handelsliteratur werden häufig Vorschläge für umfassende Standortfaktorenkataloge formuliert, wobei es fast so viele Gliederungsalternativen wie Autoren gibt, und auch die jeweils genannte Faktorenzahl schwankt sehr stark (vgl. z.B. Behrens 1961; Wotzka 1970; Bieberstein 1989). Trotz aller vorhandenen Unterschiede ist aber auch eine Schnittmenge von „Basis-Standortfaktoren" erkennbar, die von den meisten Autoren regelmäßig aufgeführt werden. Die folgende *Abbildung 1* stellt ein übergeordnetes Gliederungsraster für die am häufigsten diskutierten Standortfaktoren des Einzelhandels dar. Auf eine ausführliche Aufzählung und Zuordnung einzelner Faktoren wird hier verzichtet; es soll lediglich ein Orientierungsrahmen gegeben werden, der das Verständnis der in Abschnitt 2 beschriebenen empirischen Analyseergebnisse erleichtert.

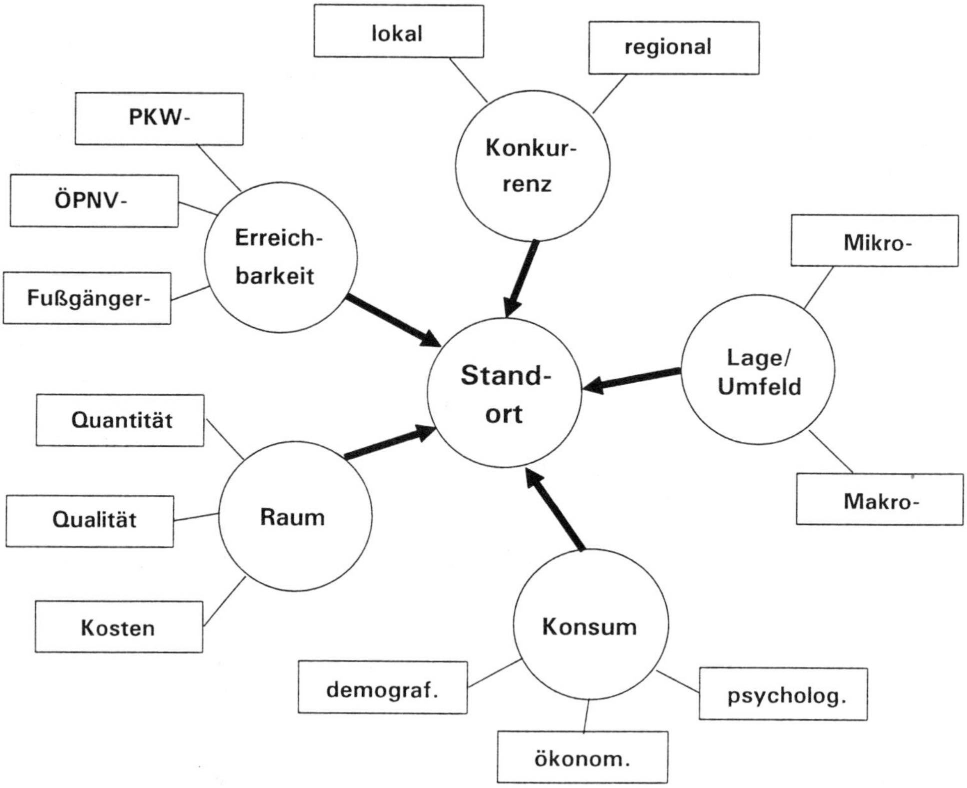

Abbildung 1: Standortfaktoren im Einzelhandel

Die einzelnen Standortfaktoren sind häufig nicht unabhängig voneinander, vielmehr zeigen sich in der Handelspraxis typische Ausprägungskombinationen, die in der Handelstheorie auch als *Standorttypen* bezeichnet werden. Da die Standortforschung im Rahmen der wissenschaftlichen Handelsforschung seit langem wenig Beachtung findet (vgl. Trommsdorff & Bienert 1993/94), liegen bis heute nur sehr wenige Studien vor, die standortliche Wirkungszusammenhänge empirisch untersuchen. Vorhanden sind dagegen beschreibende Systematisierungen von Standorttypen des Einzelhandels; beispielsweise unterscheidet Wurth (1970, S. 11 ff.) in a) haushaltsnahe, b) konkurrenzorientierte und c) passantenorientierte Standorte und Oehme (1991, S. 100 f.) in a) City-Standorte, b) integrierte Standorte und c) verkehrsorientierte Standorte. Im Rahmen der näheren Beschreibung dieser Standorttypen werden Zusammenhänge zwischen den einzelnen Standortfaktoren aufgezeigt und diskutiert.

2 ERGEBNISSE EINER EMPIRISCHEN BEFRAGUNG VON VERBUNDGRUPPENZENTRALEN

Nach der einführenden Diskussion ausgewählter Theoriegrundlagen werden nachfolgend die Ergebnisse einer empirischen Bestandsaufnahme zur Standortplanung in Verbundgruppen des Einzelhandels vorgestellt. Untersuchungsziel war es, einen Einblick in Umfang und Vorgehensweise sowohl der Standortneuplanung als auch der laufenden Standortplanung in Verbundgruppen zu erhalten. Neben der Frage nach den jeweils eingesetzten Standortbewertungsverfahren und den hierbei berücksichtigten Standortfaktoren interessierte z.B. auch der absolute Umfang der Standortzugänge, -abgänge und -erweiterungen sowie das Ausmaß „standortnaher" Dienstleistungen der Verbundgruppenzentralen. Auf Basis einer vom Zentralverband Gewerblicher Verbundgruppen (ZGV) zur Verfügung gestellten Adressenliste wurde im Spätsommer 1993 eine schriftliche Befragung bei deutschen Verbundgruppenzentralen durchgeführt.

2.1 Untersuchungsdesign und Stichprobenstruktur

Erster vorbereitender Schritt der empirischen Bestandsaufnahme war die Entwicklung eines explorativen Frageleitfadens zur Standortplanung in Verbundgruppen. Im Rahmen persönlicher und telefonischer Gespräche mit ausgewählten Verbundgruppenmanagern aus unterschiedlichen Branchen wurden zunächst die grundsätzlichen Standort-Problemstrukturen spezifiziert. Auf dieser Basis und in Zusammenarbeit mit Wissenschaftlern der Forschungsstelle für den Handel Berlin (FfH) e.V. wurde dann ein schriftlicher Fragebogen zur Standortplanung und -beratung in Verbundgruppen konzipiert.

Befragt wurden ausschließlich Nonfood-Verbundgruppen, die über ein eigenständiges Verbundgruppenmanagement verfügten und auf Dauer angelegt waren. Von den 75 eingehenden Fragebögen blieben 33 unbeantwortet. Die wesentlichen Gründe hierfür waren:

- die Verbundgruppe ist nur im Großhandel tätig,
- die Verbundgruppenzentrale bietet den Mitgliedern keine eigenständigen Beratungsdienstleistungen an,
- personelle Engpässe.

Insgesamt konnten 42 Fragebögen ausgewertet werden. In allen Fällen handelte es sich um Einzelhandelsverbundgruppen, die ihren Mitgliedern ein breites Dienstleistungs- und Serviceangebot offerieren. Wie der folgende Überblick zur Struktur dieser Stichprobe zeigt, stellt sie einen charakteristischen Querschnitt deutscher Nonfood-Einzelhandelsverbundgruppen dar, so daß die Untersuchung einen typischen Einblick in die Vorgehensweise der Standortplanung und -beratung von Verbundgruppen vermitteln kann.

Abbildung 2 zeigt die *Altersverteilung* der Verbundgruppen in der Stichprobe. Der auffallend hohe Anteil von Verbundgruppen aus den 60er und 70er Jahren ist kein Indikator für die Unausgewogenheit der Altersstruktur im Sample; vielmehr spiegelt sich die bekannte „Renaissance der Verbundgruppen" auch in der Stichprobe wider (vgl. auch Olesch 1980, S. 11).

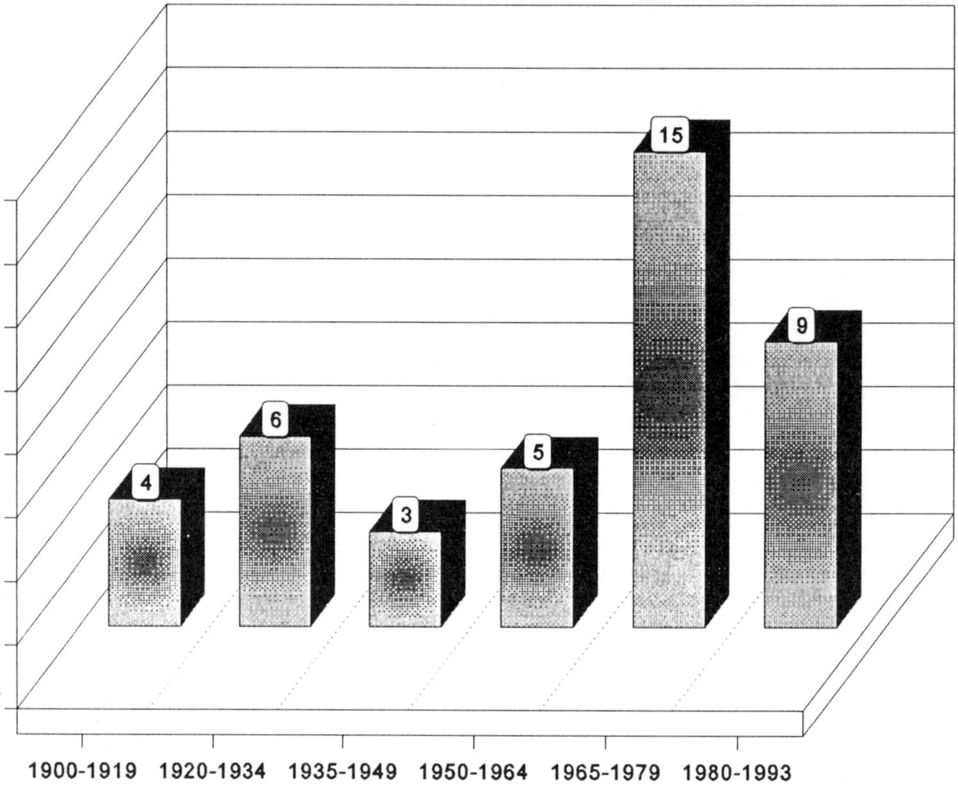

Abbildung 2: Altersverteilung der Verbundgruppen in der Stichprobe

Auch in Bezug auf die *Mitgliederzahl* und die Gesamtzahl der von den Mitgliedern geführten *Geschäfte* weist die Stichprobe eine insgesamt ausgeglichene Verteilung auf: Die kleinsten 6 (2) Verbundgruppen hatten nur bis zu 50 Mitglieder (Geschäfte), während die größten 8 (6) Verbundgruppen jeweils über 1 000 Mitglieder (Geschäfte) zählten (*Abbildung 3*).

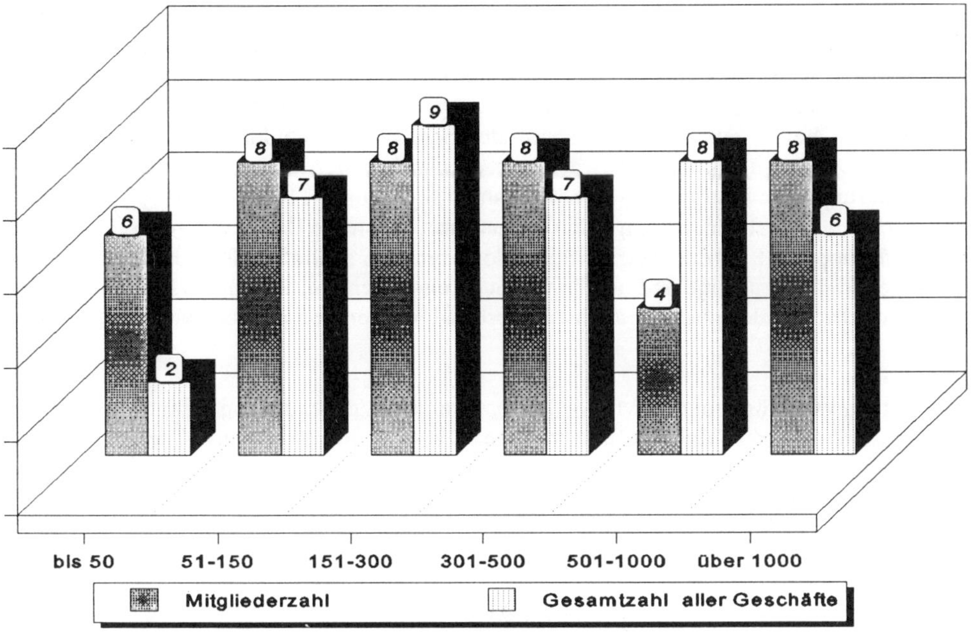

Abbildung 3: Mitglieder- und Geschäftszahl der Verbundgruppen in der Stichprobe

Die Jahresumsätze der befragten Verbundgruppen zeigten ebenfalls eine breite Streuung: 7 Verbundgruppen erreichten einen Gesamtumsatz von bis zu 300 Mio. DM, 8 Verbundgruppen hatten einen Umsatz von über 1.500 Mio. DM und die restlichen Verbundgruppen verteilten sich recht gleichmäßig zwischen diesen Extremen. 54 % der befragten Verbundgruppen agierten bundesweit, 43 % auch im europäischen Ausland, eine Verbundgruppe war lediglich regional tätig.

2.2 Standortneuplanung

Um einen Eindruck vom absoluten Umfang der Standortplanungsaktivitäten in Verbundgruppen zu erhalten, wurde die durchschnittliche Anzahl der jährlichen Standortneueröffnungen und Standortschließungen erfragt (*Übersicht 2*).

Übersicht 2: Anzahl Standorte

	Anzahl Standorte		
	0-5	6-19	über 20
ZUGÄNGE	13	12	10
ABGÄNGE	24	5	5

Etwa ein Drittel (13) der befragten Verbundgruppen eröffnen lediglich bis zu 5 neue Standorte pro Jahr, während insbesondere die größeren Verbundgruppen sehr stark expandieren und teilweise 50, 60 oder auch 80 Neueröffnungen jährlich zu verzeichnen haben. Der statistische Durchschnitt der Neuzugänge liegt bei 15 Geschäften pro Verbundgruppe und Jahr. In bezug auf die Gesamtzahl der bereits bestehenden Mitgliedergeschäfte entspricht dies einem jährlichen Zuwachs von durchschnittlich knapp 3 %, wobei jede dritte Verbundgruppe den jährlichen Geschäftsbestand sogar um 4-11 % durch Neugründungen erweitert. Bei den Abgängen zeigt sich die erwartet geringere Dynamik, obwohl einzelne Verbundgruppen 30, 40 oder sogar 50 Standorte pro Jahr schließen. Der absolute Umfang jährlicher Standortzugänge und -abgänge läßt bereits erkennen, daß eine systematische und professionelle Standortplanung auch für Verbundgruppen von großer ökonomischer Bedeutung ist.

Standortanalysen können vom Mitglied selbst, von der Verbundgruppenzentrale oder von externen Dienstleistern durchgeführt werden. Die folgende *Abbildung 4* zeigt, wer eher „häufig" oder eher „selten/nie" Standortanalysen anfertigt (der Frage lag eine fünfstufige Bewertungsskala von „sehr häufig" bis „nie" zugrunde).

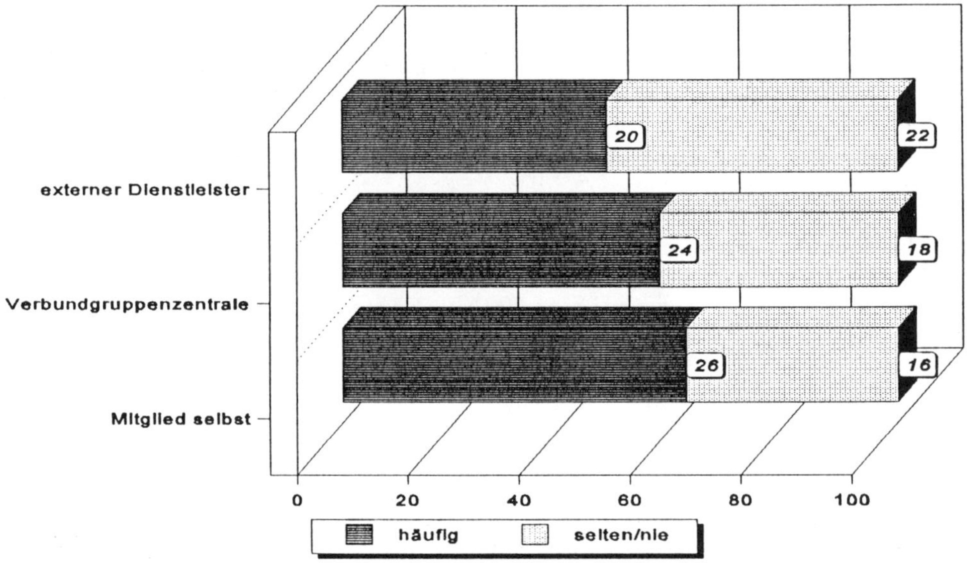

Abbildung 4: Durchführung von Standorterstanalysen

Eine weitere Fragestellung war, wer überhaupt den Anstoß für die Eröffnung eines neuen Standortes gibt. Die relative Bedeutung verschiedener Quellen für die Akquisition von Neustandorten ist *Abbildung 5* zu entnehmen (Basis war wiederum eine fünfstufige Bewertungsskala von „sehr wichtig" bis „unwichtig").

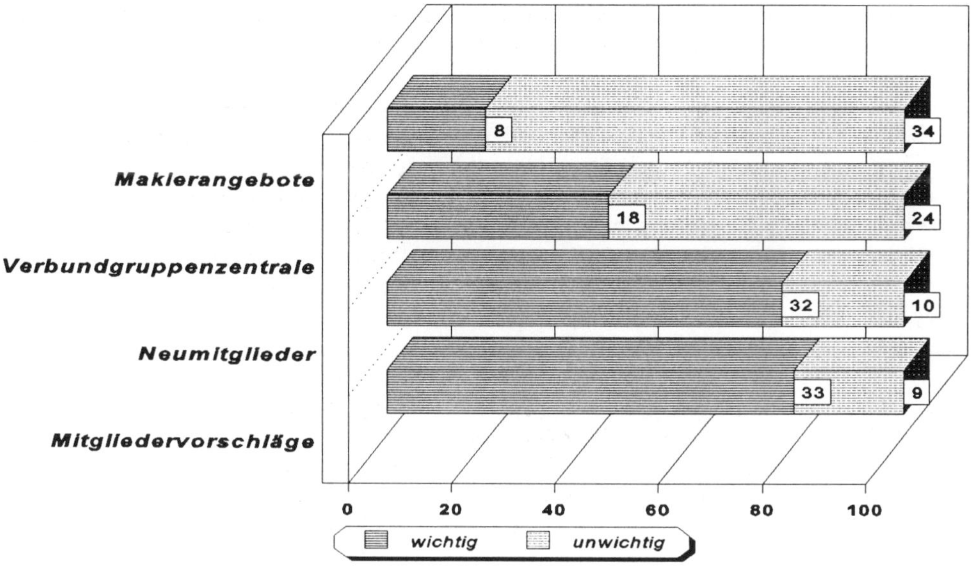

Abbildung 5: Anstöße für Standortneueröffnungen

Die endgültige Entscheidung über Eröffnung/Nichteröffnung eines neuen Standortes wird überwiegend von den Mitgliedern selbst getroffen: 38 mal wurde ein „sehr starker" oder „starker" Einfluß des einzelnen Mitglieds angegeben, während die Verbundgruppenzentrale nur bei 18 Verbundgruppen eine entsprechend hohe Entscheidungskompetenz hat, und lediglich in 4 Fällen wurde auf einen großen Einfluß auch anderer Verbundgruppenmitglieder hingewiesen (Mehrfachantworten waren möglich).

Den relativ geringen Einfluß der Verbundgruppenzentrale auf die Standortnetzgestaltung der Verbundgruppe verdeutlicht auch ein weiteres Befragungsergebnis: Bei 33 von 42 Verbundgruppen hat ein schlechtes Standortanalyseergebnis bei Aufnahmebegehren von Neumitgliedern bzw. bei Anmeldung von Zweitstandorten bisheriger Mitglieder üblicherweise keinerlei Auswirkungen auf die von der Verbundgruppe angebotenen Sortiments- und Servicedienstleistungen. Lediglich bei 9 Verbundgruppen müssen Mitglieder im Falle negativer Standortbewertungen mit Sanktionen rechnen; das sind insbesondere

- eine Reduzierung oder vollständige Streichung finanzieller Hilfestellungen,
- sortimentsbezogene Einschränkungen (z.B. bezüglich verbundgruppenspezifischer Handelsmarken),
- kritische Bonitätsprüfungen.

Bei Filialisten und Großunternehmen des Handels dürften dagegen aufgrund der unmittelbaren Entscheidungskompetenz der Unternehmenszentrale in weitaus geringerem Maße auch fragwürdige bzw. nur wenig erfolgversprechende Neustandorte akzeptiert werden.

Die einführende theoretische Betrachtung im ersten Abschnitt hat gezeigt, daß potentiell eine Vielzahl verschiedener *Standortfaktoren* im Einzelfall von Bedeutung sein kann. Im Fragebogen wurde daher die Relevanz einzelner Standortfaktoren anhand einer fünfstufigen Skala von „sehr wichtig" bis „unwichtig" abgefragt. Der Stellenwert der verschiedenen Standortfaktoren wird von den Verbundgruppen z.T. sehr unterschiedlich eingeschätzt, was aufgrund der Heterogenität der Stichprobe (verschiedene Branchen, Betriebstypen, Ladengrößen und Standorttypen) auch nicht weiter verwundert. Es lassen sich aber entsprechend ihrer Bedeutung grob drei Gruppen von Standortfaktoren unterscheiden (*Übersicht 3*).

Übersicht 3: Wichtige Standortfaktoren

als wichtige Standortfaktoren werden berücksichtigt ...		
in über 90% der Fälle	*in 60-90% der Fälle*	*in weniger als 60% der Fälle*
- Einzugsgebietsgröße - Kaufkraft im Einzugsgebiet - Anzahl der Konkurrenten - Parkmöglichkeiten - PKW-Erreichbarkeit	- Mietkosten - Anzahl Haushalte im EZG - Attraktivität des Ortes - freies Kaufkraftpotential - Umsatz der Konkurrenten - Verkaufsfläche der Konkurrenten - örtliche Kaufkraftbindung - Branchenmix insgesamt - branchengleiche Agglomeration - Passantendichte am Standort	- Belieferungsmöglichkeiten - Verkehrsaufkommen - hohe Einwohnerdichte - Fußgängererreichbarkeit - Entfernung zur Konkurrenz - ÖPNV-Erreichbarkeit - Standortlage (Fußgängerzone, Ladenpassage, Einkaufszentrum, Nebenlage)

Über die Bewertung dieser vorgegebenen Standortfaktoren hinaus wurden auf die offene Frage nach sonstigen relevanten Einflußgrößen noch folgende Faktoren genannt:

– Sortimentslücken der Konkurrenz (5),
– Leistungsvermögen und Eigenkapitalbasis des Unternehmers (4),
– Sichtbarkeit des Geschäftslokals (4),
– stadtplanerische Erkenntnisse, z.B. Bauvorhaben (4).

Neben der Bedeutung einzelner Standortfaktoren wurde auch die methodische Vorgehensweise der Standortbewertung erhoben. 29 % der Verbundgruppen gaben an, ein schriftlich fixiertes Bewertungsschema zu benutzen. Bei 71 % der befragten Verbundgruppen wird dagegen kein standardisiertes und schriftlich fixiertes Verfahren eingesetzt, sondern es wird einzelfallabhängig eine individuelle Vorgehensweise gewählt. Grundsätzlich kommen ausschließlich unkomplizierte und methodisch wenig anspruchsvolle Verfahren zur Anwendung, wobei finanzorientierte Investitionsrechnungen – zumeist in Form einfacher Umsatzprognosen – überwiegen (*Abbildung 6*).

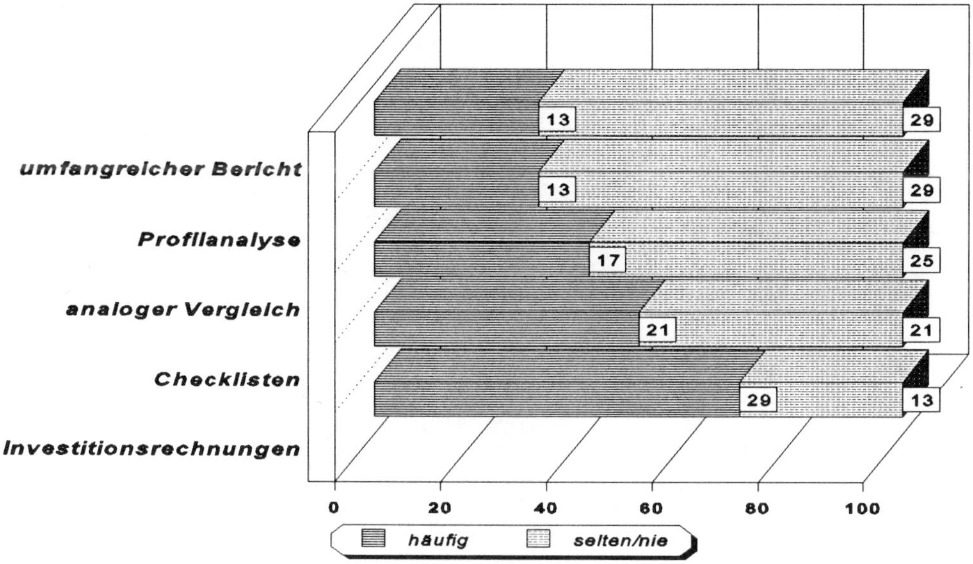

Abbildung 6: Standortbewertungsverfahren

2.3 Laufende Standortplanung

Im Einzelhandel werden Standortanalysen ganz überwiegend zur Beurteilung potentieller Neustandorte angefertigt. Darüber hinaus können Standortbeurteilungen aber auch zu einem späteren Zeitpunkt noch einmal notwendig werden, beispielsweise im Falle einer Standortverlagerung oder bei einer wesentlichen Standortveränderung (Ausbau, Umbau, Sortimentswechsel). Die absolute Häufigkeit der jährlichen Standortverlagerungen und -erweiterungen wurde im Fragebogen erhoben (*Übersicht 4*).

Übersicht 4: Anzahl der Standorte

	Anzahl Standorte		
	0-5	6-19	über 20
VERLAGERUNGEN	26	5	3
ERWEITERUNGEN	15	8	11

Die Zahl vollständiger Standortverlagerungen bewegt sich (wie erwartet) auf relativ geringem Niveau, wobei die größeren Verbundgruppen bis zu 20 oder 30 Verlagerungen jährlich zu verzeichnen haben. Standorterweiterungen werden dagegen sehr viel häufiger durchgeführt, einige Verbundgruppen gaben an, jährlich 50, 100 oder sogar 180 Standorte auszubauen. Im Laufe eines „Standortlebenszyklus“ gibt es also durchaus Anlässe, die eine erneute Standortanalyse erforderlich machen.

Auf die allgemeine Frage, wann Standortanalysen – außer bei Neuplanungen – noch angefertigt werden, gab es folgende Antworten (*Abbildung 7*).

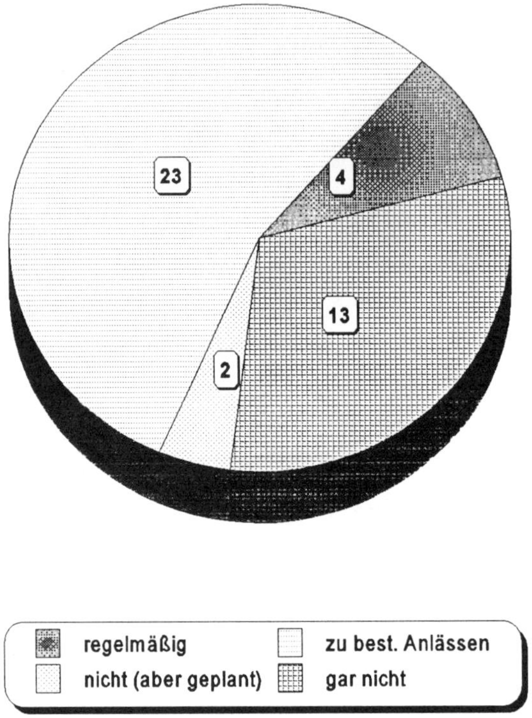

Abbildung 7: Anfertigung von Standortanalysen für bestehende Geschäfte

Gut die Hälfte der befragten Verbundgruppen (23) führt weitere Standortanalysen nur aufgrund eines konkreten Anlasses durch, und bei 13 Verbundgruppen (knapp 40 %) werden Standortanalysen grundsätzlich nur einmalig bei der Standortneugründung angefertigt. Ein regelmäßiges „Standortcontrolling" einer im Zeitablauf veränderten Standortsituation verfolgten lediglich vier der befragten Verbundgruppen (zwei Verbundgruppen alle 3 Jahre; je eine Verbundgruppe alle 5 Jahre bzw. jährlich). Als Anlässe für zusätzliche Standortbewertungen wurden insbesondere genannt:

- Erweiterungen oder Umbauten des Geschäfts,
- veränderte Konkurrenzsituation, Umsatzrückgänge,
- wesentliche Sortimentsveränderungen,
- Veränderungen der Miet- oder Pachtsituation,
- allgemeine Positions- oder Marktanteilsüberprüfungen.

Als Haupthindernisse einer regelmäßigen Standortüberprüfung in längeren Zeitabständen wurden genannt:

– begrenzte personelle Beratungskapazität der Verbundgruppenzentrale,
– Unabhängigkeit und freie Entscheidungskompetenz der selbständigen Mitglieder,
– zu hohe Kosten.

Neben der Anfertigung von Standortanalysen bieten Verbundgruppenzentralen ihren Mitgliedern eine Reihe weiterer standortbezogener Dienstleistungen an (siehe *Abbildung 8*).

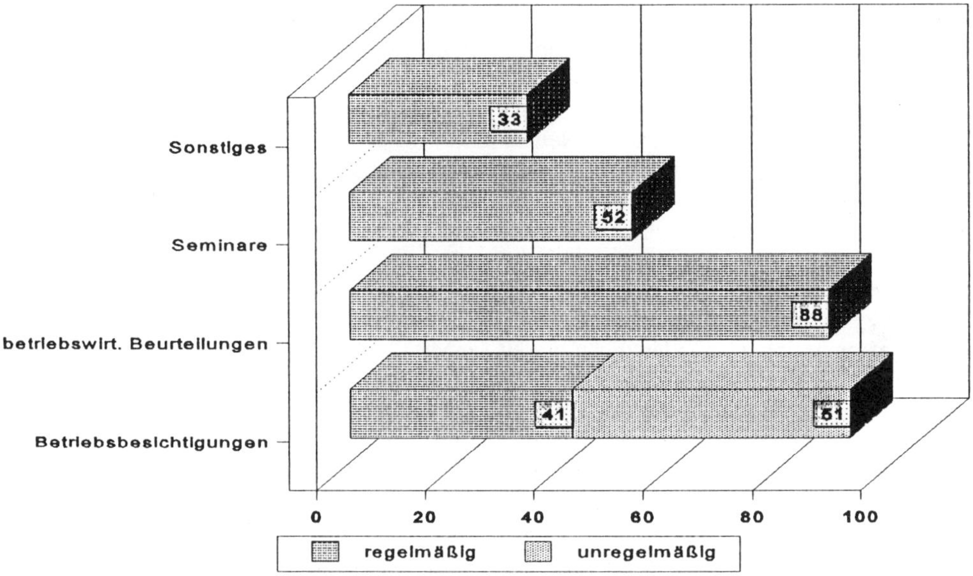

Abbildung 8: Dienstleistungsangebote der Verbundgruppenzentralen (Angaben in %)

Betriebsbesichtigungen werden von insgesamt 92 % der Verbundgruppenzentralen – regelmäßig oder unregelmäßig – durchgeführt, wobei insbesondere die folgenden Merkmale bewertet werden: Marketingkonzept, Sortimentsstruktur und Warenpräsentation, Ladenbau, Personalqualifikation und -freundlichkeit, Wettbewerb, Kunden und Umfeld. Aus der breiten Palette betriebswirtschaftlicher Beratungsdienstleistungen, die von 88 % der befragten Verbundgruppenzentralen angeboten werden, sind insbesondere hervorzuheben:

– Erfa-Gruppen,
– Betriebsvergleich,
– Kennziffernanalysen der Umsatz- und Kostensituation,
– Sortimentsberatungen.

3 FAZIT

Kooperationen stehen auf den Beschaffungs- und Absatzmärkten im Gruppenwettbewerb mit Filialisten und Franchiseunternehmen. Eine zentrale strategische Wettbewerbsdimension ist die Qualität der Einzelstandorte. Zwar gibt es keine vergleichbaren empirischen Untersuchungsergebnisse zu Art und Umfang der Standortplanung bei Filialisten und Franchiseunternehmen, in der Praxis zeigt sich aber ein wesentlich stärkerer Organisations- und Standardisierungsgrad bei der Standortplanung (so haben die Großunternehmen beispielsweise überwiegend eigene „Expansionsabteilungen" oder Stabstellen „Unternehmensplanung"). Im Vergleich zu der durch Verbundgruppenmitglieder selbst durchgeführten Standortplanung und in Anbetracht der insgesamt sehr beschränkten Kompetenzen der Verbundgruppenzentralen dürfte es Filialisten und Franchiseunternehmen damit grundsätzlich besser gelingen, lukrative Neustandorte zu akquirieren sowie die Qualität der vorhandenen Standorte zu kontrollieren und zu steuern. Für die künftige Wettbewerbsfähigkeit der Kooperationen wird es daher von Bedeutung sein, die Qualität der Standortplanung zu verbessern.

Ein wesentliches Hindernis für eine Systematisierung und Professionalisierung der Standortplanung in Verbundgruppen des Einzelhandels ist aber eines der konstitutiven Prinzipien von Kooperationen – die Unabhängigkeit der Mitglieder. Daß die Standortkompetenzen der Verbundgruppenzentralen sehr beschränkt sind, wurde in der Befragung an mehreren Stellen deutlich: Die Standortanalysen werden in der Mehrzahl der Fälle von den Mitgliedern selbst durchgeführt, und auch bei der endgültigen Standortentscheidung hat nur eine Minderheit der Verbundgruppenzentralen ein Mitspracherecht. Die Zielsetzungen der einzelnen Verbundgruppenmitglieder bei Standortneugründungen sind zudem nicht immer Umsatz- oder Gewinnoptimierung, vielmehr stehen auch andere Ziele im Vordergrund, die häufig sogar mit Einkommensverzicht verbunden sind, z.B. die „unabhängige Berufstätigkeit in der eigenen Unternehmung" oder auch eine „verantwortungsbewußte Mitarbeiterversorgung" (Barth 1993, S. 339).

Eine vom ifo-Institut München im Jahre 1993 durchgeführte Studie ergab, daß die meisten Kooperationen des Handels nur unzureichend auf die Wettbewerbsaktivitäten der marketingaktiven Filial- und Franchisegruppen reagieren (o.V. 1993, S. 339). Der Hauptgrund wird in den unterschiedlichen Organisations- und Unternehmensstrukturen gesehen. Während Filialisten und Franchiseunternehmen ihre Beschaffungs- und Absatzentscheidungen zunehmend zentralisiert haben, werden die wichtigsten unternehmerischen Entscheidungen in den Verbundgruppen noch weitgehend dezentral gefällt. Allerdings hat der notwendige Restrukturierungsprozeß bei vielen Verbundgruppen bereits zu einer Intensivierung der Zusammenarbeit zwischen Kooperationszentrale und Mitgliedsunternehmen geführt. Es ist wahrscheinlich, daß aufgrund der ökonomischen Rahmenbedingungen diese Entwicklung künftig weiter anhalten wird und die einzelnen Mitglieder weitere Entscheidungsbefugnisse an die Zentralen abgeben werden.

Auch in Bezug auf die Standortplanung wäre eine entsprechende Stärkung der Zentralkompetenzen wichtig. Die Befragungsergebnisse und Gespräche zeigen, daß die Vorteile bzw. die Notwendigkeit eines stärkeren Involvement der Verbundgruppenzentralen auch durchaus erkannt und befürwortet werden. Für Standorterstanalysen könnte daher langfristig angestrebt werden, in jedem Einzelfall eine alleinige oder zumindest ergänzende Standortbewertung und -beratung durch einen Zentralexperten vornehmen zu lassen. Falsche Grundsatzentscheidungen durch zu oberflächliche oder falsche Eigenanalysen der Mitglieder mit weitreichenden ökonomischen Konsequenzen (für das Mitglied selbst, aber indirekt auch für die Kooperation als Ganzes) könnten so vermieden werden. Neben der Einschaltung bei der Standortbewertung wäre aber auch ein stärkerer Zentraleinfluß bei der konkreten Standortentscheidung wichtig. Ein möglicher (indirekter) Ansatzpunkt wäre die einheitliche und verbindliche Formulierung eines Sanktionenkatalogs für den Fall der (geplanten) Integration „schlechter" Neustandorte. Entsprechende Maßnahmen sahen bislang lediglich 9 der befragten Verbundgruppen vor. Kooperative Vereinbarungen zwischen Zentrale und Mitgliedern über direkte Mitentscheidungskompetenzen wären darüber hinaus wünschenswert, aber praktisch wohl nur schwer erreichbar.

Die absolute Häufigkeit der Zahl jährlicher Standorterweiterungen (vgl. *Übersicht 4*) verdeutlicht, daß auch für Verbundgruppen eine Forcierung und Systematisierung der *laufenden Standortplanung* lohnend wäre. Die kontinuierliche Steuerung und Kontrolle der Standortqualitäten im Zeitablauf ist allerdings ein betriebswirtschaftliches Optimalziel, daß selbst bei Filialisten und Franchiseunternehmen eher selten anzutreffen seien dürfte. Die Voraussetzungen für ein regelmäßiges „Standortcontrolling" in Verbundgruppen sind aber gar nicht so schlecht. Bereits mehr als die Hälfte der Verbundgruppen führt Standortanalysen auch nach der Neugründung aufgrund bestimmter Anlässe wie „Umbau/Ausbau des Geschäfts" oder „wesentliche Veränderung der Konkurrenzsituation" durch, und einige wenige Verbundgruppen praktizieren schon heute eine regelmäßige Standortüberprüfung in bestimmten Zeitabständen. Eine gute Ausgangsbasis bzw. ein positives Grundverständnis für den Sinn laufender Standortüberprüfungen ist daher bereits vorhanden. Ein ausgezeichneter konkreter Ansatzpunkt zur künftigen Etablierung eines „Standortcontrolling" wären darüber hinaus die bereits von 92 % der Verbundgruppen durchgeführten laufenden Betriebsbesichtigungen. Sie könnten zentraler Baustein eines regelmäßigen Standortinformations- und -steuerungssystems sein.

LITERATUR

Barth, K.: Betriebswirtschaftslehre des Handels, Wiesbaden 1993

Behrens, K.Chr.: Allgemeine Standortbestimmungslehre, Köln und Opladen 1961

Berekoven, L.: Erfolgreiches Einzelhandelsmarketing, Grundlagen und Entscheidungshilfen, München 1990

Bieberstein, I.: Die City als Standort für Einzelhandelsbetriebe, Göttingen 1989

Falk, B.; Wolf, J.: Handelsbetriebslehre, 11. Auflage 1992

Hansen, U., Absatz- und Beschaffungsmarketing des Einzelhandels, 2. Auflage, Göttingen 1990

Liebmann, H.-P.: Standort. In: Tietz, B. (Hrsg.): Handwörterbuch der Absatzwirtschaft, Stuttgart 1974, S. 1905-1919

Müller-Hagedorn, L.: Moderne Verfahren zur Ermittlung der Bedeutung einzelner Standortfaktoren. In: DHI (Hrsg.): Standortpolitik des Einzelhandels, Köln 1991, S. 100-105

o.V.: ehb (Einzelhandelsberater), Nr.5 (1993), S.339

Oehme, W.: Handels-Marketing, 2. Auflage, München 1991

Olesch, G.: Die Einkaufsverbände des Einzelhandels, Frankfurt/M. 1980

Reilly, W.T.: Law of retail gravitation, New York 1931

Strobel, B.: Standortspezifische Geschäftstypen im Fachhandel. In: Trommsdorff, V. (Hrsg.): Handelsforschung 1988, S.99-115

Theis, H.-J.; Barth, K.: Mit den Grenzen des Geschäfts auch die Chancen bestimmen. In: handel heute, 23 (1991), Nr.6, S.56-59

Tietz, B., Der Handelsbetrieb, Grundlagen der Unternehmenspolitik, München 1985

Trommsdorff, V., Bienert, M.: Handelsforschung an deutschsprachigen Hochschulen – Ergebnisse einer Umfrage. In: Trommsdorff, V. (Hrsg.): Handelsforschung 1993/94, Wiesbaden 1993, S.Vff.

Weber, A.: Über den Standort der Industrien, 1. Teil: Reine Theorie des Standorts, Tübingen 1909

Wolf, J.: Markt- und Imageforschung im Handel, Stuttgart 1981

Wotzka, P.: Standortwahl im Einzelhandel, Hamburg 1970

Wurth, R.: Die Bewertung der Filialstandorte von Einzelhandelsfilialunternehmungen, Köln und Opladen 1970

Beiträge außerhalb des Schwerpunktthemas

Der Einsatz von Marktreaktionsmodellen zur Bestimmung der optimalen Personal- und Flächenallokation im Einzelhandel

Heribert Meffert, Christoph Burmann, Münster

Die massive Flächenexpansion der Großbetriebsformen im Einzelhandel hat in den vergangenen Jahren bei zahlreichen Betrieben zu einem Rückgang der realen Flächenproduktivität geführt. Als Folge dieses Flächenausbaus sowie erheblicher Rationalisierungen im Personalbereich hat sich die Personalproduktivität in vielen Fällen positiv entwickelt. Diese auf den ersten Blick erfreuliche Entwicklung ist jedoch insoweit mit erheblichen Problemen behaftet, als daß die Anforderungen der Kunden an die Beratungsqualität z.T. nicht mehr erfüllt werden können. Vor diesem Problemhintergrund kann der Einsatz von Marktreaktionsmodellen zur Steuerung des Personal- und Flächeneinsatzes auf Filial- und Warengruppenebene einen Beitrag zur Erhöhung der Flächenproduktivität leisten.

1 KONZEPTION VON MARKTREAKTIONSMODELLEN IM EINZELHANDEL

Die handelsspezifische Erfolgsfaktorenforschung bietet zwar Unterstützung bei der Fokussierung auf die wesentlichen steuerbaren Erfolgsgrößen im Handel, es ist bisher jedoch noch nicht befriedigend gelungen, Aussagen über Ausmaß und Richtung der Veränderung des Unternehmenserfolgs als Ergebnis der Niveauvariation von Erfolgsfaktoren abzuleiten. Aufgrund der bei allen methodischen Ansätzen regelmäßig unterstellten Linearitätsprämisse können im Rahmen der Erfolgsfaktorenforschung hinsichtlich der Quellen des Unternehmenserfolgs bislang lediglich Aussagen darüber abgeleitet werden, ob und gegebenenfalls in welcher Stärke ausgewählte Bestimmungsgrößen eine Wirkung auf den Unternehmenserfolg entfalten (Burmann 1994, S. 34). Demzufolge bleibt die Frage unbeantwortet, auf welchem Niveau bzw. bei welcher Intensität die jeweils ermittelten Erfolgsfaktoren ihre maximale Wirkung entfalten.

Als Folge der generell unterstellten Linearität bleibt offen, ob die Wirkung eines Erfolgsfaktors von einer bestimmten Mindest- oder Maximalintensität abhängig ist. So ist beispielsweise im Rahmen der PIMS-Studien die Höhe des Marktanteils zwar grundsätzlich als Erfolgsfaktor identifiziert worden, Aussagen über einen gewinn- oder renditeorientierten Mindest- bzw. Maximalmarktanteil sowie die hierfür gültigen Kontextbedingungen konnten hingegen nicht abgeleitet werden (Meffert 1994, S. 57 f.). Gerade die im Marketing zu untersuchenden Wirkungsbeziehungen sind jedoch häufig durch eine nicht-lineare Struktur gekennzeichnet. Vor diesem Hintergrund sollte die Verknüpfung der Erfolgsfaktorenforschung mit den Erkenntnissen über Marktreaktionsmodelle zur Abbildung der Nachfrageelastizität zu einer Schließung der aufgezeigten Erkenntnislücken und damit auch zu einer Fundierung von Faktorallokationsentscheidungen beitragen können.

Als ökonomischem Indikator der Nachfragereaktion kommt der Flächenproduktivität bei Großbetriebsformen und insbesondere bei Warenhäusern eine besondere Bedeutung zu. Nach den zumeist negativen Erfahrungen mit der forcierten Standortexpansion seit Ende der 60er Jahre agieren die Warenhäuser heute auf der Grundlage weitestgehend gegebener (Innenstadt-) Standorte und Verkaufsflächen. Vor diesem Hintergrund ist es eines der vordringlichen Ziele der Warenhäuser, die Produktivität der vorhandenen Verkaufsflächen zu optimieren und dort, wo die Voraussetzungen dafür nicht gegeben sind, über Filialschließungen oder Umwidmungen nachzudenken. Bei den anderen Großbetriebsformen ergibt sich aufgrund der seit Jahren deutlich sinkenden Flächenproduktivität, die vor allem eine Folge der massiven Flächenexpansion ist (Tietz 1992, S. 498 f.), die drängende Frage, ob angesichts der steigenden Mietkostenbelastung eine weitere Flächenexpansion wirtschaftlich sinnvoll ist und wie die Flächenproduktivität der bereits existierenden Filialen erhöht werden kann. Aus den aufgezeigten Gründen erscheint es zweckmäßig, bei der Modellierung von Marktreaktionsfunktionen im Einzelhandel die Flächenproduktivität als abhängige Erfolgsgröße zu verwenden.

Marktreaktionsfunktionen beschreiben die Art des Zusammenhangs zwischen einer zu prognostizierenden ökonomischen oder psychographischen Zielgröße (Umsatz, Absatzmenge, Markenbekanntheit, etc.) und den jeweils veränderten Aktionsparametern in quantitativer Form. Entlang einer Marktreaktionsfunktion variiert die Elastizität der Nachfrage in Abhängigkeit von der Einsatzintensität des untersuchten Parameters (Meffert 1986, S. 123). Im Gegensatz zur Erfolgsfaktorenforschung bedeutet dies einen Verzicht auf die Linearitätsprämisse. Der theoretisch hohe Anwendungsnutzen von Marktreaktionsmodellen ist in der Industrie, vor allem aber im Handel nur schwer praktisch umzusetzen. Der hohe Erfassungsaufwand sowie die Schwierigkeiten einer validen und reliablen Datenerhebung sind für die bislang geringe Verbreitung verantwortlich. Die zunehmende Verfügbarkeit von Scanner-Daten eröffnet jedoch die Möglichkeit, mit relativ geringem Aufwand und gleichzeitig hoher Präzision beispielsweise Informationen über die Nachfrageelastizität bei Veränderung der Verkaufsflächengröße oder des Personalbestandes zu gewinnen.

2 OPERATIONALISIERUNG VON MARKTREAKTIONSMODELLEN

Kennziffern der Nachfrageelastizität beschreiben die Reagibilität der Nachfrage als Folge der Variation eines ausgewählten Aktionsparameters. Alle übrigen neben dem explizit betrachteten Parameter auf die Nachfrage einwirkenden Bestimmungsgrößen werden unter Hinweis auf die ceteris paribus Prämisse nicht näher betrachtet. In ähnlicher Weise ist das Forschungsdesign bei der Mehrzahl der Untersuchungen zur Produktivität im Handel angelegt (Ingene 1982, S. 75 f., Bucklin 1978, S. 41-43). Diese Produktivitätsstudien sind ebenso wie die Untersuchungen zur Nachfrageelastizität als Partialanalysen angelegt. Die Bestimmung von Elastizitätskennziffern und partiellen Produktivitäten setzt jedoch die

Bestimmung der Substitutionalität bzw. Limitationalität zwischen den Inputfaktoren voraus (Adam 1990, S. 40 f.). Ohne das Wissen über die Art des Funktionszusammenhangs ist es nicht möglich, effiziente Maßnahmen zur Steigerung der Produktivität zu ergreifen. So ist beispielsweise bei Limitationalität die Aussagekraft von Elastizitätskennziffern und partieller Produktivitäten stark eingeschränkt, da durch Variation nur eines Leistungsfaktors keine Veränderung des Outputs erzielt werden kann. Erst die Kenntnis des notwendigen Einsatzverhältnisses der Leistungsfaktoren zueinander ermöglicht die planmäßige Beeinflussung der Produktivität. Dieses Einsatzverhältnis ist bei limitationalen Funktionsbeziehungen bekannt. Folglich wird eine Messung der Gesamtproduktivität über Teilproduktivitäten im industriewirtschaftlichen Bereich nur bei limitationalen Produktionsfunktionen durchgeführt. An dieser Stelle interessiert jedoch in erster Linie die Beeinflußbarkeit der Flächenproduktivität im Handel durch Variation jeweils nur eines Marketingparameters, um Rückschlüsse auf die optimale Einsatzintensität der Parameter ziehen zu können. Diese Fragestellung läßt sich nur bei substitutionalen Output-Input-Beziehungen sinnvoll analysieren.

Die Mehrzahl der Arbeiten zur Produktivitätsforschung im Handel vernachlässigt die explizite Überprüfung der Limitationalität bzw. Substitutionalität der Leistungsfaktoren. Vielmehr wird generell periphere Substitutionalität unterstellt (Thurik 1984). Insbesondere bezüglich des Verhältnisses von Arbeitseinsatz zu Flächeneinsatz wird von einer substitutionalen, ertragsgesetzlich verlaufenden Abhängigkeitsbeziehung ausgegangen (Falk & Wolf 1993, S. 75). Trotz der großen Verbreitung der Substitutionalitätsprämisse liegen bis heute keine empirisch abgesicherten Anhaltspunkte über Mindest- oder Maximalniveaus beim Einsatz einzelner Leistungsfaktoren vor. Die empirische Überprüfung der Nachfrageelastizität bei unterschiedlichen Einsatzniveaus der Leistungsfaktoren im Sinne einer Marktreaktionsfunktion würde hier konkrete Hinweise über die Substitutionalität bzw. Limitationalität liefern.

Die Konsequenzen des Verzichts auf die empirische Ermittlung von Marktreaktionsfunktionen werden beispielsweise bei den Ansätzen der Flächenzuordnungsplanung deutlich. Dort wird regelmäßig unterstellt, daß sich die zu einem bestimmten Zeitpunkt festgestellte überdurchschnittliche Flächenproduktivität einer Warengruppe z.B. durch eine Vergrößerung der Warengruppenverkaufsfläche proportional steigern läßt (Brauer 1969, S. 53 f.; Unkelbach & Wiegmann 1978, S. 61-63). Es wird demzufolge eine von der schon vorhandenen Flächengröße unabhängige, konstante Flächenelastizität der Nachfrage zugrundegelegt. Auch die Anwendung der Portfoliomethode beruht implizit auf dieser Linearitätsprämisse (Meffert 1988, S. 34-36). Der Rückgriff auf Marktreaktionsmodelle ermöglicht hingegen die explizite Berücksichtigung des Einsatzniveaus handelsbetrieblicher Leistungsfaktoren zur Bestimmung ihrer intensitätsabhängigen Wirkung auf die Flächenproduktivität (Steffenhagen 1978, S. 9-12). Vor diesem Hintergrund soll im folgenden die Hypothese überprüft werden, inwieweit zwischen den zentralen Erfolgsfaktoren im Einzelhandel tatsächlich eine periphere Substitutionalität im Sinne einer S-förmigen, dem Ertragsgesetz (Adam 1990, S. 54 f.) entsprechenden Marktreaktionsfunktion besteht.

3 EMPIRISCHE BESTIMMUNG EINES MARKTREAKTIONSMODELLS AUF FILIALEBENE

Zur empirischen Überprüfung der Untersuchungshypothese konnte auf umfassendes primär- und sekundärstatistisches Datenmaterial eines deutschen Warenhaus-Konzerns zurückgegriffen werden. Im Mittelpunkt stand dabei eine schriftliche Befragung der Geschäftsführer von 70 Filialen. Die Auswahl der hinsichtlich ihrer Nachfragewirkung in Marktreaktionsmodellen zu untersuchenden Aktionsparameter sollte sich auf die für den Erfolg eines Unternehmens relevanten Schlüsselfaktoren konzentrieren. Demzufolge wurden zunächst im Rahmen einer mehrstufigen Kausalanalyse sieben zentrale Erfolgsfaktoren ermittelt (Burmann 1994, S. 161 f.). Dabei kam den Faktoren Personalintensität und Verkaufsflächengröße die mit deutlichem Abstand größte Bedeutung zu. In diesem Zusammenhang ist zu berücksichtigen, daß der für diesen Auswertungsschritt verwendete LISREL-Ansatz der Kausalanalyse ebenfalls von der Linearitätsprämisse ausgeht.

Vor diesem Hintergrund soll im folgenden ein einfaches Marktreaktionsmodell der Personalintensität empirisch überprüft werden. Von einem einfachen Marktreaktionsmodell wird deshalb gesprochen, weil die Marktreaktionsfunktionen jeweils nur eine unabhängige Variable, die Personalintensität, enthalten. Dies gewährleistet, daß in den Marktreaktionsmodellen zunächst nur der Einfluß der Personalintensität erfaßt wird. Der Nachteil einer solchen Vorgehensweise besteht darin, daß bei der expliziten Variation der Personalintensität alle übrigen die Flächenproduktivität beeinflussenden Faktoren nicht kontrolliert werden können. Zur Messung von Nachfragereaktionen ist es dabei aufgrund der ceteris paribus Bedingung erforderlich, alle übrigen Nachfragebestimmungsgrößen konstant zu halten. Dies hätte eine filialindividuelle Messung im Sinne einer Längsschnittanalyse zur Folge. Die mit einem solchen Feldexperiment verbundenen Erfassungsprobleme und der bei Längsschnittanalysen in den meisten Fällen relativ hohe Zeitbedarf (Böhler 1992, S. 32) lassen diese Erhebungsmethode hier nicht praktikabel erscheinen.

Aus diesem Grunde sollen die Nachfragereaktionen bei Variation der Personalintensität hier approximativ durch eine Querschnittsanalyse bei unterschiedlichen Filialtypen erfaßt werden. Hinsichtlich zeitverzögerter Nachfragewirkungen bei der Veränderung der Personalintensität und der Ausprägung der übrigen Marketingparameter der Filiale ergebenden Erfolgswirkungen bereits zum Zeitpunkt der Messung realisiert sind. Auf Grundlage dieser Prämisse kann das bei Querschnittsanalysen auftretende time-lag-Problem (Meffert 1992, S. 359) vernachlässigt werden.

Diese Vorgehensweise macht es notwendig, daß die zu vergleichenden Filialen mit Ausnahme der Personalintensität hinsichtlich aller übrigen die Flächenproduktivität beeinflussenden Faktoren weitestgehend homogen sind. Das Homogenitätserfordernis kann sich dabei im wesentlichen auf den produktivitätsrelevanten Kontext, d.h. auf die Kontrolle der zuvor identifizierten 7 Erfolgsfaktoren beschränken. Zur Sicherstellung der notwendigen Homogenität müssen die Filialen zu Gruppen zusammengefaßt werden, die sich hinsichtlich des Einsatzniveaus der Erfolgsfaktoren, mit Ausnahme der Personalintensität, weitestgehend gleichen, zwischen den Gruppen jedoch möglichst deutliche Unterschiede aufweisen. Zu diesem Zweck wurde eine Clusteranalyse nach dem Verfahren von Ward durchgeführt. Als Distanzmaß wurde die quadrierte Euklidische Distanz auf Basis standardisierter Daten verwendet. Als clusterbildende Merkmale wurden die verbleibenden 6 Erfolgsfaktoren verwendet (Burmann 1994, S. 240). Auf Basis des Elbow-Kriteriums wurde eine 3-Cluster-Lösung gewählt. Zur Überprüfung der Trennschärfe der Cluster-Lösung wurde eine Diskriminanzanalyse durchgeführt. Es zeigte sich, daß 65 von 68 Filialen (95,59 %) aufgrund der Ausprägung ihrer Erfolgsfaktoren richtig einklassifiziert wurden. In *Abbildung 1* sind die Ausprägungen der Erfolgsfaktoren in den drei Filialclustern wiedergegeben.

Merkmal	Skalierung[3]	Cluster 1 N= 24	Cluster 2 N= 30	Cluster 3 N=14
1. Standortqualität[1]	1= + / 3= -	1,33	1,13	2,29
2. Betriebsgröße[1]	qm	12.613 qm	6.455 qm	5.495 qm
3. Qualität des persönlichen Verkaufs[1]	1=++ / 5= --	2,41	2,13	2,66
4. Intensität leistungsorientierter Werbung[1]	1= hoch / 7= niedrig	4,98	6,00	6,21
5. Personalmotivation[1]	1=++ / 5= --	2,54	1,99	2,00
6. Intensität preisorientierter Werbung[1]	1= hoch/ 7= niedrig	3,08	3,80	4,00
Flächenproduktivität[2]: - Umsatz	DM / qm	9.116	7.382	6.259
- DB[4]	DM / qm	1.502	1.200	954
Personalintensität[2]	DM / qm[5]	959	794	716
Einwohner am Standort[2]	Personenzahl	588.946	247.497	96.350
Streuung: * Personalintensität	Min. - Max.	583 - 1.704	463 - 1.293	418 - 1.060
* Flächenproduktivität Umsatz	Min. - Max.	5.673 - 18.029	3.830 - 12.003	3.370 - 8.823
* Flächenproduktivität DB	Min. - Max.	850 - 3.497	608 - 2.065	448 - 1.469

1 Clusterbildende Merkmale
2 Clusterbeschreibende Merkmale
3 zur Clusterung standardisiert
4 Deckungsbeitrag
5 Personalintensität wurde mittels der Personalkosten pro qm Verkaufsfläche erfaßt

Abbildung 1: Beschreibung der Filialcluster auf Basis der Erfolgsfaktoren

Auf Basis der Clusterananlyse ist es nunmehr möglich, alle Filialen in drei Gruppen einzuteilen und auf diese Weise die produktivitätsrelevanten Kontextbedingungen so weit wie möglich zu homogenisieren. Innerhalb dieser Filialcluster muß einerseits überprüft werden, inwieweit tatsächlich von der theoretisch unterstellten peripheren Substitutionalität der Leistungsfaktoren Fläche und Personal ausgegangen werden kann. Andererseits ist zu überprüfen, ob sich der unterstellte ertragsgesetzliche Kurvenverlauf der Marktreaktionsfunktionen und damit die Existenz eines Maximal- und eines Mindestniveaus der Personalintensität empirisch nachweisen läßt. Zu diesem Zweck wurde in den drei Filialgruppen unter Verwendung der Prozedur NLR (Schubö et al. 1991, S. 471 f.) versucht, ein nicht-lineares Regressionsmodell zur Erklärung des Zusammenhangs zwischen Personalintensität und Flächenproduktivität zu schätzen.

Zur empirischen Analyse wurde im ersten Schritt eine logistische Trendfunktion zugrundegelegt, weil die Nachfragereaktion zunächst anhand des Indikators „Umsatz pro m^2 Verkaufsfläche" untersucht wurde. Bei dieser umsatzorientierten Flächenproduktivität ist nach dem Erreichen des Maximums bei weiterer Personalaufstockung nicht mit einem Rückgang der Flächenproduktivität zu rechnen. Im Gegensatz zur Entwicklung des Erfolgsindikators „Deckungsbeitrag pro m^2 Verkaufsfläche" erscheint es hier somit nicht zweckmäßig, einen klassischen ertragsgesetzlichen Funktionsverlauf mit einem nach Erreichen des Maximums fallenden Funktionsverlauf zu unterstellen. Die Frage nach der optimalen Personalintensität kann demgegenüber nur anhand der deckungsbeitragsorientierten Flächenproduktivität beantwortet werden, weil hier nach dem Überschreiten des Maximums bei weiter zunehmender Personalintensität mit einer sinkenden und später sogar negativen Flächenproduktivität zu rechnen ist. Vor dem Hintergrund dieser Argumentation wird im folgenden mit zwei verschiedenen Funktionstypen gearbeitet: In Verbindung mit der umsatzorientierten Flächenproduktivität wird stets eine logistische Trendfunktion, bei der deckungsbeitragsorientierten Flächenproduktivität hingegen der klassische ertragsgesetzliche Funktionsverlauf unterstellt.

Die Personalintensität als unabhängige Variable wird über die Personalkosten pro Quadratmeter Verkaufsfläche erfaßt. Dabei wird auf eine Aufspaltung der Personalkosten in Kosten des verkaufsorientiert tätigen Personals und Personalkosten von nicht direkt im Verkauf tätigen, unterstützend wirkenden Mitarbeitern, verzichtet. Es wird von der Prämisse ausgegangen, daß der überwiegende Teil der Personalkosten eines Warenhauses im weitesten Sinne durch verkaufsorientierte Tätigkeiten entsteht. Diese Operationalisierung gewährleistet eine größtmögliche Sensitivität bei der Erfassung der tatsächlichen Personalintensität insbesondere auf Warengruppenebene.

Der in *Abbildung 2* und allen weiteren Marktreaktionsmodellen zugrundegelegte Wertebereich der Personalintensität von 0 bis ca. 2.000 DM Personalkosten pro Quadratmeter Verkaufsfläche (PK/m^2) wurde vor dem Hintergrund der realen Personalkostensituation des untersuchten Warenhauses sowie der im Einzelhandel zu beobachtenden Personalintensitätsgrade gewählt. Die von NLR geschätzten Marktreaktionsfunktionen der Personalintensität (vgl. *Abbildung 2*) können in den drei Filialgruppen insgesamt 91,6 %, 95,8 % und 80,8 % der Varianz der umsatzorientierten Flächenproduktivität erklären. Aus *Abbildung 3* sind die Marktreaktionsfunktionen für die deckungsbeitragsorientierte Flächenproduktivität zu entnehmen. Die entsprechenden Varianzerklärungsanteile belaufen sich hier auf 71,2 %, 89,8 % und 51,0 %. Bei der Schätzung der 6 Marktreaktionsfunktionen der Personalintensität liegt jeweils ein unterschiedliches Niveau der übrigen Erfolgsfaktoren zugrunde.

Aus *Abbildung 2* wird deutlich, daß die Filialen aus Cluster 1 mit einer durchschnittlichen Größe der Verkaufsfläche von über 12 000 m^2 durch eine Erhöhung ihrer Personalintensität die Flächenproduktivität theoretisch bis auf über 30.000 DM Umsatz pro m^2 Verkaufsfläche steigern könnten. Für die 24 Filialen in dieser Gruppe konnte auf Basis der empirisch geschätzten logistischen Marktreaktionsfunktion im ökonomisch sinnvollen Wertebereich keine maximal zu erreichende Flächenproduktivität berechnet werden. Darüber hinaus ist zu erkennen, daß auch bei einem sehr niedrigen Personalbestand die Attraktivität großer Flächen eine deutlich höhere Flächenproduktivität zur Folge hat als bei kleineren Häusern.

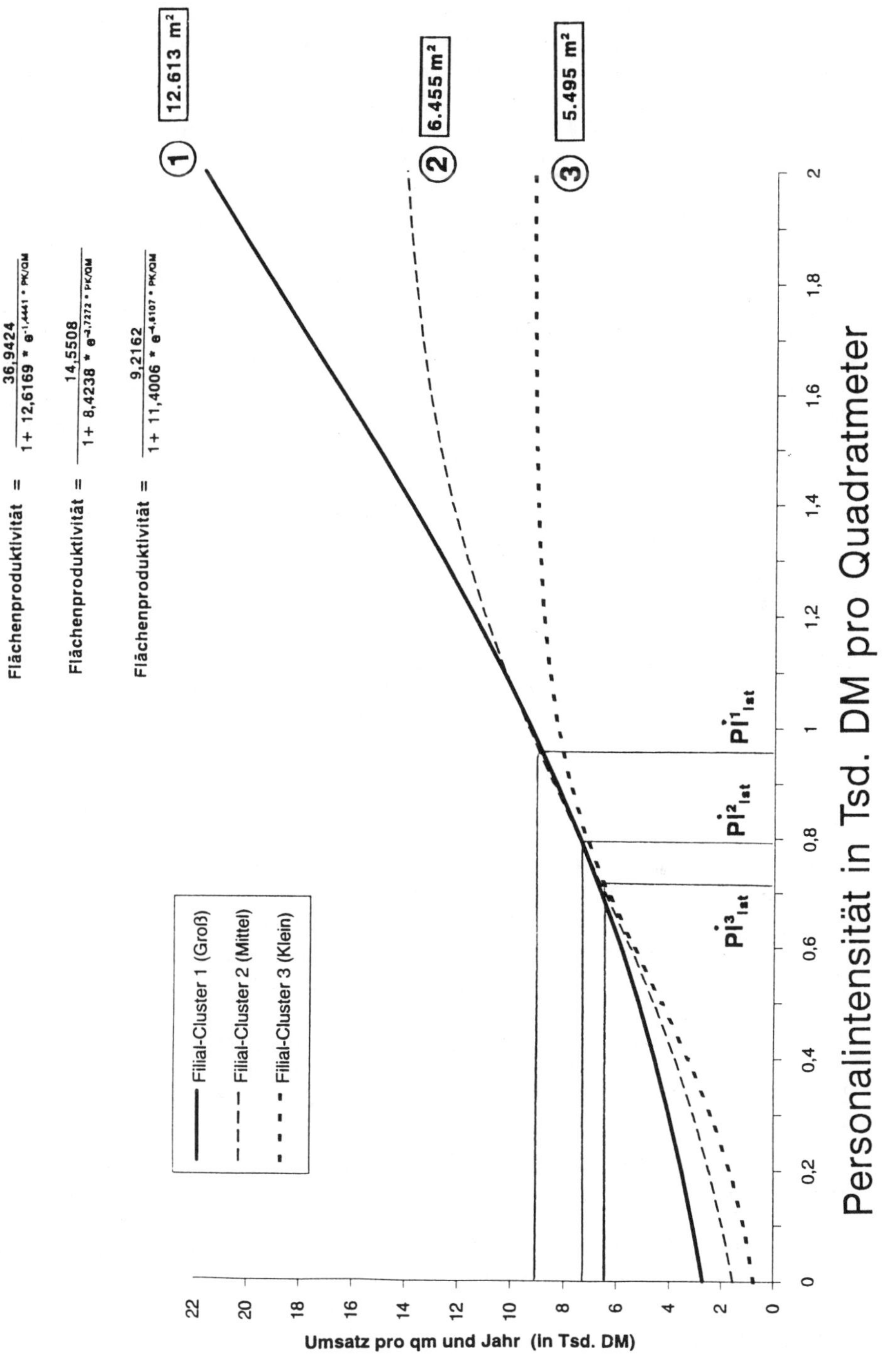

Abbildung 2: Umsatzorientierte Marktreaktionsfunktionen der drei Filialcluster

Dieser Wettbewerbsvorteil großer Filialen kann im Bereich einer mittleren Personalintensität von ca. 600 bis 800 DM PK/m² von den mittleren und kleineren Filialen der Cluster 2 und 3 egalisiert werden. Dieses Ergebnis gibt bereits einen ersten Hinweis darauf, daß die Filialen aus Cluster 1 ihren Wettbewerbsvorteil einer großen Verkaufsfläche erst dann im Sinne der Flächenproduktivität richtig nutzen können, wenn es ihnen gelingt, eine vergleichsweise hohe Personalintensität sicherzustellen.

Für die Filialen aus Cluster 2 und 3 konnte im Gegensatz zu Cluster 1 auf Basis der empirischen Marktreaktionsfunktion ein Maximalwert berechnet werden. So führt eine Erhöhung der Personalintensität über ein Niveau von ca. 1.000 DM PK/m² bei den Filialen aus Cluster 3 mit einer durchschnittlichen Verkaufsfläche von nur knapp 5 500 m² zu keiner weiteren nennenswerten Steigerung des Umsatzes pro m². Bei den Filialen aus Cluster 2 mit einer mittleren Verkaufsfläche von knapp 6 500 m² setzt dieser Sättigungseffekt dagegen erst ab einer Personalintensität von ca. 1.400 DM PK/m² ein. Dies dürfte nicht zuletzt auch eine Folge der besseren Standortqualität in Cluster 2 sein. Als Folge der bei den Filialen aus Cluster 2 und 3 offenbar als Engpaßfaktor wirksam werdenden, begrenzten Verkaufsfläche können diese Filialen die theoretisch maximale Flächenproduktivität von ca. 9.000 bzw. 14.500 DM Umsatz pro Quadratmeter auch bei einer starken Steigerung ihres Personalbestandes nur in Ausnahmefällen übertreffen.

Die in *Abbildung 3* dargestellten Marktreaktionsfunktionen der deckungsbeitragsorientierten Flächenproduktivität zeigen ein der umsatzorientierten Flächenproduktivität grundsätzlich ähnliches Bild. Allerdings wird deutlich, daß der Wettbewerbsnachteil einer kleineren Fläche sich beim Deckungsbeitrag für die Filialen aus Cluster 2 weniger stark auswirkt als hinsichtlich des Umsatzniveaus. Sofern diese mittelgroßen Filialen mit einer Personalintensität zwischen ca. 700 und 1.100 DM PK/m² betrieben werden, erscheint es sogar möglich, daß sie etwa denselben Deckungsbeitrag pro Quadratmeter erzielen wie große Filialen bei gleicher Personalintensität. Ein Intensitätsniveau von ca. 900 DM PK/m² reicht offensichtlich nicht aus, um das Flächenproduktivitätspotential von Verkaufsflächen über 14 000 m² voll auszuschöpfen. Die in großen Warenhausfilialen wesentlich höhere Besucherfrequenz, insbesondere wenn diese in den Innenstädten der Ballungszentren gelegen sind (Achenbach 1989, S. 48-49), führt offenbar dazu, daß eine in mittleren Filialen zur Befriedigung der Beratungswünsche der Kunden noch angemessene Personalintensität in großen Filialen als Konsequenz der größeren Kundenzahl nicht mehr ausreichend ist.

Sofern große Filialen mit zu geringer Personalintensität betrieben werden, ist es selbst kleinen Filialen durch eine entsprechende Ausgestaltung ihrer Personalintensität möglich, daß Ertragsniveau mittlerer und größerer Filialen zu erreichen. Allerdings kann ebenfalls festgestellt werden, daß bei kleineren Filialen die Deckungsbeitragssituation durch Variation der Personalintensität grundsätzlich nur innerhalb einer engeren Bandbreite positiv beeinflußt werden kann als dies bei größeren Filialen der Fall ist. Die geringe Betriebsgröße in Verbindung mit der schlechten Standortqualität in diesem Cluster ermöglicht offenbar keinen gewinnbringenden Betrieb einer Warenhausfiliale. Die aus der Betriebsform eines Warenhauses resultierenden Anforderungen hinsichtlich der notwendigen Mindestbetriebsgröße sowie einer guten Standortqualität können von den Filialen in diesem Cluster in der Mehrzahl der Fälle offensichtlich nicht erfüllt werden. In diesem Zusammenhang ist auch die Deckungsbeitragssituation der Filialen in Cluster 2 differenziert zu beurteilen,

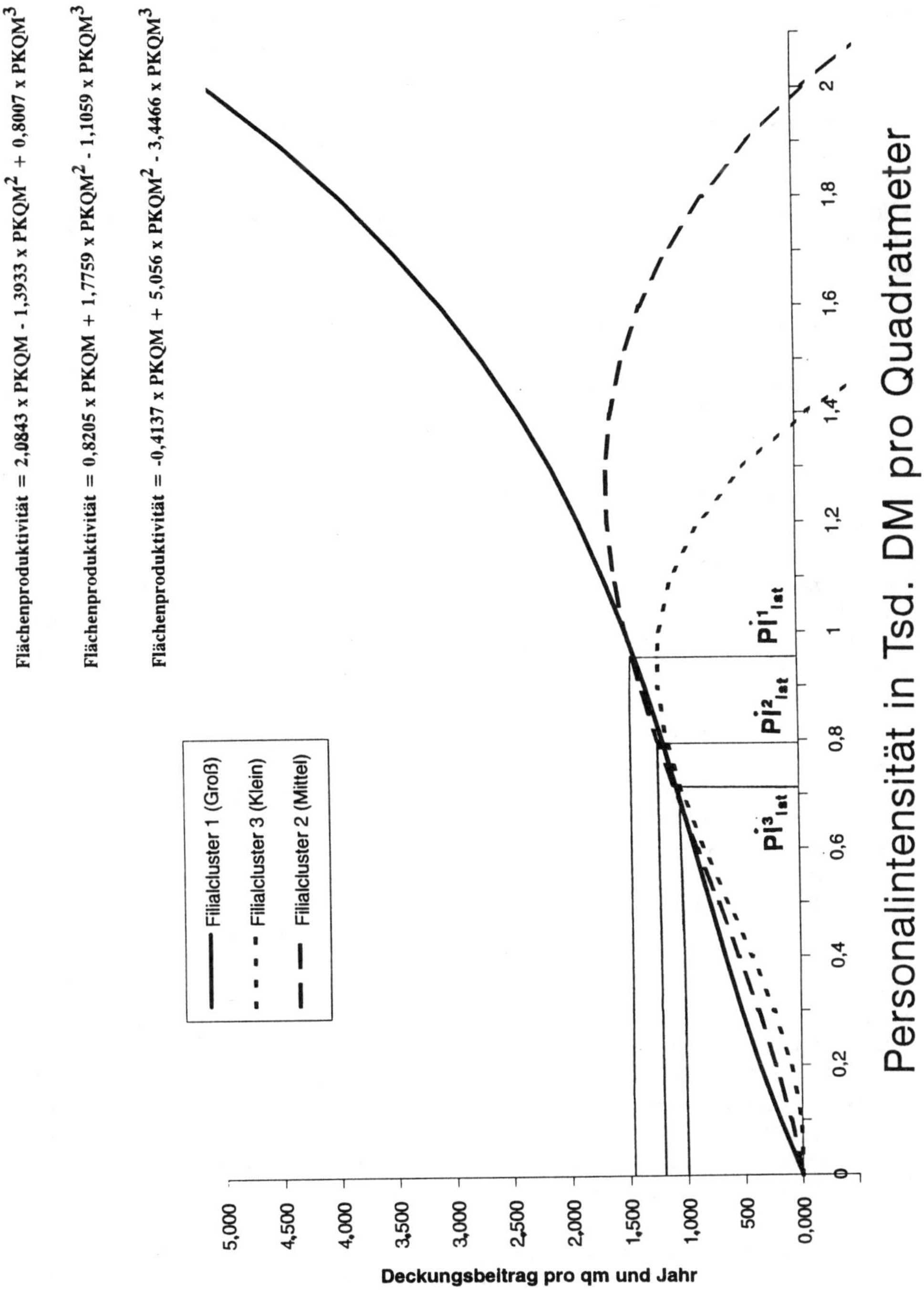

Abbildung 3: **Deckungsbeitragsorientierte Marktreaktionsfunktionen der drei Filialcluster**

denn selbst durch die Realisierung einer vergleichsweise hohen Personalintensität bleibt der Deckungsbeitrag pro m2 im Vergleich zu den Filialen aus Cluster 1 auf einem relativ bescheidenen Niveau.

Auf Grundlage der Funktionsverläufe der 6 empirischen Marktreaktionsfunktionen sowie der insgesamt hohen Bestimmtheitsmaße kann die Hypothese zur peripheren Substitutionalität der Leistungsfaktoren Personal und Fläche für kleinere und mittlere Warenhausfilialen bestätigt werden. Gleichzeitig zeigt der S-förmige Funktionsverlauf, daß die Linearitätsprämisse der Erfolgsfaktorenforschung zumindest bezüglich des Erfolgsfaktors Personalintensität keine Gültigkeit besitzt. Bei Filialen über 12 000 m^2 kann als Folge des nicht zu ermittelnden Maximums die Hypothese der peripheren Substitutionalität nicht bestätigt werden. Stattdessen ist bei großen Filialen davon auszugehen, daß sowohl die umsatz- als auch die deckungsbeitragsorientierte Flächenproduktivität innerhalb einer sehr großen Bandbreite durch Variation der Personalintensität beeinflußt werden kann. Der Leistungsfaktor Fläche steht hier in ausreichendem Maße zur Verfügung.

Im Zusammenhang mit den in diesem Kapitel empirisch ermittelten Marktreaktionsfunktionen der Personalintensität bleibt festzuhalten, daß alle Aussagen über die Vorteilhaftigkeit einer Erhöhung des Personalbestandes stets vor dem Hintergrund einer bestimmten Betriebstypenstrategie sowie einer ausreichenden Personalqualität zu sehen sind. Nur in Verbindung mit der zum Zeitpunkt der Untersuchung verfolgten Betriebstypenstrategie besitzen die Aussagen strenggenommen ihre Gültigkeit. Entschließt sich das Unternehmen beispielsweise, sich zukünftig als selektives und stärker fachmarktorientiertes Warenhaus zu positionieren oder die bislang realisierte Service- und Erlebnisorientierung zugunsten einer stärkeren Kosten- und Preisorientierung aufzugeben, ist mit anderen Funktionsverläufen zu rechnen. Bei der Interpretation der aufgezeigten empirischen Ergebnisse ist ferner zu berücksichtigen, daß im Gegensatz zur Personalintensität, die im Rahmen des Marktreaktionsmodells kontinuierlich variiert wurde, die Produktivitätswirkungen unterschiedlicher Flächengrößen nur unter Zugrundelegung diskontinuierlicher Veränderungen erfaßt wurden.

4 KONTEXTSPEZIFISCHE BESTIMMUNG DER OPTIMALEN PERSONALINTENSITÄT

Vor dem Hintergrund der empirisch fundierten und aufgrund der hohen Bestimmtheitsmaße als valide und reliabel einzustufenden Marktreaktionsfunktionen der Personalintensität stellt sich die Frage, in welcher Weise sich hieraus Rückschlüsse für die Personalallokation ableiten lassen. Kennzahlen der umsatz- und ertragsorientierten Produktivität werden im Einzelhandel und insbesondere von Warenhäusern schon lange für Allokationsentscheidungen verschiedenster Art eingesetzt (Meffert 1988, S. 24). Die Anwendung dieser statischen Verhältniszahlen ist jedoch mit Problemen behaftet. *Abbildung 4* verdeutlicht in diesem Zusammenhang mögliche Fehlentscheidungen.

Zum Zeitpunkt t-1 wird beispielsweise festgestellt, daß die Flächenproduktivität der Warengruppe 2 deutlich unterhalb derjenigen von Warengruppe 1 liegt. Da es sich bei beiden Warengruppen um gleichermaßen erklärungsbedürftige Produkte handelt, liegt es nahe, zur Erhöhung der Gesamtflächenproduktivität eine bestimmte Zahl von Mitarbeitern

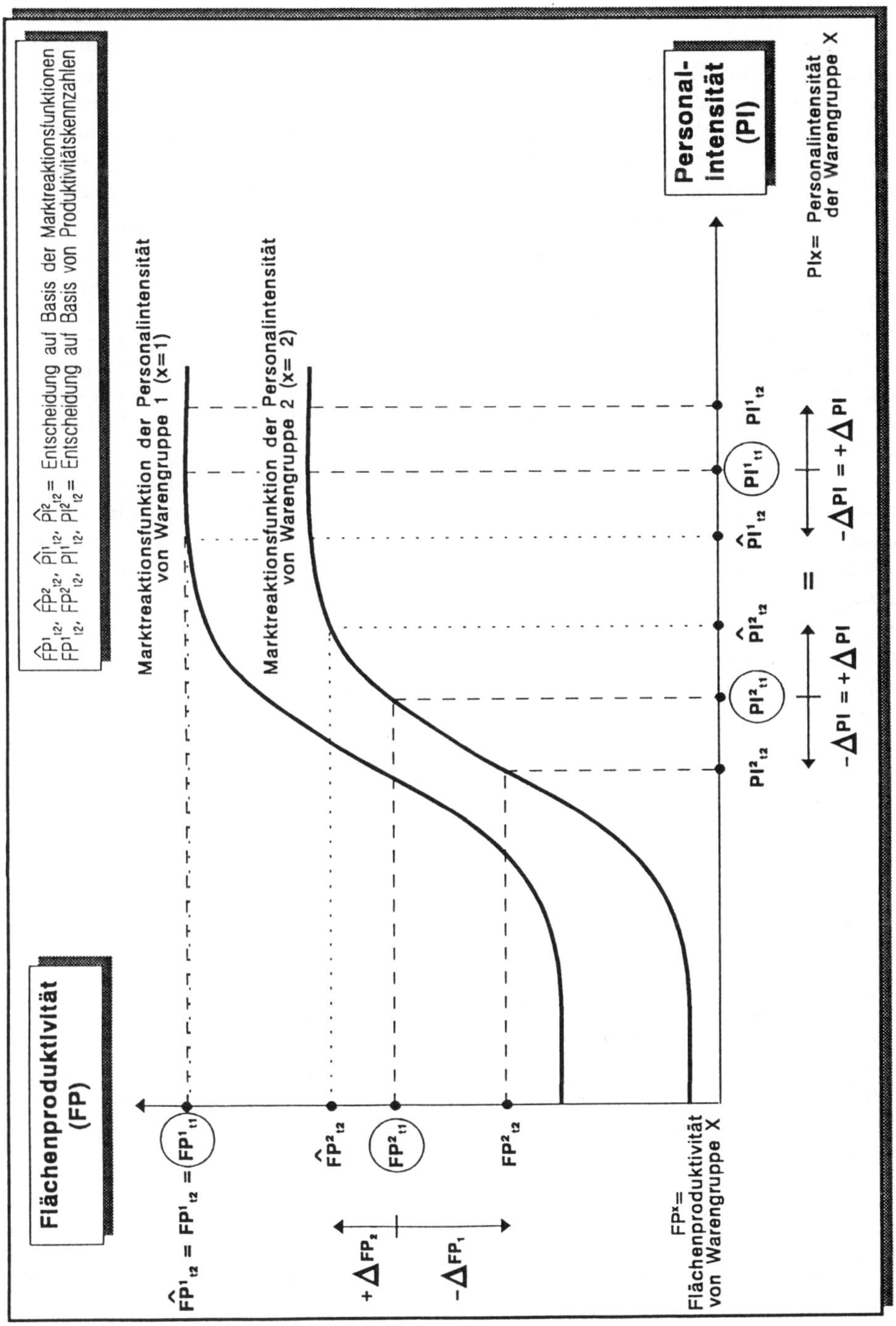

Abbildung 4: **Personalallokationsentscheidungen auf Basis von Marktreaktionsfunktionen versus einfachen Produktivitätskennzahlen**

von Warengruppe 2 abzuziehen (Delta PI) und zusätzlich der Warengruppe 1 zur Verfügung zu stellen. Diese Personalallokationsentscheidung führt entgegen der verfolgten Zielsetzung zu einem Rückgang der Gesamtflächenproduktivität um den Betrag Delta FP 1. Demgegenüber hätte die Kenntnis der Marktreaktionsfunktionen der Personalintensität dazu geführt, daß die entsprechende Personalmenge trotz der höheren Flächenproduktivität von Warengruppe 1 von dieser abgezogen und der Warengruppe 2 zugeschlagen worden wäre. Durch diese Entscheidung könnte die Gesamtflächenproduktivität um Delta FP 2 erhöht werden.

Aufgrund der dargestellten Probleme bei der Personalallokation auf Basis einfacher Produktivitätskennzahlen soll hier ein Lösungsansatz für Allokationsentscheidungen auf Grundlage von Marktreaktionsmodellen vorgestellt werden. Den Ausgangspunkt zur Bestimmung einer optimalen Personalintensität bilden die Marktreaktionsfunktionen der deckungsbeitragsorientierten Flächenproduktivität. Zur Berechnung der höchsten Produktivität des eingesetzten Personals wird für jede Filialgruppe anhand der Marktreaktionsfunktion zunächst die Grenzproduktivität des Personals ermittelt (vgl. *Abbildungen 5a/b/c*). Das Maximum der Grenzproduktivitätsfunktion bestimmt den Wendepunkt der Marktreaktionsfunktion. Bis zu diesem Intensitätsniveau führt der zusätzliche Einsatz von Personal zu einer kontinuierlich ansteigenden Flächenproduktivität bezogen auf die jeweils letzte Einheit des Leistungsfaktors Personal. Bei einer über diesen Punkt hinausgehenden Erhöhung des Personaleinsatzes sinkt die Grenzproduktivitätsfunktion und schneidet schließlich die Abszisse. An dieser Stelle wird der höchste Deckungsbeitrag pro Quadratmeter Verkaufsfläche erreicht. An diesem Punkt wird somit das cluster- bzw. kontextspezifisch optimale Personalintensitätsniveau erreicht. Hierbei wird eine Konstanz der übrigen 6 Erfolgsfaktoren unterstellt.

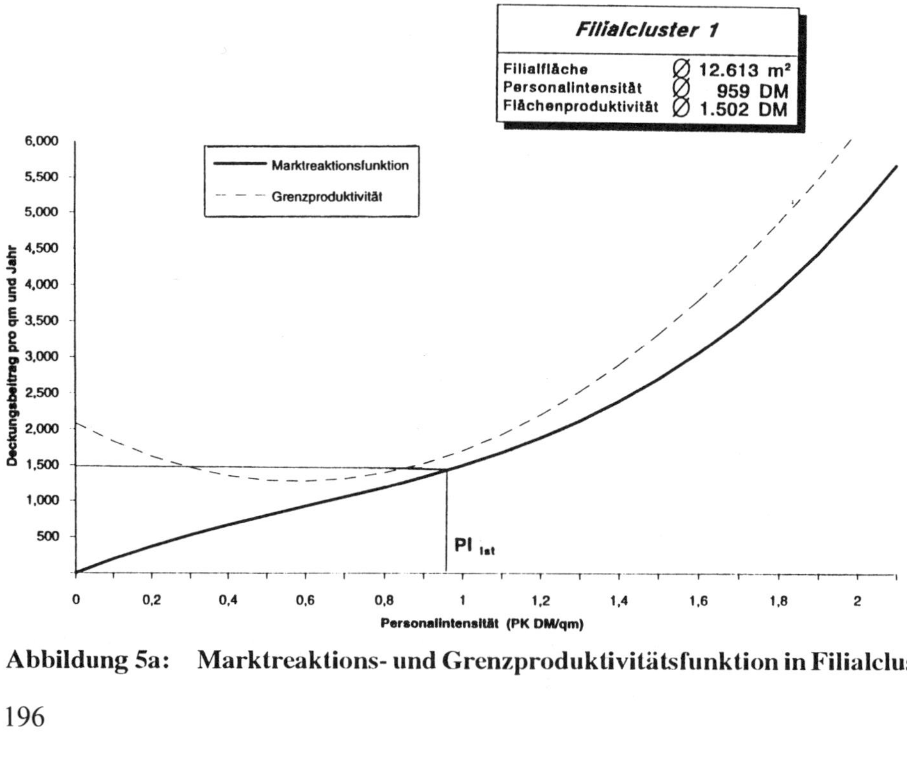

Abbildung 5a: Marktreaktions- und Grenzproduktivitätsfunktion in Filialcluster 1

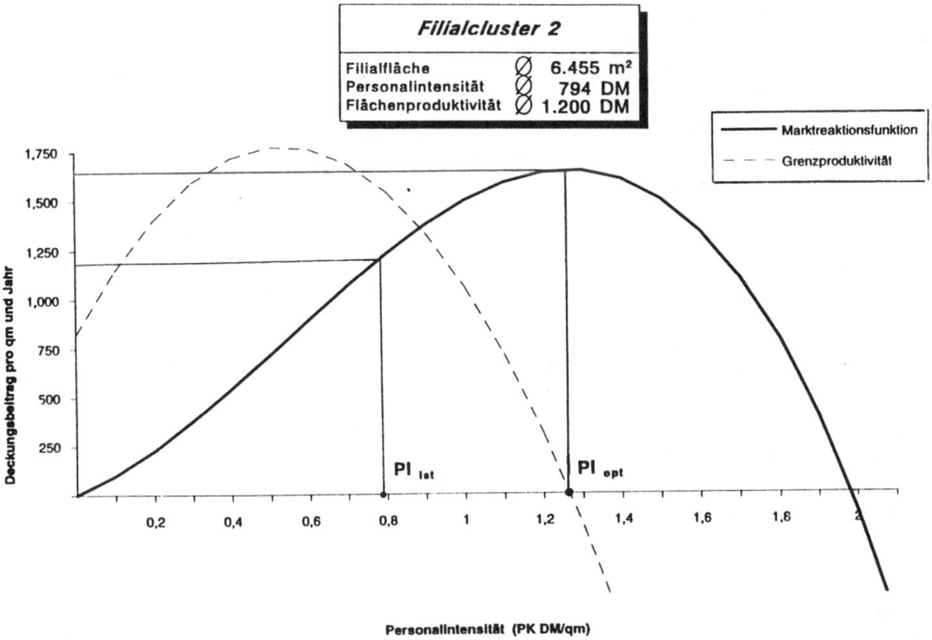

Abbildung 5b: Marktreaktions- und Grenzproduktivitätsfunktion in Filialcluster 2

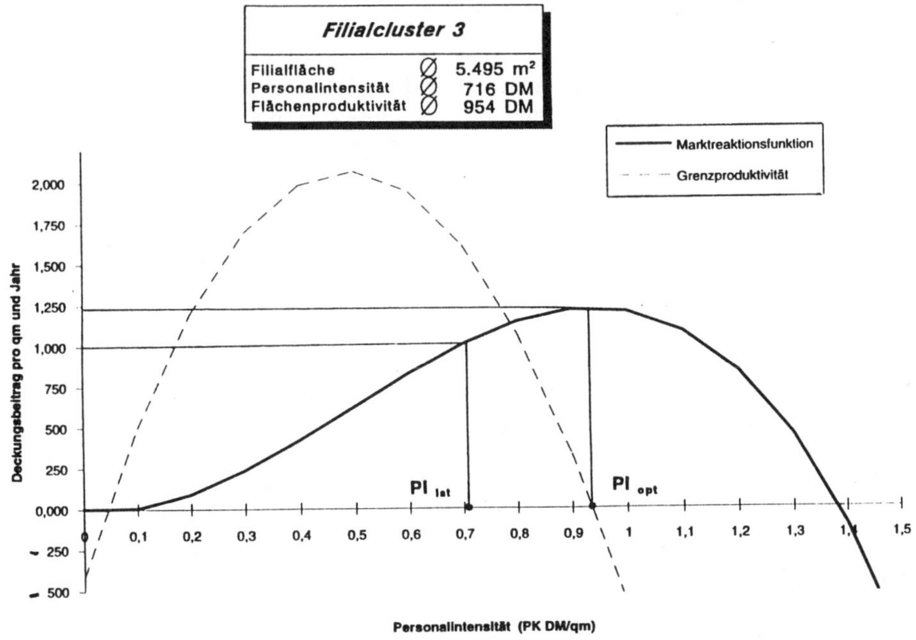

Abbildung 5c: Marktreaktions- und Grenzproduktivitätsfunktion in Filialcluster 3

Vor diesem Hintergrund zeigen die Funktionsverläufe, daß die optimalen Personalintensitätsgrade der drei Filialgruppen in erheblichem Maße voneinander abweichen. Bei den Filialen aus Cluster 1 kann als Folge des kontinuierlich ansteigenden Funktionsverlaufs keine optimale Personalintensität bestimmt werden. Dies bedeutet, daß bei großen Filialen, innerhalb des hier untersuchten Wertebereiches der Personalintensität, die Erhöhung der Personalkosten bei einer Aufstockung des Personalbestandes in jedem Falle durch einen entsprechenden Umsatzanstieg überkompensiert werden kann und damit die deckungsbeitragsorientierte Flächenproduktivität steigt. Die optimale Personalintensität der deutlich kleineren Filialen aus Cluster 2 liegt bei ca. 1.250 DM PK/m^2. Mit dem sich hieraus ergebenden Personalbestand läßt sich eine Flächenproduktivität von ca. 1.650 DM Deckungsbeitrag pro m^2 bzw. ca. 12.000 DM Umsatz pro m^2 erreichen. Dies entspricht einer auf den Umsatz bezogenen Personalaufwandsquote von etwa 10,8 %. Die von den Filialen in Cluster 2 tatsächlich realisierte Flächenproduktivität liegt demgegenüber lediglich bei 1.200 DM Deckungsbeitrag pro m^2.

Interessant ist in diesem Zusammenhang ein Vergleich mit der Marktreaktionsfunktion, die auf Basis der umsatzorientierten Flächenproduktivität in *Abbildung 2* berechnet worden ist. Würde man zur Ermittlung der optimalen Personalintensität den Umsatz pro m^2 zugrunde legen, ergäbe sich eine maximale Flächenproduktivität von ca. 14.500 DM Umsatz pro m^2 und eine „optimale" Personalintensität von ca. 2.100 DM PK/m^2. Dies entspräche einer Personalaufwandsquote von ca. 14,5 %. Die wesentlich höhere Personalintensität und Personalaufwandsquote führt beim Maximum der umsatzorientierten Flächenproduktivität jedoch zu einem negativen Deckungsbeitrag pro m^2. Bei einer Personalintensität im Bereich zwischen 1.250 und 2.100 DM PK/m^2 läßt sich demzufolge bei den Filialen aus Cluster 2 zwar der Umsatz pro m^2 noch von 12.000 DM auf 14.500 DM steigern, der Deckungsbeitrag pro m^2 sinkt jedoch von + 1.650 DM auf ca. – 700 DM.

Die mit knapp 6 500 m^2 nur etwa die Hälfte der Filialgröße aus Cluster 1 erreichenden Häuser in Cluster 2 sind offensichtlich durch eine wesentlich geringere Besucherfrequenz gekennzeichnet, so daß grundsätzlich eine niedrigere Personalintensität zur Befriedigung der Service- und Beratungswünsche der Kunden ausreicht. Allerdings wird auch deutlich, daß durch die erheblich kleinere Verkaufsfläche der Filialen in Cluster 2 die Attraktivität der Betriebsform Warenhaus in der Wahrnehmung der Konsumenten offenbar in starkem Maße zurückgeht (Falk 1975, S. 107 f.), was letztlich in den eingeschränkten Möglichkeiten zur Erzielung hoher Flächenproduktivitäten seinen Niederschlag findet.

Aus *Abbildung 5c* geht hervor, daß die optimale Personalintensität der kleinen Filialen aus Cluster 3 bei etwa 940 DM PK/m^2 liegt. Mit dieser Personalintensität läßt sich eine Flächenproduktivität von ca. 1.250 DM Deckungsbeitrag pro m^2 respektive 8.000 DM Umsatz pro m^2 erzielen. Daraus ergibt sich eine Personalaufwandsquote von ca. 11,7 %. Die von den Filialen aus Cluster 3 tatsächlich erzielte Flächenproduktivität erreicht im Durchschnitt lediglich die Werte von 954 DM Deckungsbeitrag pro m^2 und 6.249 DM Umsatz pro m^2. Auch bei kleineren Filialen besteht insoweit noch deutlicher Spielraum zur Steigerung der Flächenproduktivität durch eine Erhöhung der Personalintensität. Auch am Beispiel von Cluster 3 zeigt sich erneut, daß die Ausrichtung aller Unternehmensaktivitäten auf eine Steigerung der umsatzorientierten Flächenproduktivität nicht sinnvoll sein kann. Die Marktreaktionsfunktion von Cluster 3 auf Basis der umsatzorientierten Flächenproduktivität zeigt ein Maximum der Flächenproduktivität von ca. 9.200 DM Umsatz pro m^2 bei einer Personalintensität von 1.300 DM PK/m^2, die einer Personalaufwandsquote von 14,1 % entspricht. Bei diesem Personalbestand würde jedoch ein negativer Deckungsbeitrag pro m^2 realisiert.

Die Kenntnis der Marktreaktionsfunktion der Personalintensität ermöglicht es demnach, für jede Filiale und Warengruppe nach Bestimmung der Ist-Personalintensität relativ genau das Potential zur Steigerung der Flächenproduktivität durch Erhöhung des Personalbestandes abschätzen zu können. Die deutliche Abweichung zwischen der IST-Personalintensität in Cluster 1 und der optimalen Intensität zeigt die erheblichen, bislang nicht genutzten Potentiale zur Steigerung der Flächenproduktivität bei Filialen über 12 000 m^2. In Cluster 2 und 3 bestehen in relativer Betrachtung zwar kleinere, absolut gesehen aber dennoch attraktive Potentiale zur Erhöhung der deckungsbeitragsorientierten Flächenproduktivität. Marktreaktionsfunktionen sollten somit bei der Personalallokation im Rahmen der Personaleinsatzplanung gegenüber der Anwendung einfacher Produktivitätskennzahlen zu besseren Ergebnissen führen.

5 IMPLIKATIONEN FÜR DAS STRATEGISCHE MARKETING DER GROSSBETRIEBSFORMEN IM EINZELHANDEL

Bezüglich der Implikationen stellt sich zunächst die Frage, inwieweit diese, am Beispiel eines Warenhauses ermittelten Ergebnisse auf andere Großbetriebsformen im Einzelhandel übertragbar sind. Die sich hinsichtlich ihrer Einflußstärke deutlich von allen übrigen Bestimmungsfaktoren abhebenden Erfolgsfaktoren Fläche und Personalintensität lassen die Schlußfolgerung plausibel erscheinen, daß diese beiden Erfolgsfaktoren auch zur Erklärung der Flächenproduktivität anderer filialisierter Großbetriebsformen im Handel einen signifikanten Beitrag leisten können. Die zwar situationsabhängig unterschiedlich ausgeprägte, grundsätzlich aber hohe Elastizität der Gesamtnachfrage auf Änderungen der Flächengröße und der Personalintensität signalisiert, daß sich die Wahrnehmung und Informationsverarbeitung der Konsumenten im Rahmen der Einkaufsstättenwahl offenbar in besonderer Weise an diesen beiden Geschäftsstättenmerkmalen orientiert. Vor diesem Hintergrund erscheint die Übertragbarkeit der wesentlichen Ergebnisse zu den Erfolgsfaktoren der Flächenproduktivität sowie insbesondere die Erkenntnisse hinsichtlich Anwendungsvoraussetzungen und Aussagegehalt des gewählten Forschungsdesigns auf andere Großbetriebsformen im Handel gegeben. Allerdings dürfte die konkrete Ausprägung der Marktreaktionsfunktionen und damit das auf dieser Basis berechnete optimale Einsatzniveau der identifizierten Erfolgsfaktoren betriebsformenspezifisch und vor allem unternehmensindividuell zu interpretieren sein.

Die zugrundegelegte Untersuchung der Erfolgsfaktoren spricht dafür, daß sich die Warenhäuser im Betriebsformenwettbewerb zukünftig konsequenter als in der Vergangenheit an Leistungs- statt an Preisvorteilen orientieren sollten. Der wichtigste produktivitätsrelevante Leistungsvorteil liegt dabei in der Beratungsqualität, d.h. in der Quantität und Qualität des Verkaufspersonals. Ferner kommt der Sortimentsbreite und -tiefe sowie der Standortqualität als Leistungsvorteil eine hohe Bedeutung zu. Erst eine hohe Beratungsqualität vermittelt den Konsumenten in glaubhafter und nachvollziehbarer Weise die besondere Service- und Erlebnisorientierung des Einkaufs im Warenhaus. In diesem Sinne stellt eine gute und, mehr noch als alles andere, eine persönliche Beratung die Voraussetzung für ein positives Einkaufserlebnis dar. Das mit einer bewußten Herausstellung der Beratungs- und

Sortimentskompetenz einhergehende Trading-Up der Betriebsform des Warenhauses unterstreicht nicht nur die wettbewerbsstrategisch notwendige Orientierung am Fachhandel, sondern sollte auch die Abkehr von der bislang häufig zu einseitigen Ausrichtung an Preisvorteilen mit sich bringen.

Diese strategische Stoßrichtung zur Umpositionierung des Warenhauses ist jedoch nicht in allen traditionell geführten Warengruppen gleichermaßen erfolgversprechend umsetzbar. Vielmehr verdeutlichen die empirischen Ergebnisse die Notwendigkeit zu einer differenzierten Sortimentsstrategie. Während bei den textilen Sortimentsbereichen die Voraussetzungen zur Erzielung einer zufriedenstellenden Flächenproduktivität generell positiv beurteilt werden können, ist der Hartwarenbereich diesbezüglich differenzierter zu betrachten. Aufgrund des überdurchschnittlich hohen Flächenbedarfs sowie der spezifischen Wettbewerbssituation dürfte ein Trading-Up durch Beratungsqualität, Erlebnisorientierung und differenzierte Zielgruppenansprache in den Warengruppen Teppiche, Möbel, Radio/Fernseher/HiFi, Computer und Bürotechnik sowie Elektrogroßgeräte nur unter großen Schwierigkeiten zu realisieren sein. Demgegenüber sollte die erfolgreiche Umsetzung der aufgezeigten strategischen Stoßrichtung in allen anderen Warengruppen möglich sein.

Bei einer Eliminierung der genannten Hartwarensortimente ist zu prüfen, ob die freiwerdenden Flächen durch einen selektiven Flächenausbau bei den verbleibenden Warengruppen oder durch die Untervermietung an spezialisierte Anbieter zu nutzen ist. Zur Entscheidungsfundierung kann dabei auf die hier entwickelten deckungsbeitragsorientierten Marktreaktionsfunktionen zurückgegriffen werden.

LITERATUR

Achenbach, C.: Die Nutzung von Kundenverkehrsuntersuchungen für die standortbezogene Unternehmenspolitik der Warenhäuser, Göttingen 1989

Adam, D.: Produktionspolitik, 6. Aufl., Wiesbaden 1990

Böhler, H.: Marktforschung, 2. Aufl., Stuttgart 1992

Bucklin, L.P.: Productivity in Marketing, Chicago 1978

Burmann, C.: Fläche und Personalintensität als Erfolgsfaktoren der Großbetriebsformen im Einzelhandel, Wiesbaden 1994.

Fal, B.R.: Methodische Ansätze und empirische Ergebnisse der Kundenforschung in Einkaufszentren (shopping-center) unter besonderer Berücksichtigung der Beobachtungsmethode, Berlin 1975

Falk, B.R.; Wolf, J.: Handelsbetriebslehre, 10. Aufl., Landsberg/Lech 1993

Ingene, C.A.: Labor productivity in retailing. In: Journal of Marketing, 46 (1982), Heft 4, S. 75-90

Meffert, H.: Marketing. Grundlagen der Absatzpolitik, 7. Aufl., Wiesbaden 1986

Meffert, H.: Strategische Unternehmensführung und Marketing, Wiesbaden 1988

Meffert, H.: Marketingforschung und Käuferverhalten, 2.Aufl., Wiesbaden 1992

Meffert, H.: Marketing-Management. Analyse – Strategie – Implementierung, Wiesbaden 1994

Schubö, W.; Uehlinger, H.M.; Perleth, C.; Schröger, E.; Sierwald, W.: SPSS Handbuch der Programmversionen 4.0 und SPSS-X 3.0, Stuttgart 1991

Thurik, A.R.: A quantitative Analysis of Retail Productivity, Delft 1984

Tietz, B.: Einzelhandelsperspektiven für die Bundesrepublik Deutschland bis zum Jahre 2010, Frankfurt/Main 1992

Unkelbach, W.; Wiedmann, V.T.: Sortimentssieb für Warenhäuser. In: Absatzwirtschaft, 21 (1978), Heft 7, S. 61-63

Die Internationalisierung schweizerischer Einzelhandelsunternehmungen (EHU) – Ergebnisse einer empirischen Untersuchung

Ernst-Bernd Blümle und Rafael Halm, Freiburg i.Ü.

Mit Informationen über die Bedeutung des schweizerischen Einzelhandels steht es generell, wie auch im Zusammenhang mit Stichworten wie Internationalisierung, Europäisierung oder Globalisierung, nicht zum besten. Bisher erarbeitete Studien setzten sich hauptsächlich mit den Rahmenbedingungen auseinander, die sich für den schweizerischen Einzelhandel ergeben, sofern die Schweiz den Status Quo beibehält oder in den Europäischen Wirtschaftsraum bzw. in die Europäische Union integriert wird. Unabhängig von diesen, den Heimmarkt Schweiz betreffenden Szenarien haben einzelne schweizerischen Einzelhandelsunternehmen ihre bewährten Erfolgskonzepte exportiert und ausländische Märkte erschlossen. Der vorliegende Beitrag präsentiert neue, empirisch abgestützte Erkenntnisse über Bedeutung und Formen der Auslandengagements schweizerischer Einzelhandelsunternehmen.

1 PROBLEMSTELLUNG, ABGRENZUNGEN UND METHODE

1.1 Problemstellung

Im Jahre 1992 erarbeiteten sich die 6,9 Millionen Einwohner der Schweiz ein verfügbares Haushaltseinkommen von 227,75 Milliarden Franken, von dem sie rund 13 % sparten. Die restlichen knapp 200 Milliarden flossen dem Endkonsum zu. Rund 73 Milliarden gaben die Konsumenten für Einzelhandelsgüter aus. Ein Blick in die Beschäftigtenstatistik zeigt, daß der schweizerische Einzelhandel mit seinen rund 340 000 Beschäftigten – die Banken und Versicherungen beschäftigen beispielsweise „nur" 190 000 Angestellte – einen der bedeutendsten Wirtschaftszweige der Schweiz darstellt. In den letzten Jahren betrug der Anteil der Angestellten von Einzelhandelsunternehmungen jeweils 9,7 % der Erwerbstätigen (BFS 1993, S. 28/130 f., AGM u.a. 1993, S. 14). Diese wenigen Zahlen dokumentieren die volkswirtschaftliche Bedeutung der Versorgungssysteme der privaten Haushalte in der Schweiz.

Traditionell ist der Einzelhandels-Sektor durch seine binnenmarktorientierte Ausrichtung geprägt. Für die in verschiedenen Bereichen seit langer Zeit durch Gesetze und Absprachen nach außen hin abgeschottete Branche stellen sich gerade nach den jüngsten Entwicklungen immer neue Herausforderungen im Hinblick auf ihre – auch internationale – Wettbewerbsfähigkeit. Zu diesen Entwicklungen zählen z.B. die zunehmende Sättigung der Stammärkte in vielen Bereichen und der damit verbundene verstärkte Wettbewerb, die europäischen Integrationsbestrebungen und die damit einhergehenden Beseitigungen von Handelshemmnissen und Hindernissen im internationalen Kapital- und Warenverkehr, die verbesserten technologischen Rahmenbedingungen (Kommunikation, Logistik usw.), die herrschenden Polarisierungs- und Konzentrationsbewegungen im Einzelhandel, die erhöhte Dynamik im Auftreten, Wandeln und Verschwinden von Betriebsformen bzw. -typen, die wachsende Mobilität der Konsumenten, der Abfluß von Kaufkraft ins Ausland und die vermehrte Nivellierung der Konsumgewohnheiten in verschiedenen Regionen oder Ländern. Diese Phänomene stellen an EHU hohe Anforderungen an die Anpassungs- und Innovationsfähigkeit.

Im Kampf um das vorhandene Volumen auf den einheimischen Märkten zeigt sich zudem eine zunehmende Bedeutung ausländischer Anbieter in der schweizerischen Einzelhandelslandschaft. Seit langem bekannte ausländische Unternehmungen wie IKEA, Benetton, H&M, C&A, Bata, Body Shop, Yves Rocher, Christ, Douglas usw. haben in gewissen Branchen – wie beispielsweise im Textilsektor, in dem der Marktanteil der ausländischen Unternehmungen bei den stationären Bekleidungs-Filialisten bei ca. 30 % liegen dürfte (AGM u.a. 1993, S. 90), im Möbelhandel oder auf dem Schuhmarkt – bereits erhebliche Marktanteile erreicht. Neue Einzelhandelsunternehmungen aus dem Ausland wie Media-Markt, Toys R' Us, Vobis oder Chaussure André drängen mit aggressivem Marketing und neuen Ideen auf den Schweizer Markt. Nicht nur neuen Konzepten, wie zum Beispiel demjenigen von Body Shop, bietet der kaufkraftträchtige schweizerische Markt eine zusätzliche Plattform. Auch mit klassischen Vorgehensweisen konkurrieren ausländische Einzelhändler erfolgreich mit einheimischen Unternehmungen. Im Versandhandel hatten zum Beispiel einige der ausländischen Anbieter wie France Loisir, Heine und Quelle 1992 Umsatzzuwächse von 14 % bis 25 % zu verzeichnen, während die führenden schweizerischen Exponenten mit dieser Betriebsform mehrheitlich Umsatzrückgänge zu verbuchen hatten.

Für schweizerische EHU stellt sich grundsätzlich die Frage, wie sie auf die Veränderungen im nationalen und internationalen Umfeld reagieren wollen. Die Ausrichtung der eigenen Aktivitäten auf einen oder mehrere Auslandmärkte stellt in diesem Kontext eine der möglichen Handlungsalternativen dar. Die Tatsachen, daß der schweizerische Einzelhandel auch im internationalen Vergleich als relativ hoch entwickelt und innovativ gilt, oder daß die anspruchsvolle inländische Nachfrage sich fördernd auf die Wettbewerbsfähigkeit zahlreicher Branchen auswirkt (Porter 1993, S. 344 ff.) sowie die durch die Mehrsprachigkeit und die kulturellen Unterschiede in der Schweiz gegebenen besonderen Voraussetzungen stellen gute Grundbedingungen für eine Internationalisierung dar. Die Schweiz weist nach neueren Untersuchungsergebnissen (Campiche/Löhrer 1994, S. 102) rund 3000 internationalisierte Unternehmungen auf. Sogar in absoluten Zahlen übertreffen in diesem Bereich nur die USA und Deutschland die kleine Schweiz. Im Vergleich zur schweizerischen Industrie, zum Großhandel oder zu den Banken und Versicherungen, sind jedoch nur wenige Auslandengagements schweizerischer Einzelhändler zu verzeichnen. Die Binnenmarktorientierung herrscht noch weitgehend vor.

1.2 Abgrenzungen und methodisches Vorgehen

Als schweizerische EHU wird eine juristisch selbständige Einheit oder eine unter einer gemeinsamen Leitung stehende Gruppe dieser Einheiten verstanden, die ihr Warenangebot schwerpunktmäßig an Letztverbraucher absetzt, in der Schweiz mit mindestens einer Verkaufs- oder Vertriebsstelle operativ tätig ist und deren entwicklungsgeschichtlicher Ursprungsmarkt die Schweiz darstellt. Grundlage für die empirische Untersuchung bildeten die vom Schweizerischen Bundesamt für Statistik (BFS) über den Einzelhandel in der Schweiz erhobenen Daten, in erster Linie die Betriebszählung von 1991 (BFS 1992). Aus jeder der 64 vom BFS erfaßten Teilbranchen im Einzelhandel gingen die größten 12 schweizerischen Unternehmungen in die Untersuchung ein, falls sie mindestens zwei Vollzeitangestellte in der Schweiz beschäftigen. Von den schweizerischen EHU mit 50 oder mehr Angestellten wurden alle berücksichtigt. Die Größe einer Unternehmung mußte anhand der Beschäftigtenzahl (Vollzeitangestellte) beurteilt werden, da vollständige Informationen über andere Indikatoren, wie Umsätze oder gar Wertschöpfung der 39 593 in der Schweiz erfaßten EHU (exkl. Tankstellen und Fahrzeughandel), nicht verfügbar sind. Aus der bestehenden Erhebungsgrundgesamtheit von 23 233 EHU mit mehr als einem Beschäftigten in der Schweiz wurde durch diese Auswahl nach dem Konzentrationsprinzip eine Ausgangsstichprobe von 775 schweizerischen Einzelhändlern gezogen. Den Kurz-Fragebogen schickten 399 Unternehmungen (51,5 %) zurück. 363 Antworten erwiesen sich als auswertbar. Die Verteilung der schweizerischen EHU in der Erhebungsgrundgesamtheit, der Ausgangsstichprobe und der tatsächlichen Auswahl bezüglich ihrer Branchenzugehörigkeit macht die *Übersicht 1* deutlich.

Übersicht 1: Verteilung der schweizerischen EHU in der Erhebungsgrundgesamtheit, der Ausgangsstichprobe und der tatsächlichen Stichprobe

Branche	Total pro Branche		Ausgangsstichprobe		Auswertbare EHU	
	absolut	in %	absolut	in %	absolut	in %
Landesprodukte, Pflanzen, Tiere	1 335	5,75	36	4,65	19	5,23
Nahrungs- und Genußmittel	7 414	31,91	102	13,16	47	12,95
Textilien, Bekleidung, Schuhwaren	2 561	11,02	126	16,26	65	17,91
Möbel, Bettwaren, Wohnbedarf	1 253	5,40	60	7,74	26	7,16
Papierwaren, Druckerzeugnisse	902	3,88	42	5,42	15	4,13
Eisen-/Metallwaren, Haushaltsartikel	1 197	5,15	84	10,84	42	11,57
Feinmech./opt. Erzeugnisse, Radio, TV	2 931	12,62	72	9,29	37	10,19
Büromaschinen, Büroorganisation	690	2,97	48	6,19	16	4,41
Pharma-, kosmet. und med. Artikel	2222	9,56	36	4,65	14	3,86
Sonstige Waren	1 789	7,70	120	15,48	55	15,15
Waren verschiedener Art	939	4,04	49	6,32	27	7,44
Total	23 233	100,00	775	100,00	363	100,00

Die Übersicht zeigt, daß bezüglich der Repräsentativität Einschränkungen zu machen sind. Die aus den vorliegenden Angaben abgeleiteten, teilweise getesteten Erkenntnisse gelten in erster Linie für das Sample der untersuchten Unternehmungen und lassen höchstens Rückschlüsse auf die gewählte Ausgangsstichprobe von 775 schweizerischen Einzelhandelsunternehmungen zu. Diese 775 Unternehmungen repräsentieren umsatz- wie beschäftigungsmäßig den bedeutendsten Teil der schweizerischen Einzelhandelslandschaft.

In einem zweiten Schritt wurde bei den im Absatzbereich internationalisierten schweizerischen Einzelhandelsunternehmungen untersucht, welche Motive für die Internationalisierung bedeutend waren, welche Markteintrittsstrategien gewählt wurden und welche Erfahrungen die EHU mit ihrem Auslandengagement machten. Zu diesem Zweck wurde ein ausführliches Interview mit Führungskräften derjenigen schweizerischen EHU aus der tatsächlichen Stichprobe durchgeführt, die im Absatzbereich internationalisiert sind. Um als internationalisiert zu gelten, müßen die untersuchten EHU mindestens eine eigene Verkaufsstelle – bzw. Vertriebsstelle im Falle von Versandhandelsunternehmungen – im Ausland betreiben, Franchise- oder Joint Venture-Partner außerhalb der Grenzen des Stammlandes Schweiz haben oder an einer oder mehreren ausländischen Einzelhandelsunternehmungen maßgeblich finanziell beteiligt sein. Als maßgebliche finanzielle Beteiligung gelten Anteile an einer Einzelhandelsgesellschaft, die mindestens 20 % des Nennkapitals dieser Unternehmung betragen. Der Wertschöpfungsschwerpunkt der einzelnen Engagements muß definitionsgemäß im Ausland liegen (Tietz & Zentes 1993, S. 67 f.). Diese Bedingung schließt den Export als eigentliche Internationalisierungsform aus.

2 ZUSAMMENFASSUNG DER ALLGEMEINEN ERGEBNISSE

Übersicht 2 zeigt einen Gesamtüberblick über die Antworten der 363 Unternehmungen bezüglich ihren internationalen Tätigkeiten im Bereich Einzelhandel. Im Gegensatz zu allen folgenden Auswertungen gehen neben den im Absatzbereich internationalisierten EHU auch diejenigen Unternehmungen in die Gesamtübersicht ein, die Waren von Lieferanten im Ausland beziehen, sich aber im Absatzbereich auf den Binnenmarkt konzentrieren.

Übersicht 2: Gesamtübersicht über den Stand der Internationalisierung Mitte 1993 (Beschaffung und Absatz) der 363 ausgewerteten schweizerischen Einzelhandelsunternehmungen

	absolut	in %
Ausgewertete EHU	**363**	**100**
Nur in der Schweiz tätig	**212**	**58,4**
Nur im Beschaffungsbereich im Ausland tätig	118	32,5
Im Beschaffungsbereich im Ausland tätig	**142**	**39,1**
Im Beschaffungs- und im Absatzbereich im Ausland	24	6,6
Nur im Absatzbereich im Ausland tätig	9	2,5
Im Absatzbereich im Ausland tätig	**33**	**9,1**

Daß von den 363 ausgewerteten Unternehmungen gut 39 % auf dem Beschaffungssektor und immerhin 9 % im Absatzbereich im Ausland tätig sind, erstaunt. Diese Quote ist weit höher als von uns erwartet. Von den 104 der insgesamt 218 schweizerischen Einzelhändlern mit 50 und mehr Angestellten im Inland beträgt der Anteil der im Absatzbereich internationalisierten EHU 16,3 %. Unter der Annahme, daß eher diejenigen Unternehmungen am Projekt mitgearbeitet haben, die internationale Tätigkeiten aufzuweisen haben, kann davon ausgegangen werden, daß zwischen 10 % und 15 % aller schweizerischen EHU mit mehr als 50 Beschäftigten ein Auslandengagement im Absatzbereich eingegangen sind. Die vorliegenden Informationen lassen keine gesicherten Rückschlüsse auf die Gesamtheit der Einzelhändler in der Schweiz zu. Aufgrund der großen Zahl kleiner und kleinster Betriebe dürfte der Anteil der internationalisierten EHU gemessen an allen Unternehmungen in diesem Bereich unter 0,3 % liegen.

Von den 212 EHU, die keinerlei Aktivitäten im Ausland vorweisen, haben 131 dazu Stellung genommen, wieso sie nicht grenzüberschreitend tätig werden. Zusätzlich äußerten sich neun Unternehmungen zu den Gründen, wieso sie zwar im Beschaffungs-, nicht aber im Absatzbereich den Schritt über die Grenze gewagt haben. Die *Übersicht 3* listet diejenigen Argumente auf, die von mindestens drei Unternehmungen – unter Berücksichtigung von Mehrfachnennungen – aufgeführt wurden.

Übersicht 3: Argumente schweizerischer EHU gegen eine Internationalisierung im Absatzbereich

Hauptgründe gegen eine Internationalisierung im Absatzbereich	Nennungen	
	absolut	in %
Nur regionale Tätigkeit angestrebt	30	17,2
Zu kleine Unternehmung	18	10,3
Nur nationale Tätigkeit angestrebt	14	8,1
Nur lokale Tätigkeit angestrebt	12	6,9
Nicht genug Kapital vorhanden, zu teuer	12	6,9
Familienunternehmung ohne Expansions-Bedarf, -Lust	11	6,3
Produkte eignen sich nicht (Transport, Frische)	8	4,6
Expansion in der Schweiz steht im Vordergrund	7	4,0
Produkt-, branchenbezogene rechtliche Einschränkungen	6	3,5
Zu viele Martkeintrittsbarrieren (Zölle, Steuern)	6	3,5
Führungsprobleme, Managementkapazität fehlt, Personal	6	3,5
Schweizer Markt ist hart genug	5	2,9
Im Ausland nicht konkurrenzfähig	5	2,9
In Evaluationsphase, vielleicht später	5	2,9
Völlig andere Marktverhältnisse im Ausland	4	2,3
Keine Expansion angestrebt, paßt nicht in Strategie	3	1,7
Genossenschaftliche Statuten grenzen Handelsgebiete ein	3	1,7
Vertragliche Abmachungen, Gebietsverträge	3	1,7
Gelegenheit fehlt, obwohl der Wille vorhanden ist	3	1,7
Zu viele Unbekannte im ausländischen Markt	3	1,7
Andere Nennungen	10	5,7
Total	174	100

Unter „andere Nennungen" sind verschiedene ein- oder zweimal genannte Argumente zusammengefaßt. So unterstreichen einzelne schweizerische EHU die hohen, nicht mit dem Ausland vergleichbaren Qualitätsansprüche der Schweizer Kunden, das auf Schweizer Kunden ausgerichtete Sortiment ihrer Unternehmung, im Ausland zusammenbrechende Margen, die fehlenden Kontrollmöglichkeiten und den nur schwer zu behaltenden Überblick oder schlicht die Abneigung gegen das Reisen als Hauptgründe für die Nicht-Internationalisierung. Andere EHU beurteilen den Versandhandel von der Schweiz aus und die Messekontakte als günstigere Alternativen zur Internationalisierung.

Die Auswertung der im Absatzbereich im Ausland tätigen schweizerischen EHU nach ihrer Zugehörigkeit zu einer Sprachregion und ihren Rechtsformen zeigen ein klares Bild. Die für schweizerische EHU typischen Rechtsformen auf dem Heimmarkt sind die Aktiengesellschaft und die Einzelunternehmung. Daneben existieren die beiden bekannten internationalisierten Genossenschaften Migros und Coop. Schließlich ist einer der internationalisierten Einzelhändler in der Schweiz zur Zeit noch als Kollektivgesellschaft organisiert (eine Umwandlung in eine AG steht in nächster Zeit an). Bei der Zuordnung der auf Auslandsmärkten tätigen Unternehmungen zu einer der drei großen Sprachregionen in der Schweiz fällt auf, daß keine dieser Unternehmungen im Tessin beheimatet ist. Für die Absenz von Tessiner Betrieben im Ausland lassen sich verschiedene Gründe anführen. Erstens sind Firmen aus der italienischsprachigen Region der Schweiz nur selten unter den größten 12 Unternehmungen einer Teilbranche zu finden, so daß lediglich 34 im Tessin ansässige Betriebe in die Untersuchung eingegangen sind. Zweitens beschäftigen von den 19 Tessiner Unternehmungen, die auf den Fragebogen geantwortet haben, 10 Betriebe weniger als 20 und nur 5 Firmen mehr als 50 Angestellte. Von diesen 5 mittelgroßen Unternehmungen sind 4 Betriebe Teilbranchen zuzuordnen, in denen in der ganzen Schweiz keine Auslandaktivitäten im Absatzbereich festgestellt werden konnten. Der dritte und wichtigste Grund dürfte darin bestehen, daß der sich für Tessiner Unternehmungen am ehesten anbietende Auslandmarkt Italien aufgrund seiner Besonderheiten – in struktureller und rechtlicher Hinsicht (Pellegrini & Zanderighi 1993, S. 79 ff.) – der von schweizerischen Anbietern am wenigsten bearbeitete Markt sämtlicher angrenzender Länder ist.

2.1 Der Einfluß der Unternehmensgröße auf die Internationalisierung

Mit Hilfe von Unabhängigkeitstests (Bohley 1991, S. 639 ff., Wittenberg & Cramer 1992) kann der Zusammenhang zwischen der Unternehmensgröße und der Internationalisierung genauer analysiert werden. Bei dieser Untersuchung zeigt sich ein höchstsignifikanter Zusammenhang zwischen der Größe einer Einzelhandelsunternehmung und dem Vorhandensein von mindestens einem Auslandengagement im Absatzbereich. Große EHU sind tendenziell eher auf ausländischen Absatzmärkten tätig als mittlere und kleine Unternehmungen. Der festgestellte Zusammenhang läßt sich anhand der untersuchten EHU mit über 50 Beschäftigten überprüfen und verifizieren. Werden bei der Auswertung der Daten die großen schweizerischen EHU mit mehr als 500 Beschäftigten beiseite gelassen, so ergibt sich kein signifikanter Zusammenhang mehr zwischen Unternehmensgröße und Internationalisierung. Die nachgewiesene Beziehung zwischen den beiden Variablen ist folglich durch die großen schweizerischen Einzelhändler bestimmt. Daraus leitet sich ab, daß Einzelhandelsunternehmungen erst dann eher Auslandengagements im Absatzbereich eingehen, wenn sie im Stammland Schweiz mehr als 500 Beschäftigte haben. Nur in diesem

Segment kann das für sich stehende Kriterium der Betriebsgröße eines Einzelhändlers als Indiz für eine Internationalisierung gewertet werden. Folgende Gründe lassen dieses Ergebnis plausibel erscheinen:

- Häufig verfügen große EHU bereits über Auslanderfahrung aus ihren Beschaffungsaktivitäten. Oft entstehen die nötigen Kontakte oder die initialisierenden Impulse für ein Engagement auf einem ausländischen Absatzmarkt durch die Beschaffungsinternationalisierung. Alle neun untersuchten im Absatzbereich internationalisierten schweizerischen EHU mit 500 oder mehr Vollzeitbeschäftigten sind im Beschaffungssektor ebenfalls international aktiv.

- Große EHU verfügen über die finanziellen, personellen und organisatorischen Mittel für ein Auslandengagement sowie über multikulturelle Management- und Marketingerfahrung, da sie in verschiedenen Sprachregionen der Schweiz präsent sind.

- Das Management großer EHU setzt sich, freiwillig oder gezwungenermaßen, eher mit Gedanken an eine Internationalisierung auseinander, da die großen EHU den schweizerischen Markt weitgehend erschlossen haben. Für große, national agierende Einzelhändler sind der Expansion im Inland eher Grenzen gesetzt, so daß für weiteres Wachstum ausländische Märkte in Betracht gezogen werden (müssen).

Die Tatsache, daß etliche kleine und mittlere schweizerische EHU mindestens ein Auslandengagement im Absatzbereich eingegangen sind, ist aus anderen Überlegungen heraus zu verstehen. Oft setzen sich die Sortimente von diesen kleineren EHU aus hochspezialisierten Produkten zusammen, für deren rentable Vermarktung die Schweiz als Absatzmarkt zu klein ist. Einige dieser Unternehmungen haben ihren Stammsitz nahe an der schweizerischen Landesgrenze, so daß der Schritt ins benachbarte Ausland – rein geographisch betrachtet – keine besonderen Probleme aufgibt. Mehrmals wurde betont, daß durch das Auslandengagement im Absatzbereich die Einkaufskonditionen im Gastland erheblich verbessert werden konnten. Bei mehreren dieser kleineren und mittleren EHU, die bereit waren, ein vertiefendes Interview über ihre internationale Tätigkeit zu gewähren, hat sich zudem herausgestellt, daß sich die Auslandengagements aufgrund persönlicher Kontakte der Besitzer der Firmen eher zufällig ergaben. Schließlich spielen in einigen Fällen ausländische Mitbesitzer der schweizerischen Einzelhändler eine wichtige Rolle bei der Entscheidung, ein Auslandengagement im Absatzbereich einzugehen.

Aufgrund der vorliegenden Daten und entsprechend unseren Erwartungen läßt sich – im Gegensatz zum eben erläuterten Zusammenhang – keinerlei Verbindung zwischen der Größe der untersuchten EHU und dem gemessenen Internationalisierungsgrad (Anteil des im Ausland erzielten Umsatzes am gesamten Einzelhandelsumsatz) feststellen. Diese Aussage wird in *Übersicht 4* anhand einer Gegenüberstellung der Beschäftigtengrößenklassen und den durchschnittlichen Graden der Internationalisierung der im Absatzbereich mit Auslandengagements tätigen EHU verdeutlicht. Die Informationen geben den Stand Ende 1992 wieder. Die Ausnahmen bilden die Werte von Migros und Coop sowie einer weiteren Unternehmung, die auf der Basis der Daten für das Geschäftsjahr 1993 errechnet wurden.

Übersicht 4: **Der durchschnittliche Internationalisierungsgrad der untersuchten schweizerischen EHU pro Beschäftigtengrößenklasse**

Vollzeit-Beschäftigte	Anzahl internationalisierte EHU		Internat.-Grad
2 bis 9	4	(2 Nennungen)	12 %
10 bis 19	5	(5 Nennungen)	36 %
20 bis 49	7	(5 Nennungen)	46 %
50 bis 199	5	(4 Nennungen)	50 %
200 bis 499	3	(2 Nennungen)	8 %
500 bis 999	4	(4 Nennungen)	54 %
über 1000	5	(5 Nennungen)	4 %
Total	33	(27 Nennungen)	33 %

Den mit 54 % größten durchschnittlichen Internationalisierungsgrad weisen EHU mit zwischen 500 und 999 Beschäftigten in der Schweiz auf. Bei den Unternehmungen mit zwei bis 199 Angestellten variiert der Internationalisierungsgrad zwischen 2,5 % und 83 %. Der Durchschnitt in den einzelnen Beschäftigtengrößenklassen liegt jedoch bei mindestens 12 %, bis hin zu 50 %. Überraschend ist, daß zwischen dem Internationalisierungsgrad und der Dauer der Auslandengagements bei den untersuchten schweizerischen EHU kein signifikanter Zusammenhang besteht. Der Anteil des Auslandumsatzes am Gesamtumsatz bei den Vertretern der größten schweizerischen Einzelhändler mutet bescheiden an. Als Grund dafür ist festzuhalten, daß drei der fünf internationalisierten EHU mit über 1000 Angestellten in der Schweiz (Migros, Coop und Merkur) im Lebensmitteleinzelhandel tätig sind. Zudem befinden sich die Engagements von Migros und Coop erst im Anfangsstadium. Im Lebensmittel-Sektor erreicht bis zum heutigen Zeitpunkt keine schweizerische Unternehmung einen Internationalisierungsgrad von mehr als einem Prozent.

2.2 Der Einfluß der Branchenzugehörigkeit und der Position innerhalb einer Teilbranche auf die Internationalisierung

In acht der elf vom BFS nach Sortimenten zusammengefaßten Branchen (vgl. *Übersicht 1*) bearbeiten über 90 % der untersuchten EHU ausschließlich den Heimmarkt. Nach wie vor herrscht in diesen Branchen eine Binnenmarktorientierung vor. Nur in zwei Bereichen ist mehr als jede fünfte Unternehmung im Absatzbereich im Ausland tätig. Es handelt sich dabei einerseits um Unternehmungen aus dem Papier- und Druckwarenhandel sowie um Einzelhändler, die Waren verschiedener Art anbieten, also in erster Linie die Warenhäuser und die schweizerischen Großverteiler. In diesen zwei Branchen sind signifikant mehr Unternehmungen internationalisiert als in allen anderen Zweigen des schweizerischen Einzelhandels. Eine Überprüfung des Zusammenhangs zwischen der Internationalisierung einer EHU und der Zugehörigkeit zum Food- oder zum Non-Food-Sektor zeigt keine signifikanten Korrelationen. Aufgrund der vorliegenden Daten zeigt sich allerdings ein evidenter Zusammenhang zwischen der Zugehörigkeit zum Food- oder Non-Food-Sektor und dem gemessenen Internationalisierungsgrad der betroffenen schweizerischen EHU. Mit einem durchschnittlichen Internationalisierungsgrad von 37 % weisen EHU aus dem Non-Food-Bereich einen erheblich größeren Anteil des Auslandumsatzes gemessen am Gesamtumsatz auf als die internationalisierten Food-Einzelhändler. Trotz einer zu erwartenden Steigerung der Auslandtätigkeit der großen schweizerischen Lebensmittelverteiler wird sich dieses Verhältnis in den nächsten Jahren nur geringfügig ändern.

Durch das Zusammenfügen der beiden Kriterien Branchenzugehörigkeit und Größe einer Unternehmung läßt sich zusätzlich die Frage beantworten, ob in erster Linie die Leader einer Branche bzw. Teilbranche über die Landesgrenzen hinaus im Absatzbereich tätig werden. Interessant ist diese Fragestellung aufgrund der Tatsache, daß einige der internationalisierten schweizerischen EHU zwar nicht zu den großen Unternehmungen im gesamten Einzelhandel, wohl aber zu den größten EHU innerhalb ihrer (Teil-)Branche zählen. Von den 33 untersuchten internationalisierten schweizerischen Einzelhändlern gehören 18 zu den Leadern (Position 1 bis 4) innerhalb der jeweiligen Teilbranche. Die Leader in den Teilbranchen sind signifikant stärker internationalisiert als diejenigen EHU, die nicht zu den Top-Vier gehören. Nur fünf der 33 untersuchten Einzelhändler haben in ihrer Teilbranche zwischen acht und zehn größere Unternehmungen vor sich. Allerdings besteht bei diesen fünf EHU – die alle zu den Betrieben mit weniger als 50 Beschäftigten in der Schweiz gehören – hinsichtlich ihrer Größe nur ein geringer Abstand zu den jeweiligen Branchenleadern.

2.3 Fazit

Die Analyse der Zusammenhänge zwischen den Variablen Internationalisierung bzw. Internationalisierungsgrad auf der einen und Betriebsgröße, Branchen- oder Sektorenzugehörigkeit sowie Position innerhalb einer Teilbranche auf der anderen Seite, führt zu den folgenden fünf Erkenntnissen:

1) Große EHU, in erster Linie Firmen mit über 500 Angestellten in der Schweiz, haben signifikant stärker ihre reine Binnenmarktorientierung überwunden als mittlere und kleine Betriebe.

2) Die 21 im Ausland tätigen Unternehmungen mit weniger als 200 Beschäftigten weisen dagegen einen beträchtlich höheren durchschnittlichen Internationalisierungsgrad (4 %) auf als die 12 EHU mit 200 und mehr Angestellten (23 %).

3) In den zwei Branchen Papierwaren und Druckerzeugnisse sowie Waren verschiedener Art ist die Tendenz zur Internationalisierung signifikant höher als in den neun anderen Sortimentsbereichen. Von 42 untersuchten Unternehmungen aus den genannten zwei Branchen ist durchschnittlich jede vierte auf mindestens einem Auslandmarkt aktiv, während dieser Anteil innerhalb der anderen Branchen nur 7 % beträgt.

4) 30 der 33 untersuchten internationalisierten schweizerischen EHU sind dem Non-Food-Sektor zuzurechnen, lediglich 3 Unternehmungen stammen aus dem Food-Bereich.

5) Der durchschnittliche Internationalisierungsgrad von 37 % der EHU aus dem Non-Food-Sektor übertrifft denjenigen der Food-Einzelhändler um mehr als das Fünfzigfache.

3 DIE VON SCHWEIZERISCHEN EHU BEARBEITETEN AUSLANDMÄRKTE UND DIE ZEITPUNKTE DER MARKTEINTRITTE

Übersicht 5 gibt einen Überblick über diejenigen Länder, in welchen die untersuchten internationalisierten schweizerischen Einzelhandelsunternehmungen ein Engagement eingegangen sind (inkl. einer zusätzlichen EHU, die aus einer systematischen Analyse verschiedener Zeitungen und Zeitschriften während der Jahre 1992 und 1993 als internationalisiert hervorging und nicht in der Stichprobe enthalten war).

Übersicht 5: **Anzahl Auslandengagements der 34 untersuchten schweizerischen EHU in den Zielländern (Stand: September 1993)**

Regionen	Zielländer		Anzahl der in den Zielländern der aktiven EHU
Nord- und Mittel-Europa	1	Belgien	3
	2	Dänemark	1
	3	Deutschland	22
	4	Frankreich	15
	5	Großbritannien	5
	6	Irland	1
	7	Island	1
	8	Luxemburg	2
	9	Niederlande	5
	10	Österreich	12
	11	Schweden	2
Südeuropa	12	Griechenland	2
	13	Italien	2
	14	Portugal	1
	15	Spanien	3
Osteuropa	16	Slowakische Republik	1
	17	Tschechische Republik	2
	18	Ungarn	3
Naher Osten	19	Türkei	1
	20	Saudi-Arabien	2
	21	Libanon	1
Ferner Osten	22	China	1
	23	Hong Kong	2
	24	Indonesien	1
	25	Japan	2
	26	Singapur	2
	27	Taiwan	2
	28	Thailand	1

Regionen	Zielländer		Anzahl der in den Zielländern der aktiven EHU
Nord-Amerika	29	Kanada	3
	30	Vereinigte Staaten	5
Mittel- und Süd-Amerika	31	Argentinien	1
	32	Brasilien	2
	33	Chile	1
	34	Ecuador	1
	35	Mexiko	2
Afrika	36	Südafrika	1
Ozeanien	37	Australien	1
Total Engagements			**115**

In 37 Ländern sind die untersuchten schweizerischen Einzelhandelsunternehmungen im Absatzbereich tätig. In diesen Zielländern sind 115 Markteintritte von schweizerischen EHU zu verzeichnen. Knapp die Hälfte der Auslandengagements geht auf das Konto der zwei in den meisten Auslandmärkten tätigen schweizerischen EHU, Bally und Fogal. Insgesamt waren die untersuchten 34 EHU in ihrem eigenen oder im Namen ihrer Joint Venture-, Beteiligungs- oder Akquisitionspartner mit gut 4600 Verkaufs- bzw. Vertriebsstellen in der ganzen Welt vertreten, wobei sich die Auslandsengagements nach Kontinenten wie folgt verteilen: Europa (72 %), Amerika (13 %), Asien (13 %), Afrika (1 %) und Ozeanien (1 %).

Europa spielt vor Amerika bzw. Asien bei der Auswahl der Zielländer der schweizerischen EHU die wichtigste Rolle. Die Präferenz für Europa läßt sich mit der geographischen Nähe des Absatzgebietes, der kulturellen Ähnlichkeit der Länder, der vorhandenen politischen und rechtlichen Stabilität in den Zielländern und mit den ähnlichen ökonomischen Verhältnissen erklären. Diese Argumente machen deutlich, daß die europäischen Länder auch in Zukunft das Hauptzielgebiet der Auslandengagements von schweizerischen Einzelhändlern bilden werden. In *Abbildung 1* wird die Verteilung der europäischen Engagements näher betrachtet. Diejenigen Länder, die lediglich ein Engagement einer schweizerischen EHU aufweisen, sind in der Gruppe „Sonstige" zusammengefaßt. Es handelt sich dabei um Irland, Dänemark, Island, Portugal und die Slowakische Republik.

Aus der Abbildung geht deutlich hervor, daß mit Deutschland, Frankreich und Österreich erwartungsgemäß drei Nachbarländer der Schweiz als Zielmärkte schweizerischer EHU am stärksten vertreten sind. Dagegen überrascht, daß mit Italien das vierte Nachbarland nur von zwei schweizerischen Einzelhändlern bearbeitet wird. Mit Engagements in Ungarn, in der Tschechischen und der Slowakischen Republik wagten drei schweizerische Einzelhändler bereits vor 1993 in Ländern des ehemaligen Ostblocks einen Markteintritt. Obwohl die Transformation von Planwirtschaften zu Marktwirtschaften in den osteuropäischen Ländern noch nicht abgeschlossen ist, werten diese EHU offensichtlich das große Marktpotential als genügend interessant, um das Risiko eines Engagements trotz bestehender ökonomischer Probleme einzugehen. Diese Tatsache wird auch durch die Markteintritte schweizerischer Einzelhändler in China und neuerdings auch in Rußland erhärtet.

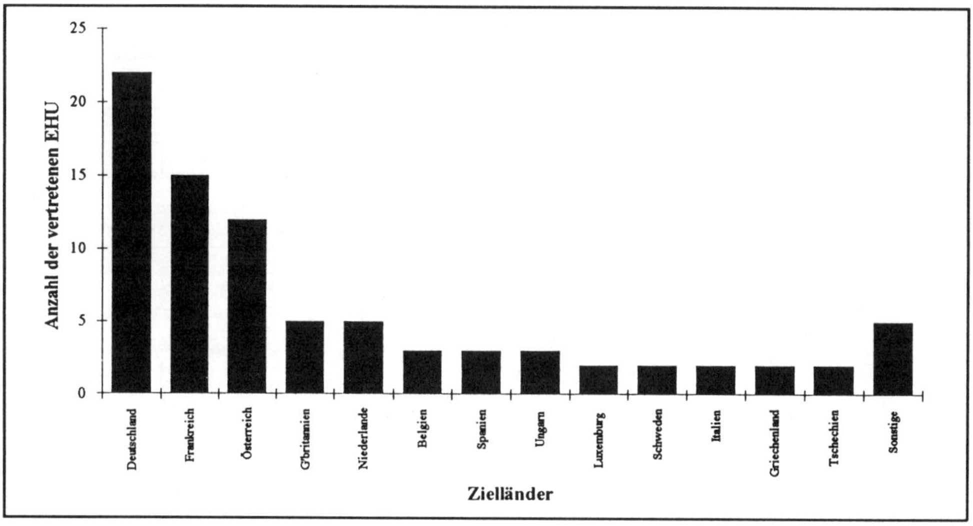

Abbildung 1: **Verteilung der Auslandengagements der untersuchten schweizerischen EHU innerhalb Europas**

Durch die Betrachtung der Zeitpunkte der Markteintritte schweizerischer EHU auf den verschiedenen Zielmärkten lassen sich einige Entwicklungslinien im Internationalisierungsprozeß erkennen. *Übersicht 6* zeigt die Daten von 103 der insgesamt 115 Engagements schweizerischer EHU im Ausland auf.

Übersicht 6: **Zeitpunkte der Markteintritte der untersuchten schweizerischen EHU in den Zielländern**

	Zielmärkte schweizerischer EHU												
Eintrittsdatum	**D**	**A**	**F**	**GB**	**NL**	**NME**	**SE**	**OE**	**NA**	**MSA**	**NO**	**FO**	**O+A**
vor 1990				1									
vor 1950		1	2										
1950 - 1960							1		2				
1961 - 1970	2				1	1						1	
1971 - 1980	2	2	1				1						
1981 - 1985	6		2	2		2	1		1			1	
1986 - 1990	6	7	3	1	3	4	3		4		1	6	1
1991	1		1	1		2	1	3	1	2	1		
1992	1		2			1	1			1	2	1	
bis 9/1993	1	1	2					1		2		1	1
Total	19	11	13	5	4	10	8	4	8	5	4	10	2
ED unbekannt	3	1	2	-	1	-	-	2	-	2	-	1	-
Gesamt	22	12	15	5	5	10	8	6	8	7	4	11	2

Legende: NME: übrige Länder in Nord- und Mitteleuropa, SE: Südeuropa, OE: Osteuropa, NA: Nordamerika, MSA: Mittel- und Südamerika, NO: Naher Osten, FO: Ferner Osten, O+A: Ozeanien und Afrika, ED: Eintrittsdatum

Es zeigt sich, daß nur 18 oder 17,5 % der untersuchten Markteintritte vor 1981 stattfanden. Mit Ausnahme je eines Engagements in den USA, in Kanada und in Hongkong waren sämtliche „frühen“ Auslandaktivitäten schweizerischer EHU auf westeuropäische Staaten ausgerichtet. Als erste schweizerische Einzelhandelsunternehmung engagierte sich Bally bereits 1890 in Großbritannien. Zehn der 18 Markteintritte bis 1980 – inklusive der drei außereuropäischen Engagements – gehen alleine auf das Konto dieser Unternehmung. Zu den Vorreitern der Internationalisierung im schweizerischen Einzelhandel gehören neben vier kleineren Unternehmungen auch die bekannten Warenhäuser Globus und Jelmoli. 54, also über die Hälfte aller untersuchten Markteintritte, fanden zwischen 1981 und 1990 statt. Immerhin 14 davon hatten Märkte außerhalb Europas zum Ziel. *Abbildung 2* macht deutlich, daß die Zahl der Auslandengagements schweizerischer EHU in den letzten Jahren deutlich zugenommen hat. In acht Jahren hat sich die Zahl der Auslandengagements fast verdoppelt. 19 der 31 untersuchten EHU, bei denen der Zeitpunkt des ersten Markteintritts im Ausland bekannt ist, haben ihre Aktivitäten auf ausländischen Absatzmärkten zwischen 1985 und 1993 aufgenommen.

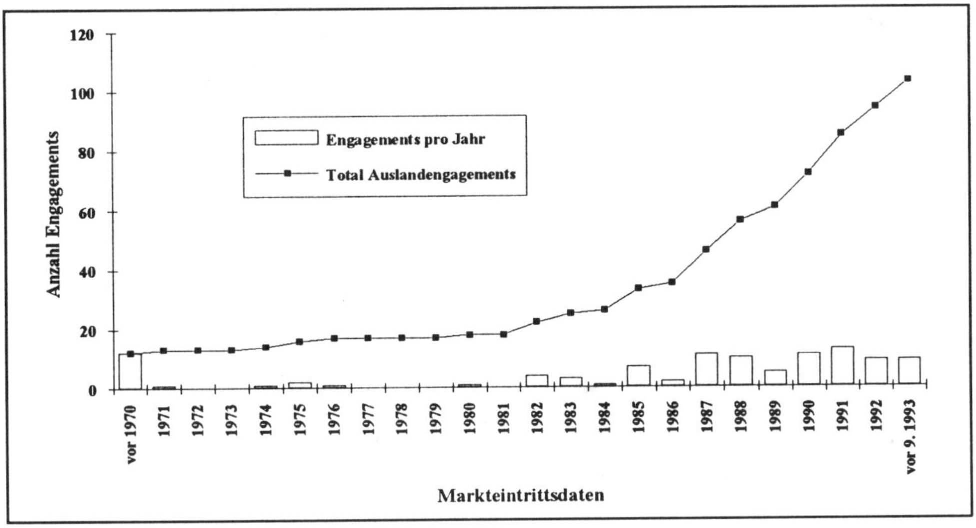

Abbildung 2: **Die absolute Entwicklung der Auslandengagements der untersuchten schweizerischen EHU bis September 1993**

Einzig in Osteuropa und in den Ländern Mittel- und Südamerikas fand bis 1990 kein Markteintritt einer schweizerischen EHU statt. 31 oder 30 % der analysierten Eintritte in ausländische Märkte datieren auf die Zeit zwischen 1991 und September 1993. Unter anderen wagten in dieser Zeit die größten schweizerischen EHU, Migros und Coop, den Sprung ins benachbarte Ausland.

4 DIE MARKTEINTRITTSSTRATEGIEN SCHWEIZERISCHER EHU IM AUSLAND

Abbildung 3 zeigt, für welche der vier Markteintrittsstrategien (Franchising, Joint Venture, Akquisition oder Gründung einer Tochtergesellschaft) sich die schweizerischen EHU bei ihren Auslandengagements entschieden haben. 23 der untersuchten EHU bevorzugen eine einzige Markteintrittsstrategie, unabhängig davon, in wievielen Auslandmärkten sie tätig sind. Neun Unternehmungen setzten zwei, eine EHU drei verschiedene Strategien ein. Als einzige bekannte schweizerische EHU nutzte Interdiscount alle vier Markteintrittsstrategien.

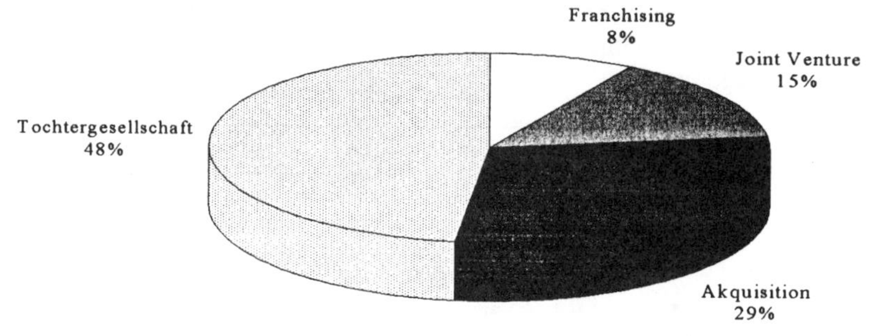

Abbildung 3: Markteintrittsstrategien auf Auslandsmärkten (Basis: Anzahl der EHU)

Schwergewichtig setzten die schweizerischen EHU die Gründung einer eigenen Tochtergesellschaft als Markteintrittsstrategie ein. 12 von 23 Unternehmungen, die diese Internationalisierungsform benutzten, traten ausschließlich mit dieser Strategie in Auslandmärkte ein. Die kooperativen Formen Franchising und Joint Venture wurden vergleichsweise selten verwendet. Nur vier schweizerische EHU operieren mit Franchise-Nehmern, sieben Firmen kooperieren mit Joint Venture-Partnern. Allerdings sind bis zum heutigen Zeitpunkt zwei dieser Joint Venture aufgelöst worden und ein drittes befindet sich in Schwierigkeiten.

Ein leicht verändertes Bild bezüglich der Wichtigkeit der vier Internationalisierungsformen ergibt sich, wenn alle 115 Auslandengagements der 34 schweizerischen EHU auf die dabei angewandten Markteintrittsstrategien hin untersucht werden. Unter Berücksichtigung der Tatsache, daß bei der Bearbeitung einzelner Auslandmärkte in 14 Fällen von einzelnen Unternehmungen jeweils zwei verschiedene Strategien angewendet wurden, ergibt sich ein Total von 129 einzelnen Markteintritten. Wiederum zeigt sich die Gründung einer Tochtergesellschaft als bevorzugte Markteintrittsstrategie. Als Hauptgründe für diese Wahl wurden die optimale Möglichkeit einer Multiplikation des eigenen Handelskonzepts und die bestmögliche Umsetzung der Unternehmenskultur durch die Besetzung der Führungspositionen sowie die bessere Kontrolle über die Auslandtätigkeit genannt. In einigen Fällen erwies sich die Gründung einer Tochtergesellschaft als einzige Möglichkeit der Internationalisierung, da Akquisitionsmöglichkeiten oder geeignete Partner fehlten, obwohl diese Formen bevorzugt worden wären. Fast ein Drittel aller Auslandengagements schweizerischer EHU wurden mit Franchise-Nehmern realisiert. Diese Form der Internationalisierung wird zwar nur von vier Unternehmungen, dafür aber in 34 der 37 Zielländer benutzt. Die gestiegene Bedeutung dieser Strategie bei der vorliegenden Auswertung ist darauf zurückzuführen, daß die zwei in den meisten Ländern engagierten schweizerischen EHU, Bally und Fogal, von dieser Form häufig Gebrauch machen. Am wenigsten Bedeutung im Internationalisierungsprozeß schweizerischer EHU ist eindeutig der Joint Venture-Strategie beizumessen. Diese Tatsache dürfte in erster Linie in der schwierigen Suche nach geeigneten Partnern, im konfliktträchtigen Abstimmungsprozeß der gegenseitigen Ansprüche sowie in den zu unterschiedlichen Unternehmenskulturen der Partnerfirmen begründet sein. Ob sich diese Schwierigkeiten auch in der jüngsten Joint Venture-Verbindung einer schweizerischen EHU im Ausland manifestieren, wird das Beispiel der Migros in Österreich zeigen.

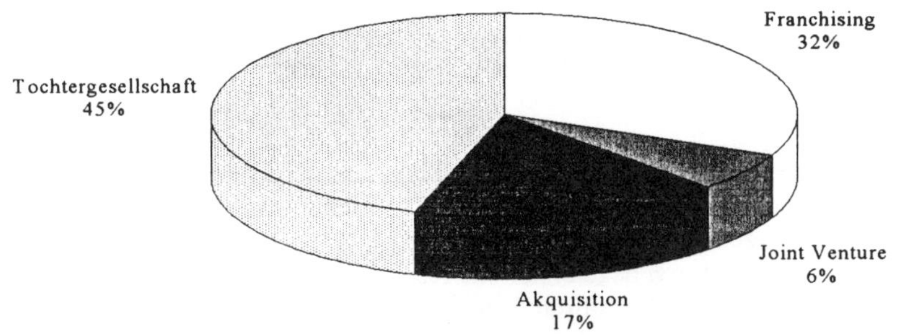

Abbildung 4: Markteintrittsstrategien auf Auslandsmärkten (Basis: Anzahl aller Auslandengagements)

5 MOTIVE SCHWEIZERISCHER EHU FÜR DAS EINGEHEN VON AUSLANDENGAGEMENTS

In der Literatur werden viele Beweggründe für das Anwenden einer Internationalisierungsstrategie aufgeführt und diskutiert. Im Vordergrund der Internationalisierungsbemühungen steht generell das Erschließen und Sichern von zusätzlichen Absatzmärkten. Die Analyse der Internationalisierungsmotive schweizerischer EHU hat jedoch gezeigt, daß z.B. die persönliche Kenntnis eines Landes, das persönliche Engagement der Unternehmensgründer bzw. -besitzer oder zufällige Kontakte auf Messen und im Privatleben vielfach Anlaß für eine Marktbearbeitung im Ausland sind. Aber auch bloße Sympathien oder altruistische Erwägungen stellen mögliche Gründe für Auslandengagements dar (Berekoven 1978, S. 49). In erster Linie gilt dies für kleinere EHU. Unabhängig von den Charakteristika der Unternehmen und der Zielländer lassen sich aus der Theorie einige wichtige Motive für eine Internationalisierung – unter besonderer Berücksichtigung der Einzelhandelsunternehmungen – herausarbeiten (z.B. Kebschull 1989, Sp. 973-982; Meffert & Althans 1982, S. 25 f.; Meffert 1990, S. 95 f.; Tietz 1990, S. 13; Walldorf 1987, S. 19 ff.). 28 Vertreter internationalisierter schweizerischer EHU wurden gebeten, ausgewählte Internationalisierungsmotive auf einer Skala zwischen 1 (unbedeutend) und 4 (sehr bedeutend) zu beurteilen.

Neben der Sicherung und Steigerung des Absatzes wird im Durchschnitt aller 28 Nennungen nur noch die Sättigung der Inlandmärkte als bedeutendes Internationalisierungsmotiv angesehen. Die Hauptmotive für eine Internationalisierung differieren je nach Branchenzugehörigkeit, nach Besitzverhältnissen und nach den Zeitpunkten der Markteintritte sehr stark. Damit erklärt sich auch die hohe Zahl von im Durchschnitt als wenig oder unbedeutend befundenen Motiven. So nennen beispielsweise die Unternehmungen aus dem Lebensmittelbereich die zunehmende Abwanderung der Kunden im Grenzgebiet als Hauptmotiv für ihre Auslandengagements, während dieses Kriterium für 18 der anderen internationalisierten EHU als unbedeutend angesehen wird. Die Sättigung der Märkte in der Schweiz wird nur von jenen Unternehmungen als wichtiges Motiv eingestuft, die erst in den letzten Jahren im Ausland Aktivitäten entfaltet haben. Argumente wie „Ausnutzung staatlicher Förderungsmaßnahmen im Gastland (z.B. Investitionshilfen)", „rechtliche Restriktionen in der Schweiz (z.B. Ladenschlußbestimmungen)", „Umgehung von Handelshemmnissen" oder „Erfolge der Konkurrenz im Auslandgeschäft" sind nur für wenige schweizerische EHU in bestimmten Branchen oder für einzelne Zielländer relevant.

Die von den befragten schweizerischen EHU genannten konkreten Anstöße für ihre Auslandengagements lassen sich einerseits nach Push- und Pull-Faktoren (George & Diller 1993, S. 166 f.), andererseits in fünf Auslöserkategorien einordnen. Pull-Faktoren fassen diejenigen Einflüsse zusammen, die ausländische Märkte für schweizerische EHU interessant machen, Push-Faktoren bezeichnen die Kriterien, die zu einer verminderten Attraktivität des Heimmarktes Schweiz führen. Konkrete Auslöser für den Internationalisierungsentscheid können einerseits die Veränderungen in den allgemeinen Marktbedingungen, andererseits das Verhalten von Staat, Konkurrenz, Kunden oder Lieferanten sein. *Übersicht 7* faßt die von den untersuchten schweizerischen EHU genannten Initialisierungsmotive systematisch zusammen. In den meisten der untersuchten Fälle wirken sowohl Push- als auch Pull-Faktoren auf die Entscheidung für ein Auslandengagement ein. Mit Beginn dieses Jahrzehnts zeigt sich jedoch ein klarer Trend hin zu einer erhöhten Bedeutung der Push-Faktoren. Diejenigen schweizerischen EHU, welche in den letzten zwei bis drei Jahren internationalisiert haben, geben neben der Entwicklung der allgemeinen Marktbedingungen in der Schweiz zunehmend die politischen Entwicklungen im Verhältnis zwischen der Schweiz und der Europäischen Union als Internationalisierungsmotiv an.

Übersicht 7: **Gliederung der Internationalisierungsmotive der untersuchten schweizerischen EHU nach Push/Pull-Faktoren und nach Auslöserkategorien**

Auslöserkatalog	Triebkräfte	
	PUSH-Faktoren	PULL-Faktoren
Allgemeine Marktbedingungen	Enge des Inlandmarktes Sättigung des Inlandmarktes Sinkendes Wirtschafts- und Bevölkerungswachstum im Inland Fehlende Standorte in der Schweiz	Absatzsicherung und -steigerung durch die Bearbeitung eines Marktes mit großem Potential (z.B. Deutschland) Erzielung von Economies of scale (Volumens-/Spezialisierungseffekte) Höhere Gewinnchancen im Zielland Lernchancen durch Internationalisier. Regio-Gedanken Risiko-Streuung
Staat/Politik	Schleppender Fortgang der Integration der Schweiz in Europa Rechtliche Restriktionen in der Schweiz (z.B. Ladenschluß) Handelshemmnisse	Ostöffnung Auslandsmarkt als Brückenkopf für zukünftige Entwicklung (im EWR) Staatliche Förderungsmaßnahmen im Zielland (z.B. Investitionshilfen) Einfachere Bewilligungsverfahren (z.B. Bauordnung) im Zielmarkt
Konkurrenz	Steigender Wettbewerbsdruck im Inland Zunehmende Markteintritte ausländischer Konkurrenten in der Schweiz	Geringe Konzentration des Einzelhandels im Zielland Unbesetzte Nischen im Zielland Erfolge der Konkurrenz auf einem ausländischen Markt
Lieferanten	Schlechte Beschaffungskonditionen in der Schweiz	Gute Beschaffungskonditionen im Zielmarkt Vorschlag der Lieferanten im Ausland
Kunden	Abwanderung der Kunden und Kaufkraftabfluß, in erster Linie im Grenzgebiet der Schweiz	Homogenisierung der Nachfrage in Europa Spezielle Nachfragesituation im Zielmarkt (Sogwirkung)

6 ERFAHRUNGEN SCHWEIZERISCHER EHU MIT AUSLANDENGAGEMENTS

Generell ist festzustellen, daß nur wenige Informationen über die Erfahrungen der schweizerischen Einzelhandelsunternehmungen auf Auslandmärkten bekannt sind. In erster Linie gilt dies für die erfolglosen Projekte. Sicher ist, daß in der Vergangenheit zahlreiche Engagements im Ausland wieder abgebrochen wurden. Die bekanntesten Beispiele in diesem Bereich dürften Migros und Maus-Frères sein. Bereits 1931 entschied sich Migros-Gründer Duttweiler für ein Engagement in Berlin, das nach der Machtübernahme Hitlers aufgegeben wurde. 1954 gründete Duttweiler die Migros Türk in Istanbul, die zwanzig Jahre später verkauft wurde, weil es zu schwierig war, die Migros-Philosophie in die Türkei zu übertragen. Schließlich scheiterte 1960 auch der dritte Internationalisierungs-Versuch, die Migros Iberica. Der Genfer Maus-Frères-Konzern mußte gegen Ende 1991 seine Beteiligung von 42 % an der französischen Printemps-Gruppe (bis auf eine kleine Restbeteiligung von ca. 1 %) verkaufen, um den Zusammenbruch seiner Aktivitäten auf dem amerikanischen Markt aufzuhalten. Nachdem sich die Beteiligung von Maus an der amerikanischen PA Bergner & Co., die bereits 1938 gekauft wurde, im Februar 1993 auf

40 % reduzierte, gab der Konzern im Juni des gleichen Jahres seine Kontrolle über Bergner auf. Damit ist das Engagement von Maus Frères – zumindest der öffentlich bekannte Teil der Aktivitäten des Konzerns – wieder auf die Schweiz konzentriert. Von den 28 befragten internationalisierten schweizerischen EHU gaben neben der Migros 10 weitere Unternehmungen an, sich in der Vergangenheit von Einzelhandelsinvestitionsobjekten im Ausland wieder getrennt zu haben. In vielen Fällen klagten diese EHU über zu lange Pay-back-Perioden, über die mangelnde Vorbereitung auf die Internationalisierung oder über eine zu geringe Rentabilität. Vor allem die USA scheint für einige schweizerische Einzelhändler ein schlechtes Pflaster zu sein, was aufgrund der unterschiedlichen Marktgegebenheiten, der geographischen Distanz und der einschlägigen Erfahrungen von EHU aus anderen Ländern, z.B. aus Kanada (Evans u.a. 1992), nicht erstaunt.

Abbildung 5 zeigt die Beurteilung des Erfolgs der Internationalisierung der 28 interviewten Vertreter schweizerischer Einzelhändler auf.

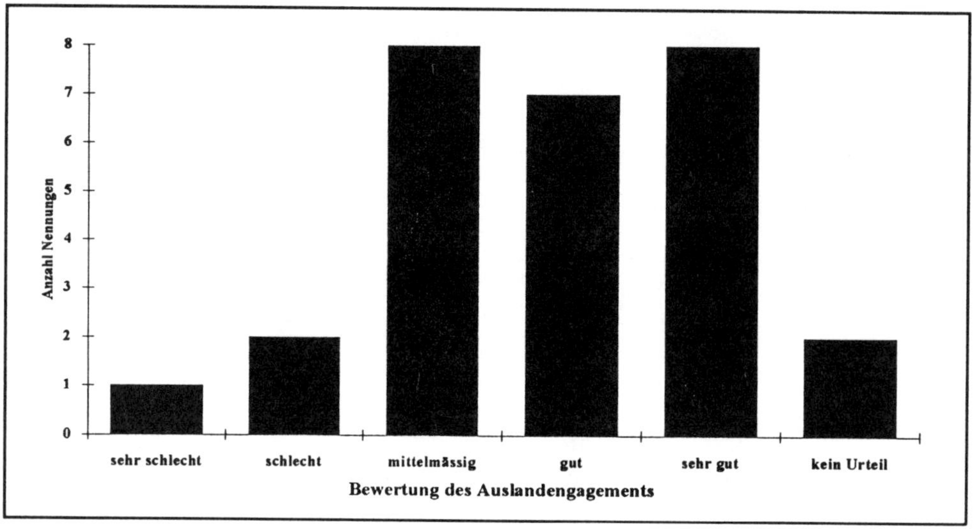

Abbildung 5: Beurteilung des Erfolgs der Internationalisierung der untersuchten schweizerischen EHU

Zu beachten ist dabei, daß unter den EHU, die ihr Engagement als sehr erfolgreich bezeichnen, die meisten seit langer Zeit auf dem ausländischen Absatzmarkt tätig sind und jeweils in den Anfängen ihrer Auslandtätigkeit ebenfalls Schwierigkeiten zu verzeichnen hatten. Viele EHU bezahlen zu Beginn ihrer Auslandtätigkeit Lehrgeld, was in erster Linie auf eine unzureichende Vorbereitung der Bearbeitung ausländischer Absatzmärkte zurückzuführen ist. Eine EHU beurteilt den wirtschaftlichen Erfolg ihrer Tätigkeit im Zielland als sehr schlecht, hält aber an ihrem Engagement fest, um nach einer erneuten Planungsphase auf der bestehenden Basis die Auslandtätigkeit neu zu organisieren. Die Unternehmungen, die dem Auslandengagement einen mäßigen Erfolg attestieren, erreichten den Break-Even im Ausland jeweils viel später als erwartet. Neueinsteiger, die den Erfolg ihrer Tätigkeiten außerhalb der Schweiz oft als mittelmäßig bis gut einstufen, gehen davon aus, daß die Ergebnisse mittelfristig verbessert werden können. Für die Zukunft ist bei fast allen befragten Unternehmungen viel Zuversicht bezüglich des zu erwartenden Erfolgs ihrer Internationalisierungsbestrebungen festzustellen.

7 SCHLUSSBEMERKUNGEN

Die Entwicklung der Internationalisierung in den letzten zehn Jahren, die zunehmende Bedeutung von Push-Faktoren, die den Heimmarkt in erster Linie für große schweizerische Einzelhandelsunternehmungen unattraktiver machen, die in den Untersuchungen geäußerten Absichten einiger EHU, in Zukunft im Ausland tätig zu werden, sowie weitere Verursachungskomplexe wirtschaftlicher, technologischer, politischer und gesellschaftlicher Art lassen den Schluß zu, daß sowohl die Zahl der im Absatzbereich auf Auslandmärkten tätigen schweizerischen EHU wie auch die Intensität der Engagements bereits internationalisierter EHU zunehmen werden. Seit dem Abschluß der Untersuchungen sind bereits drei weitere schweizerische Einzelhändler bekannt, die sich auf ausländischen Absatzmärkten engagieren. So ist z.B. die Import Parfümerie, eine Tochter der Pick Pay, seit Oktober 1993 in Österreich tätig und eröffnet in naher Zukunft einen Testladen in Deutschland. Das traditionsreiche Uhren- und Schmuckunternehmen Türler eröffnete Ende 1993 eine Filiale in Berlin. Charles Vögele bearbeitet seit Herbst 1993 neu auch den österreichischen Markt. Die Migros will ab 1995, Globus und Loeb bereits 1994 in Deutschland tätig werden. Bally und Fogal, die beide bereits in weit über 20 Ländern im Einzelhandel präsent sind, werden ihr Länderportfolio erweitern und – zumindest was Bally betrifft – in nächster Zeit versuchen, in weiteren osteuropäischen Ländern Fuß zu fassen.

LITERATUR

Berekoven, L.: Internationales Marketing, Wiesbaden 1978

Bohley, P.: Statistik, München/Wien 1991

Bundesamt für Statistik (BFS, Hrsg.): Eidgenössische Betriebszählung 1991, Bern 1992

Bundesamt für Statistik (BFS, Hrsg.): Statistisches Jahrbuch der Schweiz 1994, Zürich 1993

Campiche, C.; Löhrer, G.: Total global, Bilanz, Heft 3 1994, S. 94-102

Evans, W.; Lane, H.; O'Grady, S.: Border Crossings, Doing Business in the US, Ontario 1992

George, G.; Diller, H.: Internationalisierung als Wachstumsstrategie des Einzelhandels. In: Trommsdorff, V. (Hrsg.): Handelsforschung 1992/93, Handel im integrierten Europa, Wiesbaden 1993, S. 165-186

Kebschull, D.: Internationalisierungsmotive. In: Macharzina, K.; Welge, M.K. (Hrsg.): Handwörterbuch Export und internationale Unternehmung, Stuttgart 1989, Sp. 973-982

Meffert, H.; Althans, J.: Internationales Marketing, Stuttgart/Berlin/Köln/Mainz 1982

Meffert, H.: Implementierungsprobleme globaler Strategien. In: Welge, M.K. (Hrsg.): Globales Management, Erfolgreiche Strategien für den Weltmarkt, Stuttgart 1990, S. 93-115

Pellegrini, L.; Zanderighi, L.: Struktur und künftige Entwicklung des Einzelhandels in Italien. In: Trommsdorff, V. (Hrsg.): Handelsforschung 1992/93, Handel im integrierten Europa, Wiesbaden 1993, S. 77-97

Porter, M.E.: Nationale Wettbewerbsvorteile, Erfolgreich konkurrieren auf dem Weltmarkt, Sonderausgabe, Wien 1993

Skaupy, W.: Franchising, Handbuch für die Betriebs- und Rechtspraxis, München 1987

Tietz, B.: Strategien der Transnationalisierung und Globalisierung im Handel. In: Trommsdorff, V. (Hrsg.): Handelsforschung 1990, Internationalisierung im Handel, Wiesbaden 1990, S. 3-25

Tietz, B.; Zentes, J.: Ost-Marketing, Erfolgspotentiale osteuropäischer Konsumgütermärkte, Düsseldorf/Wien/New York 1993

Walldorf, E.G.: Auslandmarketing, Theorie und Praxis des Auslandsgeschäfts, Wiesbaden 1987

Weder, R.: Joint Venture, Grüsch 1989

Wittenberg, R.; Cramer, H.: Datenanalyse mit SPSS, Stuttgart/Jena 1992

AGM, AG für Marktbearbeitung / GDI, Gottlieb Duttweiler Institut für wirtschaftliche und soziale Studien / HH, HANDEL HEUTE / IHA, Institut für Marktanalysen AG (Hrsg.): Detailhandel Schweiz '93, Hergiswil 1993

Die Relevanz des Lean-Management-Ansatzes für Handelsunternehmungen

Klaus Barth, Antje Helpup, Duisburg

Der Europäische Binnenmarkt, die Öffnung Osteuropas sowie die weitere Verschärfung des Konzentrationsprozesses verlangen angesichts eines steigenden Kosten- und Wettbewerbsdrucks nach innovativen Erfolgsstrategien für den Handel. Neue Konzepte zur Erzielung strategischer Wettbewerbsvorteile stehen infolgedessen derzeit im Mittelpunkt der Diskussion. Dazu zählt insbesondere die Anwendbarkeit des Lean-Management-Ansatzes auch im Handel. Der folgende Beitrag versucht die einzelnen Bausteine diese Ansatzes darzustellen und deren Umsetzung für den Handel aufzuzeigen. Die Betrachtung konzentriert sich auf die Fragen, inwiefern dort die Lean-Management-Philosophie einerseits zur effektiven und effizienten Gestaltung der gesamten Wertschöpfungskette und andererseits zur Reduzierung komplexer unternehmungsinterner Strukturen und Prozesse genutzt werden kann.

1 ZIELSETZUNG DER UNTERSUCHUNG

Im Rahmen einer vom Massaschusetts Institute of Technology durchgeführten internationalen Vergleichsstudie in der Automobilindustrie wurde der Begriff der „Schlanken Produktion" erstmalig in die betriebswirtschaftliche Diskussion eingeführt. Die Ergebnisse dieser Studie haben gezeigt, daß japanische Automobilhersteller die Fertigung ihrer Fahrzeuge wesentlich produktiver als ihre Konkurrenten in Europa und USA gestalten können. Sie bedürfen lediglich der Hälfte an Arbeitskräften, Entwicklungszeit, Lagerkapazität und Produktionsfläche bei einer gleichzeitig erweiterten Modellvielfalt und bei verbesserter Qualität. Diese Kosten- und Produktivitätsvorteile der Japaner waren vielen westlichen Unternehmungen bereits seit längerem bekannt, dennoch wurden sie mit dem Hinweis auf die andersartige japanische Mentalität lange Zeit ignoriert. Die Wettbewerbssituation und die rezessiven Entwicklungen im Gesamtmarkt haben inzwischen das westliche Management nicht nur für die Inhalte des Lean-Management sensibilisiert sondern durch eine Adaption dieses Konzeptes ihre Wettbewerbsstellung deutlich verbessert (Pfeiffer & Weiß 1992, S. 17 f.).

Auch der Handel steht angesichts der spektakulären Unternehmungszusammenschlüsse sowie rückläufiger disponibler Haushaltseinkommen im Zeichen tiefgreifender struktureller Veränderungen. Vor dem Hintergrund der steigenden Wettbewerbsverschärfung gewinnen Erfolgsfaktoren wie Kundenorientierung, Flexibilität, Mitarbeitermotivation, Kostensenkungspotentiale und Informationsverfügbarkeit zunehmend an Bedeutung. Im folgenden bleibt zu prüfen, ob der Lean-Management-Ansatz in diesem Zusammenhang einen Beitrag zur Erlangung von Wettbewerbsvorteilen leisten kann, zumal im Rahmen des Trading down immer schon eine erfolgreiche, am Kundennutzen orientierte Markteintrittsstrategie von Handelsunternehmungen realisiert werden konnte.

2 DIE GRUNDLAGEN DES LEAN-MANAGEMENT-ANSATZES

Lean-Management kann als eine fortlaufende Optimierung der Unternehmungsführung in den funktionalen Teilbereichen und auf allen hierarchischen Ebenen beschrieben werden (Becker 1992, S. 84). Wesentlich für den Erfolg des Lean-Management ist die Durchsetzung der "schlanken Denkweise" in der gesamten Unternehmung. Mit der Installation eines bereichsübergreifenden Kommunikationsnetzes sind die verschiedenen Aktivitäten der einzelnen Funktionsbereiche in der Weise zu koordinieren, daß das Erreichen der übergeordneten Unternehmungsziele gewährleistet ist (Imai 1992, S. 159 f.). Da es einer grundsätzlichen Denk- und Verhaltensänderung aller Beteiligten bedarf, sind zunächst die grundlegenden Denkansätze des Lean-Management zu erläutern (Bösenberg 1992, S. 41 ff.):

- Die proaktive Denkweise impliziert eine zukunftsgerichtete Planung und Organisation aller Prozesse und Handlungen, so daß auf erkennbare Probleme frühzeitig reagiert und Fehler vermieden werden können. Dementsprechend unterstützt Proaktivität nicht die kurzfristige Erlangung von Wettbewerbsvorteilen, sondern die langfristig orientierte Weiterentwicklung der eigenen Stärken.

- Die sensitive Denkweise beinhaltet die Bereitschaft, schnell und flexibel auf Umweltveränderungen zu reagieren. Durch eine grundsätzliche Informations- und Problemoffenheit sollen Störungen im Gesamtsystem als Anregung zur Entwicklung und Verbesserung gesehen werden.

- Die ganzheitliche Denkweise unterstellt eine märkteumfassende und bereichsübergreifende Perspektive, da die Führung, Organisation und Entwicklung einer Unternehmung als ein komplexer und umfeldbezogener Prozeß zu betrachten ist. Dabei steht die Optimierung des Gesamtsystems im Vordergrund, so daß partielle Teillösungen an dem Nutzen für die gesamte Wertschöpfungskette zu messen sind.

- Die potentialorientierte Denkweise setzt die optimale Erschließung und Nutzung aller zur Verfügung stehenden Ressourcen voraus. In diesem Zusammenhang kann sich die optimale Ressourcennutzung sowohl auf die eigenen Mitarbeiter und Lieferanten als auch auf die Kunden und Wettbewerber beziehen.

- Die ökonomische Denkweise impliziert die Vermeidung jeglicher Art von Ressourcenverschwendung entlang der gesamten Wertschöpfungskette.

Diese Kerngedanken bilden die Grundlagen für die Ableitung der einzelnen Erfolgsbausteine des Lean-Management-Ansatzes. Sie fördern jedoch eine integrative Sichtweise der

Unternehmungsführung, da die einzelnen Elemente als ein ganzheitlicher Wirkungsverbund zu sehen sind (Bösenberg 1992, S. 69 ff.).

1) *Kundenorientierung:* Sämtliche Aktivitäten der Unternehmung sind am Kunden zu orientieren. Der Aufbau einer persönlichen Kundenbeziehung ermöglicht die Berücksichtigung der Wünsche und Bedürfnisse des Kunden, so daß dieser nicht nur als Abnehmer, sondern auch als Mensch betrachtet wird, dessen Problemlösungsbedürfnisse im Mittelpunkt der Überlegungen stehen sollen.

2) *Wertschöpfungsoptimierung:* Die wertschöpfenden Tätigkeiten sind von besonderer Bedeutung, demzufolge sind die nichtwertschöpfenden Funktionen innerhalb der Unternehmung zu minimieren.

3) *Teamarbeit:* Sämtliche Aufgaben werden in eigenverantwortlichen Teams organisiert. Gruppenarbeit erhöht nicht nur den Leistungsdruck, sondern auch die Leistungsfreude, und auch das Problemlösungs- und Kommunikationsvermögen der Mitarbeiter kann gesteigert werden.

4) *Eigenverantwortung:* Die Delegation von Verantwortung trägt zur Motivation und Leistungsbereitschaft der einzelnen Mitarbeiter bei. In diesem Rahmen kann ein offenes Informations- und und Kommunikationsverhalten der Vorgesetzten die Identifikation der Belegschaft mit den Zielen der Unternehmung unterstützen, so daß eine vertrauensvolle Zusammenarbeit ermöglicht wird.

5) *Feedback:* Sämtliche Aktivitäten sollten von einem stetigen Rückkopplungsprozeß begleitet werden, Reaktionen von Mitarbeitern, Kunden, Lieferanten und Öffentlichkeit können so einen Beitrag zur Steuerung des unternehmerischen Handelns leisten.

6) *Kaizen:* Das japanische Wort für „ständige Verbesserung" beinhaltet eine Prozeß- statt einer Ergebnisorientierung. Demzufolge gibt es keine endgültige Zielerreichung, sondern nur Schritte in diese Richtung. Der Vorsatz, daß alles noch weiter verbessert werden kann, erfordert die Beteiligung aller Mitarbeiter an diesem Verbesserungsprozeß.

7) *Fehlerminimierung:* Ein Fehler ist nur das Symptom einer tieferliegenden Systemschwäche. Die Behebung der Fehlerursache verspricht daher eine künftige Stärkung des System. Die Fehlerbehebung sollte möglichst am Entstehungsort erfolgen, da sie sich als Störfaktor insbesondere in nachfolgenden Prozessen niederschlagen kann.

8) *Standardisierung:* Die standardisierte Darstellung von Arbeitsabläufen ermöglicht einen flexiblen und häufigen Wechsel von Arbeitsplätzen, Teams und Projekten, so daß die Übernahme neuer Tätigkeiten beschleunigt und erleichtert wird. Alle Wiederholungsprozesse und Problemlösungen sollten entsprechend standardisiert dargestellt werden, um als praktische Arbeitshilfe die Ergebnissicherung zu unterstützen.

9) *Vorausplanung:* Je genauer das Prinzip der vorausschauenden Planung arbeitet, desto besser kann auf unerwartete Ereignisse reagiert werden. In diesem Rahmen steht nicht

das Krisenmanagement, sondern die Krisenvermeidung durch Alternativplanung im Vordergrund.

10) *Prozeßschritte:* Die Entwicklung erfolgt in kleinen, kontrollierten Teilschritten, wobei das Feedback den jeweils nächsten Schritt steuert. Eine Erhöhung der Entwicklungsgeschwindigkeit wird durch eine schnellere Abfolge der einzelnen Schritte erreicht, so daß die stetige Fortentwicklung zu einer Motivationssteigerung führt.

Eine optimale Kombination dieser aufgeführten Erfolgsbausteine ermöglicht die Erarbeitung effizienzfördernder Grundstrategien für die einzelnen Unternehmungsbereiche, die im folgenden exemplarisch dargestellt werden sollen.

Im Bereich der Logistik kann beispielsweise durch die Anwendung von „Just in Time" und „Kanban" ein kontinuierlicher Materialfluß gewährleistet werden. Das „Just in Time" Konzept ist dabei auf die zwischenbetriebliche Logistikoptimierung ausgerichtet, während sich Kanban hauptsächlich auf die innerbetrieblichen Logistikbewegungen bezieht. Die Produktion erfolgt nur auf konkrete Kundenbestellung. Dies ermöglicht einerseits eine schnelle und flexible Reaktion auf Kundenwünsche und Marktveränderungen, und andererseits können die Lagerhaltungskosten gesenkt werden (Imai 1992, S. 120 f.).

Im Produktionsbereich eröffnen sich durch eine Verkürzung der Produktentwicklungszeiten erhebliche Rationalisierungspotentiale. Das Prinzip des „Simultaneous Engineering" impliziert beispielweise, daß durch eine sequentielle Aufgabenbearbeitung in Projektteams, Entwicklungsschleifen verkürzt und somit eine schnelle und effiziente Entwicklung erfolgreicher Produkte gewährleistet werden kann (Pfeiffer 1992, S. 124 f.).

Im Absatzbereich sollte durch ein „proaktives Marketing" eine langfristige und vertrauensvolle Zusammenarbeit zwischen der Unternehmung und den Kunden im Vordergrund stehen. Auf diese Art der offensiven Kundenbindung können substantielle und anhaltende Wettbewerbsvorteile geschaffen werden. Die Unternehmung versucht, die Kunden aktiv mit einzubeziehen und durch Verbindlichkeit und Dienstbereitschaft zu gewinnen, um gleichzeitig eine hohe Kundenzufriedenheit zu gewährleisten.

Der Kerngedanke des „strategischen Kapitaleinsatzes" im Lean-Management impliziert den gezielten Einsatz von Kapital. Demnach sind die kurzfristig laufenden Geschäfte finanziell so auszustatten, daß diese zusätzliches Kapital für strategische Vorhaben erwirtschaften können. In diesem Rahmen bilden insbesondere Investitionen in das Mitarbeiter-Know-how und Firmenimage einen langfristig orientierten Ansatzpunkt.

Das allen Unternehmungsbereichen übergeordnete „Total Quality Management" stellt die Qualität im weitesten Sinne als einen bedeutenden strategischen Erfolgsfaktor in den Mittelpunkt der Betrachtung. Das Qualitätsmanagement erfordert die Integration aller Manager und Mitarbeiter, so daß jeder einzelne für die Qualität seiner Arbeit verantwortlich ist. Die Qualitätskriterien und -maßstäbe werden dabei vom Markt und von den Kunden vorgeschrieben (Bösenberg 1992, S. 175 ff.).

3 DIE ÜBERTRAGUNG DES LEAN-MANAGEMENT-ANSATZES AUF HANDELSUNTERNEHMUNGEN

Die Rahmenbedingungen Japans begünstigen sicherlich die Wettbewerbsfähigkeit japanischer Unternehmungen, jedoch beruhen viele der Wettbewerbsnachteile westlicher Unternehmungen nicht auf diesen externen Einflußfaktoren, sondern vielmehr auf einer veralteten Arbeitsorganisation und einer mangelnden abteilungsübergreifenden Kooperation (Heibutzi 1993, S. 36 f.). Darüber hinaus ist die japanische Kultur als eine Assimilationskultur bekannt, da viele Elemente aus Kultur und Wirtschaft aus dem Ausland übernommen wurden. So sind beispielsweise die Grundprinzipien des Lean-Management-Ansatzes wie Kaizen und Teamarbeit letzlich auf Untersuchungen in den USA zurückzuführen. Als einen weiteren Beleg für die interkulturelle Gültigkeit des Konzeptes können die Erfolge japanischer Auslandswerke in Europa bewertet werden.

Da Lean-Management auf den allgemein gültigen Prinzipien einer effizienten und effektiven Unternehmungsführung zur Optimierung der gesamten Wertschöpfungskette basiert, erscheint auch die Übertragung dieses Konzeptes aus der Automobilindustrie auf den Handel zunächst einsichtig und erfolgversprechend.

3.1 Kundenorientierung als strategischer Erfolgsfaktor

Das Kaufverhalten der Konsumenten als eine dynamische Größe ist in den 90er Jahren durch drei bedeutende Entwicklungstendenzen gekennzeichnet. Erstens ist eine zunehmende Polarisierung der Nachfrage einerseits nach niedrigpreisigen Gütern des täglichen Bedarfs und andererseits nach hochpreisig erlebnisorientierten Luxusgütern festzustellen. Zweitens ist eine deutlich sinkende Marken- und Einkaufsstättenloyalität der Verbraucher erkennbar. Insbesondere die zeitliche Instabilität der Zielgruppen und die sich schnell ändernden Präferenzen der Konsumenten erschweren ein zielgruppenkonformes Handelsmanagement. Drittens ist die Preissensibilität der Konsumenten aufgrund stagnierender Haushaltseinkommen deutlich gewachsen, so daß zur Förderung des Shop Image „Preisgünstigkeit" Kostensenkungspotentiale entlang der gesamten Wertschöpfungskette zu mobilisieren sind.

Die langfristige Bindung der Kunden ist jedoch vor allem für Handelsunternehmungen von existenzieller Bedeutung, und obwohl ein allgemeiner Konsens darüber besteht, daß die Gewinnung neuer Kunden wesentlich aufwendiger ist als Kunden zu Folgekäufen zu bewegen, wird der Kundenbindung häufig zu wenig Aufmerksamkeit gewidmet. Die für eine langfristige Kundenbindung notwendige persönliche Interaktion zwischen Händler und Konsument ist heutzutage durch die Selbstbedienung nicht mehr gegeben, so daß eine den Wettbewerb intensivierende Entpersonifizierung der Beziehung zwischen Anbieter und Kunden die Folge ist. Das Ziel aller Kundenbindungsaktivitäten ist es, die Kundenloyalität zu erhöhen, der Konsumentenabwanderung zu Konkurrenzunternehmungen vorzubeugen und Nicht-Kunden durch positive Mund-zu-Mund-Werbung für die eigene Betriebsstätte zu gewinnen. Im folgenden sollen aus der Vielzahl möglicher Kundenbindungsaktivitäten einzelne exemplarisch dargestellt werden.

3.1.1 Beschwerdemanagement

In vielen herkömmlich geführten Handelsunternehmungen werden Beschwerden nur als lästige Restgröße behandelt. Das mit der Beschwerde konfrontierte Verkaufspersonal reagiert häufig ungehalten oder leugnet die Zuständigkeit, indem es dem Hersteller die Schuld zuweist. Eine niedrige Kundenzufriedenheit, eine geringe Einkaufsstättenloyalität und ein schlechtes Firmenimage werden die Folgen einer solchen Reklamationsbearbeitung sein.

Ein auf den Kundennutzen ausgerichtetes Beschwerdemanagement hingegen kann aus verärgerten Käufern Stammkunden werden lassen. Eine schlanke Handelsunternehmung empfindet Beschwerden keineswegs als lästig, sondern als Gelegenheit zum Erkennen von Schwachstellen, die der Unternehmung mögliche Verbesserungspotentiale aufzeigen können. Daher sollte jede Handelsunternehmung, die den Lean-Management-Ansatz beherzigt, offen für alle Reklamationen sein und darüber hinaus den Verbrauchern zusätzliche Anreize zur Ausschöpfung der Beschwerdemöglichkeiten bieten.

Das Verkaufspersonal sollte sich für die Produkt- und Leistungsmängel verantwortlich fühlen und sofort reagieren, um den Kunden schnell und unbürokratisch zufriedenzustellen. Voraussetzung ist, daß der Verkäufer freie Entscheidungsgewalt hat, dem Kunden möglichst auf dem Kulanzweg zu helfen und ihn darüber hinaus für den entstandenen Mehraufwand und Ärger zu entschädigen. Bei dieser kundenorientierten Schadensregulierung ist es zunächst völlig unerheblich, wer in der Wertschöpfungskette den Fehler zu verantworten hat. Der Verursacher des aufgetretenen Fehlers wird später identifiziert, so daß die Wertschöpfungskette in kleinen Schritten der kontinuierlichen Verbesserung optimiert werden kann (Imai 1992, S. 73 f.).

3.1.2 Stammkundenmanagement

Einerseits wird das Warenangebot der unterschiedlichen Handelsunternehmungen zunehmend homogener, andererseits werden die Konsumpräferenzen der Verbraucher immer differenzierter, so daß sich einzig und allein über das Sortiment nur wenig Profilierungschancen bieten. Zur langfristigen Bindung eines Kunden an die Einkaufsstätte bedarf es daher zusätzlicher Anreize.

Als geradezu klassisches Instrument der Stammkundenbetreuung gilt das Konzept der Kunden-Karten. Dieses Kunden-Karten-System ermöglicht eine zielgerichtete Erfassung und Analyse kundenspezifischer Daten. Das Kaufverhalten und die Reaktionen der Verbraucher auf bestimmte Aktionen können ständig erfaßt werden, so daß eine verbesserte Anpassung des individuellen Betreibungskonzeptes an die Bedürfnisse der Konsumenten möglich ist (Ahlert & Olbrich 1994, S. 287 f.). Bei den Kunden-Karten, die zumeist als Kreditkarten gestaltet sind, unterscheidet man eine Mono-Branding- und Co-Branding-Karte. Letztere wird in Zusammenarbeit mehrerer Handelsunternehmungen vergeben, während die Mono-Branding-Karte nur bei der jeweils emittierenden Handelsunternehmung einsetzbar ist. Vor dem Hintergrund der langfristigen Bindung der Kunden erscheint die Mono-Branding-Karte für die emittierende Handelsunternehmung wesentlich attraktiver, da bei der Co-Branding-Karte die für die Kundenbindungsaktivitäten grundlegenden kundenindividuellen Daten mehreren, zum Teil sogar konkurrierenden Handelsunternehmungen zugänglich sind. Andererseits ist jedoch bei der Co-Branding-Karte mit einer stärkeren Akzeptanz beim Kunden zu rechnen (Meyer & Mattmüller 1991, S. 94 f.).

Neben diesen internen Möglichkeiten der Profilierung und intensiveren Informationsausschöpfung soll die Kundenkarte vor allem dem Verbraucher selbst Vorteile verschaffen. Die Karteninhaber können auf Basis der Kundenstammdaten individuell angesprochen und so frühzeitig über Sonderangebote, Produktinnovationen oder sonstige Aktionen informiert werden. Mittels Kundenzeitschriften oder -zeitungen, mit denen nur Karteninhaber kontaktiert werden, kann diesen Kunden ein erheblicher informatorischer Vorteil gegenüber Nicht-Kunden gewährt werden. Darüber hinaus ist, analog dem früheren „Anschreibenlassen" im Nachbarschaftsladen, mit dem Kundenkarteneinsatz die Duldung von Zahlungszielüberschreitungen, offenen Buchkrediten oder die Führung von Kundenkonten mit wöchentlicher oder gar monatlicher Regulierung möglich. Falls die Kunden die Vorteile dieses Systems erkennen, äußern sie ihre Zufriedenheit auch gegenüber Dritten, so daß die Kundenkarten nicht nur die langfristige Bindung dieser Kunden verspricht, sondern auch zur Gewinnung neuer Kunden beitragen kann.

3.1.3 Event-Marketing

Einen weiteren Ansatzpunkt im Rahmen der Stammkundenstrategien bietet das Event-Marketing. Im Vorfeld bestimmter handelspolitischer Aktionen werden dabei Veranstaltungen durch die entsprechende Handelsunternehmung initiiert, die die Konsumenten für die anstehenden Aktionen sensibilisieren sollen. Die Handelsunternehmungen, die Kundennähe und -pflege mit oberster Priorität behandeln, sollten daher auf der Basis vorhandener Kundenstammdaten möglichst engen Kontakt zur eigenen Kundschaft halten, was sich nicht nur in gezielten, kundenindividuellen Angeboten, sondern auch in Kundenabenden, Einladungen zu Kunstmessen oder zu sonstigen kulturellen Veranstaltungen ausdrücken kann. Empfehlenswert erscheint ein solches „Event-Marketing" allerdings nur bei einem Sortiment, welches nicht ausschließlich Güter des täglichen Bedarfs beinhaltet (Zimmer 1992, S. 50 f.).

Die Bandbreite möglicher Maßnahmen zur Verbesserung der Kundenorientierung erscheint unerschöpflich: erweiterte Parkplätze, VIP-Karten für spezielle Stammkunden zum kostenlosen Parken, Verkostung von Sortimentsneuheiten, kostenloser Transport der Waren, Kassieren direkt beim Kunden mit Hilfe von mobilen Scannerkassen, garantierte Lieferfristen im Versandhandel, telefonische Bedienungsberatung, Bestellmöglichkeit rund um die Uhr etc. Die hier intendierte Verbesserung der Einkaufsschnelligkeit und Einkaufsbequemlichkeit gelingt vor allem auf der Grundlage neuer Kommunikationstechnologien.

3.2 Mitarbeiterorientierung als zentraler Aspekt

In Hinblick auf die ausgeprägte Dienstleistungskomponente der Handelsleistung ist die menschliche Arbeit als Leistungsfaktor im Handel von entscheidender Bedeutung. Der hohe Anteil der Personalkosten an den Betriebskosten läßt insbesondere im Personalbereich Kosten- und Ertragsaspekte in den Vordergrund treten. Allerdings läßt diese Sichtweise eine Berücksichtigung des einzelnen Mitarbeiters als Individuum häufig vermissen. Die durch geringe Bezahlung und unattraktive Arbeitszeiten hervorgerufene Arbeitsunzufriedenheit der Mitarbeiter zeigt die Folgen einer entsprechenden Personalpolitik auf. Die

Handelslandschaft ist generell von einer überdurchschnittlich hohen Fluktuations- und Absentismusrate gekennzeichnet. Die allgemein bekannten, daraus entstandenen Rekrutierungsprobleme von Führungskräften leisten somit einen weiteren Beitrag zur Imageverschlechterung des Handels.

An dieser Stelle setzt das dem Lean-Management inhärente humanzentrierte Management an. Sowohl durch materielle als auch immaterielle Anreize sollen mit Hilfe dieses Ansatzes alle Fähigkeiten und Potentiale der Mitarbeiter für die Unternehmung gewonnen werden. Vor dem Hintergrund rezessiver Tendenzen, steigender Wettbewerbsintensität und den vergleichsweise niedrigen Renditen im Handel muß in Zukunft das Handelsmanagement den Mitarbeiter noch intensiver als einen absatzfördernden Faktor erkennen und in seiner Individualität akzeptieren, da insbesondere die Mitarbeiter im Verkaufsbereich durch ihr Auftreten und ihren Umgang mit den Kunden einen erheblichen Beitrag zur Betriebsstättenprofilierung leisten können (Hansen 1990, S. 619). Demzufolge muß der Mitarbeiter durch attraktive und effiziente Gestaltung der Arbeitsbedingungen zu unternehmerischem Denken und Handeln motiviert werden, um seine personale Wertschöpfung zu optimieren. Die wichtigsten Elemente der Mitarbeiterorientierung in Handelsunternehmungen sollen im folgenden kurz dargestellt werden.

3.2.1 Teamarbeit

Die Teamarbeit stellt einen der zentralen Bausteine der „Lean-Philosophie" dar und muß durch geeignete Organisationskonzepte fundiert werden, die unter dem Abschnitt Teamorganisation als Unternehmertum im Unternehmen noch zu erörtern sind. Allerdings provoziert das konventionelle Provisionssystem herkömmlich organisierter Handelsunternehmungen, welches ausschließlich die individuellen Verkaufserfolge der einzelnen Mitarbeiter honoriert, ein Konkurrenzdenken zwischen den Mitarbeitern. Bei der Honorierung der Gruppenleistung durch eine Gruppenprovision in einem Team mit gleichberechtigten Mitarbeitern hingegen verbessert sich neben dem Betriebsklima auch die Mitarbeiterproduktivität. Innerhalb der Teams sollte auf eine festgelegte Stellenbeschreibung verzichtet werden und die Teamführung sollte ein mit umfangreichen Kompetenzen im Hinblick auf die Arbeitsverteilung, Budgetverantwortung, Personalauswahl und Qualitätssicherung ausgestatteter Leiter übernehmen, wobei ein kooperativer und damit die Selbstorganisation fördernder Führungsstil die Grundlage bildet.

Eine erfolgreiche Teamarbeit verlangt vor allem im Verkaufsbereich die Delegation von Wissen und Entscheidungskompetenz, so daß nicht nur die Motivation der Mitarbeiter verbessert, sondern auch der Kommunikations- und Verwaltungsaufwand gesenkt werden kann. Dementsprechend sollten die Führungskräfte einen Teil ihrer Macht zurücknehmen, indem sie ihre Mitarbeiter in Entscheidungsprozesse einbinden, einen partizipativen Führungsstil beherzigen, für Probleme und Anregungen zur Verfügung stehen und sich mehr als Coach denn als Kontrolleur verstehen (Siebenbrock 1992, S. 77). Darüber hinaus impliziert dieses Vorgesetzten-Mitarbeiter-Verhältnis eine offene Kommunikation zwischen allen Beteiligten aller hierarchischen Ebenen; denn wer Ziele erreichen soll, muß sich zunächst mit diesen identifizieren können.

In diesem Zusammenhang ist das „visual management" als eine Technik der ganzheitlichen unternehmungsinternen Kommunikation zu erwähnen. Nach den Prinzipien des „visual management" verdeutlichen große Wandtafeln in Aufenthaltsräumen, Kantinen oder Büros die Ziele und Probleme der Handelsunternehmung. Zusätzlich können diese Wandzeitungen zentrale Unternehmungsgrundsätze enthalten, damit sich diese durch die permanente Präsenz in den Köpfen der Mitarbeiter manifestieren, oder sie kommunizieren explizit die persönliche Leistung bestimmter Mitarbeiter, indem beispielsweise prämierte Verbesserungsvorschläge mit Bild und Namen des Ideengebers bekannt gegeben werden. Dieses kontinuierliche Feedback gewährleistet die notwendige Information und Motivation aller Mitarbeiter (Bösenberg 1993, S. 84 f.).

3.2.2 Mitarbeiterqualifikation

Die umfassende Qualifizierung der Mitarbeiter durch Aus- und Weiterbildung stellt einen weiteren Ansatzpunkt des humanzentrierten Management dar. Aufgrund der begrenzten Substitutionsmöglichkeit des Faktors Personal durch die Faktoren technische Betriebsmittel und Raum benötigen besonders Handelsunternehmungen ein in Hinblick auf Arbeitsbereicherung differenziert geschultes Personal, so daß sowohl die in bezug auf die Umsatzerzielung zyklischen als auch die antizyklischen Funktionen von allen Mitarbeitern ausgeübt werden können. Die Ausbildung der Mitarbeiter zu Generalisten ermöglicht eine Reduzierung der Leerzeiten und -kosten, wodurch erhebliche Rationalisierungspotentiale freigesetzt werden können (Barth 1993, S. 70).

Daneben gilt es, die Mitarbeiter in permanenten Schulungen davon zu überzeugen, trennendes Abteilungsdenken zugunsten eines ganzheitlich integrierten Prozeß- und Schnittstellendenkens aufzugeben. Nicht zuletzt verlangt die zunehmende Dynamik und Komplexität des Marktes eine permanente Weiterqualifikation der Belegschaft auch in Hinblick auf ihre Teamfähigkeit.

Insbesondere die hochtechnischen und modeabhängigen Sortimente sind durch kurze Produktlebenszyklen und eine große Produktvielfalt gekennzeichnet, so daß eine kunden- und artikelspezifische Verkaufsargumentation am Point of sale ohne spezielle Schulungen beispielsweise im Bereich der Warenkunde kaum vorstellbar ist. Lean-Management impliziert eine konsequente Prozeßorientierung und die Vermeidung jeglicher Form von Ressourcenverschwendung, dementsprechend können produktspezifisch geschulte Mitarbeiter durch einen sorgfältigen und kompetenten Umgang mit der Ware einen wichtigen Beitrag zur Qualitätssicherung und damit zur Kundenzufriedenheit leisten (Friedrich 1992, S. 575 f.).

3.2.3 Personalsteuerung

Einerseits steht der Mensch als ein entscheidender wertschöpfender Leistungsfaktor im Mittelpunkt des Interesses, andererseits sind in Anbetracht der enormen Wettbewerbsintensität die Unternehmungen gezwungen, die Personalkosten zu reduzieren. Diese personellen Rationalisierungsmaßnahmen stehen allerdings nicht immer im Widerspruch zu den Prinzipien des humanzentrierten Management. Die Handelsunternehmungen, die den Grundsatz der Kooperation mit und in der Belegschaft beherzigen, reagieren auf die von den Mitarbeitern initiierten Verbesserungsvorschläge und Rationalisierungsmöglichkeiten nicht automatisch mit Entlassungen, sondern versuchen zunächst durch Frühpensionierungen, innerbetriebliche Versetzungen und Ausnutzung der natürlichen Fluktuation, den nötigen Personalabbau sozialverträglich zu gestalten. Das System der aktiven Beteiligung der Mitarbeiter an der Aufdeckung von Rationalisierungspotentialen in sämtlichen Unternehmungsbereichen funktioniert jedoch nur, wenn die Mitarbeiter keine negativen Konsequenzen zu befürchten haben (Daum & Piepel 1992, S. 46 f.).

Diese langfristig angelegte Personalökonomisierung hat entsprechende Konsequenzen für die kurzfristige Personaleinsatzplanung. In diesem Zusammenhang werden sowohl der Diskrepanz zwischen den tarifvertraglich vereinbarten rückläufigen Wochenarbeitsstunden und den längeren Ladenöffnungszeiten als auch den signifikanten zeitlichen Absatzschwankungen in Handelsunternehmungen große Aufmerksamkeit gewidmet (Barth 1993, S. 56). Die übliche Methode der Anordnung von Überstunden zur Anpassung des Personalstands an die unterschiedlichen Kundenströme erscheint allerdings nicht geeignet, da überlastete und demotivierte Mitarbeiter den Kunden gegenüber die notwendige Freundlichkeit und Hilfsbereitschaft vermissen lassen und so gegen das oberste Gebot des Lean-Management im Handel, dem Prinzip der Kundenorientierung, verstoßen.

Neue Arbeitszeitmodelle offenbaren Möglichkeiten, die im Lean-Management so bedeutsame Mitarbeiterorientierung zu praktizieren und gleichzeitig im Rahmen der Personaleinsatzplanung die Diskrepanz zwischen Geschäfts- und Arbeitszeiten sowie die Kundenfrequenzschwankungen zu bewältigen. Im Bereich der Teilzeitbeschäftigung ergeben sich vielfältige Gestaltungsmöglichkeiten, allerdings bleiben bei der konventionellen kapazitätsorientierten Arbeitsflexibilisierung aufgrund starrer Arbeitsverträge vielfach die Wünsche und Bedürfnisse der Mitarbeiter unberücksichtigt.

Im Rahmen eines „Team-Job-Sharing-Modells" könnten statt fester Tages- und Wochenarbeitszeiten Vereinbarungen über Monats- oder Jahresarbeitszeiten im Arbeitsvertrag getroffen werden, so daß sehr kurzfristig die persönlichen Arbeitszeitwünsche der Mitarbeiter Berücksichtigung finden und diese in Selbstabstimmung entscheiden können, wer an welchen Tagen oder Stunden der Woche arbeitet (Steding 1992, S. 16 f.). Aus Sicht der Handelsunternehmung bietet sich durch Einführung entsprechender Arbeitszeitmodelle die Möglichkeit, zufriedene und motivierte Mitarbeiter zu gewinnen, die mit ihrem positiven Auftreten den Kunden gegenüber das Image der Einkaufsstätte verbessern und somit einen Beitrag zur gewünschten Corporate Identity leisten.

3.2.4 Unternehmertum im Unternehmen

Einen weiteren Aspekt des Lean-Management-Ansatzes bildet die Forderung nach Unternehmertum im Unternehmen. Die Verankerung unternehmerischen Verhaltens der Mitarbeiter in einer Handelsunternehmung erfordert zum einen die Bildung von autonomen Subsystemen und zum anderen die Integration verrichtungs- und warengruppenorientierter Organisationsprinzipien zur Verbesserung externer und interner Effizienz. Zu diesem Zwecke wird seit längerem gefordert, den Marketingbereich einer Handelsunternehmung in einen Merchandising- und Operatingbereich zu gliedern; denn Verfahrensoptimierung (Operating) und Optimierung der Marktbeziehungen (Merchandising) sind die wesentlichen Grundlagen zur Sicherung des Markterfolges einer Handelsunternehmung (Barth 1974, Sp. 639 ff.; Barth 1993, S. 350 ff.).

Im Bereich Merchandising werden die Funktionsträger koordiniert, die für die Auswahl der für den Absatz geeigneten Waren (Einkauf), für die kundenorientierte Gestaltung und absatzfördernde Darbietung des Sortiments einschließlich Marken-, Qualitäts- und Preispolitik sowie Werbung und Verkaufsförderung Sorge zu tragen haben. Das Merchandising ist eine primär auf Effektivität ausgerichtete Funktion. Dabei kann die Effektivität als ein externes Leistungsmaß interpretiert werden, das angibt, in welchem Umfang die Handelsunternehmung im allgemeinen und die jeweiligen Abteilungen als kundenzentrierte Subsysteme im besonderen den Erwartungen der Marktpartner gerecht werden.

Im Operating-Bereich werden organisatorisch die Instanzen zusammengefaßt, die für die Mitarbeiterführung und die Gestaltung optimaler Arbeitsabläufe von der Warenannahme bis zur Warenübergabe in die Hand des Kunden verantwortlich sind. Dieses Konzept des Operating ist vornehmlich auf Effizienz als internes Leistungskriterium ausgerichtet, das über Produktivitätsmaße operationalisiert werden kann.

Die Realisierung dieses dualen Strukturierungskonzeptes bietet Gewähr dafür, daß durch die optimale teamorientierte Interaktion beider Aufgabenbereiche infolge der gemeinsamen Verantwortung für den Absatz und Markterfolg sowie der geteilten Kompetenz für Handelsspanne einerseits (Merchandising) und Betriebskosten andererseits (Operating) Gewinnziele in den Subsystemen auf der Grundlage bereichsspezifischer monetärer Leistungsanreizsysteme für die Mitarbeiter konsequent verfolgt werden können.

Aufgrund dieser organisatorischen Rahmenbedingungen wird einerseits der Profit-Center-Konzeption Rechnung getragen, die eine gewinnorientierte Planung, Steuerung und Überwachung aller Schnittstellen mit den Kunden (Abteilungen) ermöglicht, so daß die grundlegende Voraussetzung für ein effektives Controllingsystem gegeben ist, an das bei dezentraler Steuerung der Aktivitäten in den Abteilungen besonders hohe Anforderungen zu stellen sind. Andererseits erfolgt durch die Zusammenfassung von Einkauf und Verkauf die Nutzung des Lawrence-Lorsch-Effektes, der organisatorischen Zusammenfassung kritischer Interaktionen (Frese 1993, S. 1021).

Dieses Basiskonzept dualer bzw. teamorientierter Führung wird derzeit in der Handelspraxis unter dem Begriff Category-Management intensiv diskutiert. Als ein Instrument zur Steuerung von Sortiment und Warenwirtschaft zielt Category-Management auf eine konsequent erfolgsorientierte Führung aller Warengruppen als strategische Geschäftseinheiten ab. Im Sinne der Prozeßorientierung sollte dementsprechend jede Sortimentsentscheidung am Gesamterfolg gemessen werden, so daß nicht mehr die spezifischen Interessen der traditionellen Funktionsträger im Vordergrund stehen, sondern Einkäufer, Verkäufer, Logistiker, Verkaufsförderer und Controller gemeinsam in einem effzienten Team die zielgruppenbezogene Führung der einzelnen „Categories" (Warengruppen) übernehmen. Durch die Zusammenfassung von Entscheidungskompetenz und Ergebnisverantwortung für die einzelnen Sortimentsbereiche wird somit die Voraussetzung für eine Ziel- und Interessenintegration zur Vermeidung gegenläufiger Entscheidungsrichtungen geschaffen (Behrends 1994, S. 58 ff.).

Diese Ausweitung der Teamorganisation auf eine Mehrzahl von Entscheidungsträgern im Rahmen des Category-Managements geht von der Überlegung aus, der Komplexität der Entscheidungsfindung durch multipersonale Beurteilung Rechnung zu tragen. Möglicherweise wird jedoch übersehen, daß der größte Zuwachs an Urteilsrichtigkeit immer noch beim Übergang vom Einpersonen- auf das Zweipersonenurteil erreicht wird, vor allem, wenn die Schnelligkeit von Marktaktionen einen strategischen Erfolgsfaktor darstellt. Darüber hinaus befindet sich häufig die Teamfähigkeit einer Vielzahl auf Karriere ausgerichteter Führungskräfte in einem beklagenswerten Zustand, dem durch Qualifizierungsmaßnahmen Rechnung zu tragen wäre.

Die Schubkraft dieser Konzeption im Hinblick auf die Verbesserung der Mitarbeitermotivation sollte jedoch ernst genommen werden, zumal immaterielle Anreize wie soziale Integration in ein Team, ein kooperativer Führungsstil und attraktive Arbeitsinhalte zunehmend an Bedeutung gewinnen. Die materiellen Anreize scheinen jedoch weiterhin am ehesten in der Lage, die Motivation zur Leistungsbereitschaft positiv zu beeinflussen. Aus diesem Grunde sollte ein Leistungsanreizsystem durch solche finanziellen Bedingungen geschaffen werden, die die Mitarbeiter ihre eigenen Ziele dann am besten erreichen lassen, wenn sie gleichzeitig optimal zum Unternehmungserfolg beitragen (Barth, 1993, S. 61).

3.2.5 Lohn- und Gehaltssysteme

Die zunehmende Qualifizierung und Flexibilisierung der Mitarbeiter sowie deren stärkere Einbindung in Entscheidungsprozesse erfordert die Neugestaltung adäquater Lohn- und Gehaltssysteme. Dabei ist einerseits dem Tatbestand Rechnung zu tragen, daß die Abteilungsleistung aus der Summe der unterschiedlich strukturierten Einzelleistungen sämtlicher Verkäufer erwächst, und andererseits müssen Kosten- und Ertragsaspekte bei einer leistungsbezogenen Vergütung berücksichtigt werden. Demnach ist das Abteilungsergebnis die Folge einer Gruppenleistung, die nicht nur die einzelne Verkaufsberatung einschließt, sondern auch Nebenleistungen wie Warenpflege, Preisauszeichnug, Warendisposition, Lagerarbeiten umfaßt. Aufgrund dieser Überlegungen sollte eine Prämierung der Gruppenleistung in Erwägung gezogen werden, und zwar eine Ausschüttung auf Grundlage erreichter oder überschrittener Deckungsbeiträge. Zur Formulierung solcher Deckungsbeiträge ist jedoch eine systematische Leistungs- und Budgetplanung notwendig, die auf der Grundlage der retrograden Gewinnplanung unter Beachtung des oben gekennzeichneten Profit-Center-Konzeptes entwickelt werden kann (Barth 1993, S. 63).

Der Lean-Management-Ansatz impliziert die Optimierung der gesamten Wertschöpfungskette, so daß auch die Mitarbeiter in den Bereichen ohne direkten Kundenkontakt mit Hilfe geeigneter Lohnsysteme zu einer funktionsübergreifenden Leistungs- und Produktivitätssteigerung motiviert werden sollten. Auf den ersten Blick erscheint es problematisch, in Unternehmungsbereichen wie Rechnungswesen, Logistik, Revision oder Personalwesen ein leistungsbezogenes Lohn- und Gehaltssystem zu etablieren. In diesem Rahmen hat Japan mit der Einführung von Bonussystemen eine Vorreiterposition eingenommen. Hierbei verpflichten sich Mitarbeiter aller Unternehmungsbereiche, eine hohe und ständig verbesserte Leistung zu erbringen, während sie im Gegenzug als wesentlichen Bestandteil ihrer Entlohnung einen Bonus erhalten. Dieser am Betriebsergebnis orientierte Bonus kann durchaus auch in kleinen Unternehmungen zu erheblichen Einkommensverbesserungen führen. Die Motivationssteigerung eines solchen Lohnsystems ist unverkennbar, da durch die möglichen Einkommensvorteile auch die Arbeitszufriedenheit erhöht werden kann (Wilfert 1992, S. 8 ff.).

3.3 Informationsmanagement als Instrument der Existenzsicherung

Der zunehmende Wettbewerbsdruck zwingt jede Handelsunternehmung, ihre strategischen Geschäftsfelder konsequent, effizient und mit maximaler Kundenorientierung zu bearbeiten. Die Ansprüche an die Anpassungsfähigkeit werden in besonderem Maße bei Handelsunternehmungen steigen, für deren wirtschaftlichen Erfolg es künftig von entscheidender Bedeutung sein wird, besser, schneller und kundengerechter als der Wettbewerber zu sein. Bei der Bewältigung dieser diffizilen Zukunftsaufgabe kommt dem Informations- und Kommunikationsmanagement eine große Bedeutung zu. Im Vordergrund stehen dabei nicht ausschließlich Rationalisierungsziele, sondern vielmehr die unternehmungsstrategische Nutzung der Informationstechnik als Instrument zum Aufbau eines funktionsübergreifenden Kommunikationsnetzes, zur innerbetrieblichen Entscheidungsunterstützung, zur verbesserten Kundenbindung und zur optimalen Steuerung des gesamten Waren- und Geldflusses (Tietz 1993, S. 683 ff.).

3.3.1 Innerbetriebliches Informations- und Kommunikationsmanagement

Einen Ansatzpunkt zur Optimierung des funktionsübergreifenden Informationsmanagements bietet die innerbetriebliche Kommunikation einer Handelsunternehmung. Einerseits lassen sich durch die Verkürzung der Informations- und Entscheidungswege Effizienzsteigerungen realisieren, und andererseits können durch eine geplante Veränderung des Kommunikationsverhaltens Kostensenkungspotentiale aufgedeckt werden.

Gemäß dem Lean-Management-Ansatz gilt die innerbetriebliche Kommunikation als das entscheidende Führungsinstrument einer schlanken Handelsunternehmung. Die Unternehmungsziele müssen durch permanente Kommunikation in die Organisation hineingetragen werden, um eine zielorientierte Mitarbeiteridentifikation und ein offenes Arbeits- und Informationsklima zu schaffen. Vielfach werden Informationen jedoch mittels formaler Kommunikationsprozesse strikt entlang des Instanzenweges weitergeleitet. Diese Art der innerbetrieblichen Informations- und Kommunikationspolitik führt dazu, daß zum einen die Führungskräfte im Top-Management überlastet sind, weil alle Entscheidungen in die Unternehmungsspitze redelegiert werden, und zum anderen die Entscheidungsqualität leidet, weil die kompetenten Teams am Point of sale nicht entscheidungsbefugt sind. Diese Kommunikationsmängel werden häufig durch eine streng hierarchische Aufbauorganisation verstärkt. Besonders die dem Funktionalprinzip entsprechende Trennung von Einkauf und Verkauf in Handelsunternehmungen erschwert die immer wichtiger werdende Kundenorientierung aufgrund der Umständlichkeit des Instanzenweges.

Ein Grundsatz des Lean-Management-Ansatzes beinhaltet die Entscheidungsdelegation an den Ort größtmöglicher Kompetenz. Dementsprechend sollten den Mitarbeitern im Verkaufsbereich, die durch den direkten Kundenkontakt frühzeitig Trends und Entwicklungstendenzen antizipieren können, mehr Entscheidungsbefugnisse über die notwendigen sortimentspolitischen Anpassungsaktivitäten eingeräumt werden. Die interne Kommunikation zwischen den zuständigen Teams sollte sowohl in horizontaler als auch in vertikaler Richtung direkt und hierarchieübergreifend stattfinden, damit beispielsweise die Verkaufsabteilung schnell und flexibel auf Änderungen von Kennzahlen oder Konsumentenverhalten mit Sortiments- und Verkaufsförderungsmaßnahmen reagieren kann. In diesem Zusammenhang wird deutlich, daß eine bedarfsorientierte Informationsversorgung der Entscheidungsträger am Point of sale nur durch die Installation eines funktions- und hierarchieübergreifenden Kommunikationsnetzes gewährleistet ist, dem durch das Konzept dualer Führung organisatorisch Rechnung getragen wird.

Im internen Kommunikationsverhalten vieler Unternehmungen offenbaren sich erhebliche Einsparungspotentiale. Beispielsweise bieten die konstant festgelegten Konferenzen zwischen den Abteilungsleitern und dem Management einer filialisierten Handelsunternehmung mögliche Ökonomisierungsansätze. Viele Meetings erscheinen zu liebgewordenen, aber nicht mehr zeitgemäßen Kommunikationsritualen zu verkommen, da diese teilweise überflüssig sind und lediglich wertvolle Managementkapazitäten binden. Der Lean-Management-Ansatz verlangt den sorgfältigen Umgang mit allen zur Verfügung stehenden Ressourcen. Vor diesem Hintergrund sollten die gewohnheitsmäßigen Konferenzen kritisch hinterfragt und auf ihre grundsätzliche Angemessenheit sowie zeitliche Dauer überprüft werden. Langfristig sollte diese „Communication by habit" ersetzt werden durch eine zielorientierte „Communication by exception", so daß nur die Meetings einberufen werden, die einer entsprechenden Kosten-Nutzen-Analyse standhalten (Kreutzer 1993, S. 22 f.).

In diesem Rahmen ist das „Videoconferencing" als ein neues Kommunikationssystem zu erwähnen. Besonders bei bundesweit operierenden Unternehmungen gewinnt dieses Instrument an Bedeutung. Mit Hilfe des „Videoconferencing" können beispielsweise aktuelle Informationen über erfolgreiche Verkaufsförderungsaktivitäten zwischen den einzelnen Filialen ausgetauscht werden. Aufgrund der Tatsache, daß die Unternehmungen einerseits mit wachsenden Reisekosten konfrontiert werden, und andererseits der Zeitfaktor vor dem Hintergrund schnell wandelnder Marktgegebenheiten zum entscheidenden Faktor wird, scheinen zukünftig Tele- und Bildkommunikationssysteme einen wesentlichen Erfolgsbeitrag zu leisten (Stalk 1992, S. 59 f.). Das Videokonferenzsystem beschränkt sich keineswegs nur auf die innerbetriebliche Kommunikation einer Handelsunternehmung, sondern kann ebenfalls im Bereich des Interaktionsmanagement mit Herstellern oder Großhandelsunternehmungen eingesetzt werden. Mit Hilfe dieses Kommunikationssystems kann die Industrie beispielsweise Produktneuheiten per Video offerieren und bei technischen Produkten darüber hinaus die Anwendung demonstrieren. Aus Industriesicht ergeben sich Kostensenkungspotentiale nicht nur durch die Einsparung von Außendienstmitarbeitern, sondern auch durch die Rationalisierung der Auftragsbearbeitung, so daß durch die Zusammenarbeit von Industrie und Handel eine prozeßorientierte Effizienzsteigerung des Gesamtsystems erfolgen könnte.

Der Einsatz neuer Technologien wird auch beim direkten Kontakt zum Konsumenten an Bedeutung gewinnen. Die Visualisierung der Produkte mit Hilfe von Videogeräten erübrigt die Notwendigkeit der physischen Existenz der Produkte vor Ort, wodurch die Kapitalbindungskosten und der Lagerumfang verringert und erwähnenswerte Beiträge zur Förderung der Einkaufsbequemlichkeit ohne Restriktionen durch das Ladenschlußgesetz geleistet werden können (Meyer 1991, S. 113).

3.3.2 Logistikmanagement

Die konsequente Vermeidung von Ressourcenverschwendung und das permanente Streben nach Verbesserungen bilden zentrale Erfolgsbausteine des Lean-Management-Ansatzes. In diesem Zusammenhang bietet die Logistik als ein betrieblicher Funktionsbereich der Handelsunternehmung weitere mögliche Ansatzpunkte für bedeutende Produktivitätssteigerungs- und Kostensenkungspotentiale, die es besonders vor dem Hintergrund der zunehmenden Wettbewerbsverschärfung zu nutzen gilt.

Dabei sollte jede Möglichkeit zur Ökonomisierung sowohl des Transportprozesses vom Lieferanten bis zur Filiale als auch des Lagerungsprozesses innerhalb der Handelsunternehmung genutzt werden. Dies erfordert zukünftig einerseits die Implementierung eines betriebsinternen Schnittstellenmanagements mit dem Ziel, Reibungsverluste zwischen den Funktionsbereichen zu vermeiden, und andererseits den Aufbau eines betriebsübergreifenden Prozeßmanagements mit der Aufgabe, die Gesamtwertschöpfungskette zu optimieren (Frese 1993, S. 1003).

In diesem Rahmen kann eine Effizienzsteigerung zum einen durch Investitionen in Technologieinnovationen, zum anderen durch ständige Kaizen-Aktivitäten erreicht werden. Der Einsatz von Scannersystemen liefert erst in Verbindung mit einem geschlossenen Warenwirtschaftssystem die zur unternehmerischen Planung erforderlichen Informationen. Direkt quantifizierbar wird der Nutzen dieser Technik durch den Wegfall der Einzelpreisauszeichnung und die Beschleunigung des Kassiervorgangs, so daß Mitarbeiterkapazitäten frei werden und an anderer Stelle sinnvoller eingesetzt werden können. Insgesamt ist eine schnelle Amortisation der Anschafffungskosten gewährleistet, weil die Personalkosten erheblich reduziert werden können. Viel bedeutender sind jedoch die nicht sofort meßbaren Vorteile der Scanner-Technik. Die vom Scanner ausgewiesenen Daten sind artikel-, zeit-, kunden- und betriebsstättengenau, so daß anhand dieser Daten die kurzfristige Wirkung sortimentspolitischer Maßnahmen, Preisänderungen oder Verkaufsförderungsaktivitäten gemessen werden können.

Darüber hinaus kann mit Hilfe des Scanner-Systems die Lagerhaltung optimiert werden. Artikelgenau und aktuell sind Lagerdaten wie Lagerumschlag, Lagerdauer und Lagerbestand ausweisbar, so daß auf Basis der Abverkaufszahlen das Bestellwesen ökonomisiert werden kann. Zur Minimierung der Lagerhaltungs- und Kapitalbindungskosten sollte eine Handelsunternehmung mit einem möglichst niedrigem Lagerbestand unter gleichzeitiger Sicherstellung eines hohen Servicegrades operieren. Die mit diesem Ziel verbundene Bestellpolitik verlangt eine absatzsynchrone Anlieferung und ist mit dem im Lean-Management so bedeutendem „Just-in-Time-Konzept" zu vergleichen.

Im Mittelpunkt des „Just-in-Time-Konzeptes" steht die Optimierung der gesamtlogistischen Auftragsabwicklung. Diese ganzheitliche Betrachtungsweise verdeutlicht die Notwendigkeit, daß die herkömmliche Vorratsproduktion durch eine marktgesteuerte Auftragsproduktion abgelöst werden muß (Mählck & Panskus 1993, S. 30). In Zukunft sollte auch im Handel verstärkt eine absatzsynchrone Beschaffung implementiert werden. Mit der damit einhergehenden Reduktion der Lagerbestände und der Erhöhung der Lagerumschlaghäufigkeit bieten sich erhebliche Rentabilitäts- und Liquiditätsreserven. Die Optimierung der gesamten Wertschöpfungskette stellt einen entscheidenden Baustein des Lean-Management-Ansatzes dar. Dementsprechend sollte im Gesamtsystem auf der Basis flexibler Fertigungsprozesse eine „Realtime Production" eingeführt werden, so daß sich die Produktion grundsätzlich an der aktuellen Nachfrage orientiert (Meyer 1991, S.108 f.).

In diesem Zusammenhang ist das Modell des „Quick-Response" zu erwähnen. Dieses System versucht die Just-in-Time-Kette einer Unternehmung bis zum Point of sale fortzuführen. Die Gewährleistung eines kontinuierlichen Warenflusses vom Lieferanten bis zur einzelnen Filiale setzt eine enge und kooperative Beziehung der beiden Partner voraus. Die Handelsunternehmung muß sich bei diesem Quick-Response-System auf Basis der Abverkaufszahlen unbedingt auf die genaue Einhaltung der Lieferfristen und Qualitätsstandards der Zulieferer verlassen können. Langfristig können aufgrund dieser partnerschaftlichen und dauerhaften Beziehungen zwischen den Lieferanten und der Handelsunternehmung erhebliche Ökonomisierungspotentiale genutzt werden.

3.3.3 Kompetenzmanagement

Die Konzentration auf eigene Stärken bildet im Sinne eines Kompetenzmanagements einen weiteren Ansatzpunkt des Lean-Management-Ansatzes und impliziert die Beschränkung auf die Kernkompetenzen einer Handelsunternehmung (Meffert 1994, S. 46 ff.). Das Outsourcing von peripheren Dienstleistungsbereichen erhöht einerseits die Kostentransparenz und Kostenelastizität, andererseits können Kapital- und Managementkapazitäten freigesetzt werden. Diese neu verfügbaren finanziellen und personellen Kapazitäten sind zum Ausbau eigener Wettbewerbsvorteile zu nutzen. Outsourcing sollte allerdings nur dann in Erwägung gezogen werden, wenn die externen Dienstleister die ausgelagerten Funktionen wesentlich effektiver und effizienter ausüben können. Erfolgreiches Outsourcing ist an die Verfügbarkeit kompetenter und zuverlässiger Marktpartner zu knüpfen. Der externe Dienstleister darf zu keiner Zeit das logistische System und die Corporate Identity der Handelsunternehmung gefährden, sondern muß vielmehr einen eigenen Beitrag zur Rationalisierung der gesamten Wertschöpfungskette leisten, zumal sich die Handelsunternehmung durch die Verlagerung elementarer Logistikkomponenten in eine hohe Abhängigkeit begibt (Meyer & Leuppi 1992, S. 50 f.).

4 KRITIK UND AUSBLICK

Lean-Management basiert auf der aktiven Beteiligung aller Mitarbeiter und Lieferanten. Besonders bei gewachsenen Unternehmungsstrukturen ist daher bei der Einführung des Konzeptes auf allen Hierarchieebenen mit offenem oder verstecktem Widerstand zu rechnen. Die dem Lean-Management inhärente Tendenz zu flacheren Organisationsstrukturen und Teamarbeit wird sicherlich nicht von allen Mitarbeitern gleichermaßen als ein Beitrag zur Verbesserung des Betriebs- und Arbeitsklimas empfunden. Die Karriereentwicklungsmöglichkeiten werden besonders auf einige Mitarbeiter im Middle-Management aufgrund der fehlenden Aufstiegschancen und der Angst vor Arbeitsplatz- und Machtverlusten eine demotivierende Wirkung ausüben. Um diese Implementierungsbarrieren überwinden zu können, ist ein aktives Veränderungs-Management erforderlich, so daß die Betroffenen über die Ziele und Ursachen des notwendigen Wandels informiert und aktiv an der Planung beteiligt werden (Groth & Kammel 1993, S. 121 f.).

Vor dem Hintergrund der steigenden Wettbewerbsverschärfung ist aus betriebswirtschaftlicher Sicht die Tendenz zum „gläsernen Kunden" für eine konsequent kundenorientierte Unternehmungsführung sicherlich zu befürworten, fraglich erscheint allerdings, ob und in welchem Ausmaß in die Privatssphäre der Konsumenten eingegriffen werden darf. Die durch die Emittierung von Kundenkarten generierten Daten beschränken sich nicht nur auf demographische Informationen, sondern erstrecken sich auf detaillierte, umfassende soziodemographische und eventuell psychographische Kundendaten. Inwiefern zukünftig die Erhebung und Nutzung personenbezogener Daten durch verschärfte gesetzliche Rahmenbedingungen eingeschränkt werden, bleibt abzuwarten (Meyer & Mattmüller 1991, S. 96 f.).

Zusammenfassend läßt sich feststellen, daß Lean-Management als eine ganzheitliche Philosophie zu verstehen ist. Die derzeit schlechte wirtschaftliche Situation sollte jede Handelsunternehmung als Chance verstehen und sie zum Anlaß nehmen, die über Jahrzehnte aufgebauten, verkrusteten Strukturen zu überprüfen und eine Reorganisation zu wagen. Bei diesem Konzept handelt es sich nicht um eine völlig neue Managementtechnik und nicht um ein kurzfristiges Kostensparprogramm, sondern um die ganzheitliche Umsetzung vieler bisher nur partiell betriebener Einzelstrategien. Von entscheidender Bedeutung ist die individuelle Umsetzung auf die jeweilige Unternehmungssituation, um flexibel am Markt agieren und den weitreichenden Veränderungen in Europa Rechnung tragen zu können (Groth & Kammel 1993, S. 117 f.). Die Anwendung von „leaner-Prinzipien" wird zukünftig auch im Handel elementare Voraussetzung für die Aufrechterhaltung der Wettbewerbsfähigkeit sein. Andererseits darf aber auch nicht der Hinweis fehlen, daß eine Reihe der unter dem Konzept Lean-Management zusammengefaßten Empfehlungen seit vielen Jahren zum festen Bestandteil systematischer Unternehmungsführung gehört. Offensichtlich bedarf es nicht nur bestimmter Notlagen und neuer Technologien, um die notwendige Akzeptanz in der Praxis zu erreichen, sondern auch eines durchsetzungsstarken Schlagwortes.

LITERATUR

Ahlert, D.; Olbrich,R.: Integrierte Warenwirtschaftssysteme und Handelscontrolling: Konzeptionelle Grundlagen und Umsetzung in der Handelspraxis, Stuttgart 1994

Barth, K.: Stichwort „Führung der Handelsbetriebe". In: Handwörterbuch der Absatzwirtschaft, hrsg. von Bruno Tietz, Enzyklopädie der Betriebswirtschaftslehre, Band IV, Sp. 639 ff., Stuttgart 1974

Barth, K.: Betriebswirtschaftlehre des Handels, 2.Aufl., Wiesbaden 1993

Becker, A.: Mit Lean Production zielsicher ins 21. Jahrhundert. In: Impulse, 13. Jg.1992, Nr. 3, S. 80-86

Behrends, C.: Category Management: Von der Vision zur Praxis. In: Lebensmittel-Zeitung, 1. Juni 1994, Nr. 22, S. 58-63

Bösenberg, D.: Lean Management: Vorsprung durch schlanke Konzepte, 2. Aufl., Landsberg/Lech 1993

Daum, M.; Piepel, U.: Lean Production –Philosophie und Realität. In: io Management Zeitschrift, 61. Jg. 1992, Nr. 1, S. 40-47

Friedrich, A.: Lean Management –Chance oder Alptraum ? In: Personal, 44. Jg. 1992, Nr. 12, S. 573-577

Frese, E.: Geschäftssegmentierung als organisatorisches Konzept. In: Zfbf, 45. Jg. 1993, Nr. 12, S. 999-1024

Groth, U.; Kammel, A.: 13 Stolpersteine vor dem schlanken Unternehmen. Alle wollen Lean Management. Doch dorthin ist ein mühsamer Hürdenlauf. In: Havard Business manager, 15. Jg. 1993, Nr. 1, S. 115-122

Hansen, U.: Absatz- und Beschaffungsmarketing des Einzelhandels, 2. Aufl., Göttingen 1990

Heibutzi, H.: Bushido – oder die Ohnmacht des Intellekts?. In: management & seminar, 20. Jg. 1993, Nr. 2, S. 36-39

Imai, M.: KAIZEN – Der Schlüssel zum Erfolg der Japaner im Wettbewerb, München 1992

Kreutzer, R.: Lean Management – Handlungskonzepte im Marketing. In: Der Betriebswirt, 34. Jg. 1993, Nr. 2, S. 20-26

Mählck, H.; Panskus, G.: Herausforderung Lean Production: Möglichkeiten zur wettbewerbsgerechten Erneuerung von Unternehmen, Düsseldorf 1993

Meffert, H.: Erfolgreiches Marketing in der Rezession, Wien 1994

Meyer, J.-A.: Computer Integrated Marketing. Aspekte für die Zukunft des Handels. In: Handelsforschung, Wiesbaden 1991, S. 103-114

Meyer, U.; Leuppi, R.: Outsourcing – ein neuer Megatrend in der Informatik. In: io Management Zeitschrift, 61. Jg. 1992, Nr. 4, S. 49-51

Meyer, P.; Mattmüller, R.: Kundenbindung im Einzelhandel. In: Handelsforschung, Wiesbaden 1991, S. 89-101

Pfeiffer, W.; Weiß, E.: Lean Management. Grundlagen der Führung und Organisation industrieller Unternehmen, Berlin 1992

Siebenbrock, H.: Abteilungen mit Unternehmersinn (AmU) im Handel, Frankfurt 1992

Stalk, G.; Evans, P.; Shulman,L.: competing on capabilities: The new rules of corporate strategy. In: Havard Business Review, Vol. 70 1992, March-April, S. 57-69

Steding, P.: Wenn das Personal sich selbst disponiert...– Mehr Rücksicht auf die Wünsche der Mitarbeiter liegt auch im Interesse des Unternehmens. In: Der Handel, o. Jg. 1992, Nr. 5, S. 15-17

Tietz, B.: Zukunftsstrategien für Handelsunternehmen, Frankfurt am Main 1993

Wilfert, P.: Leistung und Gegenleistung in japanischen Industriebetrieben. In: REFA–Nachrichten, 45. Jg. 1992, Nr. 6, S. 5-12

Zimmer, W.: Einzelhandel ist Kommunikation. In: BAG Handelsmagazin, 32. Jg., Nr. 8, S. 48-50

Informationsökonomische und wettbewerbsrechtliche Aspekte der Verwendung von Umweltkennzeichen im Einzelhandel

Jürgen Keßler, Berlin

Ökologische Produktkennzeichen, wie der „Blaue Umweltengel“ und der „Grüne Punkt“, gewinnen als Marketinginstrument eine zunehmende Bedeutung. Dies gründet sich nicht zuletzt auf die weitgehende Bereitschaft der Verbraucher, den umweltbezogenen Dimensionen von Konsumgütern einen wesentlichen Stellenwert im täglichen Entscheidungsprozess beizumessen. So nimmt es nicht wunder, daß auch die ökologisch orientierte Kennzeichnung von Einzelhandelsbetrieben immer wieder in den Brennpunkt der Diskussion gerät. Die Praktikabilität und absatzpolitischen Folgewirkungen eines entsprechenden „Gütezeichens“ werden dabei in erheblichem Umfange von informationsökonomischen und rechtlichen Vorgaben bestimmt. Zwei Fragestellungen sind hierbei von besonderem Interesse: 1.) In welchem Umfang und unter welchen Prämissen läßt sich ein entsprechendes Kennzeichnungssystem in die Erklärungsansätze der modernen Informationsökonomie einfügen? 2.) Wie harmoniert die absatzpolitische Instrumentalisierung eines entsprechenden Umweltkennzeichens mit der strengen Rechtsprechung deutscher Gerichte zu ökologischen Werbeaussagen? Der folgende Beitrag versucht, die informationsökonomischen und wettbewerbsrechtlichen Dimensionen der Fragestellung einer ersten Klärung zuzuführen.

1 ZUR MARKTPOLITISCHEN BEDEUTUNG ÖKOLOGISCHER GÜTEZEICHEN

1.1 Informationsökonomische Grundlagen

Fragt man nach den grundlegenden Axiomen marktwirtschaftlich orientierter Wirtschaftsordnungen, so erweist sich unabhängig vom mitunter heftigen Streit wettbewerbstheoretischer Sichtweisen (Keßler 1990, S. 74) die Annahme, der Verbraucher steuere „als Souverän“ den wettbewerblichen Verteilungsprozeß, als weitgehend unbestritten. Es ist das überkommene Leitbild des „homo oeconomicus“, eines „resourcefull, evaluative, maximizing man (remm)“, welches sich gleich einem roten Faden in den divergierenden Interpretationen des Marktgeschehens widerspiegelt (Lehmann 1982, S. 2002). Dabei setzt das mikroökonomische Erklärungsmodell (Handlungs-) Rationalität meist in einem doppelten Sinne voraus. Dies betrifft einerseits den Entscheidungsakt der jeweils agierenden

Konsumenten – orientiert am individuellen Nutzenoptimum. Die zweite Prämisse gilt der „Systemrationalität“ des Marktprozesses selbst, beinhaltet folglich die Vermutung, daß die Summe der relevanten Einzelhandlungen der Marktteilnehmer auch gesamtwirtschaftlich ein optimales Ergebnis zeitigt.

Beide Grundannahmen werden aus wettbewerbstheoretischer Sicht – trotz gelegentlich geäußerter Zweifel – kaum hinterfragt, dabei ist zumindest das Axiom individueller Entscheidungsrationalität einer empirischen Überprüfung zugänglich. Genau betrachtet stellt es seinerseits zwei Bedingungen, deren eine die individuellen Fähigkeiten des Konsumenten betrifft, während die andere der informationstechnischen Effizienz des Marktes gilt. Wir wissen heute, daß die Fähigkeit des Konsumenten, Informationen aufzunehmen und zu verarbeiten, begrenzter Natur ist. Mit zunehmender Informationsdichte steigt nicht zwangsläufig die Rationalität des Entscheidungsaktes. Informationsüberlastung (information overload) erzeugt „Informationsstreß“ und führt letztlich zu einem abnehmenden Rationalitätsniveau im Entscheidungsprozeß (Trommsdorff 1993, S. 229 f.). Um einer Überfrachtung der individuellen Leistungsfähigkeit vorzubeugen, kommt es verbreitet zum Phänomen der „selektiven Wahrnehmung“. Der Rezipient schirmt sich ab.

Die Selektionssteuerung und damit die rezeptive und kognitive Leistung des Informationsadressaten ist hierbei weitgehend abhängig von der psychischen Erregung, der „Aktivierung“ des Wahrnehmungsapparates. Je höher das Aktivierungspotential des Empfängers, um so größer ist die Wahrscheinlichkeit, daß die dargebotene Information wahrgenommen und gespeichert, d.h. individuell „gelernt“ wird (vgl. umfassend: Trommsdorff 1993, S. 40 ff.). Das notwendige Erregungspotential ergibt sich – aufgrund endogener Faktoren – zwangsläufig in den Fällen „aktiver“ Informationssuche: Der in der Umweltdiskussion engagierte Verbraucher wird die entsprechende Werbeaussage mit signifikanter Häufigkeit auch dort registrieren, wo sie sich nicht wesentlich aus dem Kontext des Werbemittels hervorhebt. Wir haben es mit der alltäglichen Wahrnehmung zu tun, daß „man gerne sieht, was man sehen möchte.“ (Mähling 1983, S. 122). Im übrigen gelingt es lediglich emotional ausgerichteten Werbebotschaften mit hohem „Aktivierungspotential“, die autonomen „Wahrnehmungsschranken“ der Marktteilnehmer zu durchdringen.

Was demgegenüber die marktstrukturellen Grundlagen wettbewerbstheoretischer Konzeptionen betrifft, so beruhen diese zu einem erheblichen Teil auf der Annahme vollständiger Markttransparenz. Bei genauerer Betrachtung erweist sich die hier gewählte Begrifflichkeit jedoch als weitgehend unbestimmt. Markttransparenz besteht nicht „als solche“, sondern tritt stets mit einer bestimmten Ausrichtung in Erscheinung, d.h. als anbieter- oder verbraucherorientierte Markttransparenz. Es handelt sich – mathematisch gesprochen – eher um eine vektorielle denn eine skalare Größe (Keßler 1988 (a), S. 9). Richtet man den Blick folglich auf die Konturen einer verbraucherorientierten Marktübersicht, so erweist sich das ins Auge gefaßte Phänomen als komplexer denn gemeinhin angenommen: Die Sammlung und Aufbereitung der im Entscheidungsakt benötigten Informationen ist für den Konsumenten mit erheblichen Kosten verbunden (eingehend: Stigler 1961, S. 213 ff.).

Weiß der Verbraucher, der sich für den Erwerb eines bestimmten Produkts entschieden hat, zwar um das Vorhandensein von Preisunterschieden zwischen den Anbietern, jedoch nicht um den günstigsten Preis, so muß er – sei es in Form von Telefongebühren oder

Fahrtaufwendungen – erhebliche Suchkosten investieren, um zu einem für ihn günstigen Abschluß zu gelangen. Hinzu treten Opportunitätskosten aufgrund des bei der Suche auftretenden Freizeitverlustes. Noch aufwendiger erweist sich aus Sicht des Verbrauchers die Gewährleistung von Qualitätstransparenz. Nur bei einem Teil der Konsumgüter („search goods") – beispielsweise frischen, unverpackten Lebensmitteln – läßt sich die Qualität vor dem Kauf oberflächlich prüfen und dadurch das Risiko von Fehlkäufen reduzieren (vgl. ausführlich: Schäfer & Ott 1986, S. 299 ff.; zur ökonomischen Analyse siehe auch: Lehmann 1983, S. 27 ff.).

Bei fertig verpackten Erzeugnissen – Konserven, Reinigungsmitteln etc. – scheidet eine Qualitätskontrolle am „point of sale" faktisch aus. Erst im Rahmen des Ge- und Verbrauchs ist eine Qualitätsbeurteilung möglich („experience goods"). Einzelne Dimensionen der Produktqualität – beispielsweise die ökologischen Eigenschaften eines Erzeugnisses – sind den Konsumenten auch bei längerer Gebrauchserfahrung nicht zugänglich. Sie zeigen sich als (negative) externe Effekte meist erst nach längeren Zeiträumen und sind individuell kaum zurechenbar. Hier gründet die Qualitätsbeurteilung durchweg in dem Vertrauen, welches der Konsument einem bestimmten Erzeugnis entgegenbringt („confidence goods").

1.2 Zur informationsökonomischen Funktion von Gütezeichen

Rekurriert man folglich auf ein verhaltenswissenschaftlich und informationstheoretisch abgesichertes, realitätsnäheres Marktmodell, so gewinnen Marktinformationen ihrerseits einen ausgeprägt qualitativen Aspekt. Aus Sicht des Verbrauchers geht es hierbei im wesentlichen um die „Reduktion von Komplexität". Mit anderen Worten: gefordert ist die Schaffung von solchen Informationsträgern, die als „Schlüsselinformationen" (Keßler 1988 (a), S. 19 f.) gerade die seitens der Nachfrager kaum zugänglichen Produktdimensionen offenlegen und somit eine notwendige, wenn auch kaum hinreichende Bedingung für die Gewährleistung konsumentenbezogener Markttransparenz darstellen. Angesichts ihres komprimierten Aussagegehalts sind Gütezeichen hierzu tendenziell geeignet (Henning-Bodewig & Kur 1988, S. 57 ff.). Dies gilt insbesondere dort, wo der Aussagegehalt des Zeichens – wie im Rahmen der Umweltdebatte – seinerseits dem konsumpolitischen Anliegen der Verbraucher entgegenkommt und folglich ein originäres Aktivierungspotential in sich trägt.

Allerdings tritt eine Verringerung der Qualitätsunsicherheit nur dort ein, wo die Konsumenten der Aussage das notwendige Vertrauen entgegenbringen. Dabei erweist es sich als ökonomisch sinnvoll, die Trägerschaft des Informationssystems demjenigen als „cheapest cost avoider" zuzuordnen, der das zur Durchsetzung des Gütezeichens erforderliche Vertrauenspotential mit den geringsten Kosten aufzubauen vermag (Wiebe 1993, S. 76 f.). Hier liegt ein entscheidender Vorteil institutionell und finanziell unabhängiger Vergabestellen als Zeichenträger. Dies gilt insbesondere dort, wo die entsprechende Institution im Lichte der Öffentlichkeit bereits ex ante über ein entprechend ausgebildetes Vertrauenskapital" verfügt, welches im Wege des Imagetransfers einer zeichenrechtlichen Verselbständigung zugänglich ist. Zwar ist es durchweg auch einzelnen Anbietern bzw. Anbietergemeinschaften möglich, ein entsprechendes Vertrauenspotential zu erwirtschaften, doch setzt dies einen erheblichen werblichen Aufwand voraus. Zudem – dies zeigen die Erfahrungen des Warenzeichenrechts – dauert es geraume Zeit, das entsprechende Zeichen am Markt durchzusetzen. Dies nicht zuletzt deshalb, weil der Konsument um die subjektiven absatzpolitischen Intentionen des Zeicheninhabers weiß. So ist der Erfolg des „Blauen Engels" als Umweltzeichen, vor allem dessen Marktgeltung, entscheidend darauf zurückzuführen, daß es durch die institutionelle Mitwirkung staatlicher Stellen, insbesondere des Umweltbundesamtes, gelang, den semantischen Gehalt des Piktogramms mit den „höheren Weihen" etatistischer Neutralität zu versehen. Darüber hinaus zeitigt ein marktumfassendes Gütezeichen angesichts des hier zutage tretenden Standardisierungseffekts gerade wettbewerbspolitisch deutliche Vorteile – und zwar für beide Marktstufen, Anbieter und Verbraucher: So führt der normierte Aussagegehalt des Zeichens zu deutlichen Ersparnissen von Werbeaufwendungen seitens des Anbieters. Die Werbekraft übersteigt aufgrund des immanenten Vertrauensvorsprungs regelmäßig die absatzpolitische Wirkung selbstgeschaffener Warenzeichen und komprimiert aufgrund der Standardisierung mitunter notwendige komplexe Qualitätsangaben. Demgegenüber ergibt sich durch die Garantiefunktion der Vergabestelle für die Verbraucher eine deutliche Reduzierung des durch die Relativität der – notwendig subjektiven – Werbeaussagen bedingten Unsicherheitspotentials (Wiebe 1993, S. 77).

Überträgt man den hier aufbereiteten Erkenntnisstand auf ein umweltorientiertes Kennzeichnungssystem für den Einzelhandel, so stellen sich die zu vermutenden Wettbewerbswirkungen aus informationstheoretischer Sicht zunächst vergleichbar dar, wenn es auch gewisse systembedingte Unterschiede zu beachten gilt. So sind die ökologischen Implikationen der Handelstätigkeit angesichts der komplexen Vielfalt unterschiedlicher Funktionen wie Beschaffung, Absatz, Werbung, Sortimentsgestaltung, Beratungsqualität etc. dem Verbraucher noch weniger zugänglich als die umweltbezogenen Dimensionen eines Produktes. Die Anforderungen an die Informationsleistung des Marktes und damit die Erwartungen der Konsumenten sind folglich deutlich erhöht (Keßler 1993, S. 203 ff.). Die hier zutage tretende Komplexität zeitigt jedoch ihrerseits erhebliche Schwierigkeiten im Prozeß der Bewertung, geht es doch – im Unterschied zur Produktkennzeichnung – um die wertende und gleichzeitig komprimierende Erfassung vielfältig differenzierter Unternehmensfunktionen. Dies bedingt notwendig dort erhebliche kommunikative Probleme, wo es gilt, den standardisierten Aussagehalt des Zeichens den Informationsempfängern in unverfälschter Form zu vermitteln.

2 WETTBEWERBSRECHTLICHE ASPEKTE

2.1 Zum Anwendungsbereich wettbewerbsrechtlicher Vorschriften

Angesichts der informationsökonomischen Funktionsbedingungen des Marktes kommt den Vorschriften des Wettbewerbsrechts – insbesondere des UWG – eine unverzichtbare Stabilisierungsaufgabe zu – und dies gleich in einem mehrfachen Sinne: So gilt es zunächst, das Vertrauen der Konsumenten in den semantischen Gehalt des Gütezeichens vor einem Mißbrauch seitens der Zeichennutzer zu schützen (Keßler 1993, S. 193). Dies betrifft gleichermaßen das Verhältnis der Zeichenverwender untereinander. Das Gebot eines lauteren und damit funktionsfähigen Wettbewerbs bedingt notwendig, daß es keinem Marktteilnehmer gelingt, sich durch irreführende Informationen einen Vorsprung vor seinen Konkurrenten zu verschaffen. Vermittels der hier zutage tretenden individuellen

Schutzrichtung des Lauterkeitsrechts gewährleisten die normativen Vorgaben der Wettbewerbsordnung gleichzeitig das Funktionieren des Marktprozesses selbst.

Allerdings finden die Bestimmungen des Lauterkeitsrechts, das heißt im hier angesprochenen Kontext die Regelungen der beiden wettbewerbsrechtlichen Generalklauseln (§§ 1, 3 UWG), gemäß dem ausdrücklichen Wortlaut des Gesetzes nur auf solche Handlungen von Marktakteuren Anwendung, die „im geschäftlichen Verkehr" und „zu Zwecken des Wettbewerbs" erfolgen (Emmerich 1990, S. 23 ff.). Dabei fällt den beiden Tatbestandsmerkmalen die Aufgabe zu, nur jene Verhaltensweisen dem strengen Kontrollmaßstab des UWG zu unterwerfen, die letztlich den Protagonisten der einzelnen Marktstufen zuzurechnen sind. Allerdings erweist sich das erste Kriterium als recht grober „Tatbestandsfilter". Lediglich die Sphären des privaten Konsums sowie staatlicher Eingriffsverwaltung sind nicht dem „geschäftlichen Verkehr" zuzuordnen (Emmerich 1990, S.24).

Die „Abschichtung" wettbewerbsrechtlich relevanter Handlungen von solchen Tätigkeiten, die lediglich dem Maßstab der allgemeinen Verhaltensordnung und damit vorwiegend dem bürgerlichen Deliktsrecht (§§ 823 ff. BGB) unterliegen, erfolgt weitgehend durch die Motivierung „zu Zwecken des Wettbewerbs". Und dies in einem zweifachen Sinne: So muß die Handlung bei objektiver Betrachtungsweise zunächst geeignet sein, die Stellung eines Marktteilnehmers zu Lasten eines Dritten zu befördern. Darüber hinaus muß die Tätigkeit des Akteurs subjektiv von einer entsprechenden Absicht bestimmt sein (Baumbach & Hefermehl 1993, Einl. UWG, Rdnr. 232 ff.). Diese Wettbewerbsförderungsabsicht muß zwar nicht einziges Motiv des Handelnden sein, sie darf jedoch hinter anderen Faktoren nicht völlig zurücktreten (BGH GRUR 1960, 384 – Mampe Halb und Halb). Das Bewußtsein, beipielsweise durch Marktinformationen die Wettbewerbsstellung der Marktteilnehmer zu beeinflussen, genügt für sich genommen nicht, die Anwendung des strengen Lauterkeitsrechts (UWG) zu begründen (BGH GRUR 1981, 658 – Preisvergleich).

Legt man dies zugrunde, so unterfällt die werbliche Verwendung von Gütezeichen seitens der Anbieter als Zeichennutzer notwendig dem Regelungsbereich des Wettbewerbsrechts. Die Kontrolle des Aussagegehalts obliegt dem Maßstab der §§ 1 und 3 UWG. Dies gilt unabhängig von der Frage, ob es sich um ein „selbstgeschaffenes" Kennzeichen, die „Partizipation" an einer Gütezeichengemeinschaft (Verbandszeichen) oder die Nutzung eines von einer „neutralen Vergabestelle" lizensierten Gütesiegels handelt.

Demgegenüber ist hinsichtlich der wettbewerbsrechtlichen Verantwortung des Zeichengebers im Vergabeverfahren eine differenzierte Sichtweise angebracht. Handelt es sich um das Verbandszeichen eines unternehmerischen Zusammenschlusses, so spricht eine deutliche Vermutung für eine Wettbewerbsförderungsabsicht des Verbandes zugunsten seiner Mitglieder (BGH LM 15 zu § 1 UWG – Innungsboykott; BGH GRUR 1962, 47 – Betonzusatzmittel). Anders bei der Schaffung und Überlassung von Gütezeichen durch „neutrale" Vergabestellen. Gewährleisten diese in ihrer rechtlichen Struktur und tatsächlichen Ausgestaltung die notwendige institutionelle und finanzielle Unabhängigkeit gegenüber der Anbieterseite, so besteht bei funktionaler Betrachtungsweise gerade eine Vermutung gegen das Vorliegen einer wettbewerblichen Motivation (BGH GRUR 1976, 268 – Warentest II; GRUR 1981, 658 – Preisvergleich). Die Handlung ist vielmehr im Kern durch die Intention bestimmt, die Markttransparenz auf seiten der Konsumenten zu erhöhen.

2.2 Die Irreführungskontrolle gem. § 3 UWG

2.2.1 Allgemeine Vorgaben für die Gestaltung von Gütezeichen

Fragt man nach den allgemeinen Anforderungen hinsichtlich der Ausgestaltung und marktbezogenen Verwendung von Gütezeichen aus Sicht der normativen Wettbewerbsordnung, so richtet sich der Blick primär auf die Regelung des wettbewerbsrechtlichen Irreführungsverbots (§ 3 UWG). Die absatzpolitische Verwertung des Zeichens seitens der Nutzer unterliegt dabei – wie gezeigt – auch dann der wettbewerbsrechtlichen Kontrolle, wenn der Zeichengeber aufgrund seiner institutionellen und finanziellen Neutralität nicht Destinatär des Lauterkeitsrechts ist. Im übrigen gilt es zu unterscheiden: Ist das Zeichen aufgrund seines Aussagegehalts per se irreführend (vgl. unten), so ist dessen werbliche Verwendung stets wettbewerbswidrig. Eine „Korrektur" des Aussagegehalts durch ergänzende Zusätze scheidet in der Regel aus (vgl. unten zur Blickfangwerbung). Aber auch dort, wo dem Gütesiegel für sich betrachtet keine irreführende Tendenz zukommt, kann sich im Einzelfall eine Täuschungsgefahr aus der konkreten Verwendungsform ergeben. Im übrigen folgen die grundlegenden inhaltlichen Vorgaben aus dem durch die Rechtsprechung aufbereiteten dogmatischen Konzept des Irreführungstatbestandes (umfassend: Keßler 1990, S. 83 ff.):

Das Verbot des § 3 UWG erfaßt nach seiner Intention irreführende Angaben. Angaben im Sinne der Bestimmung stellen dabei alle Äußerungen dar, die einen nachprüfbaren Tatsachenkern beinhalten (BGH GRUR 1963, 482 – Hollywood Duftschaumbad). Entscheidend ist somit, ob die durch die Aussage mittelbar oder unmittelbar aufgestellte Behauptung einem Beweis zugänglich ist – gleichgültig, ob der Beweis im Einzelfall gelingt oder nicht. Demgegenüber liegen subjektiv gefärbte Werturteile oder reine Anpreisungen mangels sachlicher Substanz ihrer Aussage jenseits des Tatbestands des Irreführungsverbots. Maßgebend für die Abgrenzung ist allein das Verständnis der „angesprochenen Verkehrskreise". Entnehmen diese der Aussage des Gütezeichens eine Tatsachenbehauptung, so unterliegt die Äußerung auch dann der Kontrolle des § 3 UWG, wenn sie seitens des Zeichengebers und/oder -nutzers als Werturteil verstanden wurde (BGH GRUR 1975, 141 – Unschlagbar). Gleichgültig ist die Form der Angabe. Wie § 5 Abs.2 UWG zeigt, unterfallen auch bildliche Darstellungen dem Irreführungsverbot, sofern diesen eine konkrete Aussage zu entnehmen ist.

Maßgebend für die Bedeutung einer Angabe ist die Sicht der „angesprochenen Verkehrskreise". Dem Verständnis von Zeichengeber oder Zeichennutzer kommt für die Frage, ob und inwiefern das Zeichen eine Irreführungsgefahr begründet, keine entscheidende Bedeutung zu (BGHZ 13, 244 – Cupresa Kunstseide; BGHZ 27, 1 – Emaille Lack). Ebensowenig kommt eine objektive Interpretation der Aussage im Lichte ihrer „üblichen" sprachlichen Bedeutung in Betracht (BGH GRUR 1983, 554 – Nachhilfeunterricht). Folglich kann die Zeichenverwendung auch dann untersagt werden, wenn die darin enthaltene Aussage bei objektiver Betrachtungsweise der Wahrheit entspricht (BGH GRUR 1973, 480 – Weingeist; BGH GRUR 1983, 651 – Feingoldgehalt). Maßgeblich ist ausschließlich die Bedeutung, die der durchschnittliche Betrachter als Mitglied der angesprochenen Verkehrskreise der Angabe entnimmt. Dabei ist ein situationsgerechter Maßstab zugrunde zu legen. Findet das Zeichen in einer an die Allgemeinheit gerichteten Werbung für Waren und Dienstleistungen des täglichen Bedarfs Verwendung, so kann nicht davon ausgegangen werden, daß es zu einer eingehenden Beschäftigung des Rezipienten mit dem Aussagegehalt kommt. Referenzmodell ist folglich das Modell des flüchtigen, unkritischen Durchschnittverbrauchers, der von der Werbeaussage allenfalls oberflächlich Notiz nimmt (BGH GRUR 1968, 433 – Westfalenblatt I).

Hieraus ergibt sich ein prägendes Element bei der wettbewerbsrechtlichen Würdigung blickfangmäßig dargebotener Informationen, wie dies üblicherweise bei der Verwendung von Gütezeichen der Fall ist. Angesichts der informationstheoretischen Funktionsbedingungen stehen hier notwendig optisch auffallende, jedoch informationsverkürzende Piktogramme im Vordergrund. Wegen des zeitlich begrenzten Werbekontakts kann nicht erwartet werden, daß der Adressat das Umfeld des Zeichens in vergleichbarer Deutlichkeit wahrnimmt. Es ist somit bei der Ermittlung des Bedeutungsgehalts der wettbewerblich relevanten Aussage im Regelfall ausschließlich auf den Inhalt des Zeichens selbst abzustellen (BGH GRUR 1971, 516 – Brockhaus-Enzyklopädie; BGH GRUR 1974, 759 – Sweepstake).

Die Abgrenzung der maßgeblichen Verkehrskreise ist dabei eine Frage tasächlicher Natur. Entscheidend sind die durch das Gütezeichen tatsächlich erreichten Rezipienten. Ebenso wie hinsichtlich der inhaltlichen Bedeutung kommt es nicht auf die seitens des Zeichenverwenders ins Auge gefaßte Zielgruppe an.

2.2.2 Quantitative und qualitative Aspekte der Irreführung

Die Anwendung des § 3 UWG auf Gütezeichen setzt keineswegs voraus, daß der überwiegende Teil der angesprochenen Verkehrskreise die Zeichenaussage in einem von den objektiven Gegebenheiten abweichenden Sinne versteht. Es genügt vielmehr, daß ein nicht völlig unerheblicher Teil der Rezipienten der Irreführung unterliegt (BGH GRUR 1957, 128 – Steinhäger; BGH GRUR 1960, 567— Kunstglas; BGH GRUR 1961, 361 – Hautleim). Wann dies der Fall ist, läßt sich nicht in einer allgemeinverbindlichen Größenordnung angeben. Dementsprechend rekurriert die Rechtsprechung auf eine am Einzelfall orientierte Interessenabwägung. Dabei hat sich zwischenzeitlich ein Regelquorum herausgebildet, wonach – je nach Art der Fehlvorstellung und damit nach Intensität der Verlockungswirkung – eine Quote von 10 bis 15 % getäuschter Rezipienten genügt, die Sanktionswirkung des § 3 UWG zu aktivieren (BGH GRUR 1979, 716 – Kontinent Möbel; BGH GRUR 1981, 71 – Lübecker Marzipan; OLG München GRUR 1993, 339; OLG Köln GRUR 1990, 293). Für einzelne Bereiche – insbesondere gesundheits- und umweltbezogene Werbeaussagen – haben sich darüber hinaus in der Rechtsprechung Sonderquoren herausgebildet, welche die maßgebliche Irreführungsschwelle deutlich niedriger ansetzen. So genügt im Rahmen einer umweltbezogenen Aussage bereits eine Irreführungsquote von 5 bis 6 % der Umworbenen zur Bejahung des Irreführungstatbestandes (OLG Köln WRP 1989, 271; OLG München WRP 1990, 59).

Allerdings kommt eine Untersagung gem. § 3 UWG nur dort in Betracht, wo die Irreführung tendenziell geeignet ist, die Kauflust der Rezipienten positiv zu beeinflussen. Ob einer Angabe in diesem Sinne wettbewerbliche Relevanz zukommt, beurteilt sich erneut aus Sicht der angesprochenen Verkehrskreise. Eine Verneinung ist lediglich bei für den Kaufentschluß völlig nebensächlichen Angaben zu erwägen. Handelt es sich um die

Bewertung täuschungsgeeigneter ökologischer Gütezeichen, so dürfte angesichts der Bereitschaft der Konsumenten, umweltbezogene Erwägungen in den dem Kauf zugrunde liegenden Entscheidungsprozeß einzubeziehen, die Relevanz stets zu bejahen sein (Keßler 1993, S. 198).

2.2.3 Spezifische Vorgaben der Rechtsprechung für die Gestaltung ökologischer Gütezeichen

Liegen somit die allgemeinen Anforderungen für die Gestaltung von Gütezeichen aus wettbewerbsrechtlicher Sicht fest, so zeigt bereits die quantitative Analyse, daß die Qualität des Aussagegehaltes die jeweilige „Kontrolldichte“ des Irreführungsverbots entscheidend beeinflußt. Dies erklärt die deutlich abgesenkte Irreführungsquote im Bereich umweltbezogener Werbeaussagen. Es stellt sich somit notwendig die Frage, ob angesichts der hier zutage tretenden signifikanten Strenge der Rechtsprechung für den Aufbau ökologischer Kennzeichnungssysteme ein ausreichender Gestaltungsraum zur Verfügung steht. Prima vista ist der Verdacht nicht von der Hand zu weisen; entsprechende marketingstrategische Erwägungen bewegten sich zwischen „Skylla und Charybdis“. Einerseits gewinnen ökologische Gütezeichen im Lichte der informationstheoretischen Analyse eine zentrale Bedeutung. Dies jedoch nur, wenn es gelingt, komplexe Produkt- und/oder Unternehmensangaben als Schlüsselinformationen in komprimierter Form aufzubereiten. Angesichts der notwendig verkürzenden Darstellung von Piktogrammen läßt sich eine Fehlinterpretation der Zeichenaussage durch einen bestimmten Prozentsatz der Rezipienten mit vertretbarem Aufwand kaum vermeiden (Keßler 1993, S.199).

Andererseits unterwirft die Rechtsordnung gerade ökologische Marktinformationen gesteigerten Anforderungen, welche die Realität des Marktes kaum getreu widerspiegeln. Vielmehr wird die voraussichtliche Irreführungsquote umso höher anzusiedeln sein, je neuer und folglich je unbekannter das gewählte Zeichen sich aus der Sicht der Verbraucher darstellt. Angesichts der dargestellten niedrigen Toleranzmaße von 5 bis 6 % getäuschter Rezipienten sind die Entwicklungsaussichten für neue Zeichen bis zur Verkehrsgeltung eher zurückhaltend zu beurteilen. Zu fragen ist folglich, ob und inwiefern in der bisherigen Rechtsprechung dogmatische „Einbruchsstellen“ erkennbar sind, die es ermöglichen, die Interpretation des Irreführungstatbestandes an einem wirklichkeitsnäheren Modell des Marktprozesses zu orientieren. Als Ausgangspunkt der Analyse bietet sich die Grundlagenentscheidung des Bundesgerichtshofs (BGH) vom 20. Oktober 1988 zur Werbung mit dem seitens des Umweltbundesamtes initiierten Umweltzeichen an (BGHZ 105, 277 – Umweltengel).

Ein Einzelhandelsgeschäft hatte mit Regalstoppern auf die in den Regalen gelagerten, mit dem Umweltzeichen versehenen Waren aufmerksam gemacht. Im Gegensatz zu der grafischen Gestaltung des Umweltzeichens, welches in der Umschrift „umweltfreundlich weil ...“ (jetzt: Umweltzeichen weil ...) auf den Vergabegrund hinweist, hatten die Regalstopper – der Situation entsprechend – keine nähere Bezeichnung des Vergabegrundes enthalten. Dies war – angesichts der Vielfalt der in den Regalen dargebotenen unterschiedlichen Erzeugnisse – auch kaum möglich, da die Auflistung der unterschiedlichen Vergabegründe die individuelle Zuordnung zu dem jeweils betroffenen Produkt kaum erleichtert hätte. Der BGH bejaht im Anschluß an das OLG Köln (GRUR 1988, 51 – Umweltengel) einen Verstoß gegen das Irreführungsverbot (§ 3 UWG):

„Nach den ohne Rechtsverstoß getroffenen Feststellungen des Berufungsgerichts entnimmt der Verkehr aus der konkreten Kennzeichnung der Waren als umweltfreundlich unter Benutzung und Hervorhebung des Umweltzeichens mehr als nur den bloßen Hinweis auf das Angebot von allgemein umweltfreundlichen Waren ... Der Verkehr erwartet vielmehr aufgrund der Kennzeichnung und Gesamtaufmachung der Ankündigung, daß die fraglichen Waren bestimmte Eigenschaften und eine bestimmte Beschaffenheit aufweisen, die sie – konkret feststellbar – von einem gleichartigen aber nicht als umweltfreundlich eingestuften Warenangebot abheben."

Im übrigen rekurriert der BGH auf die seitens des Berufungsgerichts festgestellte Fehlvorstellung der Rezipienten: „Das Berufungsgericht ist weiter der Auffassung, daß diese Art der Werbung, bei der der Grund der Umweltfreundlichkeit zwar auf der Warenbeschriftung, aber nicht auf den Regalstoppern angebracht ist, beim Verkehr irrige Vorstellungen über die Beschaffenheit der so beworbenen Waren hervorruft. Denn bei einem nicht unerheblichen Teil der umworbenen Verkehrskreise ..., werde der Eindruck erweckt, die dergestalt beworbenen Produkte seien ohne Einschränkung umweltfreundlich. Das ist nach den vom Berufungsgericht getroffenen Feststellungen nicht zu beanstanden."

Hier zeigt sich paradigmatisch die zentrale Problematik einer ökologischen Produktkennzeichnung. Weil kaum auszuschließen ist, daß ein täuschungsrelevanter Teil der angesprochenen Verkehrskreise die gewählte Kennzeichnung im Sinne einer „absoluten" Umweltfreundlichkeit des ausgezeichneten Produktes versteht, muß stets – zumindest schlagwortartig – auf den Vergabegrund hingewiesen werden. Dies darf jedoch keinesfalls außerhalb des Piktogramms geschehen, da nach den Grundsätzen der Blickfangwerbung (vgl. oben) korrigierende Hinweise außerhalb des Blickfangs ein einmal begründetes Täuschungspotential nicht wieder beseitigen können. Dem flüchtigen Durchschnittverbraucher bleibt angesichts kurzer Rezeptionszeiten keine Möglichkeit der vollständigen Wahrnehmung des kontextuellen Umfeldes.

Ausdrücklich betont der BGH die grundsätzlich strenge Beurteilung der Werbung mit ökologischen Argumenten: „Die Werbung mit Umweltschutzbegriffen und -zeichen ist ähnlich wie die Gesundheitswerbung nach strengen Maßstäben zu beurteilen. Mit der allgemeinen Anerkennung der Umwelt als ein wertvolles und schutzbedürftiges Gut hat sich in den letzten Jahren zunehmend ein verstärktes Umweltbewußtsein entwickelt, daß dazu geführt hat, daß der Verkehr vielfach Waren (Leistungen) bevorzugt, auf deren besondere Umweltverträglichkeit hingewiesen wird. Gefördert wird ein solches Kaufverhalten auch durch den Umstand, daß sich Werbemaßnahmen, die an den Umweltschutz anknüpfen, als besonders geeignet erweisen, emotionale Bereiche im Menschen anzusprechen, die von einer Besorgnis um die eigene Gesundheit bis zum Verantwortungsgefühl für spätere Generationen reichen ... Eine Irreführungsgefahr ist daher im Bereich der umweltbezogenen Werbung besonders groß. Unter diesen Umständen besteht ein gesteigertes Aufklärungsbedürfnis der angesprochenen Verkehrskreise über Bedeutung und Inhalt der verwendeten Begriffe und Zeichen. An die zur Vermeidung einer Irreführung erforderlichen aufklärenden Hinweise sind daher grundsätzlich strenge Anforderungen zu stellen, die sich im Einzelfall nach der Art des Produktes und dem Grad und Ausmaß seiner Umweltfreundlichkeit bestimmen".

Trotz der erheblichen praktischen Schwierigkeiten bei der Plazierung aufklärender Hinweise fordert der BGH diese ausdrücklich auch für den Fall der Blickfangwerbung durch Gütezeichen: ,,Bezieht sich die Beklagte in ihrer blickfangmäßigen Werbung ... für die von ihr vertriebenen Erzeugnisse auf deren Umweltfreundlichkeit ..., ist sie zu einer entsprechenden Aufklärung verpflichtet. Sie muß daher bereits in der Blickfangwerbung über die in Frage stehenden Eigenschaften eindeutig aufklären.''

Die hier zutage tretenden dogmatischen Grundsätze hinsichtlich der Aufklärungspflicht des Zeichennutzers sind zwischenzeitlich weiter verstetigt worden. So weist denn auch das OLG Köln in seiner Entscheidung vom 7.12.1992 (NJW-RR 1992, 874) erneut auf das im Lichte der Verbrauchervorstellungen diffuse Bild des Umweltzeichens hin (vgl. auch OLG Düsseldorf GRUR 1988,55 – bio-Fix). Trotz jahrelangen Gebrauchs und weitgehender Marktdurchsetzung beinhalte der ,,Umweltengel'' noch immer ein erhebliches Irreführungspotential.

Im einzelnen führt das Gericht aus: ,,Die ... Umweltzeichen sind zwar in der Werbung seit vielen Jahren bekannt. Dennoch kann nicht davon ausgegangen werden, daß ... die Verbraucher wissen, welche Voraussetzungen erfüllt sein müssen, damit ein Umweltzeichen vergeben wird ... Solche Kenntnisse werden weder durch die Werbung mit der bildlichen Wiedergabe des Umweltzeichens noch durch werbliche Hinweise auf die Vergabe des 'Blauen Engels' für ein Produkt vermittelt ... Infolgedessen bestehen teils irrige, teils diffuse Vorstellungen darüber, wie es zur Vergabe des 'Blauen Engels' an ein damit beworbenes Produkt gekommen ist. Nicht unerhebliche Teile der Verbraucher haben jedenfalls trotz der langjährigen Bekanntheit dieses Zeichens nicht die Vorstellung, es kennzeichne bestimmte Qualitätsmerkmale des Produkts, die grundsätzlich von jedem Hersteller erreicht werden können.''

Die in der Literatur postulierte differenzierende Betrachtungsweise im Sinne einer an der informationsökonomischen Funktion des Zeichens orientierten Interessenerwägung läßt das Gericht nur eingeschränkt gelten: ,,Schließlich gibt auch eine Interessen- und Güterabwägung keine Veranlassung, die irreführende Werbung nicht als unzulässig zu untersagen. Sowohl der mit dem Umweltzeichen verfolgten politischen Zielsetzung als auch dem Informationsinteresse der Allgemeinheit kann durch eine klare – eine Irreführung vermeidende – Formulierung in der Werbung entsprochen werden ... Dadurch wird eine werbemäßige Nutzung dieses Zeichens nicht unzumutbar eingeschränkt.'' Hier deutet das Gericht – wenn auch eher beiläufig – einen ersten Lösungsansatz bei der Bewältigung der Problematik an: Dem Werbetreibenden obliegen grundsätzlich solche Aufklärungsmaßnahmen – aber auch nur solche (!) –, die sich bei einer Gesamtwürdigung der berührten Interessen unter Einbeziehung der Funktionsfähigkeit des Kennzeichnungssystems als zumutbar erweisen (vgl. auch BGH GRUR 1991, 550 – Zaunglasur).

2.2.4 Wettbewerbsrechtliche Konsequenzen für ein Kennzeichnungssystem im Einzelhandel

Fragt man nach den wettbewerbsrechtlichen Konsequenzen der bisherigen Rechtsprechung für ein ökologiches Kennzeichnungssystem im Einzelhandel, so treten die dogmatisch-ökonomischen Schwächen der Judikatur mit der gebotenen Deutlichkeit zutage. Zutreffend kommentiert Lindacher (1992, § 3 Rdnr. 288) die Entwicklung: ,,Ein generelles Verbot, die – nennenswerte – Reduzierung der Umweltbelastung durch einen allgemeinen Umwelthinweis schlagwortartig herauszustellen, wäre ... umweltpolitisch eindeutig kontraproduktiv ...Vom Verbot einer Schlagwortwerbung aber einen Anreiz zu detaillierterer Information zu erwarten, wäre wohl gänzlich unrealistisch: Wer die Anforderungen an klarstellende Hinweise übertreibt ..., verhindert die Indienstnahme der Werbung für den Umweltschutz."

Dies gilt um so mehr, als bei der weitaus komplexeren umweltbezogenen „Unternehmenskennzeichnung" (vgl. oben 1.2) das Vorstellungsbild der angesprochenen Verkehrskreise ebenso wie der Aussagegehalt eines möglichen Gütezeichens zwangsläufig erheblich diffuser strukturiert sind. Dennoch kommt gerade hier einem Kennzeichnungssystem eine erhebliche Wettbewerbsfunktion zu: „Allgemeine Auszeichnungen für Verdienste um den Umweltschutz zeitigen eine besondere Anspornwirkung, wenn auf die Auszeichnung schlagwortartig hingewiesen werden darf. Ein Verbot einschlägiger Werbung bedeutet mithin: Verzicht auf ein Stück Umweltschutzförderung. Wo der Hinweis bei einer nicht unerheblichen Minderheit marktentscheidungsrelevante Fehlvorstellungen auslöst, geht als Verbotsgegeninteresse ... deshalb richtigerweise auch das Allgemeininteresse am Gut 'Umwelt' in die gebotene Interessenabwägung ein." (Lindacher 1992, § 3 UWG Rdnr. 289).

Der hier zutage tretende marktbezogene Ansatz entspricht weitgehend dem eingangs referierten informationsökonomischen Modell. Auf die Bedeutung einer sorfältigen Interessenabwägung bei Anwendung des Irreführungsverbots wurde bereits an anderer Stelle hingewiesen (ausführlich: Keßler 1988 (a), S. 46 ff.; 1988 (b), S. 719 ff.). Beachtenswert scheint allerdings ein anderer Aspekt: Das der Diskussion zugrunde liegende Verständniskonzept geht offensichtlich davon aus, die hinsichtlich der Produktwerbung statuierten Ansätze der Rechtsprechung ließen sich – cum grano salis – auch auf unternehmensbezogene Aussagen übertragen. So einleuchtend dieser Gedankengang prima vista scheint; bei genauerer Betrachtung ergeben sich doch erhebliche Zweifel hinsichtlich der Wertungskongruenz.

Würdigt man die einschlägige Argumentation der Rechtsprechung, so ist es im wesentlichen die Vorstellung, die Verwendung des Umweltzeichens werde seitens der Rezipienten dahingehend verstanden, die Ware hebe sich hinsichtlich bestimmter Eigenschaften „konkret feststellbar von einem gleichartigen aber nicht als umweltfreundlich eingestuften Warenangebot ab" (BGHZ 105, 277 – Umweltengel). Fehle es an einem deutlichen Hinweis auf die maßgebliche Qualitätsdimension, so komme es zwangsläufig zu Fehlvorstellungen seitens der Verbraucher. Sei es dergestalt, daß dem Erzeugnis eine absolute ökologische Unbedenklichkeit unterstellt werde, sei es, daß man sich über eine spezifische Produkteigenschaft täusche.

Angesichts der vielfältigen Funktionsbereiche moderner Handelsunternehmen ist die mit einer Kennzeichnung verbundene Gefahr konkreter Fehlvorstellungen der Verbrauchsdisponenten als eher gering einzustufen. Die wertende Auszeichnung des Unternehmens unter ökologischen Aspekten verweist notwendig auf einen externen Beurteilungsmaßstab, ohne dessen Kenntnis der semantische Gehalt des Zeichens für die Adressaten weitgehend indifferent ist. Allerdings ist bei der Zeichengestaltung ebenso wie bei der konkreten Nutzungsform dem Irrtum vorzubeugen, die Kennzeichnung beziehe sich (auch) auf die ökologischen Eigenschaften jedes einzelnen Erzeugnisses innerhalb des Warenbestands (Keßler 1993, S. 206 f.). Hiermit wäre eine Kennzeichnung auf der Umverpackung, den

Warenbehältern oder an den Regalen kaum zu vereinbaren. Ein entsprechender Hinweis im Eigangsbereich oder an den Kassen erscheint demgegenüber unbedenklich.

Eine gewisse – wenn auch von der Produktkennzeichnung abweichende – Konkretisierung ergibt sich allerdings dort, wo auf die Reputation des Zeichengebers – beispielweise eine neutrale Institution – verwiesen wird. Die Übertragung des hier zum Ausdruck kommenden Vertrauenspotentials auf den Zeichennutzer erweist sich aus Sicht der Konsumenten als Kernaussage des Gütezeichens. Maßgeblich für die wettbewerbsrechtliche Zulässigkeit des Zeichengebrauchs seitens des Nutzers ist somit, ob und in welchem Umfang der Kriterienkatalog des Zeichengebers eingehalten ist. Dies betrifft auch die jeweilige Verwendungsform des Gütezeichens in der Absatzwerbung des Handelsbetriebs. Eine über den Lizenzvertrag hinausgehende Zeichennutzung ist regelmäßig unlauter.

Damit stellt sich notwendig die Frage, ob und in welchem Ausmaß die Vergabekriterien ihrerseits der Überprüfung durch die Rechtsprechung unterliegen. Bei genauer Würdigung der vorliegenden Judikatur zeigt sich eine deutliche Zurückhaltung der Rechtsprechung hinsichlich einer Inhaltskontrolle des Vergabeaktes. Zu Recht verweist Lindacher (1992, § 3 UWG Rdnr. 717) auf die dogmatische Bedeutung dieser Restriktion: Erweist sich der Zeichengeber als institutionell und finanziell unabhängig von der Nutzerseite, so kommt – vergleichbar den Grundsätzen hinsichtlich der Werbung mit Warentestergebnissen – lediglich eine „Vertretbarkeitskontrolle" der Zeichenvergabe in Betracht: „Institutionelle Neutralität und versammelter Sachverstand rechtfertigen die Anerkennung eines erheblichen Beurteilungsspielraums hinsichtlich der Wahl der Prüfkriterien und -methoden sowie den Schluß, daß sich das gekennzeichnete Produkt unter Umweltschutzaspekten signifikanterweise von den herkömmlichen Konkurrenzprodukten abhebt."

3 ZUSAMMENFASSUNG

Im Lichte der modernen Informationsökonomie kommt ökologischen Gütezeichen eine herausragende Rolle bei der Gewährleistung von verbraucherorientierter Markttransparenz zu. Dies gilt umso mehr, als die ökologischen Dimensionen eines Produkts den Konsumenten kaum zugänglich sind. Demgegenüber erweist sich die überkommene Interpretation des wettbewerbsrechtlichen Irreführungsverbots seitens der Rechtsprechung als durchweg kontraproduktiv. Dies betrifft insbesondere die unrealistisch niedrig angesetzte Irreführungsquote im Bereich ökologisch orientierter Werbeaussagen. Allerdings lassen sich die hier gefundenen Ergebnisse auf die Vergabe „unternehmensbezogener" Gütezeichen nur unter Einschränkungen übertragen. Hier ist die Gefahr einer Irreführung der Rezipienten in weitaus geringerem Umfang begründet als bei der Produktkennzeichnung. Im übrigen unterliegen in beiden Fällen die Vergabekriterien lediglich einer Vertretbarkeitskontrolle durch die Rechtsprechung. Diese ist jedoch nicht befugt, die Wertungen des „neutralen" Zeichengebers durch eigene Wertungen zu ersetzen.

LITERATUR

Baumbach, A.; Hefermehl, W.: Wettbewerbsrecht, 17. Auflage 1993

Emmerich,V.: Das Recht des unlauteren Wettbewerbs, 3. Auflage, München 1990

Henning-Bodewig, F.; Kur, A.: Marke und Verbraucher, Band I Grundlagen, Weinheim 1988

Keßler, J.: (a) Das ökologische Argument in der Konsumgüterwerbung, Berlin 1988

Keßler, J.: (b) Die umweltbezogene Aussage in der Produktwerbung – dogmatische und wettbewerbstheoretische Aspekte des Irreführungsverbots, Wettbewerb in Recht und Praxis, 1988, S. 714-721

Keßler, J.: Wettbewerbstheoretische Aspekte des Irreführungsverbots, Wettbewerb in Recht und Praxis, 1990, S. 73-85

Keßler, J.: Rechtliche Grenzen und Empfehlungen bei der Vergabe von Umweltkennzeichen im Einzelhandel, In: Imug (Hrsg.): Umweltlogo im Einzelhandel – Machbarkeitsstudie, Hannover 1993, S. 178-208

Lehmann, M.: Jurisprudenz, Ökonomie, Soziobiologie – Humanwissenschaften, Betriebsberater 1982, S. 1997-2008

Lehmann, M.: Bürgerliches Recht und Handelsrecht – Eine juristische und ökonomische Analyse, Stuttgart 1982

Lindacher, W.F.: Kommentierung zu § 3 UWG, In: Jacobs, Lindacher, Teplitzky: UWG Großkommentar, Berlin, New York 1992

Mähling, F.W.: Werbung, Wettbewerb und Verbraucherpolitik, München 1983

Schäfer, H.B.; Ott, C.: Lehrbuch der ökonomischen Analyse des Zivilrechts, Berlin, Heidelberg, New York, London, Paris, Tokyo 1986

Stigler, G.J.: The Economic of Information, 69 J. Pol. Econ.(1961), S.213-225

Trommsdorff, V.: Konsumentenverhalten, Stuttgart, Berlin, Köln 2. Aufl. 1993

Wiebe, A.: Wettbewerbs- und zivilrechtliche Rahmenbedingungen der Vergabe und Verwendung von Gütezeichen, Wettbewerb in Recht und Praxis, 1993, S. 74-90, 156-167

Internationale Handelsforschung in Europa

Andreas Covi, Innsbruck-Bozen, Hubert F. Marschner, Innsbruck

Die hier vorgelegten Ergebnisse geben einen Überblick über Art, Inhalt, Intensität und Auftraggeber der Handelsforschung in Europa. Sie resultieren aus einem europaorientierten Forschungsprojekt, das sich mit spezifischen Fragen der Internationalisierung von Handelssystemen beschäftigt. Da sich in der wissenschaftlichen Literatur kaum Quellen zur internationalen Handelsforschung finden, sollte mit diesem Teilprojekt geklärt werden, welche Schwerpunkte der Handelsforschung sich europäische Forschungsinstitutionen derzeit setzen.

1 PROBLEMSTELLUNG UND UNTERSUCHUNGSDESIGN

1.1 Einführung und Hypothesen

Produktion, Tausch und Konsum stellen elementare Notwendigkeiten sozialer Gemeinschaften dar. Voller Widersprüche präsentiert sich uns die Geschichte der weltweiten Handelsbeziehungen: Die Handelsgeschichte des Mittelmeerraumes scheint uns vertraut, die über Jahrhunderte differenzierten Beziehungen zu Asien können nicht eindeutig interpretiert werden und der differenzierten Entwicklung in Europa und Amerika wird forschungsmäßig kaum Aufmerksamkeit geschenkt. Stehen wir heute wieder vor dem Problem, die einzelnen Rädchen des internationalen Warentauschs nicht ausreichend identifizieren zu können?

Das Volumen des Welthandels wächst derzeit doppelt so rasch wie das reale Weltbruttosozialprodukt. Angesichts der fundamentalen Bedeutung internationaler Wirtschaftsbeziehungen muß für Europa konstatiert werden, daß sich die internationale Handelsforschung in der Literatur kaum nachweisen läßt, die nationale Handelsforschung erhebliche Defizite aufweist (vgl. Trommsdorff & Bienert 1992, S. 1461 ff.).

Die Europäische Union wird zu einem noch größeren aber internationalen Binnenmarkt, der Warentausch auf Einzelhandelsstufe und Großhandelsebene wird künftig sowohl national als auch vermischt national/international sein. Dieser EU-Binnenmarkt besteht nicht nur aus den Konsumgütermärkten (der Konsumgüterindustrie und den Einzelhandelsunternehmen), sondern setzt sich aus den Märkten für Agrar-, Rohstoff-, Energie-, Halb- und Fertigfabrikate (der jeweiligen Produktionsstufen im Investivgüterbereich) zusammen. Daneben wächst der Markt für integrierte Dienstleistungen, häufig in Verbindung mit der Applikation bzw. dem Einsatz von Tauschobjekten, und das Entstehen weiterer Teilmärkte scheint eine reale Annahme zu sein.

Vielleicht – so war die Ausgangshypothese zu dem Projekt – beschäftigen sich wesentlich mehr Forschungseinrichtungen mit konkreten und detaillierten Problemen zur Internationalisierung im Handel, als sich aus der einschlägigen Literatur (vgl. Dichtl u.a. 1991, Tietz 1992) erkennen läßt. Das Teilprojekt „Internationale Handelsforschung in Europa“ hatte die Identifikation von Forschungseinheiten und Forschungsstrukturen zum Ziel, die sich mit dem institutionellen internationalen Handel (vgl. Marschner 1993, S. 211 ff.) auseinandersetzen.

Das Projekt wurde durch den österreichischen Fond zur Förderung der wissenschaftlichen Forschung unterstützt, wofür die Autoren an dieser Stelle ihren Dank aussprechen. Ohne Unterstützung und Information durch die mitwirkenden europäischen Unternehmen, Verbände und universitären Einrichtungen wäre das Projekt nicht durchführbar gewesen.

Die empirische Untersuchung sollte die folgenden Hypothesen, die sich im Laufe der mehrjährigen Beschäftigung mit Handelsfragen ergeben haben, stützen:

1) Nur wenige Forschungsinstitutionen beschäftigen sich mit Handelsforschung.

2) Der Anteil der Binnenhandelsforschung dominiert gegenüber Fragen des internationalen Handels.

3) Grundlagenforschung wird – in äußerst bescheidenem Umfange – an Universitäten betrieben.

4) Der Anteil der Binnen-Einzelhandelsforschung überwiegt bei weitem die Großhandelsforschung.

5) International vergleichende, auf den Binneneinzelhandel bezogene Handelsforschung wird so gut wie gar nicht betrieben.

6) Die Beschäftigung mit Fragen international operierender Einzelhandelsgruppen wird in Europa selten und uneinheitlich betrieben.

7) Forschungsaktivitäten im Rahmen des internationalen institutionellen Großhandels existieren so gut wie gar nicht.

8) Den Schwerpunkt der Handelsforschung bildet der Binneneinzelhandel mit seinen institutionellen Entwicklungen (Betriebsformen) und Marktfunktionen.

9) Die Themen zur Handelsforschung stammen zu einem wesentlichen Teil nicht aus der Unternehmenssphäre des Handels sondern aus der Industrie (Konsumverhalten, Pro-

duct-Brand-Analysen) und dem Dienstleistungsbereich (Marktforschungsunternehmen, EDV-Hersteller).

Der vorliegende Bericht gibt einen Überblick über die Art und Intensität der nationalen und internationalen Handelsforschung in Europa. Die Hintergründe, die zum heutigen Status der europäischen Handelsforschung führten, konnten mit dieser Untersuchung nicht aufgedeckt werden und bleiben bedauerlicherweise weiter unaufgeklärt.

1.2 Ziel, Untersuchungsdesign und Methodenprogramm der Untersuchung

Das Projekt sollte Aufschluß darüber geben, ob sich die eingangs formulierten Hypothesen zur europäischen Handelsforschung, die auf Literaturvergleichen und Beobachtungen beruhen, plausibel stützen lassen. Es wurden solche Institutionen in die Untersuchung einbezogenen, von denen aus Plausibilitäts- und Kompatibilitätsgründen angenommen werden durfte, daß sie sich möglicherweise mit Handelsforschung auf wissenschaftlicher Basis auseinandersetzen.

Nach eingehenden Pretests wurden europaweit 462 Fragebogen (deutsch, englisch, französisch, italienisch) versandt. Den Betriebsformen im institutionellen internationalen Handel wurde auf die bereits vorliegenden Typologie europäisch-internationaler Handelsunternehmen zugegriffen (Marschner 1993, S. 211 ff.), wobei darauf geachtet wurde, daß bei den Übersetzungen die Differenzierung zwischen funktionalem und institutionellem Handel transparent wurde. Bei Besonderheiten (z.B. Trading houses) wurden Umschreibungen und Erläuterungen benutzt. Für den Einzelhandel wurde zusätzlich als Betriebstypenmerkmale die Charakteristika der ISSO (International Self-Service-Organisation 1987) unterlegt.

Die Erhebung und Auswertung erfolgte 1993. Die Untersuchung erbrachte eine Rücklaufquote von 39 Prozent bzw. 180 Antworten, jedoch kamen nur 73 Fragebögen zur Auswertung, da 107 antwortende Institutionen trotz der Auswahlkriterien nach eigenen Angaben keine aktive Handelsforschung betrieben.

1.2.1 Auswahlverfahren zu den Forschungseinrichtungen

Als *Forschungseinrichtungen* kamen nach Voruntersuchungen drei Gruppen in Betracht: Universitäten, Vereine und Verbände des Handels mit forschender Tätigkeit, Marktforschungsunternehmen und Wirtschaftsforschungsinstitutionen.

Ein bewußtes Auswahlverfahren wurde auf Grund der Eigenarten der Untersuchung gegenüber anderen Methoden präferiert. Da die Untersuchung überwiegend explorativen Charakter trägt, konnte ein erster Überblick zur Handelsforschung in Europa erzielt werden. Repräsentativität ist daher von untergeordneter Bedeutung und konnte auch nicht angestrebt werden.

1) *Universitäten:* Sie wurden in die Untersuchung aufgenommen, wenn folgende Kriterien erfüllt waren: a) bei Vorliegen eines direkten Hinweises auf Handelsforschungstätigkeit (entsprechend kenntlich gemachtes Institut oder sonstige Einrichtungen) oder

b) Existenz einer wirtschaftswissenschaftlichen Fakultät (Mindeststudentenzahl von 10 000 Hörern). Damit blieben Kleinuniversitäten/-fakultäten unberücksichtigt, *sofern* sie keinen Hinweis auf Handel und/oder Marketing als institutionelle Einrichtung liefern konnten. Aufgrund des Verfahrens wurden 80 universitäre Forschungseinrichtungen ausgewählt.

2) *Vereine und Verbände:* Freiwillige Vereine und Verbände des Handels betreiben fallweise oder systematisch Forschung für ihre Mitglieder. Als Kriterium wurde die Bezeichnung, der Name oder die Tätigkeit der Institutionen ausgewählt, wenn damit eine Verbindung zum Handel hergestellt werden konnte. Es wurden für die europäischen Zielländer der Untersuchung 162 solcher handelsrelevanter Vereine und Verbände ermittelt.

3) *Marktforschungs- und Wirtschaftsforschungsunternehmen:* Solche Institutionen wurden aufgenommen, wenn eine Eintragung in das ESOMAR-Directory 1991/92 unter der Rubrik „Wholesale and retail research" vorlag und das Unternehmen mehr als 20 Mitarbeiter auswies. 220 Unternehmen erfüllten diese Bedingungen.

Die folgende *Übersicht 1* gibt einen Überblick über die Zusammensetzung des Samples nach Ländern und Forschungsinstitutionen (Werte in Klammern sind Rücklaufquoten in Prozent).

Übersicht 1: Sample

Land	Universitäten		Verbände		Unternehmen		Summe	
Belgien	6	(0)	0	(-)	9	(44)	22	(18)
Dänemark	2	(50)	4	(25)	6	(83)	12	(58)
Deutschland	10	(40)	46	(48)	45	(49)	101	(48)
Finnland	3	(0)	5	(60)	5	(20)	13	(31)
Frankreich	9	(22)	11	(36)	22	(50)	42	(41)
Griechenland	1	(0)	3	(33)	9	(22)	13	(23)
Irland	3	(0)	6	(33)	3	(0)	12	(17)
Italien	12	(25)	12	(50)	21	(29)	45	(33)
Niederlande	5	(0)	7	(57)	18	(33)	30	(33)
Norwegen	3	(33)	3	(67)	3	(67)	9	(56)
Österreich	2	(0)	6	(67)	7	(71)	15	(60)
Portugal	2	(50)	2	(0)	1	(100)	5	(40)
Schweden	3	(0)	5	(40)	6	(0)	14	(14)
Schweiz	5	(80)	14	(50)	10	(80)	29	(66)
Spanien	3	(67)	6	(33)	13	(39)	22	(41)
Großbritannien	11	(27)	25	(36)	42	(29)	78	(31)
Summe	80	(26)	162	(43)	220	(41)	462	(39)

1.2.2 Erhebungsmethode und Auswertungsverfahren

Erhoben wurde mit der standardisierten schriftlichen einmaligen Befragung in Form von Ratingskalen (Ordinalniveau). Die Fragebögen wurden von im Sprachenzentrum der Universität Innsbruck tätigen Übersetzern ins Englische, Französische und Italienische übersetzt und zur Kontrolle rückübersetzt. Da auch in der deutschsprachigen Betriebsformen- und Betriebstypendiskussion nicht immer Einigkeit besteht, wurden entsprechende Erläuterungen gegeben.

2 BEFRAGUNGSERGEBNISSE

2.1 Auftraggeber zur Handelsforschung

Die Untersuchung geht von der Annahme aus, daß die Handelslandschaft und die Handelsforschung eine breite Palette von Interessierten anziehen muß. Vor allem die Konsumgüterindustrie sollte neben den Interessenvertretungen des Handels ein vitales Interesse an Handelsforschung haben. Ferner wird die Raumordnung und Städteplanung großes Interesse an der Handelsentwicklung und damit an Handelsforschung haben. Aber auch andere Institutionen wurden als Auftraggeber in die Untersuchung einbezogen, um ein klares Bild der europäischen Auftraggeber zu erhalten.

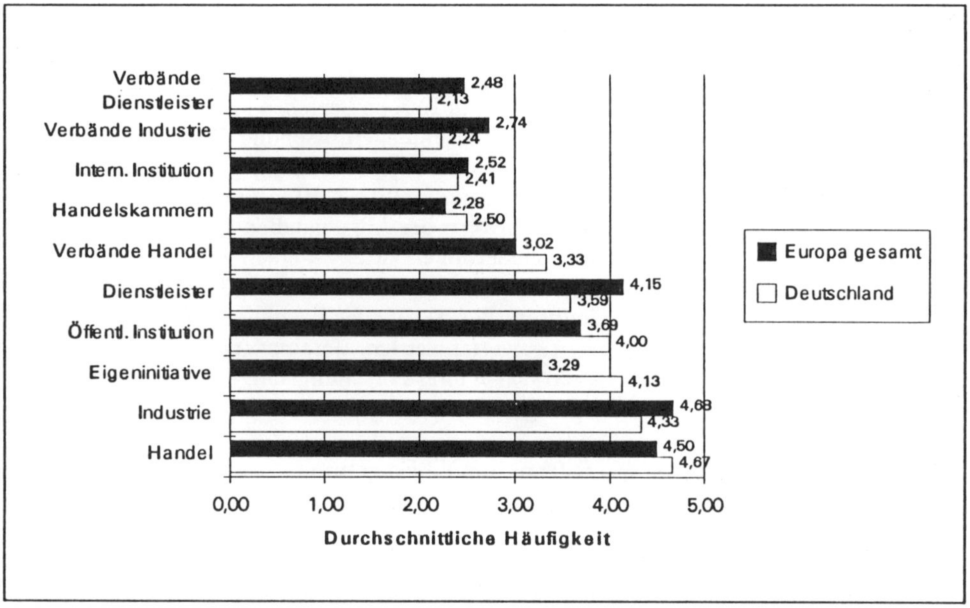

Abbildung 1: Auftraggeber der Handelsforschung

Die wichtigsten vier Auftraggeber von Handelsforschung in Europa bzw. in Deutschland gehen aus *Abbildung 1* hervor:

1. Industrieunternehmen
2. Handelsunternehmen
3. Dienstleistungsunternehmen
4. Öffentliche Institutionen

Dies ist bemerkenswert, weil die Themenstellung die Vermutung nahelegt, daß eigentlich die Handelssysteme als Institutionen am meisten Interesse an Handelsforschung institutioneller Art zeigen sollten. Es gibt aber gravierende Unterschiede für die Schweiz und Deutschland: Hier nimmt der Handel den Spitzenplatz ein und die Industrie folgt auf dem zweiten Rang. In Großbritannien teilen sich Handel und Industrie die Spitzenposition als Auftraggeber.

Für Vereine/Verbände und Universitäten spielt die Eigeninitiative als Antrieb eine bedeutende Rolle (mit Werten von 4,7 bzw. 5) und steht somit an der Spitze der Beweggründe, Handelsforschung zu betreiben. Marktforschungsunternehmen entfalten erwartungsgemäß weniger Eigeninitiative. Die meisten Aufträge erhalten sie von der Industrie (5,0), dem Handel (4,6) und den Dienstleistern (4,4), während die anderen Institutionen bzw. Eigeninitiative nur selten vertreten sind. Der niedrige Wert für die Eigeninitiative als Motor der Handelsforschung ergibt sich aus dem Übergewicht der Unternehmen in den ausgewerteten Fragebögen.

2.2 Schwerpunkte der Handelsforschung im Überblick

2.2.1 Grundlagenforschung – Angewandte Forschung

Die Themenstellungen zur Handelsforschung in Europa beziehen sich wesentlich stärker auf die Angewandte Forschung als auf die Grundlagenforschung (Chmielewicz 1979, S. 10). Im Durchschnitt befassen sich die antwortenden Forschungsinstitutionen zu 60 bis 80 % mit der Angewandten Forschung, aber nur zu 20 bis 40 % mit der Grundlagenforschung. Die deutliche Betonung des Stellenwerts der Angewandten Forschung ist in allen europäischen Ländern zu beobachten. Wiederum erwartungsgemäß wird zwar an Universitäten im Verhältnis zur Angewandten Forschung mehr Grundlagenforschung betrieben, gemessen an der ausgewiesenen Bandbreite der Aktivitäten kann die Forschungsintensität aufgrund der vorliegenden Daten nicht bewertet werden. Vereine/Verbände sowie private Marktforschungsunternehmen befassen sich in ihrer Forschungstätigkeit hauptsächlich (61 bis 80 %) mit konkreten Problemstellungen des Handels.

2.2.2 Binnenhandelsforschung – Internationale Forschung

Die Binnenhandelsforschung steht im Mittelpunkt der europäischen Handelsforschung, wie *Abbildung 2* zeigt. Es gibt keinen europäischen Staat, in dem Fragen des europäischen bzw. internationalen Handels auch nur annähernd soviel Bedeutung in der Themenstellung erlangen wie der Binnenhandel.

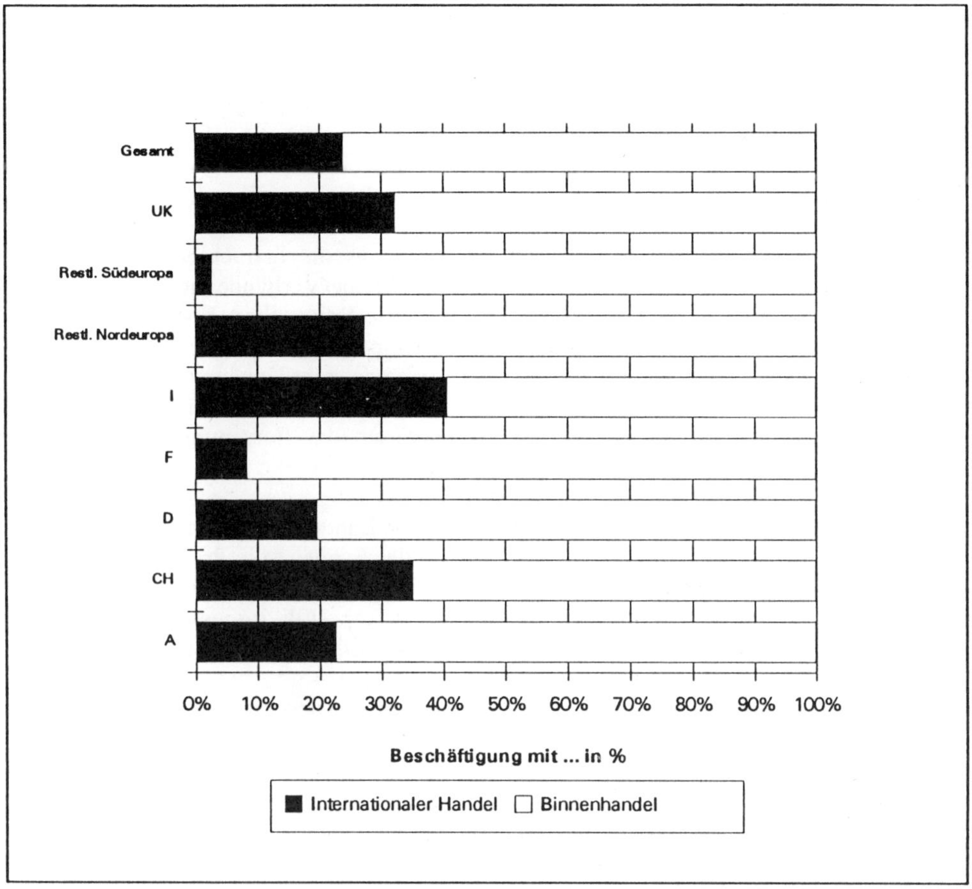

Abbildung 2: Verteilung der Handelsforschung nach Binnen- und internationalem Handel nach Staaten

Mehr als drei Viertel der Aufgaben der Forschungsinstitutionen entfallen auf den Binnenhandel, nur ca. ein Viertel entfällt auf den internationalen Handel (23,8 %). Deutschland und Frankreich beschäftigen sich noch intensiver mit dem Binnenhandel, etwas stärker mit dem internationalen Handel befassen sich vor allem Italien, die Schweiz und Großbritannien. Naturgemäß befassen sich die Interessenvertretungen des Handels (Vereine/Verbände) und Universitäten stärker mit Fragestellungen des internationalen Handels (zu 40 % bzw. 50 %) als die privaten Marktforschungsunternehmen (zu 15 %).

2.2.3 Betriebswirtschaftliche Funktionen in den Forschungsprojekten

Im Mittelpunkt der funktionalen Orientierung der Handelsforschung steht ,,Marketing" mit dem Skalenwert 4,8 („oft"). Besonderes Gewicht erlangt hierbei die Erforschung und Untersuchung des Konsumentenverhaltens, Marktforschung und Sortimentspolitik. Marken-, Preis- und Servicepolitik gelten gleichfalls als bedeutungsvolle Themengebiete. Zu den betriebswirtschaftlichen Aufgaben, auf die die Forschungsinstitutionen nur sehr geringe Energien zu verwenden scheinen, gehören die im Fragebogen aufgeführten Funktionen EDV (selten) sowie Investition/Finanzierung, Rechnungswesen/Kalkulation, Steuern/Abgaben (sehr selten). Unternehmensführung wird manchmal, Beschaffung/Einkauf und Logistik/Warenwirtschaft hingegen selten als Aufgabengebiet genannt.

Wertet man die vorhandenen Antworten nach den drei Arten von Forschungsinstitutionen aus, so ergeben sich drei völlig verschiedene Ergebnisse. Jede dieser drei Klassen hat offensichtlich besondere Forschungsschwerpunkte, was die betrachteten betriebswirtschaftlichen Funktionen betrifft. Während nämlich Vereine/Verbände die Sortimentspolitik, die Unternehmensführung und die Logistik an die Spitze ihrer Forschungstätigkeit stellen, lautet die Rangfolge für die Universitäten Preispolitik, Konsumentenverhalten und Sortimentspolitik. Bei den Marktforschungsunternehmen steht Konsumentenverhalten an erster Stelle, es folgen Marktforschung und Markenpolitik. Gemeinsam haben die drei Typen von Instituten nur eines: daß das Steuerwesen das Forschungsgebiet mit der geringsten Intensität ist.

Die Auswertung der Bearbeitung von Funktionen nach Ländern zeigt starke Unterschiede. So erreichen in Österreich die Marktforschung, in der Schweiz die Preis- und die Sortimentspolitik, in Deutschland die Marktforschung, in Frankreich und im restlichen Nordeuropa das Konsumentenverhalten, in Italien die Servicepolitik, im restlichen Südeuropa die Preispolitik und in Großbritannien die Sortimentspolitik die höchsten Werte.

2.2.4 Intensität und Umfang der europäischen Handelsforschung

In der Handelsforschung dominiert eindeutig der Einzelhandel. Mit einem Skalenwert von nahezu 5 wird bestätigt, was sich auch in der einschlägigen Handelsliteratur widerspiegelt: Während dem Einzelhandel breiter Raum gewidmet wird, scheint der Großhandel derzeit kein relevantes Forschungsfeld (Antwortkategorie selten, Skalenwert 3,19) zu sein. Dieses Ergebnis wird auch dann bestätigt, wenn man die Antworten auf diese Frage nach Vereinen/Verbänden, Universitäten und Unternehmen analysiert: bei jeder der antwortenden Gruppen dominiert die Beschäftigung mit dem Einzelhandel. Lediglich deutsche Handelsforscher und solche aus dem restlichen Nord- und Südeuropa befassen sich überdurchschnittlich oft mit dem Großhandel (Skalenwerte 3,5 bis 4, Antwortkategorie „manchmal").

2.3 Internationale Handelsforschung

Zur Verdeutlichung sei wiederholt, daß die Untersuchung zwischen internationalem Großhandel (International Trade) und internationalem Einzelhandel (International Retailing) differenziert, wenngleich wir vermuten, daß – trotz Erläuterungen im Rahmen der Befragung – erhebliche begriffliche Abgrenzungsprobleme existieren dürften. Unserer Ansicht nach müßten sich in der internationalen Literatur verstärkt Hinweise auf diese verschiedenen Erscheinungsformen finden. Vor allem die Aussagen hinsichtlich des internationalen Großhandels sind u.E. nur eingeschränkt brauchbar, da häufig Vermischungen mit dem funktionalen Handelsbegriff auftreten könnten. Trotzdem sollen die Ergebnisse in Kurzform präsentiert werden.

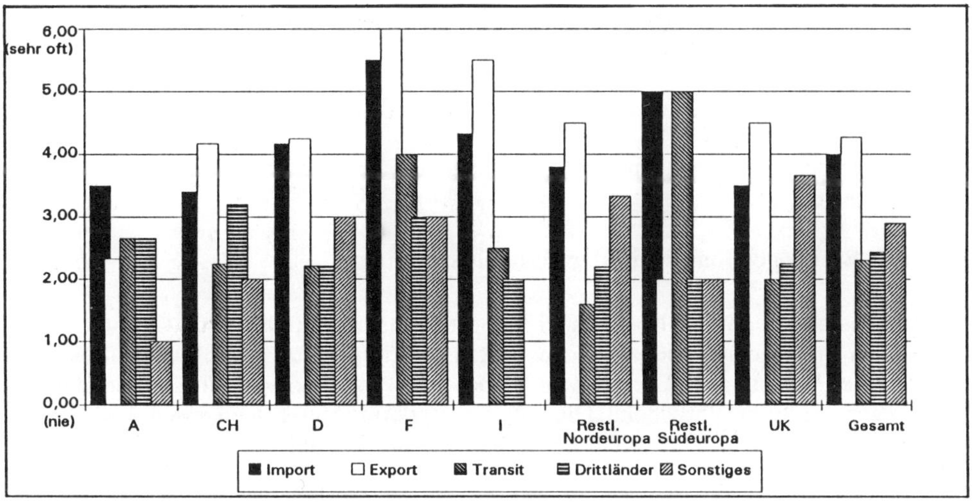

Abbildung 3: Forschungsintensität nach Erscheinungsformen des internationalen Handels nach Staaten

Wendet man sich den Betriebsformen der internationalen Handelsunternehmen zu, so zeigt sich – was bereits zu vermuten war - daß die Forschungseinrichtungen keine besonders dringliche Fragestellung zu erkennen geben. Am ehesten scheint man sich – bei etwa gleicher Intensität („manchmal") – mit Importhandelsunternehmen und Exporthandelsunternehmen zu beschäftigen. In der Reihung folgt die Kategorie „Sonstige Internationale Handelsunternehmen" („selten"), während Drittländergeschäfte und Transithandelsunternehmen nur sehr selten Gegenstand wissenschaftlichen Interesses sind.

Bemerkenswert scheint, daß sich Frankreich und Italien im Vergleich zu den restlichen Staaten deutlich mehr mit Export-Forschung beschäftigen. Zusammen mit dem restlichen Südeuropa führt Frankreich auch in der Import-Forschung.

Universitäten beschäftigen sich im Vergleich zu Forschungsinstitutionen verhältnismäßig wenig mit Importhandel, sehr viel aber mit Exporthandel und sonstigem internationalen Handel. Transit- und Drittländerhandel gehören nur zu ihren „seltenen" Arbeitsinhalten. Aber auch Marktforschungsunternehmen beschäftigen sich – wenn überhaupt und dann auch nur mit geringer Intensität – ein wenig mit Export- und Importhandelsunternehmen.

Unter den Betriebsformen des internationalen Handels spielt im europäischen Vergleich das „Trading house" (als Großbetriebsform des Außenhandels) in Dänemark und Italien eine akzentuiertere Rolle, in allen übrigen Staaten widmet man sich dem Import- und Exporthandelsunternehmen. Drei von den vier hinterfragten Betriebsformen erregen zumindest „manchmal" das Interesse der Forschungseinrichtungen: der internationale Lebensmittelhandelskonzern, die internationale Warenhauskette und die internationale Fachmarktgruppe. Hingegen scheint der internationale Kaufhauskonzern nur „selten" für die Handelsforschung von Interesse zu sein. Die französische Handelsforschung befaßt sich mit allen Betriebsformen des internationalen Einzelhandels deutlich mehr als die Handelsforschung der anderen Länder.

2.4 Binnenhandelsforschung

Die untersuchten Forschungseinrichtungen wenden sich zu gut drei Viertel ihrer Tätigkeit dem Binnenhandel zu.

2.4.1 Der Binnengroßhandel in der Handelsforschung

Die Betriebsformen „Spezialgroßhandel", „Sortimentsgroßhandel" und „C+C-Großhandel" haben in der europäischen Binnenhandelsforschung Übergewicht (*Abbildung 4*), während die Forschung im Bereich von Werks- und Produktionsverbindungshandel von nur sehr geringer Intensität scheint. Diese Aussage gilt für Deutschland, Frankreich, Italien und Großbritannien. In Österreich, der Schweiz und dem übrigen Nordeuropa gilt das Hauptinteresse jedoch dem C+C-Großhandel, im restlichen Südeuropa hingegen dem (rechtlich selbständigen) Werkshandel.

Die Schweizer Handelsforschung beschäftigt sich ingesamt deutlich weniger mit dem Binnengroßhandel, als dies in den anderen Staaten der Fall ist. Das restliche Nord- und Südeuropa sowie Italien befassen sich überdurchschnittlich oft mit dem Werkshandel, der insgesamt an letzter Stelle liegt.

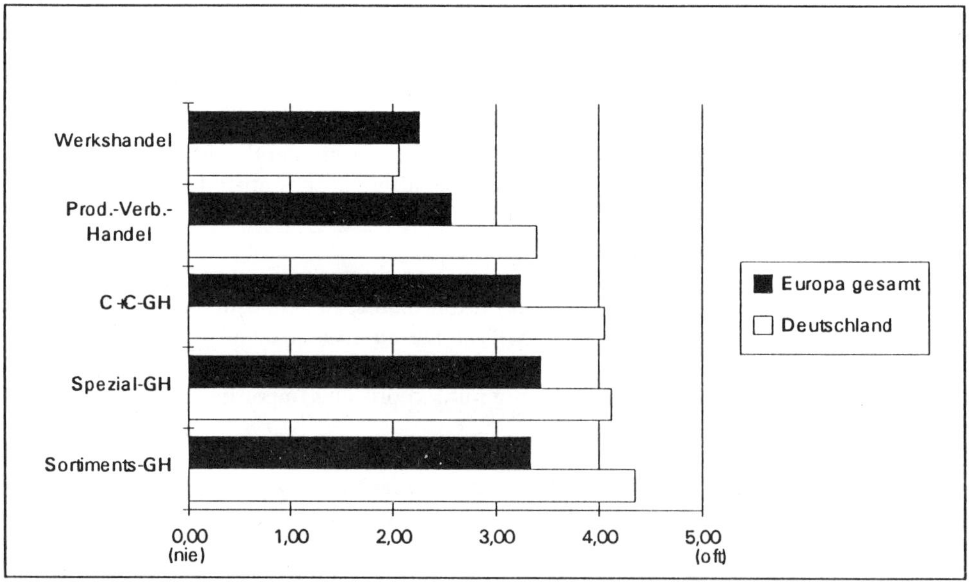

Abbildung 4: Forschungsintensität nach Betriebsformen des Binnengroßhandels nach Staaten

Die Forschungsinstitutionen in Europa scheinen Spezialgebiete zu haben. So beschäftigen sich die Interessenvertretungen des Handels (Vereine/Verbände) vor allem mit dem Sortimentsgroßhandel, die Universitäten zusätzlich noch mit dem Cash+Carry-Großhandel und die Marktforschungsunternehmen vor allem mit dem Spezialgroßhandel.

2.4.2 Der Binneneinzelhandel in der Handelsforschung

Die (nationale) Binnenhandelsforschung konzentriert sich vor allem auf Themenstellungen für den Betriebstyp Supermarkt, welcher in der Skala „oft" als Gegenstand der Handelsforschung erwähnt wurde. Die Betriebstypen Warenhäuser, SB-Warenhäuser, Verbrauchermärkte, Facheinzelhandel und Filialunternehmen stehen im Mittelpunkt der derzeitigen Binnenhandelsforschung.

Es bestehen aber länderspezifische Unterschiede. So beschäftigt man sich in Deutschland, Frankreich und der Schweiz vornehmlich mit Filialunternehmen, in Italien und in Großbritannien mit Warenhäusern, im übrigen Nordeuropa eher mit Supermärkten und im restlichen Südeuropa mit Verbrauchermärkten. Discounter sind in Italien nur selten Gegenstand der Handelsforschung, was mit der spezifischen Einzelhandelsstruktur in Italien zusammenhängen könnte; Frankreich und Deutschland beschäftigen sich dagegen oft mit diesem Thema. Supermärkte sind im übrigen Nordeuropa und in Frankreich überdurchschnittlich oft Ziel der Forschung; Waren- und auch SB-Warenhäuser sind in der Schweiz nur manchmal Studienobjekte, während der Gesamtdurchschnitt bei „oft" liegt.

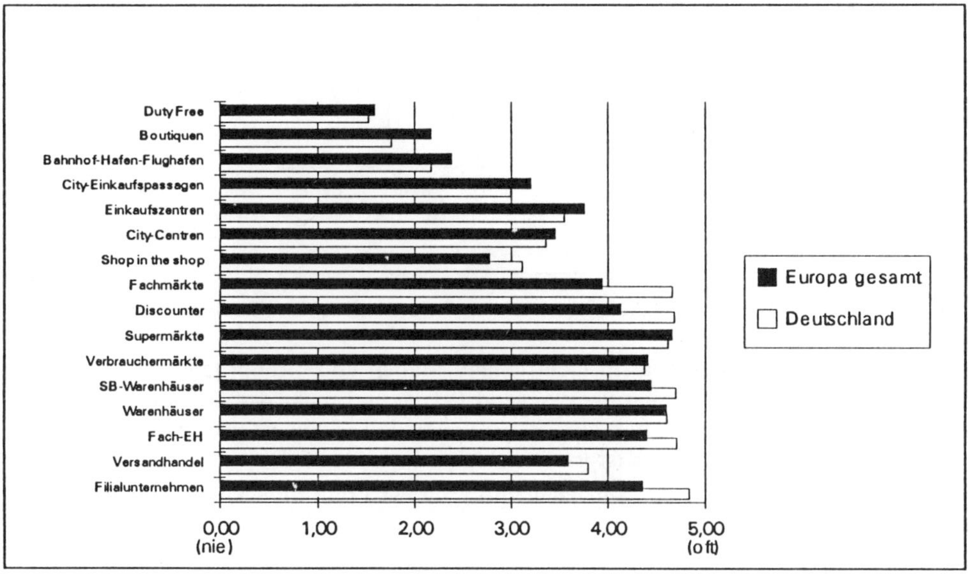

Abbildung 5: Forschungsinstitutionen und Forschungsintensität nach Betriebsformen/Betriebstypen des Binneneinzelhandels

Erwähnenswert ist noch, daß man sich mit dem Duty-Free-Shop generell selten befaßt, und daß in Italien der Versandhandel als Forschungsobjekt nur eine untergeordnete Rolle spielt.

Mit Fachmärkten befaßt man sich vor allem in Frankreich, Deutschland und dem übrigen Südeuropa.

In der Analyse nach der Art der Forschungsinstitution befassen sich die Vereine/Verbände vor allem mit dem Facheinzelhandel und den Warenhäusern. Universitäten und Marktforschungsunternehmen hingegen konzentrieren sich auf den Betriebstyp Supermarkt.

2.5 Intensität und Umfang der europäischen Handelsforschung

Erwartungsgemäß widmen sich nur wenige der antwortenden Forschungsinstitutionen überwiegend der Handelsforschung: nur etwa 18 % weisen einen Anteil der Handelsforschung an der Gesamttätigkeit von über 60 % (siehe *Abbildung 6*) aus. Knapp die Hälfte der Befragten beschäftigt sich zu weniger als 10 % mit handelsbezogener Forschung.

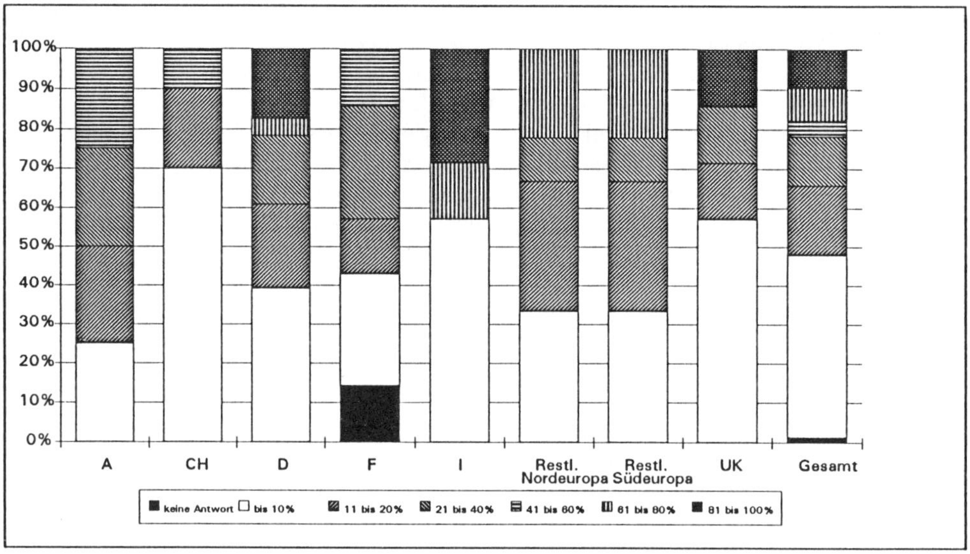

Abbildung 6: Relative Handelsforschungsintensität nach Staaten

Nur in drei Staaten, und zwar in Deutschland, Italien und Großbritannien, finden sich „Handelsspezialisten“ die sich überwiegend (81 % und mehr der Gesamttätigkeit) mit Handelsforschung auseinandersetzen. Frankreich und die Schweiz weisen in der Untersuchung überhaupt keine „Handelsforschungsspezialisten“ auf. Das gleiche gilt für Österreich, sieht man (nach eigener Einschätzung) von der Forschungseinheit der Autoren in Innsbruck ab.

In der Handelsforschung dominiert eindeutig der Einzelhandel. Bei einem Skalenwert von nahezu 5 wird bestätigt, was sich auch in der einschlägigen Handelsliteratur widerspiegelt: Während dem Einzelhandel breiter Raum gewidmet wird, scheint der Großhandel derzeit kein relevantes Forschungsfeld (Antwortkategorie selten, Skalenwert 3,19) zu sein. Dieses Ergebnis wird auch dann bestätigt, wenn man die Antworten auf diese Frage nach

Vereinen/Verbänden, Universitäten und Unternehmen analysiert: bei jeder der antwortenden Gruppen dominiert die Beschäftigung mit dem Einzelhandel.

3 ZUSAMMENFASSUNG UND INTERPRETATION

Die wichtigsten Ergebnisse der Auswertung der Fragebögen dieses Projekts lassen sich komprimiert darstellen:

1) Der durchschnittliche Anteil der Handelsforschung an der Gesamttätigkeit der befragten Forschungsinstitute ist gering.

2) Nur 17,8% der Befragten betreiben hauptsächlich Handelsforschung, wobei Deutschland, Großbritannien und Italien Zentren darstellen.

3) Die Beschäftigung mit dem Einzelhandel dominiert gegenüber der Auseinandersetzung mit Problemen des Großhandels.

4) Nur 46 der antwortenden Forschungsinstitute befassen sich mit dem internationalen Handel. Sie verwenden durchschnittlich etwa 37 % ihrer Gesamttätigkeit auf dieses Fachgebiet.

5) Nur acht von diesen 46 betreiben hauptsächlich Forschung im Bereich des internationalen Handels: sie kommen aus Deutschland, Italien, Großbritannien und der Schweiz.

6) Im funktionellen Bereich beschäftigen sich die Forschungsinstitutionen vor allem mit Bereichen des Marketing.

7) Es wird vor allem Angewandte Forschung aber wenig Grundlagenforschung betrieben.

8) Als Auftraggeber der Handelsforschung wird vor allem die Industrie – noch vor dem Handel – genannt; der Dienstleistungssektor folgt an dritter Stelle.

Mit diesen Aussagen wurden alle eingangs vorgelegten Hypothesen weitestgehend gestützt. Die Handelsforschung ist als Stiefkind der betriebswirtschaftlichen Forschung zu bezeichnen.

Unter den ausgewerteten Fragebögen befinden sich auch die der wichtigsten Handelsforschungsinstitutionen Europas. In ganz Europa dürfte es deshalb kaum weitere wichtige Institutionen geben, die sich mit Handelsforschung beschäftigen – und wir zählen deren ganze 13! Noch weniger befaßt man sich mit dem internationalen Handel; hier sind es nur acht Institute, die sich selbst als vorwiegend in diesem Bereich tätig sehen. So ist auch das immer wieder diagnostizierte Theoriedefizit in der Handelsforschung nicht weiter verwunderlich; ein Grund für dessen Existenz kann das ermittelte Übergewicht der Angewandten Forschung im Vergleich zur Grundlagenforschung sein.

Gerade was den internationalen Handel betrifft, existieren weitere Indizien für eine allgemein geringe Beschäftigung mit diesem künftig wichtigen Teilbereich. So waren die

Antwortverweigerungen bei den Fragen zu Teilbereichen und Betriebsformen des internationalen Handels sehr häufig, was darauf schließen läßt, daß sogar in vielen der Institute, die sich zumindest ein wenig mit dem internationalen Handel beschäftigen, gewisse Begriffe unklar sind: der Umstand, daß von 46 Probanden (trotz Erläuterungen) 18 offenbar nichts mit dem Begriff „Tradinghouses" anzufangen wußten, kann durchaus als weiteres Indiz für ein bestehendes (u.E. enormes) Wissensdefizit gewertet werden.

Das Hauptaugenmerk der europäischen Handelsforscher liegt also auf dem Binnenhandel. Doch auch hier werden Schwerpunkte gesetzt: die Beschäftigung mit dem Einzelhandel überwiegt – wie übrigens auch beim internationalen Handel – gegenüber der Auseinandersetzung mit dem Großhandel. Was den institutionellen Aspekt angeht, sind dabei vor allem die Großbetriebsformen und -typen des Einzelhandels Mittelpunkt der Handelsforschung: mit Warenhäusern, Selbstbedienungswarenhäusern, Verbraucher-, Super- und Fachmärkten beschäftigt man sich deutlich öfter als mit anderen Betriebstypen (eine Ausnahme bildet der Facheinzelhandel).

Handelsforschung wird überwiegend von der Herstellerseite in Auftrag gegeben. Warum läßt sich der Handel gerade im Feld der Handelsforschung von Industrie und Dienstleistern so zurückdrängen. Der akademische Ausbildungsstand des Führungskaders und die geringe Präsenz von Handelsunternehmen an den Universitäten sprechen für sich.

Es scheint plausibel, daß Industrie und Dienstleister als Auftraggeber nur dann interessiert sein können, handelstheoretische und handelsspezifische Probleme zu lösen, wenn es um die Erreichung ihrer ureigensten Ziele geht. Für die Industrie kann dies beispielsweise die Bildung von Netzwerken zur Handhabung von Problemen im Distributionskanal sein; tatsächlich sind die Inhalte der aktuellen Handelsforschung vor allem im Bereich Einzelhandel und Marketing zu finden. Deshalb überwiegt bei weitem die angewandte, auf direkte Problemlösung abzielende Forschung gegenüber der Grundlagenforschung. Für Dienstleister, inbes. Hard- und Softwareanbieter sowie Marktforschungsunternehmen gelten ähnliche Überlegungen.

Da auch Forschung ein „Geschäft" ist, werden die Inhalte durch die Auftraggeber bestimmt. Und überall dort, wo Industrie und Dienstleister Auftraggeber sind, werden handelsspezifische Inhalte nur insofern berücksichtigt, als sie den Intressen der Auftraggeber dienen. Für Grundlagenforschung im Bereich des Handels besteht naturgemäß kein Interesse.

Das von Trommsdorff & Bienert (1993) konstatierte Theoriedefizit in der Handelsbetriebslehre und die geringe Beschäftigung mit handelsspezifischen – speziell internationalen – Forschungsinhalten ist wohl vor allem durch die geringe Präsenz des Handels als Auftraggeber für die Handelsforschung begründet. Oder anders ausgedrückt: Die Theorieentwicklung wird durch die derzeit zu beobachtende Orientierung der betriebswirtschaftlichen Forschung an industriellen Großsystemen und deren Problemen dominiert. Der Handel sollte seinen Aufgaben in der Forschung besser nachkommen.

LITERATUR

Chmielewicz, K.: Forschungskonzeptionen der Wirtschaftswissenschaft, 2. Aufl., Stuttgart 1979

Dichtl, E.; Lingenfelder, M.; Müller, S.: Die Internationalisierung des institutionellen Handels im Spiegel der Literatur: In: ZfbF, (43) 12/1991, S. 1023-1047

European Society for Opinion and Marketing Research (Hrsg.): ESOMAR-Directory 1990/91, Amsterdam 1990

International Self-Service-Organisation (Hrsg.): ISSO-Report 1987, Köln 1987

Marschner, H.: Eine Typologie europäisch-internationaler Handelsunternehmen. In: Trommsdorff, V. (Hrsg.): Handelsforschung 1992/93, Wiesbaden 1993, S. 211-229

Tietz, B.: Positionierung und Stellenwert der Handelsforschung im Rahmen der empirischen Wirtschaftsforschung. In: Greipl, E.; Laumer, H.; Täger, U.Chr. (Hrsg.): Entwicklung der empirischen Handelsforschung in der Bundesrepublik Deutschland, Berlin, München 1992, S. 13-92

Trommsdorff, V.; Bienert, M.: Stichwort „Handelsforschung". In: Gabler-Wirtschaftslexikon, 2. Bd., 13., vollst.überarb. Auflg., ungekürzte Wiedergabe der Orig.-Ausg. 1992, Wiesbaden 1993, S. 1461-1466

Literaturdienst

Literaturdienst zur Handelsforschung

1 LEHRBÜCHER ZUR HANDELSBETRIEBSLEHRE

BARTH, K., **Betriebswirtschaftslehre des Handels, 2. überarbeitete und wesentlich erweiterte Auflage, Wiesbaden 1993 (412 Seiten): Besprechung siehe Handelsforschung 1993/94**

MÜLLER-HAGEDORN, L., **Handelsmarketing, 2. Auflage, Stuttgart 1993 (335 Seiten)** ist die gründliche Überarbeitung des Lehrbuchs von 1984 in der Kohlhammer Edition Marketing, die mittlerweile 24 Bände zu Teilgebieten des Marketing umfaßt. Das Buch konkurriert mit mehr oder weniger voluminösen Werken von Barth, Falk, Hansen, Lerchenmüller, Oehme, Schenk, Tietz, die an dieser Stelle schon besprochen wurden. Wettbewerbsvorteile von Müller-Hagedorns Lehrbuch sind die strikte, übersichtliche und womöglich quantitative Entscheidungsorientierung, die Systematik und Logik und die verständliche, durch viele Beispiele und Übersichten gut illustrierte Sprache. Das Buch meistert die schwierige Selektionsaufgabe für die betriebswirtschaftliche Ausbildung – im Unterschied zu konkurrierenden Büchern, denen es teilweise an Kundenorientierung mangelt. Realistisch betrachtet geht es um eine Studenten-Zielgruppe, die ein Semester lang zwei Semesterwochenstunden Handelsmanagement hört. Wesentlich mehr als 300 Seiten Begleitlektüre kann man ihnen nicht zumuten. Der Autor nimmt der Zielgruppe schwierige Selektionsarbeit und aufwendiges Zusammentragen ab. Natürlich kann man auch andere Schwerpunkte setzen (institutioneller, quantitativer, verhaltensorientierter usw.), aber für die akademische, praxisnahe Ausbildung im Handelsmanagement ist diese Auswahl völlig angemessen: 1 Überblick über die Handelsbetriebe, 2 Systematik der Entscheidungsprobleme, und dann deren sieben wichtigste: 3 Betriebsformwahl, 4 Standortentscheidung, 5 Sortimentsplanung, 6 Preispolitik, 7 Werbeplanung, 8 Personaleinsatz und 9 Ladengestaltung und Warenpräsentation. Die in diesem Buch gewiß nur einführend erläuterten Aspekte des Handelsmarketing können anhand der Literaturliste leicht vertieft werden. (Volker Trommsdorff)

TIETZ, B., **Binnenhandelspolitik, 2. Auflage, München 1993 (991 Seiten)** ist eine überarbeitete Fassung des Werkes von 1986. Vor allem die Ende der 80er Jahre eingetretenen Änderungen im Binnenhandel gaben Anlaß zu einer Neufassung. Der Handel wird primär aus volkswirtschaftlicher Sicht betrachtet, aber vielfach werden Brücken zur Handelsbetriebswirtschaft geschlagen, die in Tietzs „Der Handelsbetrieb" (nachfolgende Besprechung der Neuauflage) vertieft wird. Nach begrifflichen und institutionellen Grundlagen wird zunächst ein Abriß der Handelsgeschichte gegeben, der von den Anfängen bis zur deutschen Wiedervereinigung reicht. Die Veränderungen werden anschließend systematisch abgehandelt. Dann werden als Rahmenbedingungen der Binnenhandelspolitik die Außenhandels-, Agrar-, Verbraucher, Wettbewerbs-, Umwelt- und Mittelstandspolitik sowie weitere binnenpolitische Einflüsse erläutert. Die anschließenden Kapitel befassen sich mit wichtigen Themen der Binnenhandelspolitik wie Zahl, Struktur und Standorte der Handelsunternehmen, Ladenöffnungszeiten, Ausbildung und Forschung, Unternehmensberatung, Finanzhilfen, Kammern, Verbände und Gewerkschaften, Parteien und Recht. Abschließend analysiert der als Wirtschaftsfuturologe bekannte Autor die Zukunft der Binnenhandelspolitik. Das fast 1.000 Seiten starke Buch ist ein Kompendium und Nachschlagewerk, das sowohl in alle wichtigen Einzelheiten geht und konstruktiv-kritisch Stellung bezieht als auch den Überblick wahrt und Zusammenhänge herstellt. Handelsmanager und Unternehmer, Handelsforscher und Studenten, Politiker, Verwaltungsbeamte und Juristen können von der Lektüre profitieren. (Volker Trommsdorff)

TIETZ, B., **Der Handelsbetrieb, 2. Auflage, München 1993 (1635 Seiten)** ist eine Aktualisierung des Standardwerkes von 1985, in dem der Autor umfassend alle Bereiche der Unternehmensführung im Handel behandelt, selbstverständlich mit einem Schwerpunkt beim Handelsmarketing. Nach der begrifflichen Grundlegung werden zunächst die Unternehmenspolitik und ihre Rahmenbedingungen und -institutionen umrissen. Dann werden die grundsätzlichen Entscheidungsbereiche und -alternativen von Handelsunternehmen dargestellt, insbesondere alle Aspekte der Marktpolitik (Produkt und Sortiment, Preis, Werbung und Distribution sowie das Marketing-Mix). Anschließend werden die Faktoren der Leistungserstellung behandelt (Personal, Flächen, Logistik, Finanzierung). Der nächste Teil des Buches ist dem „Management" des Handelsunternehmen gewidmet (Organisation, Führung, Planung, Information, Controlling). In einem weiteren großen Teil wird das Management von größeren Projekten im Handel dargelegt, einschließlich Betriebstypen- und Zentrenpolitik. Abschließend werden komplexe unternehmenspolitische Probleme besprochen, zunächst in theoretisch-abstrakter Form, dann konkret auf Filial- und Kooperationssysteme eingehend. Das 1 600 Seiten lange Buch ist als umfassendes Kompendium für alle empfehlenswert, die in Forschung, Studium und Management mit Handelsunternehmen befaßt sind. (Volker Trommsdorff)

OEHME, W., **Handelsmanagement, München 1993 (302 Seiten)** ist ein neues Management-Lehrbuch für die Führung von Handelsbetrieben. Es behandelt auf Einzelhandelsunternehmen zugeschnittene Organisations- und Führungskonzepte, nicht das Handelsmarketing. Als Bezugsrahmen für das Handelsmanagement werden die handelstypischen Leistungs- bzw. Wertschöpfungsprozesse und ihre managementkritischen Eigenheiten dargestellt. MbO-orientiert werden die Ziele des Handelsmanagement verdeutlicht und anschließend dafür die Planungsmethodik entwickelt. Ein großes Kapitel überträgt die klassische Organisationslehre auf das Handelsunternehmen. Zwei weitere Kapitel verfahren entsprechend mit dem Personalmanagement und der Mitarbeiterführung auf der Grundlage der etablierten Führungslehren. Unter „Die Kontrolle – Management by Results (MbR)" werden die Handelsspannen- und Kostenkontrolle sowie die Abweichungs- und Wertanalyse behandelt, also die Essentials des operativen Controlling auf das Handelsunternehmen angewendet. Das Buch endet mit einem systemorientierten Fazit. Der Text ist aussagekräftig, übersichtlich und verständlich, viele Fallbeispiele, Schaubilder und Rechenexempel beleben die Abhandlung. Als (mit 300 Seiten noch relativ schlankes) Lehrbuch des Handelsmanagement kann man den OEHME Studierenden und zu Führungskräften weiterzubildenden Mitarbeitern im Handel sehr empfehlen. (Volker Trommsdorff)

2 STRATEGISCHES HANDELSMANAGEMENT

2.1 Strategische Wettbewerbsvorteile

CASSILL, N.L., WILLIAMSON, N.C., MCENALLY, M., THOMAS, J., **Intratype Competition among Department Stores, The International Review of Retail, Distri-**

bution and Consumer Research, 3 (1993), 65-78. Bisherige Untersuchungen haben oftmals unterschiedliche Kaufhaustypen, die faktisch als Wettbewerber am Markt auftraten, als undifferenzierte Einheit gesehen. CASSILL et. al. analysieren drei unterschiedliche Kaufhaustypen: 212 traditionelle Kaufhäuser (z. B. Dillards, Belk), 67 nationale Ketten (z. B. Sears, Penney) und 250 Discount-Kaufhäuser (z. B. KMart, WalMart). Anhand mehrerer Itembatterien (bspw. eine 12er Itembatterie zur Beurteilung der Servicequalität in Kaufhäusern auf einer Drei-Punkt-Likert-Skala) werden mittels Faktoren- und Diskrimanzanalyse die Unterschiede zwischen diesen Kaufhaustypen aufgedeckt. Traditionellen Kaufhäuser ist es danach besser gelungen sich von ihrer Konkurrenz abzuheben. Weiterhin stellt das verfügbare Markensortiment die stärkste Diskriminierungskraft dar, stärker noch als die Servicequalität, um die einzelnen Kaufhaustypen voneinander zu unterscheiden. (Günter Weber)

FALTER, H., PROBST, G.J.B., **Wettbewerbsvorteile von Filialbetrieben, Die Unternehmung, 47 (1993), 163-179.** Die Autoren setzen die Methodik des vernetzten Denkens zur Ableitung von Wettbewerbsmodellen im Bereich Non-food-Filialisten ein. In Anlehnung an die Systemtheorie werden Filialbetriebe als System betrachtet, das zum einen von externen, nicht lenkbaren bzw. nur indirekt lenkbaren Größen beeinflußt wird und zum anderen über interne Größen verfügt, die ein sogenanntes Lenkungsmodell bilden. Aufgrund der großen Heterogenität von Non-food-Filialisten nehmen die Autoren eine Typologisierung in vier Felder vor, denen exemplarisch bekannte Filialunternehmen zugeordnet werden: *King's store* (Qualitätsorientierung und breite Marktabdeckung), *Cost-World* (Kostenorientierung und breite Marktabdeckung), *Quality Island* (Qualitätsorientierung und Spezialisierung) sowie *Price Market* (Kostenorientierung und Spezialisierung). Die Ergebnisse werden anschließend zu einer Typologie wettbewerbsstarker Filialbetriebe integriert. Für jeden Typ wird anhand teils spezifischer, teils allgemeiner Kriterien wie z.B. Kosten- und Preisbewußtsein, Größe, Marktorientierung, Erlebnisorientierung, Kontinuität/Offenheit, Qualitätsbewußtsein etc. ein wettbewerbsstarker Vertreter in Form eines Netzwerks dargestellt. Schließlich liefern die Autoren Lenkungsregeln für das Filialsystem, die aus Erkenntnisen der Biologie und der Ökologie abgeleitet wurden. Die Ergebnisse dienen dem Management von Filialbetrieben als Systematisierungshilfe und Denkanstöße, wenngleich sie natürlich auf die spezifische Situation jedes einzelnen Unternehmens angepaßt werden müssen. (Marianne Reeb)

RUDOLPH, T.C., **Positionierungs- und Profilierungsstrategien im europäischen Einzelhandel, St. Gallen 1993, 437 Seiten.** Sortimente, Preise und Dienstleistungsangebote gleichen sich in vielen Einkaufsstätten immer mehr. Angestrebte Wettbewerbsvorteile werden daher vom Kunden nicht wahrgenommen. Aus Sicht des Handelsunternehmens bedeutet das geringe Kundenzufriedenheit und -treue. Auch das Image des Handels entspricht nicht den Idealvorstellungen der Handelsmanager. Der Autor zieht daraus den Schluß, daß es vielen Handelsunternehmen an Profil und Einzigartigkeit fehlt, wo Positionierung und Profilierung wichtige Voraussetzungen für Erfolg am Markt sind. Im Rahmen der Arbeit wurde eine breit angelegte Befragung von Experten, Filialleitern und Kunden in Deutschland, Großbritannien und der Schweiz durchgeführt. Die Ergebnisse lassen sich in folgende Teilaspekte untergleidern: 1) Erfassung der Markterscheinungsformen in den untersuchten Ländern, 2) Analyse der Kundenbedürfnisse in Bezug auf die Einkaufsstätten, 3) Beschreibung der Methodik der Verkaufsstellenanalyse, 4) methodische Vorschläge zur

Verkaufsstellenprofilierung 5) Fallbeispiele erfolgreicher Profilierungsansätze ausgewählter Handelsunternehmen. Schließlich entwickelt der Autor ein „Zonenmodell der Profilierung". Dieses Modell soll den Anwender in die Lage versetzen, erfolgreiche Profilierungskonzepte zu entwickeln. Fallbeispiele erfolgreicher Handelsunternehmen aus den untersuchten Ländern veranschaulichen die Einsatzmöglichkeiten des Zonenmodells. (Marianne Reeb)

2.2 Standortfragen

BROWN, S., **Retail Location Theory: Evolution and Evaluation, The International Review of Retail, Distribution and Consumer Research, 3 (1993), 185-229.** Dieser Artikel beschreibt vier neoklassische Theorieansätze (central place theory, spatial interaction theory, bid rent theory, principle of minimum differentiation) zur Standortentscheidung und einige Ansätze zur Integration der verschiedenen Theorien. Darüber hinaus zeigt der Autor die Ähnlichkeiten in der Theorieentwicklung dieser Forschungsrichtung auf und entwirft ein einfaches Modell, nach dem die (Weiter-)entwicklung bzw. Wiederentdeckung von theoretischen Konzepten in Abständen von dreißig Jahren erfolgt. Er kommt zu dem Schluß, daß für die Weiterentwicklung der vorhandenen Theoriekonzepte zu einer integrierten Theorie der Standortentscheidung besonders die Einbeziehung ergänzender Einflußgrößen wie z.B. Handelsgeschäftsgröße, Veränderungen in der Preispolitik des Handelsgeschäftes u.a. notwendig ist. (Harald Rüggeberg)

KELLY, J.P., FREEMAN, D.C., EMLEN, J.M., **Competitive Impact Model for Site Selection: the Impact of Competition, Sales Generators and Own Store Cannibalization, The International Review of Retail, Distribution and Consumer Research, 237-259.** Ein interdisziplinäres Autorenteam (Marketing- und Naturwissenschaftler) stellt ein „competitive impact model (CIM)" vor, das eine differenzierte Beschreibung der Wettbewerbssituation für spezifische Einzelhandelsstandorte erlaubt. Ausgangspunkt ist ein praktisch bewährtes ökologisches Modell, mit dem die Interdependenzen zwischen der Populationsdichte und der Überlebensfähigkeit einzelner Spezies in der Tier- und Pflanzenwelt beschrieben werden können. Die Wettbewerbssituation von Einzelhandelsstandorten ist fallspezifisch sehr unterschiedlich. Die Autoren unterscheiden vereinfachend vier grundlegende Konstellationen: Ein benachbartes Geschäft kann a) ein Konkurrent mit negativem Einfluß auf den eigenen Umsatz, b) ein positiver „Umsatzförderer" oder c) ein „neutraler" Wettbewerber, ohne nennenswerten Umsatzeinfluß, sein. Daneben setzen sich die Autoren explizit mit „Kannibalisierungseffekten" auseinander, d.h. umsatzmindernden Einflüssen durch eigene Outlets. Sie kritisieren die häufige Handelspraxis, neue Outlets in der weiteren Umgebung erfolgreicher Standorte zu gründen, um den regionalen Marktanteil zu steigern. Neben positiven Wirkungen (economies of scale, z.B. im Bereich Verwaltung, Management oder Beschaffung; Erhöhung des regionalen Marktanteils) werden negative Kannibalisierungseffekte hierbei meist nicht bedacht. Alle vier Arten von Wettbewerbsbeziehungen werden zunächst kurz charakterisiert, wobei auf die Schwierigkeit einer genauen theoretischen Definition von „Wettbewerb" hingewiesen wird, und es wird ein kompakter Überblick zu alternativen Methoden der Standortbewertung referiert. Als Ergänzung (nicht als Ersatz) zu den vorhandenen Bewertungsverfahren wird dann das eigene CIM-Modell detailliert erläutert; hierbei wird eine Erfolgsgröße (Umsatz oder Gewinn) mit mehreren beeinflussenden Variablen (z.B. Entfernung zu den Wettbewerbern, soziodemografische Faktoren, Eigenschaften der Verkaufsstelle) funktional verknüpft. Selbstkritisch wird auf einige Basisannahmen des Modells und Grundsatzprobleme (z.B. Einzugsgebietsabgrenzung) hingewiesen. Empirisch getestet wird das Modell anhand einer Stichprobe von 37 Outlets eines Filialisten aus verschiedenen amerikanischen Großstädten. Im Ergebnis werden Parameter mit positiver und negativer Erfolgswirkung identifiziert. Zusätzlich wird ein herkömmliches Regressionsmodell gerechnet und die Ergebnisse beider Modelle miteinander verglichen. Das vorgestellte CIM-Modell erlaubt eine genauere Abschätzung der Wettbewerbssituation (Identifikation ,,positiver", ,,negativer" oder ,,neutraler" Wettbewerber); eine ganzheitliche Standortbewertung kann es jedoch nicht leisten, da nur partiell ausgewählte Faktoren in die Berechnungen einbezogen werden. (Michael Bienert)

2.3 Betriebsformen und Betriebstypen

EVANS, K.R., BARNES, J.W., SCHLACTER, J.L., **A General Systems Approach to Retail Evolution: An Existing Institutional Perspective, The International Review of Retail, Distribution and Consumer Research, 3 (1993), 79-100** konstatieren, daß bis zur Gegenwart noch kein Versuch unternommen wurde eine allgemeine Theorie zu entwickeln, die es ermöglicht, existierende Theorien zur Entwicklung im Einzelhandel zu klassifizieren, und die eine Richtung für zukünftige Theorieentwicklung liefert. Dem Einzelhandel wird zudem ein fehlendes Gespür für innovative Einzelhandelsformen attestiert. Deshalb ist eine allgemeine Theorie notwendig, die es ermöglicht, Veränderungen im Einzelhandel zu lokalisieren, um dann adäquat reagieren zu können. Die Autoren analysieren in diesem Zusammenhang, inwiefern das Gedankengut von Kant, Leibniz, Hegel u. a. für die bestehende Dynamik im Einzelhandel genutzt bzw. übertragbar erscheint. (Günter Weber)

CONANT, J.S., SMART, D.T., SOLANO-MENDEZ, R., **Generic Retailing Types, Distinctive Marketing Competencies, and Competitive Advantage, Journal of Retailing, 69 (1993), 254-279** untersuchen, wie im Einzelhandel Strategien und Fähigkeiten in Wettbewerbsvorteile umgesetzt werden können. Zunächst wird ein Überblick über die wichtigsten Erkenntnisse der Wettbewerbsvorteile-Forschung gegeben. In einer Feldstudie unter 1 500 Bekleidungs-Einzelhandelsunternehmen untersuchen die Autoren die Zusammenhänge zwischen konkurrierenden Marketing-Strategie-Mustern, verschiedenen Marketing-Kompetenzen und organisatorischem Auftreten. Die Ergebnisse zeigen, daß solche Einzelhandelsunternehmen besonders erfolgreich sind, die ein klar definiertes Marketing-Muster aufweisen. ,,Merchants" und ,,Specialists" ziehen Vorteile aus einer eindeutig definierten Marketing-Strategie. Die Strategien der ,,Drifters", ,,Resisters" und ,,Stripers" hingegen sind durch eine Mangel an Betonung und Klarheit bestimmt. (Thomas Völcker)

ROTH, V.J., KLEIN, S., **A Theory of Retail Change, The International Review of Retail, Distribution and Consumer Research, 3 (1993), 167-183.** Der Beitrag befaßt sich mit deterministischen und systemtheoretischen Forschungsansätzen zur Erklärung der Existenz unterschiedlicher Betriebstypen in einer Region. Während deterministische Ansätze sich auf Veränderungen der Geschäftstypen, deren Wachstum und Überleben konzentrieren, berücksichtigen systemtheoretische Ansätze stärker nicht direkt durch das Handelsmanagement beeinflußbare Umweltbedingungen. Die Autoren als Vertreter der systemtheoretischen Perspektive fordern eine stärkere Integration von umweltbezogenen Einflußgrößen wie z.B. Bevölkerungsgröße und -dichte in einem Gebiet, Vorziehenswürdigkeiten von Gütern durch Konsumenten, das verfügbare Einkommen in einer Region und dessen Verteilung über die Bevölkerung sowie staatliche Regulierungsmaßnahmen. Die Autoren konstatieren, daß die Verwendung herkömmlicher Analyseverfahren zur Erklärung des Auftretens unterschiedlicher Betriebstypen Probleme beinhaltet, die durch die Verwendung von Simulationsmodellen unter stärkerer Einbeziehung von Umweltfaktoren überwunden werden können. (Harald Rüggeberg)

2.4 Vertikales Marketing

NICHOLLS, J.A.F., ROSLOW, S., LASKEY, H.A., **Perceptual and Behavioural Channel Conflict: are they related?, The International Review of Retail, Distribution and Consumer Research, 3 (1993), 19-33,** beschäftigen sich mit dem Beziehungsgeflecht zwischen Einzelhandel und Herstellerunternehmen in der Schiffsindustrie. NICHOLLS et. al. gehen dabei insbesondere auf die wechselseitige Einflußnahme von Wahrnehmungs- und Verhaltenskonstrukten ein, wobei die Untersuchung aus der Sicht des Einzelhandels erfolgt. Unter Anwendung des Chiquadrat-Kontingenz-Tests, der näherungsweise dem Kruskal-Wallis-Test (einfache Rangvarianzanalyse) entspricht, werden ausgehend von 5 Wahrnehmungskonstrukten (z.B. unrealistische Erwartungen des Herstellers) und 5 Verhaltenskonstrukten (z.B. Lieferrestriktionen) 25 Wahrnehmungs-Verhaltens-Beziehungen auf ihre statistische Signifikanz hin untersucht. Ergebnis der Untersuchung ist, daß lediglich 5 von 25 Wahrnehmungs-Verhaltens-Beziehungen ein Signifikanzniveau von = 0,10 oder besser besitzen, wobei 4 der 5 Verhaltenskonstrukte und 3 der 5 Wahrnehmungskonstrukte enthalten sind. Diese Konstrukte stellen relevante bzw. fundamentale Elemente innerhalb von Absatzkanalkonflikten dar. Nach Ansicht der Autoren unterstützen diese Ergebnisse die Hypothese, daß ein wechselseitiges Zusammenspiel zwischen Wahrnehmungs- und Verhaltenskonstrukten besteht. Die verwendeten Konstrukte sollten jedoch auch in anderen Industrien getestet werden, um ihre Generalisierbarkeit zu untersuchen. (Günter Weber)

PRICE, R.A., **Effects of Channel Leadership Behaviours under Different Levels of Channel Member Interdependence, The International Review of Retail, Distribution and Consumer Research, 261-278.** Der Artikel greift ein von Organisations- wie Marketingwissenschaftlern häufig diskutiertes Problemfeld auf: die effiziente Organisation von vertikalen Marketingsystemen. Empirische Basis der Untersuchung ist die Vertriebskooperation zwischen einem Möbelhersteller und zwei unterschiedlichen Handelspartnern (Franchisehändlern und selbständigen Möbeleinzelhändlern). Untersuchungsziel ist es, den Zusammenhang zwischen dem Verhalten des Vertriebskooperationsführers (channel leader, hier: der Möbelhersteller) und a) der Zufriedenheit der einzelnen Mitglieder sowie b) dem Umfang an Konflikten in der Vertriebskooperation zu bewerten. Zunächst wird kompakt in die wesentlichen theoretischen Grundlagen eingeführt. Es werden zwei Arten von Systemführerverhalten (directive und participative) und zwei Grundtypen der Organisationskoordination vorgestellt (by feedback und by standardization) sowie vier Basisalternativen vertikaler Marketingsysteme diskutiert (conventional, administered, constractual und corporate marketing channels). Anschließend wird in die hier untersuchten Konstrukte ,,Mitgliederzufriedenheit" und ,,Vertriebskanalkonflikte" theoretisch eingeführt, und es werden unter Berücksichtigung der Spezialliteratur vier zentrale Hypothesen formuliert. Über einen vierseitigen schriftlichen Fragebogen werden die Konstrukte anhand einer Vielzahl von Einzelitems erhoben (jeweils 5-poolige Likertskala; alle Items sind im Anhang aufgeführt) und auf Basis von Validitäts- und Reliabilitätsprüfungen korrigiert. Durch Regressionsanalysen werden die formulierten Hypothesen getestet. Zentrale Ergebnisse für die Vertriebskooperationspraxis sind: In eher locker verbundenen vertikalen Marketingsystemen ist die Mitgliederzufriedenheit größer, wenn der ,,channel leader" autokratisch führt; in stark verflochtenen Systemen führt dagegen eine eher partizipative Führung zu größerer Mitgliederzufriedenheit. Unabhängig vom Grad der gegenseitigen Verflechtung kann mit einer partizipativen Führung eine Verringerung von Konflikten in der Vertriebskooperation erreicht werden. Die abgeleiteten Empfehlungen dürfen freilich nicht überbewertet werden. Der geringe Stichprobenumfang (n=74) sowie die Branchenspezialisierung (Möbel) begrenzen die Allgemeingültigkeit der Untersuchungsergebnisse. (Michael Bienert)

OLSEN, J.E., GRANZIN, K.L., **Using Channels Constructs to Explain Dealers' Willingness to Help Manufacturers Combat Counterfeiting, Journal of Business Research, 27 (1993), 147-170,** untersuchen die Frage, wie ein Hersteller die Unterstützung des Handels bei der Bekämpfung von Produktimitaten gewinnen kann. Sie beschreiben die Beziehungen zwischen Hersteller und Handel mit den Variablen ,,Vertrauen", Kontrolle", ,,Konflikte" sowie ,,Zufriedenheit" und untersuchen deren Einfluß auf die Bereitschaft des Handels, die Herstellermaßnahmen zu unterstützen. Für ihre empirischen Untersuchung wählten die Autoren den Kfz-Ersatzteilhandel. Hier wurden die Variablen durch Befragung von Managern aus Hersteller- und Handelsunternehmen erhoben. Anschließend wurden die Modellhypothesen mit dem kausalanalytischen Statistikprogramm LISREL überprüft. Für die Variablen ,,Vertrauen" und ,,Zufriedenheit" konnten die Autoren stark positive, für ,,Kontrolle" und ,,Konflikte" stark negative Einflüsse auf die Bereitschaft des Handels nachweisen. Aus diesen Ergebnissen leiten sie die Empfehlung für die Hersteller ab, dem Handel gegenüber eine auf Vertrauen basierende Kooperationsstrategie zu fahren. (Frank Riedel)

2.5 Internationalisierung

ZENTES, J., **Europäisierungsstrategien des Lebensmittelhandels, Wirtschaftswissenschaftliches Studium, 22 (1993), 564-568** untersucht, welche Auswirkungen der EG-Binnenmarkt sowie die Öffnung der mittel- und osteuropäischen Märkte auf die strategische Orientierung von Handelsunternehmen haben. Die Veränderung der strategischen Ausrichtung des Lebensmittelhandels (LEH), der sich noch Ende der achtziger Jahre auf nationale Marktaktivitäten beschränkte, macht Zentes an drei Bestimmungsfaktoren fest: (1) Konfiguration, d.h. geographische Verteilung der Aktivitäten der Wertkette der Handelsunternehmen, (2) Transaktionsform und (3) Koordination. Eine Untersuchung der 50 umsatzstärksten Unternehmen des europäischen LEH, deutscher Drogeriemärkte und österreichischer LEH-Unternehmen, die nicht den ,,Top 50" zuzurechnen sind, liefert hierzu folgende Ergebnisse: (1) Während globale Beschaffungsaktivitäten des LEH bereits vor dem EG-Binnenmarkt zu verzeichnen waren, hat dieser grenzüberschreitende Marktaktivitäten stark forciert. Beispielhaft werden die westeuropaweite Expansion deutscher Discounter und französischer Hypermarchés sowie deutscher und österreichischer Handelsunternehmen in osteuropäische Märkte angeführt und die dieser Entwicklung zugrundeliegenden Wettbewerbsvorteile identifiziert. (2) Markteintritte auf Westmärkten erfolgen größtenteils durch Filialisierung, d.h. durch die Multiplikation standardisierter Betriebstypen, wobei zu beachten ist, daß das Sortiment an nationalen Konsumgewohnheiten ausgerichtet wird. Auf Ostmärkten dominieren demgegenüber kooperative Markteintrittsstrategien wie Joint Ventures. Auf der Beschaffungsseite unterscheidet Zentes folgende Entwicklungen: a) Eine zunehmend integrative Beschaffung bei europaweit tätigen Handelsunternehmen sowie b) Beschaffungs- und Marketingkooperationen national tätiger Großunternehmen sowie mittelständisch-orientierter Verbundgruppen. (3) Bezüglich der Implementierung dieser europaweiten Wettbewerbsstrategien des Handels läßt sich konstatieren: a) Bei europaweit tätigen Handelsunternehmen findet eine zunehmende Koordination strategischer Beschaffungsentscheidungen statt, während die der Absatzaktivitäten in Abhängigkeit vom Betriebstyp zu sehen ist: Discounter tendieren zu stärkerer Koordination als Vollsortimenter. b) Bei Kooperationen national tätiger Handelsunternehmen sowie Verbundgruppen ist der Koordinationsgrad sowohl auf der Beschaffungs- als auch der Absatzseite als niedrig zu bezeichen. Abschließend wird beschrieben, wie die Markenartikelindustrie auf diese Veränderungen der europäischen Handelslandschaft reagieren wird bzw. muß: Einführung eines europäischen Key-Account-Management sowie Europäisierung des Trade Marketing und somit ein Abgehen von nationalen zugunsten europaweit orientierter Profit-Center. (Claudia Zellerhoff)

3 OPERATIVES HANDELSMANAGEMENT

3.1 Warenwirtschaft, Sortimentspolitik und Merchandizing

AHLERT, D., OLBRICH, R. (Hrsg.), **Integrierte Warenwirtschaftssysteme und Handelscontrolling, Stuttgart 1994 (449 Seiten)** ist ein Reader über wissenschaftliche und praktische Aspekte des Warenwirtschaftsmanagement im Handel, dessen zur Zeit interessantester Ausschnitt das Management geschlossener Warenwirtschaftssysteme ist. Das Buch ist in vier Teile gegliedert. Ein vorangestellter 113-seitiger Teil von Ahlert, eigentlich selbst eine Monographie, gibt einen umfassenden Überblick über betriebswirtschaftliche Grundlagen und praktische Herausforderungen des Warenwirtschaftsmanagement aus der Sicht von Industrie und Handel. Es folgen drei Gruppen von Aufsätzen: I Coumputergestützte Warenwirtschaftssysteme / Basistechnologien des modernen Handelsmanagement (mit vier Beiträgen von Münsteraner Wissenschaftlern über WWS-Entwicklungen, Handelsinformatik, Kosten-Nutzen-Analysen von WWS sowie deren Rolle im organisatorischen Wandel), II Handelscontrolling auf der Datenbasis computergestützter Warenwirtschaftssysteme (drei empirische bzw. fallbeschreibende Arbeiten und eine empirisch angereicherte EDV-Analyse von Mitarbeitern von Ahlert sowie ein Berater-Beitrag über Entwicklungen der Kosten- und Leistungsrechnung im Handel) sowie III Warenwirtschaftssysteme und Handelscontrolling aus der Perspektive der Handelspraxis (drei Erfahrungsberichte aus den Häusern WMF, Karstadt und Kaufhof sowie ein Beitrag über Handelsberatung mit Scannerdaten von Nielsen). Das Buch gibt einen beachtlichen und sehr aktuellen Überblick über die Schnittmenge der Themen Warenwirtschaft, Informationstechnik und Controlling im Handel. Die Primärzielgruppe des Buches sind Handelsmanager. Sie finden die richtige Mischung aus wissenschaftlicher Systematik, empirischer

Erkenntnis und praktischer Erfahrung vor. Daneben werden bestimmt sehr viele Seminar-, Diplom- und Doktorarbeiten von diesem Werk profitieren. (Volker Trommsdorff)

DYCKERHOFF, S., **Sortimentsgestaltung mit Deckungsbeiträgen im Einzelhandel, St. Gallen 1993 (363 Seiten).** Diese Dissertation verfolgt einerseits das Ziel, das relevante Entscheidungsumfeld für die Sortimentsgestaltung auf Basis von Deckungsbeiträgen abzubilden und andererseits, darauf aufbauend, ein Ergebnisrechnungskonzept zu entwickeln, daß entscheidungsrelevante Artikel-Deckungsbeiträge ausweisen kann. Aufbauend auf einem im ersten Abschnitt der Arbeit entwickelten Prozeßmodell der Leistungserstellung im Einzelhandelsbetrieb stellt Teil II Einflußfaktoren der Sortimentsentscheidung sowie den Prozeß der Sortimentsgestaltung und -kontrolle dar und kommt zu dem Ergebnis, daß der Artikel-Flächendeckungsbeitrag die geeignetste Sortimentsziel- und Kontrollgröße ist. Teil III geht besonders auf die Erlös- und Kostenstrukturen im Einzelhandel ein und identifiziert die kurzfristige Ergebnisrechnung als Artikelergebnisrechnung in Form der Deckungsbeitragsrechnung als das geeignete Instrument des Handelsbetriebscontrolling. Teil IV setzt sich ausführlich mit der Direct Product Profit (DPP)-Methode (auch Direkte Produkt-Rentabilität DPR) und verwandten Verfahren auseinander, wobei der Autor zu dem Schluß kommt, daß keines der in der Praxis verwendeten Verfahren entscheidungsrelevante Artikel-Deckungsbeiträge ermitteln kann, die als Grundlage für Sortimentsgestaltungsentscheidungen geeignet sind. Deshalb wird im Teil V ein Konzept zur Ermittlung von Artikeldeckungsbeiträgen auf der Basis einer prozeßorientierten Kostendeckungsrechnung vorgestellt. Dieses Konzept einer Sortimentserfolgsrechnung, die als Periodenrechnung neben der Filialerfolgsrechnung zu erstellen ist, ist jedoch aufgrund des hohen Aufwandes nur für größere Lebensmitteleinzelhandelsunternehmen mit standardisierten Sortimenten und Filialsystemen effizient einsetzbar. (Harald Rüggeberg)

GÜNTHER, T., MATTMÜLLER, R., **Möglichkeiten und Grenzen der Regaloptimierung im Handel, Marketing Zeitschrift für Forschung und Praxis, 15 (1993), 77-86** untersuchen verschiedene EDV-gestützte Instrumentarien zur Optimierung der Artikelpräsentation im Regal im SB-Handel. Die wesentlichen Ansatzpunkte zur Verbesserung lassen sich in controllingorientierte Aspekte einerseits und akquisitionsorientierte Aspekte andererseits differenzieren. Der Beitrag stellt die erzielbaren Wirkungen und die auftretenden methodologischen Probleme anhand einer Analyse der beiden im deutschen Handel am meisten verbreiteten Regaloptimierungssysteme gegenüber. Die Autoren beschreiben den Leistungs- und Problembereich von Regaloptimierungssystemen wie folgt:

	Leistungsbereich	Problembereich
Controllingbezogene Aspekte	• Vermeidung von Bestandslücken (out of stock) • Abbau der Kapitalbindung • Verbesserung des operativen Erfolgs (Rohertrag, DPR)	• wechselseitige Abhängigkeit von Regalzuweisung und Kosten erfordert interaktives Vorgehen • Wahl einer umfassenden Zielgröße ist notwendig • fehlende Trennung von fixen und variablen Kosten • statt echter Optimierung „regalbodenweise Facing-Verteilung"
Akquisitionsbezogene Aspekte	• Änderung der Zahl der Frontstücke (Kontaktstrecke und -fläche) • Optimierung der Plazierung in Abhängigkeit von der Nachfrage	• Vergangenheitsorientierte Korrelation von Artikelerfolg und zukünftiger Plazierung • Qualitativ-heuristische Ergänzungen und Nebenbedingungen erforderlich • Unveränderte Nachfrage und proportionaler Zusammenhang von Abverkauf und Kontaktstrecke unterstellt • Integration von artikelspezifischen Potentialanalysen notwendig
Informations-/Anwendungseffizienz	• Informationen über Regaloptimierung • Amortisation	• Hoher Aufwand bei Datenbeschaffung, -handling und -verarbeitung

Anhaltender Wettbewerbsdruck, wachsender Konkurrenzkampf und ein nicht zu unterschätzendes Imitationsverhalten gegenüber der Konkurrenz stellen die wichtigsten Gründe für die zukünftig bedeutende Rolle der EDV-gestützten Regaloptimierung dar. Hinzu kommen die unbestritten erzielbaren Rationalisierungserfolge, die bereits mit den heute verfügbaren RO-Systemen erzielt werden. Die Autoren sind der Auffassung, daß im Bereich der controllingbezogenen Anwendung die Stärken der angebotenen Systeme liegen. Insbesondere unter akquisitorischer Bewertung bleiben jedoch grundsätzliche, methodologische Fragestellungen ungeklärt. (Thomas Völcker)

KUMMER, H.-U., **Entwicklung eines Decision Support Systems für die Sortiments- und Distributionsplanung in Großhandelsunternehmen, Frankfurt/M. u.a. 1993 (326 Seiten).** Das logistische Sortiments- und Distributionsmanagement hat in mittelfristigen Planungsrhythmen operationale Distributionsstrategien für eine Vielzahl heterogener Artikel zu formulieren. Instrumentelle Unterstützung finden betriebliche Entscheidungsträger tikel zu formulieren. Instrumentelle Unterstützung finden betriebliche Entscheidungsträger bei dieser Aufgabe durch den Einsatz flexibler Decision Support Systeme. Kummer unternimmt in seiner Arbeit den Versuch, DSS für die strategisch-taktische Sortiments- und Distributionspolitik in Großhandelsunternehmen zu entwickeln, um sowohl inhaltlich als auch instrumentell zur Lösung ausgewählter interdependenter und teilstrukturierter Entscheidungsprobleme im betrieblichen Einsatzfeld beizutragen. Zunächst werden zugrundeliegende Entscheidungsebenen diskutiert entwicklungsrelevante Computersysteme zugeordnet. Kapitel 3 beschäftigt sich mit der konzeptionellen Abgrenzung und Charakterisierung managementorientierter Entscheidungsunterstützungssysteme. In Kapitel 4, dem Kern der Arbeit, erfolgt die Konzipierung eines DSS-Prototypen, der im Rahmen eines integrativen und evolutionären Systementwicklungsprozesses als Entwicklungsversion dienen kann. Die flexiblen Anwendungsmöglichkeiten werden im folgenden Kapitel für typische Anwendungsfälle durch simulierte DSS-Sitzungen beispielhaft aufgezeigt. (Thomas Völcker)

MÖHLENBRUCH, D., **Die Artikelselektion als Entscheidungsproblem der Sortimentsplanung im Einzelhandel, Das Wirtschaftsstudium, 22 (1993), 48-54.** Ziel dieses Aufsatzes ist die systematische Behandlung der Bestimmungsgründe der Artikelselektion, die trotz hoher praktischer Bedeutung bisher von der Literatur zur operativen Sortimentplanung weitgehend vernachlässigt wurde. Nach der Darstellung des „rudimentären" Ansatzes von Hartley (1980) wird eine eigene Checkliste zur Artikelselektion entwickelt. Als wesentliche – vor allem marktbezogene – Artikelselektionskriterien werden Nachfragerückgänge im Vergleich zu früheren Perioden, die Zielgruppenstrategie, wettbewerbsbezogene Bestimmungsgründe (z.B. Konkurrenzaktivitäten), qualitäts- und innovationssowie preispolitische bzw. rentabilitätsorientierte Bestimmungsgründe, mangelnde Effektivität weiterer Merchandising-Maßnahmen in bezug auf den Artikel (bei zurückgehender Akzeptanz), Verbundbeziehungen und weitere Kriterien wie z.B. Beschaffungs- und Lagerpolitik aufgeführt. Das Besondere an dieser Checkliste ist nach Meinung des Autors, daß sie „als Bezugshierarchie in der Sortimentspyramide lediglich den Artikel(-gruppen) -bereich zugrunde legt und somit als eine operative Verfeinerung und Konkretisierung einer möglichen strategischen Sortimentsplanung auf Warengruppenebene angesehen werden kann". (Harald Rüggeberg)

3.2 Kommunikation

DILLER, H., BRIELMAIER, A., VOGLER, S., **Die Wirksamkeit von Verkaufsförderungsaktionen, Universität Erlangen – Nürnberg, Erlangen – Nürnberg 1993 (63 Seiten)** gehen in ihrer empirischen Studie der Frage nach, welchen Beitrag verschiedene Formen von Verkaufsförderungsaktionen zum Erfolg des Anbieters im Drogeriewarenfachhandel leisten. Mit einem experimentellen Untersuchungsdesign wurden zwei für diesen Bereich typische Verkaufsförderungsaktionen analysiert. Dabei handelt es sich um eine Preisaktion und um eine sogenannte Sympathieaktion. Das Untersuchungsergebnis zeigt, daß die Aktionsvarianten nicht grundsätzlich, sondern nur vor dem Hintergrund der mit ihnen verfolgten Marketingziele beurteilt werden können. Da mit Verkaufsförderungsaktionen grundsätzlich mehrere Marketingziele verfolgt werden können und diese auch noch bei Handel und Hersteller unterschiedlich sein können (vgl. Abbildung 1, S.3), muß die Wahl der Aktionsart immer einzelfallbezogen erfolgen. (Frank Riedel)

3.3 Preisgestaltung

WAKEFIELD, K.L., INMAN, J.J., **Who Are the Price Vigilantes? An Investigation of Differentiating Characteristics Influencing Price Information Processing, Journal of Retailing, 69 (1993), 216-233.** Die vorliegende Untersuchung hat die Identifizierung von Kriterien zum Ziel, die Einfluß auf die Genauigkeit des Preis-Recalls von Konsumenten haben. Befragt wurden 289 Konsumenten unmittelbar nach dem Kauf eines Lebensmittels aus einer der vier Produktkategorien Cerealien, Zahnpasta, Margarine und Kaffee. Der Untersuchung liegen folgende Hypothesen zugrunde: Der Preis-Recall ist genauer, wenn (1) dem Käufer bewußt ist, daß das Produkt ein Sonderangebot ist und (2) der Käufer Preisinformationen in die Kaufentscheidung einbezieht. Bezüglich demographischer Faktoren wird vermutet, daß sich sowohl (3) ältere Konsumenten als auch (4) Konsumenten mit höheren Einkommen weniger genau an Preise erinnern, daß jedoch (5) bezüglich des Geschlechts keine Unterschiede vorliegen. Die befragten Konsumenten wurden in drei Preiserinnerungsklassen eingeteilt: (1) Genaue Erinnerung, (2) ungenaue Erinnerung bei Preisabweichungen zwischen erinnertem und tatsächlichem Preis von über 5 % und (3) keine Preiserinnerung. Eine Diskriminanzanalyse ergab, daß Geschlecht und – entgegen der aufgestellten Hypothese – Alter nicht zwischen erinnerungsstarken und -schwachen Konsumenten trennen. Das Bewußtsein, daß es sich bei dem gekauften Produkt um ein Sonderangebot handelt, das Einbeziehen von Preisinformationen und das Einkommen haben jedoch signifikanten Einfluß auf die Genauigkeit der Preiserinnerung. Im Hinblick auf andere Untersuchungen im Lebensmittelbereich konstatieren die Autoren eine vergleichsweise höhere Preiserinnerung. Diese Abweichungen werden auf den Durchführungsort der Studie, eine Kleinstadt, und die dort herrschenden Einkaufsbedingungen (weniger Zeitdruck, übersichtlichere Läden etc.) zurückgeführt. Abschließend werden Beschränkungen der Studie offengelegt und etwas dürftige Schlußfolgerungen gezogen: Aus verbraucherpolitischer Sicht sollen Konsumenten, für die Preisinformationen wichtig sind, diese auch erhalten, und ältere und einkommensschwache Konsumenten sollen nicht benachteiligt werden. Händler können aus der Untersuchung schlußfolgern, daß bei einem wenig preis- und sonderangebotsbewußten Kundenstamm (z.B. Kunden mit höherem Einkommen) Preisaktionen nicht effizient sind. (Claudia Zellerhoff)

4 VERHALTENSWISSENSCHAFTLICHE HANDELSFORSCHUNG

COX, A.D., COX, D., ANDERSON, R.D., MOSCHIS, G.P., **Social Influences On Adolescent Shoplifting – Theory, Evidence, and Implications for the Retail Industry, Journal of Retailing, 69 (1993), 234-246.** Neben dem Einsatz von Sicherheitsvorkehrungen führen Handelsorganisationen in den USA zur Verringerung von Ladendiebstählen verstärkt Anti-Diebstahl-Kampagnen durch, jedoch – und das wird von den Autoren bemängelt – ohne genaue Kenntnis der Faktoren, die Jugendliche zu Ladendiebstählen veranlassen. Sie entwickeln ein theoretisches Strukturgleichungsmodell, das bei der Befragung 1 500 Jugendlicher empirisch bestätigt wird: Die Wahrscheinlichkeit, Ladendiebstahl zu begehen (1) steigt, wenn die Freunde der Jugendlichen Ladendiebstähle begehen und (2) fällt bei einer engen Bindung der Jugendlichen an ihre Eltern. Beide Faktoren bestimmen eine weitere Einflußgröße, nämlich (3) die Einstellung der Jugendlichen gegenüber Ladendiebstählen: Während ein Freundeskreis, in dem Ladendiebstahl üblich ist, die moralischen Vorbehalte gegenüber diesem Delikt aufweicht, scheint eine enge

Beziehung zu den Eltern diese zu festigen. Jugendliche mit einer starken Bindung an ihre Eltern haben außerdem seltener „Diebes-Bezugsgruppen", was sich wiederum auf das Diebstahl-Verhalten auswirkt (siehe Hypothese 1). Insgesamt erklären die drei Konstrukte 45 % des Diebstahlverhaltens. Aufbauend auf dieser Untersuchung lassen sich folgende Strategien für die effizientere Gestaltung von Anti-Diebstahl-Kampagnen ableiten: (1) Bewußtmachen, daß eine „Diebes-Bezugsgruppe" einen schleichenden Einfluß auf die eigene Einstellung gegenüber Diebstählen (und letztlich auf das eigene Verhalten) hat. Dies führt, wenn nicht zur Vermeidung des Kontakts mit der Bezugsgrupe, so doch zu einer geringeren Empfänglichkeit für diese subtilen Einflüsse. (2) Betonen weniger der Illegalität von Ladendiebstählen, als der konkreten Auswirkungen auf die Umwelt: Nicht ein Geschäft ist Opfer, sondern der reale Verbraucher, den diebstahlbedingte Preissteigerungen treffen. (3) Einbeziehen der Eltern in die Kampagnen, die angehalten werden, den Kindern ihre Haltung gegenüber Ladendiebstählen klarzumachen. Abschließend werden die Begrenzungen der Untersuchung dargestellt (beschränkt auf Jugendliche, soziale Einflußgrößen etc.) und Ansatzpunkte für weitere Forschung herausgearbeitet. (Claudia Zellerhoff)

CROWLEY, A.E., **The Two-Dimensional Impact of Color on Shopping, Marketing Letters, 4 (1993), 59-69** stellten die Hypothesen auf, daß (1) die Farbe eines Marketingstimulus mindestens zwei Wirkungsdimensionen besitzt – eine aktivierende und eine wertende Dimension. Darüber hinaus, daß in Abhängigkeit von der Wellenlänge der Farben (2) die Aktivierung U-förmiger verläuft, (3) die Bewertung hingegen monoton wächst. Eine stark aktivierende Wirkung ist demnach bei Farben mit extrem kurzen Wellenlängen wie blau bzw. extrem langen Wellenlängen wie rot zu erwarten, eine positive Bewertung hingegen besonders bei kurzen Wellenlängen. In einem experimentellen Design, bei dem die Hintergrundfarbe eines Möbelgeschäfts variiert wurde (rot, gelb, grün, blau), wurden jeweils 25 Frauen hinsichtlich der Anmutungsqualität des Geschäftes befragt. Die Untersuchung bestätigte sowohl das Vorhandensein als auch die Verlaufshypothesen der beiden Dimensionen Aktivierung und Bewertung. Aus der Untersuchung leiten die Autoren folgende Schlußfolgerungen ab: Ist Aktivierung eine notwendige Bedingung (z.B. zur Stimulierung von Impulskäufen), empfehlen sich die stark aktivierenden Farben rot und blau bei der Ladengestaltung. Soll hauptsächlich eine positive Einstellung gegenüber einem Laden erzeugt werden, ist blau vorzuziehen. Die Farbe der Geschäftsausstattung strahlt darüber hinaus auf die Wahrnehmung der Waren aus: Stärker als die übrigen Farben bewirkt rot, daß Waren als aktuell und im Trend liegend wahrgenommen werden. Die vorliegende Untersuchung verstehen die Autoren als Grundlage für weitere Forschung in über die Ladengestaltung hinausgehende Bereiche wie Packungs- und Werbegestaltung. Explizit weisen sie auf Beschränkungen ihrer Untersuchung hin, wobei sie eine die Ergebnisse möglicherweise verfälschende außer acht lassen: die Versuchspersonen waren ausschließlich Frauen. Untersuchungen belegen jedoch, daß es Geschlechtsunterschiede bezüglich Farbpräferenzen gibt. (Claudia Zellerhoff)

DAWSON, S., **Consumer Responses to Electronic Article Surveillance Alarms, Journal of Retailing, 69 (1993), 353-362** untersucht den Einfluß von zu Unrecht durch elektronische Diebstahlssicherungen identifizierten Kunden auf das Einkaufsverhalten. Er kommt zu dem Ergebnis, daß 16 % der irrtümlich identifizierten Kunden nie wieder diese Einkaufsstätte aufsuchen. (Thomas Völcker)

LAAKSONEN, M., **Retail Patronage Dynamics: Learning about Daily Shopping Behavior in Contexts of Changing Retail Structures, Journal of Business Research, 28 (1993), 3-174.** In unregelmäßigen Zeitabständen stellt das JBR in Sonderausgaben umfangreichere Monographien zu unterschiedlichen betriebswirtschaftlichen Fragestellungen vor. Thema der vorliegenden Untersuchung sind dynamische Anpassungsmuster des Einkaufsverhaltens in Folge veränderter Einzelhandelsstrukturen. Die Arbeit beginnt mit einer kompakten Übersicht zu theoretischen Modellen des Einkaufsverhaltens und betont die Notwendigkeit einer stärkeren Auseinandersetzung mit dynamischen Aspekten des Einkaufsverhaltens. Als Zwischenfazit der ausführlichen Literaturanalyse wird eine nur ungenügende theoretische Abbildung der vielfältigen – insbesondere dynamischen – Aspekte des Einkaufsverhaltens konstatiert und entsprechend das Hauptziel der eigenen Arbeit definiert: Konstruktion eines komplexen, multidimensionalen, dynamischen Basismodells zur Einkaufsstättenwahl von Endverbrauchern. Nach 35 Seiten differenzierter Herleitung wird ein Grundmodell mit den Basiskomponenten „Haushaltsstruktur und Persönlichkeitsmerkmale der Konsumenten" sowie „Einzelhandelsstruktur" (Anzahl, Typ und Lage der Geschäfte) vorgestellt; beide Größen wirken über eine Vielzahl intervenierender Variablen auf die Zielgröße Einkaufsstättenwahl. Anschließend wird das Modell am Beispiel der finnischen Stadt Vaasa, deren Einzelhandelsstruktur sich im Beobachtungszeitraum 1978 bis 1980 wesentlich veränderte, empirisch getestet. Aufgrund von drei Neugründungen und einer Geschäftserweiterung nahm die gesamte Einzelhandelsfläche in Vaasa um insgesamt 32 % zu. Das Konsumentenverhalten wurde anhand eines Haushaltspanels erfaßt. Insgesamt wurden vier separate, jeweils zweiwöchige Datenerhebungen vor, während und nach den Veränderungen des Einzelhandelsbesatzes durchgeführt (der Umfang des Samples reduzierte sich dabei von anfänglich 371 auf 229 Haushalte). Das umfangreiche empirische Datenmaterial wird im folgenden sehr differenziert, mit bezug auf viele, zuvor theoretisch abgeleitete, Einzelaspekte ausgewertet, wobei im Ergebnis das konstruierte Basismodell im wesentlichen bestätigt wird. Für die Managementpraxis sind aus der Untersuchung viele interessante Einsichten ableitbar. Beispielsweise zeigte sich kurzfristig eine Konsistenz bestehender Einkaufsverhaltensmuster trotz wesentlich veränderter Einzelhandelsstrukturen. Neuanbietern empfiehlt der Autor daher z.B. eine Konzentration auf wettbewerbliche Basiselemente (z.B. special offers oder service) und betont, daß hierbei nur eine starke und anhaltende Investitionstätigkeit zum Erfolg führt. Wesentliche Grundlage weiterer Empfehlungen ist die detaillierte Analyse und klassifikatorische Beschreibung typischer Anpassungsmuster der Einkaufsstättenwahl infolge veränderter Einzelhandelsstrukturen. Selbstkritisch verweist der Autor jedoch abschließend auf die Möglichkeit bzw. Notwendigkeit der Erweiterung des hier formulierten Modells durch künftige theoretische und empirische Forschung. (Michael Bienert)

MILLER, H.J., **Consumer Search and Retail Analysis, Journal of Retailing, 69 (1993), 160-192** betrachtet des „Suchverhalten von Konsumenten". Dabei geht es darum, wie der Konsumentent die für ihn grundsätzlich zum Kauf in Frage kommenden Marken (evoked set) identifiziert, die er dann einer detaillierteren Beurteilung unterzieht. Der Autor stellt zunächst fest, daß das Thema – obwohl in der allgemeinen Marketingliteratur ausführlich behandelt – im Zusammenhang mit einzelhandelsbezogenen Fragestellungen kaum beachtet wurde. Die Hauptintention des Beitrages ist daher, einen Literaturüberblick zum „Suchverhalten von Konsumenten" zu geben. Schließlich werden noch offene Fragen und Forschungsdefizite aufgezeigt. (Frank Riedel)

RUST, R.T., ZAHORIK, A.J., **Customer Satisfaction, Customer Retention, and Market Share, Journal of Retailing, 69 (1993), 193-215.** Zahlreiche Studien belegen, daß Servicequalität einen positiven Einfluß auf den Unternehmenserfolg hat, die Auswirkungen spezifischer Qualitätsverbesserungsmaßnahmen auf die Profitabilität quantifizieren sie jedoch nicht. Dieses Problem versuchen die Autoren durch die Erstellung eines Modells zu lösen. Sie gehen davon aus, daß Qualitätsverbesserungen die Kundenzufriedenheit und im nächsten Schritt die Kundenbindung erhöhen, was sich letztlich positiv auf den Marktanteil auswirkt. Am Beispiel einer Bank werden die Auswirkungen unterschiedlich hoher Aufwendungen für Serviceverbesserungen auf den Marktanteil modelliert. Einzelne vom Unternehmen beeinflußbare Serviceelemente werden mittels Faktorenanalyse reduziert auf übergeordnete Loyalitätsfaktoren, die die Loyalitätsbereitschaft gegenüber der Bank unterschiedlich stark beeinflussen. Die Höhe dieses Loyalitätswertes beeinflußt ihrerseits die Wahrscheinlichkeit, bei einem Unternehmen zu bleiben oder abzuwandern (=Kundenbindungsrate). In einem zweiten Schritt werden durch ein Decision-Calculus-Modell die Auswirkungen unterschiedlich hoher Aufwendungen für Serviceverbesserungen auf die Kundenzufriedenheit geschätzt. Durch Verbindung der beiden Funktionen wird eine Beziehung zwischen Ausgaben und Kundenbindung hergestellt. Unter Einbeziehung der Kundenstruktur eines Unternehmens (Stamm- bzw. Neukunden- sowie Abwanderungsrate innerhalb einer Periode) lassen sich die Auswirkungen der Kundenbindung auf die längerfristige Entwicklung des Marktanteil berechnen. Berücksichtigt man Marktgröße und Umsatzvolumen je Kunde, läßt sich der Nettogewinn unterschiedlich teurer Serviceverbesserungen ermitteln und somit letztlich die „optimale" Serviceverbesserung bestimmen. Kritisch anzumerken ist, daß mit insgesamt hundert befragten Kunden (davon nur zwanzig Unternehmenswechslern) eine geringe Datenbasis für die durchgeführte Faktorenanalyse besteht, deren Ergebnis auch nicht widerspruchsfrei ist. Weiterhin beruht das Modell auf rigiden Annahmen: Auswirkungen von Serviceverbesserungen auf Neukunden werden ebenso vernachlässigt wie mögliche Reaktionen der Konkurrenz und damit eine Relativierung der Einschätzung der Serviceverbesserung. Nicht möglich ist außerdem die gleichzeitige Veränderung von Serviceelementen. Die Ergebnisse sind außerdem stark abhängig von der Güte der Modellierung des Zusammenhangs zwischen Serviceverbesserung und dafür nötigen Ausgaben durch den Manager. Zu warnen ist daher vor einer „Scheinquantifizierung". Sind dem Anwender diese Beschränkungen bewußt, kann das beschriebene Modell Entscheidungshilfen liefern. (Claudia Zellerhoff)

PHILLIPS, H., BRADSHAW, R., **How Customers actually Shop: Customer Interaction with the Point of Sale, Journal of the Market Research Society, 35 (1993), 51-62.** Der Autor schlägt vor, die klassische Betrachtungsweise des Einkaufsverhaltens von Konsumenten zu überdenken und zu ergänzen. Der Einbezug der Interaktionen des Käufers mit seiner direkten Umgebung am POS führen seiner Meinung nach zu besserem Verständnis des Käuferverhaltens. Hauptsächlich untersucht er in diesem Zusammenhang ungeplantes bzw. Impulskaufverhalten auf der Grundlage von Wahrnehmungstheorien und der Rolle der peripheren Wahrnehmung von Konsumenten. Damit wird eine neue Dimension in die Marktforschung einbezogen, die zur besseren Erklärung des Käuferverhaltens dienen kann. Basierend auf diesen Untersuchungen fordert Phillips eine stärkere Einbeziehung des Handels in die Marketingplanung der Hersteller. (Marianne Reeb)

OSMAN, M.Z., **A Conceptual Model of Retail Image Influences on Loyalty Patronage Behaviour, The International Review of Retail, Distribution and Consumer Research, 3 (1993), 133-148.** Der Artikel beschreibt ein Modell, welches die Kundentreue vor allem durch das Image des Handelsgeschäftes erklärt. Als wesentliche Einflußgrößen auf die Kundentreue zum Handelsgeschäft werden die Variablen „Kundenerfahrungen bei vorherigen Käufen" und „Übereinstimmung der Wahrnehmung des Geschäftsimages zwischen Kunden und Management des Einzelhandelsgeschäfts" vorgeschlagen. Danach haben dem Handelsgeschäft treue Kunden eine ähnliche Wahrnehmung des Ladenimages wie dessen Management. Das Geschäftsimage aus der Kundenperspektive ist nach den Aussagen dieses Modells hauptsächlich durch den Lebensstil der Konsumenten, deren Einkaufsverhalten und Erfahrungen bei vorherigen Käufen beeinflußt. Alle verwendeten Konstrukte werden in diesem Artikel theoretisch hergeleitet bzw. aus den Ergebnissen empirischer Untersuchungen gewonnen. Eine empirische Überprüfung dieses Einflußgrößenmodells zur Erklärung der Bindung von Kunden an ein Handelsgeschäft steht noch aus. (Harald Rüggeberg)

5 HANDELS-MARKTFORSCHUNG

FISCHER, T., **Computergestützte Warenkorbanalyse, Frankfurt/M. u.a. 1993 (217 Seiten)** zielt darauf ab, das Informationspotential des bisher von der Handelsforschung vernachlässigten Bereiches der Verbund- und insbesondere der Warenkorbanalyse aufzuzeigen. Zunächst werden zentrale Fragestellungen und Problemlösungsmethoden (Kennzahlensysteme, Positionierungsmodelle, Segmentierungsansätze) des Einzelhandelsmanagement unter Berücksichtigung des jeweiligen Informationsbedarfs herausgearbeitet. Die Warenkorbanalyse leistet einen Informationsbeitrag zur Beschreibung einkaufsstättenspezifischen Käuferverhaltens: Neben (1) Ergebnisgrößen wie absoluter Käuferanzahl, Durchschnittsumsatz werden (2) zeitpunktsbezogene (Tageszeit, Wochentag, Monat) und sortimentsbezogene Merkmale erhoben. Diese erlauben eine zeitpunkt- und zeitraumbezogene Analyse der Gesamtheit des Käuferverhaltens sowie eine Analyse des Käuferverhaltens, differenziert nach Warengruppen, Handels- und Herstellermarken und Artikeln. Die Kennzahlen sind außerdem Voraussetzung für die Bestimmung käufer- und sortimentsbezogener Positionierungsmodelle. Ebenfalls baut die Käufersegmentierung auf Kennzahlen der Warenkorbanalyse, den genannten zeitlichen, maßgrößen- und sortimentsbezogenen Selektionskriterien auf. Die unterschiedlichen Analysemethoden zur Auswertung der Warenkorbdaten stützen sich auf eine vom Autor erstellte Analysesoftware. Abschließend werden die Grenzen der Warenkorbanalyse aufgezeigt und wie diese durch ergänzende Erhebungsmethoden wie Kundenbefragungen überwunden werden können: Für die Bildung homogener Kundensegmente und die Analyse ihres Käuferverhaltens werden zusätzlich durch Kundenbefragung Kundenstruktur-, Kundenverhaltens- und Kundeneinstellungsdaten erhoben. Im letzten Kapitel der Arbeit wird untersucht, unter welchen Voraussetzungen im Bereich der Kundenstruktur-, Kundenverhaltens- und Kundeneinstellungsmerkmalen (die aus Kundenbefragung und nicht aus der Warenkorbanalyse hervorgehen!) eine Einzelpreisauszeichnung von Artikeln in einem Lebensmitteleinzelhandelsbetrieb empfehlenswert ist. Das Ziel der Arbeit, Einzelhandelsbetrieben durch den Einsatz computergestützter Warenkorbanalyse eine Methode zur Erhebung entscheidungsrelevanter Kundeninformationen nahezubringen, wurde erreicht. Wenig deutlich werden allerdings die Nutzungs- und Umsetzungsmöglichkeiten dieser Daten. (Claudia Zellerhoff)

MAURER, R., **Marketingforschung im Handel: Aufgaben und Instrumente, Managementinformationssysteme, strategische und technologische Trends, Wien 1993 (412 Seiten)** richtet sich sowohl an Praktiker im Marketing- und Vertriebsbereich als auch an den theoretisch interessierten Leser. Der Autor kommt zu dem Schluß, daß veränderte Marktbedingungen ein anderes Marketing-Mix erfordern. Ein anderes Marketing-Mix bedingt aber auch andere Schwerpunkte in den Marktforschungsmethoden. Zusammen mit der rapiden Veränderung der zur Verfügung stehenden Technologie (Scanning im Einzelhandel, Marketing-Applications, PC-Netzwerke, künstliche Intelligenz und Expert Systems, Category Management, Management-Informations-Systemen, überwältigende Ressourcen im Hard- und Software-Bereich und der Verbindung von Daten aus dem Handels- und Haushaltspanel in Form von Single Source) ist die Basis für eine Neugestaltung der handelsorientierten Marketingforschung geschaffen. MAURER skizziert die Entwicklung dieser neuen Tendenzen in der Marketingforschung, wobei vor allem technologische Aspekte und zukünftig zu erwartende Trends in der Marketingforschung aufgezeigt werden. Obwohl viele Kriterien für den gesamteuropäischen Markt Gültigkeit haben, wurde ein besonderer Schwerpunkt auf den deutschsprachigen Raum gelegt. (Günter Weber)

MÜLLER-HAGEDORN, L., **Erfolgsfaktoren im Einzelhandel, absatzwirtschaft, 36 (1993), Heft 11, 90-101.** Ausgangspunkt der Erfolgsfaktorenforschung im Einzelhandel ist die Unterscheidung erfolgreicher und weniger erfolgreicher Unternehmen. Die Frage, wie sich die Variation eines Erfolgsfaktors auswirkt, wird am Beispiel des Zusammenhangs zwischen Verkaufsfläche und Umsatz im Sortimentsbuchhandel dargestellt. Mit Hilfe der Korrelations- und Regressionsrechnung werden 411 Buchhandlungen analysiert. Der Korrelationskoeffizient r=0,77 weist auf einen relativ engen Zusammenhang zwischen Verkaufsfläche und Umsatz hin. Die Regressionsgerade Umsatz=450750+9310*m^2 (erklärte Varianz: R=0,59) erlaubt abzulesen, um wieviel der Umsatz durchschnittlich bei größeren Buchhandlungen gegenüber kleineren anwächst, wenn die Größe mit Hilfe der Verkaufsfläche operationalisiert wird. Ergebnis der Untersuchung ist eine Einteilung in drei „Zonen“: In der obersten Zone befinden sich die Betriebe, die auf ihrer Verkaufsfläche besonders gute Ergebnisse erzielen (Verkaufsflächen-Champions), in der unteren Zone sind die Betriebe angesiedelt, die auf ihrer Verkaufsfläche vergleichsweise schwache Ergebnisse erzielen; in der mittleren Zone befinden sich die Betriebe mit mittlerem Ergebnis. Abschließend verweist der Autor auf die Notwendigkeit, daß die Erfolgsfaktorenforschung nur in enger Kooperation mit der Praxis erfolgreich sein kann. Dies betrifft sowohl die Datenbereitstellung als auch die Implementierung in das Controlling-System der Handelsunternehmung. (Günter Weber)

POGGENPOHL, M., **Verbundanalyse im Einzelhandel auf der Grundlage von Kundenkarteninformationen, Münster 1993 bzw. Frankfurt/m. u.a. 1994 (233 Seiten).** Die wissenschaftliche Handelsforschung hat der Sortimentsplanung schon immer besondere Aufmerksamkeit geschenkt. Ein Teilaspekt ist die Verbundforschung, die untersucht, welche Beziehungen zwischen verschiedenen Sortimentsbereichen bestehen. Im Mittelpunkt der Dissertation stehen empirische Analysen des Kauf- und Nachfrageverbundes eines ausgewählten Einzelhandelsunternehmens. Auf Basis von über 4 500 Datensätzen (Kauf- und Personendaten) werden zeitpunkt- und zeitraumbezogene Verbundbeziehungen zwischen Abteilungen gemessen und die Ergebnisse auf ihre Plausibilität geprüft.

Darüber hinaus gelingt es dem Autor, Zielgruppen des Handels auf Basis von Verbundinformationen abzuleiten und die Kunden anhand ihrer spezifischen Verbundkaufmuster in homogene Gruppen einzuteilen. Im theoretischen Teil der Arbeit werden verschiedene Ansätze zur Messung von Verbundeffekten diskutiert und die Bedeutung unterschiedlicher Einflußgrößen erörtert (u.a. angebotsbezogene, konsumentenbezogene, wettbewerbsbezogene Einflußgrößen), und es werden die Besonderheiten der Verbundmessung bei Nutzung von Kundenkarten aufgezeigt. Abschließend werden aufschlußreiche Implikationen für die Handelspraxis abgeleitet (z.B. Nutzung von Verbundmessungen für Plazierungsentscheidungen, für die Abteilungskonfiguration oder für die Gestaltung der Laufwege. Weitere Ansatzpunkte für die künftige Verbundforschung werden diskutiert. Neben einer umfassenden und gut verständlichen Darstellung der Theoriegrundlagen zur Verbundmessung im Handel vermitteln die praxisorientierten Implikationen gute Anregungen für konkrete Entscheidungstatbestände. Die hier genutzte Informationsbasis – unternehmenseigene Kundenkarten – dürfte künftig noch an Bedeutung gewinnen, zumal das Analysepotential bei weitem noch nicht ausgeschöpft ist. (Michael Bienert)

VOSSEBEIN, U., **Einsatzmöglichkeiten von Scannerdaten, Jahrbuch der Absatz- und Verbrauchsforschung, 39 (1993), 23-38.** Seit Mitte der 70er Jahre hat sich die Zahl der im Handel installierten Scannerkassen kontinuierlich erhöht, in der Bundesrepublik Deutschland wurden Anfang 1992 38 000 Scannerkassen gezählt, verteilt auf über 7000 Geschäfte. Der sehr kompakte Beitrag gibt einen pragmatischen Kurzüberblick zu den Einsatzmöglichkeiten von Scannerdaten. Zunächst werden die technischen Voraussetzungen für die Erfassung von Scannerdaten beschrieben sowie alternative Bezugsquellen genannt (Handel selbst, Scannerpanel der GFK und von Nielsen, das Marktdatenkommunikationssystem MADAKOM). Nach einer stichwortartigen Beschreibung der Vorteile der Scannertechnologie gegenüber der herkömmlichen Datenerfassung werden grundlegende Einsatzmöglichkeiten von Scannerdaten skizziert (im Handel z.B. Aufbau von Warenwirtschaftssystemen, in der Industrie z.B. Vertriebs- und Außendienststeuerung). Schwerpunkt des Aufsatzes ist die Beschreibung spezieller Auswertungs- und Analysemöglichkeiten auf Basis von Scannerpaneldaten. Beispielhaft werden diskutiert: Auswirkungen von Preisveränderungen auf den mengenmäßigen Absatz, die Beziehung zwischen Aktionshäufigkeit und Aktionserfolg, die Schätzung von Preis-Absatz-Funktionen, die Bestimmung der Preiselastizität der Nachfrage sowie die Analyse von Konkurrenzbeziehungen. Abschließend werden künftige Einsatz- und Analysemöglichkeiten aufgezeigt, und es wird auf noch vorhandene Problemfelder hingewiesen (z.B. exakte Artikelerfassung beim Kassiervorgang, Auszeichnung von Frischeprodukten mit EAN-Codes). (Michael Bienert)

6 ORDNUNGSPOLITISCHE FRAGEN

KOOB, F., **Die Wirkung des Bauplanungsrechts auf die Entwicklung des deutschen Handels, München 1993 (252 Seiten),** skizziert in seinem Buch, mit welchen Mitteln öffentliche Planungsträger das Expansionsverhalten großer Einzelhandelsbetriebe (hier insbesondere das Investitionsverhalten bei der Standortwahl) zu steuern versuchen. Er zeigt sodann auf, welche Konsequenzen die Betroffenen daraus ziehen. Vor dem Hintergrund, daß diesen Steuerungsmaßnahmen wenig Erfolg beschieden ist (Zitat: Oftmals trat gerade das ein, was man auf seiten öffentlicher Planungsträger verhindern wollte) wird diskutiert, ob die baurechtlichen Normen zur Steuerung der Handelsentwicklung grundsätzlich geeignet sind. In diesem Werk wird das bisher kaum erforschte Gebiet umfassend beleuchtet. Es richtet sich an Entscheidungsträger in Handelsunternehmen, die sich mit der schwierigen Materie des bei Bauvorhaben relevanten Bauplanungsrechtes auseinandersetzen müssen ebenso wie an Juristen und Entscheidungsträger in den Kommunen. (Frank Riedel)

7 UMWELT UND HANDEL

MEFFERT, H., **Ökologische Herausforderungen in der Hersteller-Handels-Beziehung, Marktforschung & Management, 37 (1993), 153-158.** Der Beitrag untersucht die Hersteller-Handelsbeziehungen bzw. die Rolle, die zum einen die Hersteller zum anderen der Handel in Bezug auf ökologische Herausforderungen übernehmen. Zu diesem Zweck hat das Institut für Marketing der Universität Münster in Zusammenarbeit mit der A.C. Nielsen GmbH eine Befragung von 127 Geschäfts- und Marketingleitern von Hersteller- und Handelsunternehmen durchgeführt. Gegenstand der Befragung waren Strategien und Maßnahmen im Umweltschutz sowie Konfliktpotentiale im vertikalen System Hersteller-Handel. Dabei stellte sich heraus, daß den Herstellern aus Sicht verschiedener Anspruchsgruppen bislang mehr Verantwortung bezüglich des ökologischen Verhaltens zugeschrieben wird als dem Handel. Daraus resultiert unter anderem, daß das Konfliktpotential in der Hersteller-Handels-Beziehung zugenommen hat. Dennoch nimmt der Umweltschutz als Unternehmensziel bei beiden Gruppen immer noch eine eher untergeordnete Stellung ein. Auch im Bereich der ökologieorientierten strategischen Grundhaltungen findet sich bei Herstellern und im Handel ein weitgehend übereinstimmendes Bild – der größte Teil ist als eher defensiv im Umweltschutz einzustufen. Was konkrete Umweltschutzmaßnahmen angeht, herrscht Uneinigkeit über die zukünftige Funktionsverteilung. Die abschließende Forderung des Autors, umweltverträgliche Produkte von beiden Seiten zu fördern und offensive Umweltschutzstrategien einzusetzen, wird unter Berücksichtigung der noch existierenden ökonomischen Einbußen wohl eher ungehört bleiben. (Marianne Reeb)

Autorenverzeichnis

AHLERT, Dieter, Prof. Dr., Lehrstuhl für Betriebswirtschaftslehre, insbesondere Distribution und Handel, Westfälische Wilhelms-Universität Münster

BARTH, Klaus, Prof. Dr., Lehrstuhl für Betriebswirtschaftslehre/Absatz und Handel, Fachbereich Wirtschaftswissenschaft, Universität-Gesamthochschule Duisburg

BIENERT, Michael, Dipl.-Kfm., Wissenschaftlicher Mitarbeiter der Forschungsstelle für den Handel Berlin (FfH) e.V., Doktorand am Marketinglehrstuhl der TU Berlin

BLÜMLE, Ernst-Bernd, Prof. Dr., Seminar für Kooperation und Distribution, Universität Freiburg, Schweiz

BURMANN, Christoph, Dr., Wissenschaftlicher Mitarbeiter, Institut für Marketing, Westfälische Wilhelms-Universität Münster

COVI, Andreas, Projektbetreuer, Institut für Handel, Absatz und Marketing, Universität Innsbruck

FEIGE, Stephan, Dipl.-Kfm., Forschungsinstitut für Absatz und Handel, Hochschule für Wirtschafts-, Rechts- und Sozialwissenschaften, St. Gallen

GLASER, Jörg, Dipl.-Kfm., Wissenschaftlicher Mitarbeiter des Zentralverbandes Gewerblicher Verbundgruppen e.V., Bonn

HALM, Rafael, lic. rer. pol., Wissenschaftlicher Mitarbeiter, Seminar für Kooperation und Distribution, Universität Freiburg

HANSEN, Ursula, Prof. Dr., Lehrstuhl Markt und Konsum, Universität Hannover

HELPUP, Antje, Dipl.-Kffr., Wissenschaftliche Mitarbeiterin,Lehrstuhl für Betriebswirtschaftslehre/Absatz und Handel, Fachbereich Wirtschaftswissenschaft, Universität-Gesamthochschule Duisburg

HOFFMANN, Friedrich, Prof. Dr., Lehrstuhl für Betriebswirtschaftslehre, Universität Augsburg

KESSLER, Jürgen, Prof. Dr., Fachbereich 5, Betriebswirtschaft, Fachhochschule für Technik und Wirtschaft Berlin

KRÖNFELD, Bodo, Dipl.-Kfm., Wissenschaftlicher Mitarbeiter, Lehrstuhl für Betriebswirtschaftslehre, insbesondere Distribution und Handel, Westfälische Wilhelms-Universität Münster

MARSCHNER, Hubert F., Prof. Dr., Institut für Handel, Absatz und Marketing, Universität Innsbruck

MEFFERT, Heribert, Prof. Dr., Institut für Marketing, Westfälische Wilhelms-Universität Münster

MÖHLENBRUCH, Dirk, Prof. Dr., Lehrstuhl für Betriebswirtschaftslehre, insbesondere Marketing und Handel, Martin-Luther-Universität Halle-Wittenberg

NICKEL, Sylvia, Dipl.-Ök., Wissenschaftliche Mitarbeiterin, Lehrstuhl für Betriebswirtschaftslehre, insbesondere Marketing und Handel, Martin-Luther-Universität Halle-Wittenberg

OLESCH, Günter, Geschäftsführer des Zentralverbands Gewerblicher Verbundgruppen e.V., Bonn

PAULI, Christoph Gustav, Dipl.-Kfm., Wissenschaftlicher Mitarbeiter, Lehrstuhl für Betriebswirtschaftslehre, Universität Augsburg

SCHÖGEL, Marcus, Dipl.-Kfm., Wissenschaftlicher Mitarbeiter, Forschungsinstitut für Absatz und Handel, Hochschule für Wirtschafts-, Rechts- und Sozialwissenschaften, St. Gallen

STROBEL, Burkhard, Prof. Dr., Fachbereich Betriebswirtschaft VI Handel, Fachhochschule des Landes Rheinland-Pfalz

TIETZ, Bruno, Prof. Dr., Direktor des Handelsinstituts im Institut für empirische Wirtschaftsforschung, Universität des Saarlandes

TOMCZAK, Torsten, Prof. Dr., Forschungsinstitut für Absatz und Handel, Hochschule für Wirtschafts-, Rechts- und Sozialwissenschaften, St. Gallen

ZENTES, Joachim, Prof. Dr., Lehrstuhl für Betriebswirtschaftslehre, insbesondere Außenhandel und Internationales Management, Direktor des Instituts für Internationales Marketing, Universität des Saarlandes